犁齋法史研究  卷六

晚清民國
社會變遷與法文化重構
(1902-1949)

Social Change and Reconstruction
of the Legal Culture in the Late Qing
and Republic of China

黃源盛 著
Yuan-sheng Huang

五南圖書出版公司 印行

本書獲中南財經政法大學文瀾學者支持計畫資助

晚清民國
社會變遷與法文化重構

黃源盛　著

　　黃源盛，1955年生於台灣雲林。台灣大學法學博士，中南財經政法大學講座教授。曾任台灣政治大學法學院特聘教授，日本京都大學法學部研究、外國人研究員，東京大學東洋文化研究所客座研究員。著有《中國傳統法制與思想》（1998，五南）《民初法律變遷與裁判》（2000，政治大學法學叢書 47）《法律繼受與近代中國法》（2007，政治大學法學叢書 55）《漢唐法制與儒家傳統》（2009，元照）《民初大理院與裁判》（2011，元照）《中國法史導論》（2016，犁齋社）《晚清民國刑法春秋》（2018，犁齋社）《晚清民國社會變遷與法文化重構》（2024，五南）等書，另有法史學相關學術論文數十篇。

　　近三十年來，致力於「民初司法檔案」與「晚清民國立法史料」的整編與研究，纂輯有《平政院裁決錄存》（2007，五南）《景印大理院民事判例百選》（2009，五南）《晚清民國刑法史料輯注》（2010，元照）《大理院民事判例輯存》（2012，犁齋社）《大理院刑事判例輯存》（2013，犁齋社）《最高法院民事判例輯存》（2014，犁齋社）《最高法院刑事判例輯存》（2014，犁齋社）《晚清民國民法史料輯注》（2014，犁齋社）《晚清民國民事訴訟與法院組織法史料輯注》（2024，五南）等法制史料數十冊。曾先後執教於東吳大學、台灣大學、政治大學、輔仁大學等校，講授法史學、中國法律思想史、刑法，另兼職於中央研究院歷史語言研究所，創刊並主編《法制史研究》。

序

　　如果認同宇宙森羅萬象「本無常」的話，那麼，在歷史的洪流中是否一切都在變？而歷史的精彩處就在變與不變之間，從傳統走向近現代是一種「變」。要問的是，為何變？如何變？變如何？換個問法，為什麼要揚棄祖制家法而導入外來法？實施的過程與配套措施怎麼樣？繼受之後的效果是成？是敗？

　　從社會變遷與法文化發展的關係說，所謂的「法文化重構」，乃指法律文化隨著時間的推移，規範、制度、思想、意識與實踐無不在更轉發展中；同時，文化是從粗疏往文明的方向成長，從法社會學的角度看，也無非如此；法律變遷的過程顯然包括革故、選擇與鼎新三個面向，這是一種法的進化，也是一種法文化的更新。當然，晚清民國（1902-1949）的社會變遷與法律發展，其現象是多方面的，其動因是相當複雜的。

　　從法史學的立場言，法文化之所以會重構，最為核心的因素當屬法律繼受，而所稱之「法的繼受」（die Rezeption），除非別有說明外，一般是指中世紀歐洲普遍繼受羅馬法的歷史現象，但晚近以來，這個用語已被廣泛使用，有稱其為「法的移植」（Transplant）者，係指一個國家、一個民族或一個地區基於外來勢力、內在社會結構的變異、外國法的品質或內部意識的覺醒等因素，全盤或部分採用其他國家規範或制度的一種法文化現象。也可以說，是一種由於與異文化接觸所產生的文化變容過程，是文明化交換的特別表徵。這種法文化轉換的現象，通常顯現出兩個特質：一為強勢法律文化往弱勢法律文化區的輸出；另一為法的繼受，有時是一種本土法文化對外來法文化

抗拒、屈從與轉化的過程。

　　有疑義的是，「法」或「法文化」通常是特定國家或民族歷史情境下的產物，是否能夠將其移轉而為「它者」所承受？縱使移轉了，是否有可能趨於相同？從法律繼受的觀點，繼受外國法的原因固複雜多端，且彼此經常交錯牽連，其學說不外乎力的理論、規範饑渴理論、面子理論及自覺理論等幾種。以近代中國來說，19、20世紀之交，晚清社會已被深深捲入西方資本主義的漩渦，閉關自守已為海禁大開取而代之，國際通商交涉事宜頻繁，涉外法律案件日益增加，尤面臨列強鯨吞瓜分和國家淪亡的嚴重危機。就在外患與內憂的雙重迫壓下，為了撤廢領事裁判權、為了因應對經濟社會結構的遞變，也因為受到歐日等國新式法典的刺激，清廷終於半醒半悟，似假又真地不得不進行變法修律，這是一場亙古未有的大變局，長達千餘年傳統老邁的中華法系從此退出了歷史的舞台，迎來的是一套嶄新的近代歐陸法制。

　　倘若，相信世間真有所謂「生生不已生命之流」的這種論點，本書，可說是脫胎於2007年3月間問世的《法律繼受與近代中國法》。那時，我尚屬中壯之年，匆匆，逝者如斯夫，轉眼已鬢星白首，風月雖依舊，情懷自淺深。這些年來，總希望能放下世間浮名，換得那溪上野鶴與山間僧蹤，如來如去，奈何塵緣未了，文債難清，陸陸續續又新寫了好幾篇有關同一個主題的文稿。因前書早已絕版，識與不識的同好垂詢者殷，乃檢點舊冊，增修補訂者幾達五分之四，全書除「導論」及「總結」外凡十一章，其中有二章係與助理唐湘荃及施奕共同完成，計九篇新稿，其餘二篇舊稿也做了相當幅度的更修，可謂已另成一「新作」矣！乃命名為《晚清民國社會變遷與法文化重構》。

　　人生天地之間，足跡星星點點，在歲月的流轉中如浮萍般連江倚泊。當下，似乎已不再計較文章是否真能傳世？也不再執著到底是「文章寫我」？還是「我寫文章」？但願隨緣盡分，寫那世間法無涯無盡的生與滅！頃刻間，外雙溪夜已深沈，春水空山靜寂中，素月早已濛濛！是為新版序。

謹識
二〇二四甲辰暮春
於台北外雙溪犁齋

目　次

中篇　法律繼受進程中的人與事

晚清民國社會變遷與法文化重構

Social Change and Reconstruction of the Legal Culture in the Late Qing and Republic of China

目 次
Table of Content

導論

變動社會中的晚清民國法文化

壹、序說

　　世界上任何一個民族、任何一個國家、任何一個地區的文化，除由於獨創外，大都是因相互影響的結果；在各個不同的歷史發展階段，兩個以上的個體彼此接觸之後，對於外來的文物制度加以選擇、吸收。就這樣，文化因接觸而傳播，同時，也在他文化的激盪下，創造出自己獨特的文化，法文化的發展也不外乎此。

　　由於與異文化交融的社會變遷過程，是法文化轉換的特殊現象，此種現象有「法律移植」「法律繼受」與「法律嫁接」等不同說法，我較常以「法律繼受」名之。[1]該詞依廣義來理解，係指「法文化往不同社會移動的現象」，亦即法律離開孕育其長成、發展的原生態環境，而移至異處落地生根的「法文化變容過程」。想問的是，「法」或「法文化」是否純為特定民族精神、歷史情境下的產物而無法移轉？抑或是具有普遍性而能透過人類的智慧作典範的轉移？[2]

　　20世紀前半葉的中國是個多事之秋的年代，列強虎視眈眈，清帝國崩潰之後，民國肇建，政權更替頻仍，加上八年的對日抗戰，之後的國共鬥爭，執政的國民黨政府播遷台灣，幾無寧日。倘純就法制面言，

---

[1] 此等概念有先予界定的必要，泛泛而言，所謂「法律移植」，如同人體器官的心臟、腎臟一樣，從某人的身體摘取出來，移至他人身上再行重生；被移植的法律包括法律的形式、內容、體系及其理論。所謂「法律嫁接」，是借用植物無性繁殖方法的講法，剪取母株上的一段枝條或一個芽，接到另一個植物上，使接合成新的植枝。亦即把先進法律國家法律之果嫁接於固有法體系之樹，揉合一體，生長於本土社會環境之中。至於「法律繼受」一詞，是從receptio這個拉丁字衍生而來，德文為Rezeption，係日本的和製漢語。乃指一個國家、一個民族或一個地區汲取其他國家或地區某特定法律規範、法律制度的全部或一部而言。它原本是法史學上的概念，最初僅用來說明羅馬法排擠日爾曼法的過程，晚近以來專指中世紀歐洲普遍繼受羅馬法的歷史現象。參見〔德〕Manfred Rehbinder講述，陳添輝譯，〈從法社會學觀點探討外國法的繼受〉《司法週刊》，1994年3月16日、3月27日、4月3日，第1229期、第1230期，第3版。

[2] 〔日〕沢木敬郎，〈法の継受〉，收於伊藤正己編，《外国法と日本法》（東京：岩波書店，1972年），頁113-119。

姑不論清末以前源遠流長的傳統中國法時期，僅以晚清民國法史的時代區分來看，約略可分為四：第一階段，自清光緒二十八年以迄宣統三年（1902-1911）的法制蛻變期；第二階段，民國建元以迄十七年（1912-1928）的南京臨時政府與北洋政府法制過渡期；第三階段，十七年國民政府立法院成立以迄三十八年間（1928-1949）的法制整建期；第四階段，1949年以後，海峽兩岸的法制分治分歧期。

　　歷史告訴我們，法文化的變遷，本身就是法律規範、法律制度、法律思想、司法實踐乃至法律意識等因素同步發展的過程。具體來說，自清光緒二十八年以迄民國三十八年的中國法律近代化，約言之，就是法律繼受的歷程，觀乎此期間，法制的變革無論是採歐陸模式、日本模式抑或英美模式，或多或少都有其各自的歷史與時代意義；而任何一種法文化的引進，一般也都有一個選擇、抗拒、改造與融合的過程；尤其，在這過程中所產生的種種正向或乖離現象，值得認真檢點。

　　無須諱言，法律與政治的關係，古往今來都糾纏難分，書寫法制歷史，極難完全避免「本位思考」的羈絆；本書希望能儘量跳脫意識形態的框架，採取脈絡化（contextualism）的研究法，以歷史時代為經，以問題導向為緯，兼採變與不變的動態與靜態研究取徑，以推求其變的因果與軌跡，不僅著眼於表象法規範與法制度面的形式觀察，也探討其內在社會的結構及其相應的文化淵源與法律秩序原理。將五十年來的法文化置於法體系所從出的社會、政治、經濟的歷史脈絡中加以考察，[3]針對1902-1949年間清末民國的社會變遷與法文化發展，從法律繼受的宏觀視野，驗往證今，除了回顧華人社會「六法全書」的生成、確立及其消長外，試圖探尋半世紀以來改朝換代與法律體系的承轉關係，並思索幾個糾結的法文化問題。

　　值得一提的是，在變動如此激烈的年代，法文化的形式與實質都有

---

[3]　參閱黃俊傑，《東亞文化交流中的儒家經典與理念：互動、轉化與融合》（台北：臺大出版中心，2011年），頁12-22。

著所謂「脈絡性的轉換」現象，其間值得討論的問題經緯萬端，本章採取「輕其所輕、重其所重」的書寫方式，有選擇性的集中論述其中幾個基本核心課題，即：一、政權更迭與法統的斷續；二、超前立法的困境與出路；三、傳統法秩序與近代法律思潮的融合。

貳、政權更迭與法統的斷續

　　一般來說，法律繼受有廣狹二義，一種是縱的傳承，另一種是橫的轉移；從史實上觀察，法的發展也具有歷史的延續性；一個國家或一個政權，不僅會吸納他國的法律，也會沿襲本國以前政權的法律成果。揆諸歷史，傳統中國的「政統」與「法統」、近代以來法律繼受與司法主權，以及國家意識形態之間有其玄妙的互動關係。秦亡漢興，漢《九章律》沿襲秦律，《宋刑統》來自《唐律》，《清律》繼受《明律》，而晚清帝國搖搖欲墜，法規範、法制度變乎？不變乎？

　　清道光二十年（1840），鴉片戰爭以後的中國，國力日衰而西力東漸，國際地位一落千丈，面臨被瓜分豆剖的岌岌危機。光緒二十六年（1900）八國聯軍之役，簽訂辛丑和約，列強侵華政策轉趨緩和而改採「保全主義」，中國始免於被蠶食鯨吞；這時期的清廷，外仍淪為列強的俎肉，內臨國民革命浪潮的衝擊，日益處於風雨飄搖之中。朝野憂時之士無不以惶惑的心情，注視在新的環境下湧現出的新問題，為了扭轉內外情勢，為了補偏救弊，他們不得不想方設法力求突破現狀。就古老而傳統的中華法系來說，也面臨空前的挑戰。可以說，這是中西文明激盪與選擇的大時代，從悠遠的法制歷史與廣闊的比較法史看，這是中華法系解體的時代，也是中國法律邁入近代化的新紀元。

　　清廷變法修律被正式列入議事日程是光緒二十八年，當時慈禧和光緒都已由西安回到北京，為了民族存續、為求權位永固，該年2月2

日，詔諭軍機大臣：

> 中國律例，自漢唐以來，代有增改。我朝《大清律例》一書，折
> 衷至當，備極精詳。惟是為治之道，尤貴因時制宜，今昔情勢不
> 同，非參酌適中，不能推行盡善。況近來地利日興、商務日廣，
> 如礦律、路律、商律等類，皆應妥議專條。著各出使大臣，查取
> 各國通行律例，諮送外務部；並著責成袁世凱、劉坤一、張之
> 洞，慎選熟悉中西律例者，保送數員來京，聽候簡派，開館編
> 纂，請旨審定頒發。總期切實平允，中外通行，用示通變宜民之
> 至意。[4]

放眼天下，幾經挑選，舊律耆碩沈家本（1840-1913）與留學英倫
精研英美法的伍廷芳（1842-1922）出任修訂法律大臣。同年4月6日，
再諭內閣：

> 現在通商交涉，事益繁多，著派沈家本、伍廷芳，將一切現行律
> 例，按照交涉情形，參酌各國法律，悉心考訂，妥為擬議，務期
> 中外通行，有裨治理。俟修定呈覽，候旨頒行。[5]

端詳前後兩個詔諭都強調修律要能「中外通行」，而擺在眼前的兩
大難題首須面對，一是要移植？要繼受？還是要嫁接？另一是要引進歐
陸法系抑或英美法系？十年過去了，除「變法」外，新的「六法體系」
大致完成草案，《法院編制法》於1910年2月正式頒布，《欽定大清刑
律》於1911年1月由資政院議決通過，至於《大清民律草案》《大清商
律草案》《大清民事訴訟律草案》《大清刑事訴訟律草案》等也都已擬
就，惟未及議決，清廷已傾覆。此時，政權雖尚未轉移，古老的中華法
系已經逐漸退出歷史的舞臺，導入的是嶄新的歐陸法系。之所以繼受歐
陸法，其原因多端，約述如下：

4　《大清德宗景（光緒）皇帝實錄》（台北：華文書局，1964年），卷495。
5　同上注4，卷495。

　　其一，在當時世界各大法系中，要屬歐陸法系為最強勢的法律文化，19世紀以來，歐陸法系國家有法律編纂的法典化傾向，成文法典比較有利於仿效；而以普通法（Common Law）及判例法（Case Law）為主的英美法系，本質上係基於經驗主義與實證主義的分析哲學思維而來，是一種由下而上的自發性法律秩序，具有濃厚的本土味，實際上較不適合作快速而有效的立法繼受。

　　其二，中華法系自戰國時代李悝的《法經》（406 B.C）以迄清季的《大清律例》，本具有法脈相承的律典編纂文明，而以成文法典為核心的歐陸法系，本質上就是一種自上而下的理性設計法律秩序，它蘊含著法典的權威，比較符合中國人的法律生活感情。

　　其三，晚清之所以要變法修律，有很大因素是受到日本明治維新，繼受歐陸法有所成就的啟迪，中日兩國地理相鄰，政體民情最為接近；而在所邀請來的外籍修律顧問當中，又以日籍人士為主，這些學者專家所熟稔的是日本繼受歐陸法的經驗，很自然地，清廷步上了「以日為師」的後塵。[6]

　　其四，變法修律期間清廷曾派五大臣出國考察各國政治及法律，其中以在日、英、美等國停留時間較長，或由於考慮英國「君主許可權」很受限制，與中國「欽承宸斷」的政體不符，乃捨棄導入英美法律體制的念頭。

　　清末的這場法律近代化運動，雖未竟全功，卻為繼起政權的法制發展開闢了下一個階段該走的方向；當時所留下來的諸種法律草案，成為北洋政府與南京國民政府立法的藍本。

　　辛亥之秋，武昌起義點燃的革命之火，讓清廷如朽木般地倒下；民

---

[6]　清末修律的外國顧問，有岡田朝太郎、松岡義正、志田鉀太郎、小河滋次郎、岩井尊文等日籍人士；1913年3月，袁世凱也延聘了日本法學博士有賀長雄擔任北洋政府的法制局顧問。詳參黃源盛，《中國法史導論》（台北：犁齋社，2016年），頁394-395。〔日〕西英昭，《近代中華民國法制の構築》（日本：九州大學出版会，2018年），頁249-299。另參閱〈中國大事記〉《東方雜誌》，1913年4月1日，第9卷第10期，頁1-33。

國肇建以後，政治體制由帝制而共和，以孫文（1866-1925）為首的南方政權亦深諳惟有建立民主法治的憲政體制，方為謀求長治久安之道，惟時局更加紛擾，繼受西法的腳步又趨緩慢。當時南北兩方政局混沌，臨時政府一成立，司法部長伍廷芳立即向孫大總統報告：

> 本部現擬就前清制定之民律草案、第一次刑律草案、刑事民事訴訟法、法院編制法、商律、破產律、違警律中，除第一次刑律草案關於帝室之罪全章，及關於內亂罪之死刑礙難適用外，餘皆由民國政府聲明繼續有效。[7]

孫文同意並諮請參議院核准這個建議，參議院也批准了，其後，袁世凱就任臨時大總統後，在3月10日發布命令：

> 現在民國法律未經議定頒布，所有從前施行之法律及新刑律，除與民國國體牴觸各條應失效力外，餘均暫行援用以資遵守。[8]

人世間，新鮮事似乎不多，歷史總是在重複或迴圈中迂迴前進；民國十六年南京國民政府成立以後，國民黨逐步掌控全國政權，厲行「以黨治國」，進入所謂的「訓政時期」，根據國民黨中央政治會議第120次會議決議，於該年8月12日發布通令：

> 一應法律，在未制定頒行之前，凡從前施行之各種實體法、訴訟法及一切法令，除與中國國民黨黨綱、主義或與國民政府法令牴觸外，一律暫准援用。[9]

---

[7] 〈諮參議院，請議決司法部呈請適用民刑法律草案及民刑訴訟法〉《臨時政府公報》，第47號，中國國民黨中央委員會黨史委員會編，《國父年譜》（台北：近代中國出版社，1994年），上冊，頁607-608。

[8] 《政府公報》6月8日司法部令第39號（台北：文海出版社影印本，1971年），第1冊，頁279、第2冊，頁29。

[9] 北洋政府，〈中華民國元年四月記事〉《臨時公報》，中國國民黨中央委員會黨史史料編纂委員會編，《中華民國史料叢編》（台北：中國國民黨中央委員會黨史會，1968年），A20。

　　此外，民國十七年3月，國民政府所公布的《立法程序法》規定：「中央政治會議得議決一切法律，由中央執行委員會之國民政府公布之。」同年12月，立法院成立，但國民黨中央以《訓政綱領》為根據，仍然掌控著立法權；每一部法律都需經過國民黨中央政治會議議決後才進入正常的立法程序，而當時立法的最高指導原則是要把三民主義的內涵或精神儘量包含在各法典之中，以實行三民主義為目的，這是國民政府訓政時期特有的現象。

　　耐人尋味的是，立法院成立不到幾年功夫，即制頒民法、刑法、商法、民事訴訟法、刑事訴訟法等諸大基本法典，採的全是當時各國最新的立法例，整套是歐西近代的法律意識，其制定過程何以如此順遂？雖有零星爭議，為什麼未再引起如晚清制定《欽定大清刑律》時，禮教派與法理派兩方人士激烈的爭辯？[10]難道說，經過了十多年，國人已能泰然接受二度西潮？是貌合而神離？還是形式上的偶合？

　　民國三十八年，國共內戰之後的中國大陸，河山變色，政權再度易幟，法律的體系斷裂乎？連續乎？該何去何從？又走到了歷史的關鍵抉擇時刻。新成立的中共政權，幾經抉擇，決定全面廢除國民政府的「六法體制」，1949年《政治協商會議共同綱領》第17條云：

> 廢除國民黨反動政府一切壓迫人民的法律、法令和司法制度，制定保護人民的法律、法令，建立人民司法制度。[11]

---

[10] 有關清末變法修律期間的「禮法爭議」，參閱黃源盛，〈大清新刑律的禮法爭議〉，收於氏著，《法律繼受與近代中國法》（台北：政治大學法學叢書55，2007年），頁199-230。

[11] 廢除「六法全書」的正式文件始於1949年2月28日，《中共中央關於廢除國民黨偽六法全書與確定解放區司法原則的指示》，該指示對「六法全書」進行了批判，闡述了廢除「六法全書」的原則以及廢除「六法全書」後要適用的法律（規則），但是從文件的語氣來看，該指示似乎並沒有強制推行的意思，僅僅是要求討論。1949年10月，《政治協商會議共同綱領》第17條明確宣布廢除國民政府的法律、法令和司法制度。關於1949年廢除「六法全書」的論文，參閱趙曉耕、劉盈辛，〈再議“六法全書”及舊法體系的廢除〉《四川大學學報（哲學社會科學版）》，2019年，第6期。何勤華，〈論新中

　　在廢除南京國民政府「六法體系」之後，理論上引進了「國家法律理論」，以安德列・維辛斯基（Andrey Vyshinsky, 1883-1954）的學說為主，立為新中國的法制建立理論架構，在法制上，承繼了蘇聯的社會主義「分式立法」模式。[12]這段期間，把法制與社會的關係進行了一次顛覆性反轉，讓社會的深層結構轉換成表面結構，讓非正式規則取代正式規則成為主導力量；視近代西方歐陸法制如洪水猛獸，政策優先於法律或替代法律，揚棄市場經濟，可以說，是徹底否定既有的法制體系[13]，變成權力的契機與群眾的契機，直接混合在一起相互作用的大動盪局面。[14]

　　政治是很功利且現實的，歷史往往有兩種，一種是「本來面目」的歷史，一種是「人寫出來」的歷史；但歷史的詮釋不應該是屬於勝利者的戰利品，即使本來面目很難還原，還是要抱持著「包容的理解」，儘量將自己放入歷史當中，走入歷史的時間、走進歷史的空間，然後想像當時所可能發生的一切人與事，這一段五十年來的「法統」與「政統」的互動變遷史，留給我們頗多遐思的課題。

國法和法學的起步——以"廢除國民黨六法全書"與"司法改革運動"為線索〉《中國法學》，2009年，第4期。

[12] 參閱王文杰，《中國大陸法制之變遷》（台北：元照出版社，2002年），頁68、74-75、78-79。

[13] 1957年「反右」運動後，開始否定法制的重要性，1966年以迄1976年間，「文革」十年動亂，法律虛無主義臻於極致，在「和尚打傘」、「打破公檢法」等口號下，企圖徹底改變社會結構及法律文化的內部結構；從而，法律也從國家權力行使之限制轉變為「社會控制」的形式。1978年，改革開放以來，整個政治、社會、經濟環境都產生重大的變化，法制發展也日益迫切。不過，在缺乏整套理論的情勢下，顯然淪於「急用先立」、「成熟一個制定一個」的立法狀況，觀其走向，似乎又回到「類歐陸法系」的軌道上來。

[14] 「在這樣的狀況下，社會的自組織機制成為有序化的驅動力，表現為群眾路線、群眾審判，甚至群眾意見直接成為法律的事態。當這種自我形成的秩序不符合權力的目的時，權力就會直接干預，打破相互作用所達成的平衡，這時情況似乎又完全反過來，權力決定一切。」參見季衛東，〈中國法律秩序的複雜性及其20世紀的嬗變〉，收於孫佑海主編，《王寵惠法學思想研究文集》（天津：天津大學出版社，2018年），頁47。

參、超前立法的困境與出路

　　不論是晚清的法律近代化，抑或1949年前的各項法制活動等作為，最常為人所詬病的是，法規範總走在社會的前頭，兩相脫離，致其實效性無法彰顯，究應如何看待此事？如何在困境中找尋出路？

　　蔡樞衡（1904-1983）於1940年代曾這樣評價中國法的近代化轉型：

> 三十年來的中國法和中國法的歷史脫了節，和中國社會的現實也不適合。這是若干法學人士所最感煩悶的所在，也是中國法史學和法哲學上待決的議案。[15]

　　蔡先生慧眼看時事，的確相當敏銳。從立法繼受的觀點，法典律條固然可以循著理想而制頒，不過，社會是有惰性的，尤其，像中國這樣一個古老的國家，廣土眾民之外，更有其悠久的歷史文化與傳統包袱，一旦要改弦更張來適應新法律所創設的一切，當然不是一蹴而成之事。因此，對於清末民初乃至國府時期的「六法體制」，論者有以「超前立法」稱之，認為這是落後的社會卻想要擁有先進法治國家法規範、法制度的「浪漫情懷」，命運註定多舛。

　　誠然，立法固應參酌世界新思想、新潮流，重視合理的造法活動，但仍須兼顧到本國國情；因為，法規範是具有多面性的，非僅於斗室中、議堂上斤斤論辯即為畢事；仍應參以歷史性、民族性，乃至本土固有的倫理觀念，衡以實際的社會經濟狀況而產生；否則，法律雖定，不易施行，勉強為之，於國情民意衝突，引起抗拒，甚至屈從，人民失掉尊崇法律的心，又豈是立法的本願？

　　平情而論，當時的立法菁英並不是惟新是騖，也不是完全棄傳統於

---

[15] 蔡樞衡，《中國法理的自覺發展》（北京：清華大學出版社，2005年），頁29。

不顧，仍多方折衝，以因應新時代、新社會所產生的新問題。以民法典為例，從1911年的《大清民律草案》到1930年代民國《民法》的正式頒行，期間是經過多少有識之士審酌再三的。《大清民律草案》是第一部中國的獨立民法典，由日本修律顧問松岡義正（1870-1939）負責起草〈總則〉〈債權〉及〈物權〉等三編，另協同國人朱獻文（1872-1949）、高种（1885-？）等起草〈親屬〉〈繼承〉兩編。1920年8月，北京政府特委派大理院負責審議修訂《大清民律草案》，時任大理院院長的王寵惠（1881-1958），開始以技術領導的角色對該草案發表修訂意見，身為當時最高審判機關的首長，體認到該草案實施的時機尚未臻成熟階段，倘將其貿然公布，恐將窒礙難行，對收回領事裁判權也無濟於事。因此，出具了暫緩援用《大清民律草案》的審查意見，致使北京政府不得不於1921年7月14日發布《民律暫緩施行令》，該令略謂：

> 具大理院呈稱，「民律已屆施行期，惟審察社會現制及各地風俗習慣，尚有應行修正之處，擬請暫緩施行」等語，民律著延期施行，仍交該院長審擬辦法，呈候核奪。此令。[16]

這樣一來，一部獨立民法典的產生只好往後推延。1925年，王寵惠再度出任民國北京政府「修訂法律館」總裁，當時，修訂民法草案的工作雖積極進行，仍未及修正訂稿。無民法典究應如何進行民事審判？這段期間，立法機關未能完成的任務，等於推諉給司法機關，特別是大理院。民國初期，大理院面對的是這樣的民事法律多元化的局面，《大清現行刑律》民事有效部分、民事特別法、民商事習慣、外國立法例、民法學說，甚至人情義理與倫理道德規範等都可以作為裁判的依據，而每一種規範又都各自為標準，卻又無法涵蓋全部民事法律關係，不足以

---

[16] 轉引自張生，〈王寵惠與中國法律近代化——一個知識社會學的分析〉，中國法制史學會、中央研究院歷史語言研究所主編，《法制史研究》，2006年，第10期，頁169-170。

建立統一民事法律體系；雜亂無章的法律規範和日滋紛繁的民事案件，置大理院於困阨之境，卻也為大理院「司法兼營立法」提供了歷史性的契機，竟造成影響頗為深遠的「判例要旨文化」。[17]

1928年南北一統，有關民法典的編訂，國民政府查覺1911年的《大清民律草案》及1925年的《民國民律草案》已不足以反映時需，乃另成立「民法起草委員會」，聘請時任司法院院長的王寵惠、考試院院長戴傳賢（1891-1949）及法國籍的法律顧問寶道（Georges Padoux, 1867-？）共同議訂民法，於1930年完成了中華民國《民法》草案，凡五編，1,225條條文，送請立法院議決通過[18]。可見，《民法》之成並非倉促之作，梅仲協（1900-1971）評價這部民法典道：

> 採德國立法例者，十之六七，瑞士立法例者，十之三四，而法、
> 日、蘇聯之成規，亦嘗擷取一二，集現代各國民法之精英而棄其
> 糟粕，誠巨制也。[19]

實際上，長期以來，有許多法規範之所不能發揮真正的效力，不能成為具有實效性的行為規範，是因為沒有在觀念上建立穩固的基礎。這種現象不獨在華人社會如此，在其他各國也屢見不鮮，尤其，在社會急劇動盪之際，更不足為怪。歷史法學派所說的「法律既不是自然存在的，也不是人為的，而是自然長成的，無可創造。」就某個歷史階段的現象言，固屬有理，但所謂「非長成的或創造的法律」，假以時日，也未嘗不能在社會大眾的意識上生根、長成，甚至開花結果。換句話說，法規範或國家政策的制定，若能超越民眾既有的法律感情，多少有引領與轉化法文化的作用。王伯琦（1909-1961）曾說：

---

[17] 黃源盛，《民初大理院與裁判》（台北：元照出版社，2011年），頁100-134。

[18] 黃源盛纂輯，《晚清民國民法史料輯注》（台北：犁齋社，2014年），第2冊，頁911-914。

[19] 梅仲協，《民法要義》（台北：清水印刷廠，1966年），頁19。

我們的行為規範，雖不是立法者可以製造的，但立法者製成的法
律，對於社會大眾的意識，確有莫大的啟示作用，從而足以加速
促成其意識之成熟。……早熟的立法，在其一時的效力方面，或
許要打些折扣，但在啟迪人民意識方面卻有極大的作用，我們不
妨稱之為「法教」。尤其在一個社會需要有重大的變革之時，此
種立法上的手段，更為重要。[20]

在眾多批判「超前立法」聲中，難得聽見有正向之音，在這裡，王
先生提出了一個絕妙的名詞「法教」，值得贊同，揆諸歷史經驗，也有
幾分道理在。例如「無夫姦」的除罪化，在清末認為是蔑視禮教的嚴重
性課題，在草擬《大清新刑律》的過程中，禮教派與法理派雙方人士為
此呶呶爭辯，及至民國成立，將附加的《暫行章程》一廢，也就漸漸不
成問題了。即使1935年的《中華民國刑法》第239條規定：「有配偶而
與人通姦者，處一年以下有期徒刑。其相姦者亦同。」這條法律，當時
也有人認為根本無法實現，但至少沒有人再公然批評其不當，男女平等
的原則，在大眾意識上似乎已漸漸生了根。有趣的是，百多年前為「無
夫姦」是否該除罪化而爭議，及至2020年，在台灣，有關通姦罪也已
被除罪化。[21]

在民事法方面，例如一夫一妻制、夫妻財產制、配偶的繼承權、女
子的繼承權、父母對於未成年子女權利義務的行使及負擔、子女人格及
財產的獨立、配偶人格及財產的獨立，凡此，在民國二十年以迄三十八
年期間，在中國大陸社會常引人質疑，甚至認為將成具文，但一般說
來，至少尚不致引起激烈的抗拒。而事實證明，這部民法典轉進於台

---

[20] 王伯琦，《近代法律思潮與中國固有文化》（北京：清華大學出版社，2005
年），頁74。

[21] 黃榮堅，〈論通姦之除罪化〉，收於氏著，《刑罰的極限》（台北：元照出
版社，1999年），頁1-7。徐昌錦，《通姦罪除罪化：案例研究與實證分析》
（台北：五南圖書公司，2006年），頁219-235。黃源盛，〈色戒－從無夫姦
到通姦除罪化的百年滄桑〉，收於氏著，《晚清民國刑法春秋》（台北：犁
齋社，2018年），頁421-451。

灣，實施逾七十年以來，上述所揭示的諸大原則，已逐漸可以為社會大眾所接納，而落實於司法實踐中。

　　民國三十五、六年間（1946、1947），美國哈佛大學法學院院長龐德（Roscoe Pound, 1870-1964）應當時司法行政部之聘，同時兼任教育部的法律教育委員會顧問。他盛讚1930年代南京國民政府所制頒的新法典，認為對於各國的最新立法例，幾已搜羅殆盡。甚至說過：

> 以後中國的法律不必再一意追求外國的最新學理，中國的法律已極完美，往後的問題，應當是如何闡發其精義，使之能適應中國的社會，而成為真正的中國法律。[22]

　　於今檢視，此番評論，前段言及立法，雖不無「溢美」之詞；但後段說到司法實踐，語重心長，相當懇切，可以說有洞識之明。

　　為了解決超前立法或超文化立法所形成的特殊社會困境，「法治教育」或許是另一種引領法文化進行變遷的方式。簡單地說，繼受本土所不熟悉的先進法制，使法規範走在本土法律文化的前端，民眾通常是先抗拒，而後才能緩慢適應，予以接受，終被轉化，乃至被同化；然而，國民在成長過程中所接受的傳統法觀念，卻最容易烙印在腦海中，終身難去，而不斷與外來的繼受法產生衝突。

　　其實，文化價值的轉化總是最為艱難，最是需要時間。作為以繼受外國法為主的國度，與其對超前立法或超文化立法排斥、抗拒，不如下定決心，由「法教」入手，透過「法治教育」的完整實施，使現代法治觀念在官與民的心靈逐步奠下根基，自然而然地成為其社會生活的準則，法律繼受這條路才會走得平穩而踏實。遺憾的是，晚清民國的政治長期紛紛擾擾，社會又動盪不安，致使「法治教育」這項工程遲遲未能向前推進。

---

[22] 參閱張文伯編著，《龐德學述》（台北：中華大典編印會，1967年），頁162。另參閱王伯琦，同上注20，頁77。據王氏書上所說，這段話是他親聞龐德的發言所得。

肆、傳統法秩序與近代法律思潮的融合

　　就法律繼受的類型來說，有所謂「同質法繼受」與「異質法繼受」兩大類，前者指的是母法國與子法國的固有法係屬同性質；而後者是指子法國的原生態法規範、法制度，乃至於宗教、經濟、社會文化等背景，與母法國大相逕庭。很顯然，晚清民國的法律繼受是屬於後者。為此，論列有關這五十年間法律繼受的得失，不能僅止於規範條文間的比較，還要進行制度的比較，甚至深入探究其發展狀態及與固有法調合的情形。

　　我們常聽說，晚清民國的法律近代化之所以成效不彰，是因為繼受而來的外國法與傳統法文化無法契應，甚至相互悖離，是耶？非耶？到底，橫的繼受與縱的傳承要如何溝通融合？確切而言，立法繼受並不祇是立法者一次的立法行為而已，而是長期社會變遷與法律變遷的適應過程。[23]其成敗，應可在嗣後的法律適用及國民法律生活意識的落實程度上得到驗證；在法制西化過程中，晚清民初乃至國府時期新法的創制是受內外情勢交迫之力而來，這是一種強制性的繼受，不得不選擇放棄以家族、倫理、義務為主的本土法律意識，並接受個人、自由、權利為本位的近代西方法律思想，嚴格說來，這並不是心甘情願的任意繼受。

　　以民國十八年至二○年代（1929-1930），國民政府立法院制定完成並先後頒行的《民法》各編為例，如何將民族固有法意識及歐西近代法律思潮兩相兼顧，是件很不容易的事。當時參與立法的吳經熊（1899-1986）曾論說：

　　全部民法已由立法院於最近兩年中陸續通過，並正式公布了！此後中國已為一個有民法典的國家了，這是在法制史上何等重要、

---

[23] 〔德〕Anfred Rehbinder，〈從法社會學觀點探討外國法的繼受〉，同上注1。

何等光榮的一頁！但是，我們試就新民法從第一條到第一二二五
條仔細研究一遍，再和德意志民法及瑞士民法和債編逐條對校一
下，倒有百分之九十五是有來歷的，不是照張謄錄，便是改頭換
面！這樣講來，立法院的工作好像全無價值了，好像把民族的個
性全然埋沒了！殊不知內中還有一段很長的歷史，待我分解一下
吧：第一，我們要先明白，世界法制，浩如煙海，即就其犖犖大
者，已有大陸和英、美兩派，大陸法系復分法、意、德、瑞四個
支派。我們於許多派別當中，當然要費一番選擇工夫，方始達到
具體結果。選擇得當就是創作，一切創作也無非選擇；因此，我
們民法雖然大部分以德、瑞民法作借鏡，也不能不問底細就認為
盲從了……俗語說的好，無巧不成事，剛好泰西最新法律思想和
立法趨勢，和中國原有的民族心理適相脗合，簡直是天衣無縫！[24]

　這或許是吳先生期勉國人的強烈願力，誠然，新民法確有其優點，
但也未必皆與國情相應；尤其對於最後兩句「剛好泰西最新法律思想和
立法趨勢，和中國原有的民族心理適相脗合，簡直是天衣無縫！」是否
果如其然？仍有討論的空間。雖然如此，我還是相當欣賞「選擇得當就
是創作，一切創作也無非選擇」這種說法。然而，不能迴避的是，中國
法律文化傳統悠遠，一脈相承，繼受歐西法制，如果單從政治及技術層
面著手，顯然無法克盡其功，勢必經過「文化重整」的階段。雖自隋唐
以迄明清，中華的法律文化曾是東亞地區的先驅者，它向周邊輻射的結
果，也曾形成所謂的「東亞法律文化圈」。[25]然而，昔日的光彩卻成為
嗣後法律繼受的負擔，沉重的歷史包袱，伴隨著大部分地區仍屬極度落
後的農業經濟，另摻雜了晚清民初社會經濟和政治構造間的錯綜矛盾，
新的法律文化和現實國民性間存在著深大的「泥濘」，在這泥濘中，

---

[24] 吳經熊，〈新民法和民族主義〉，收於氏著，《法律哲學研究》（北京：清
華大學出版社，2005年），頁171-176。

[25] 楊鴻烈，《中國法律在東亞諸國之影響》（台北：臺灣商務印書館，1971
年），頁1-36。

1949年以前的中國大陸，在法律近代化這條路上，顯然坎坷崎嶇，步履很是蹣跚。

　　日本法社會學家末弘嚴太郎（1888-1951）於1940年代曾赴華北農村作習慣法調查，提出了「不連續性的渦流」說法。[26]他發現中國傳統秩序與不斷變化、不斷生成的民國近代法律秩序之間，存在類似於氣象學中高氣壓與低氣壓的關係，在兩者邊緣出現了新的氣象。申言之，固有地方性的非正式規則和認知與主政者新頒的法令互動，導致整體確定性與局部隨機性同時出現，這正是複雜性系統的特徵，這種狀況既是傳統中國社會秩序原理的顯露，也顯示民國的近代法律繼受如果要快速的「在地化」，戛戛乎其難哉！

　　可見，法律縱然可以在一時之間繼受改變；問題是，繼受後的法律，其實踐性如何？歐陸的近代「六法」乃經過數百年的理論變遷、實際運作，逐漸茁壯而成。反觀晚清民初的近代立法，則是成事迅速，並未經歷此生根、成長的階段，短期間內要從傳統中國「控制彈壓式的法」轉成近代歐陸「保障規範機能式的法」，自不易達成。在法律執行面上，要從具體道德規範的實踐，轉向抽象法律原則的邏輯推演，也有困難。尤其，本國的法學理論、法律政策與官民之間法的觀念等方面無法配合時，更易出現立法理想與行法實際之間的巨大鴻溝。

　　以南京國民政府來說，南北一統後，新政權建立，由於對外要廢除不平等條約，撤廢列強在華的領事裁判權，收回司法主權，開展民族革命；對內要打破舊的法律傳統，實行民主革命。在「革命」浪潮的推動下，全面開始啟動新的法典化運動，自1928年至1936年間，先後完成了《刑法》《刑事訴訟法》《民法》《民事訴訟法》及《憲法草案》的創制及頒布施行，初步形塑了「六法體系」，中國法典近代化的進程完

26　參閱〔日〕末弘嚴太郎，〈法律と慣習〉，收於氏著，《日本諸学講演集第十五輯》（東京：内閣印刷局，1944年），頁3-5。再參閱末弘嚴太郎，〈調查方針等に関する覚書〉《中国農村慣行調查》（東京：岩波書店，1952年），第1卷，頁19、26。另參閱季衛東，同上注14，頁46-47。

成階段性的任務。這個時期，法律創制的力道大、節奏快、成果豐、變革多，法律文本的系統詳備程度之高，在中外法律史上的確難得一見。[27]

不過，法律創制的超高效率，並不等於司法實踐的順暢；近代中國法律基本上是外來的產物，繼受過程儘管可以簡短，本土化的時程則須相對漫長，否則，立法與司法容易產生脫節，兩者自會有其嚴重的「時間差」。眾所皆知，傳統法規範與舶來法律無法一刀兩切，法律規範又要與時俱變，倘要消弭其間的差距，一方面，須透過社會變遷，篩汰不合國風、民情或時宜的法規範；另一方面，要透過司法主體的高度智慧及巧妙運作，將傳統司法與近代司法原則兩相結合，調整法律對社會生活的適應性，也使社會生活儘量與當代法律導向趨同。如此，才有可能衡平先進法律與實際生活之間的腳步，彌合當中間隙的脫節，推進社會平穩變遷。

仔細想來，晚清民初、北洋政府、南京國民政府，各個時期對於近代歐陸法或他國法的繼受，可以使我們得到這樣的啟示：改變法文化的契機，完全在中國的古聖經義或傳統倫常禮法中去尋找是不夠的，必須要敞開大門，匯納世界其他先進法律文化，注入非中國法文化的精神，加以比較、選擇與吸收，截長補短，才有可能產生新的法律文化。論者提出了「傳統的創造性轉化」這一命題，指出：

> 人們接受或拒絕某種文化，歸根到底取決於利益和需要；但在接受外來文化時，如能在傳統中找到結合點，往往可以減少阻力，這就是傳統的創造性轉化。[28]

究其實，法文化轉換的現象，無外乎是出於無奈或自願，通常是強

---

[27] 張玉法曾說：「在國民政府艱苦建國的十年中，不管法律的增修和司法的改良，都有顯著的進步。」參閱氏著，《中國現代史》（台北：東華書局，1994年），頁494。

[28] 袁偉時，〈"刑法"的變遷與本世紀中國文化的若干問題〉，收於張志林主編，《自由交談》（四川：四川人民出版社，1998年），第1輯，頁107。

勢法律文化往弱勢法律文化區的輸出；而其過程則為本土法律文化對外來法律文化抗拒、屈從與轉化。「創造性的轉化」一詞由歷史學者杜維明（1940-）所提出，在這裡可以引申來說，是指從傳統中找到正當性或合法性，其實是一種改革的策略。[29]

　　我們也得肯認，之所以要繼受外來的法律，絕不單單祇是政治、經濟、軍事落人之後，也確實存在著一個傳統中國法律已無法適應當代社會的快速變遷問題，承認西方近代法律的相對先進性，就可以給予清末民國輸入歐陸法律一個適當的疏釋。因為洞察並承認西方法律文化的理性成分，而加以引進、轉化，將促進本身法律文化的滋長，進而有利於消除歷史的、現實的隔閡，加速文化交流，並在交流中省察自己的不足，及時調整規範重建的政策定向。

　　當然，清末民國以來法律的近代化，追求的是與列強法治先進國獨立、平等與合理的法制，而在這些追求當中，勢必要對傳統加以整理、評鑒、批判，甚至大部分的揚棄，但絕不是、也不必對傳統的全面否定。再明白地說，清末民國初期的法律近代化，是傳統與近代掛鉤接榫的歷史運動，所意含的不祇是消極地對傳統巨大地摧毀，也不是簡單地剪裁與拼湊；而是要在學習他國法制模式的同時，也能多加省視本身的文化感情與社會的客觀現實，喚起國人自尊與理性開拓的精神，進而一步步地轉化傳統，使新生的法律可以運作，可以展現出活性化的一面。

伍、結語

　　我常這麼想，晚清民國法律近代化之所以困難重重，原因固多，主要或在於謀求近代化的過程中，一直未能與傳統取得協調，從而，也就

---

[29] 杜維明，〈創造的轉化－批判繼承儒家傳統的難題〉，收於郭齊勇編，《杜維明文集》（武漢：武漢出版社，2002年），第1卷，頁296。

未能獲得傳統的協助，甚至相互干擾，牽制了近代化的腳程。而歷史清楚地顯示，現在乃過去所蛻化，又所以孕孕未來；20世紀前半葉以來法律繼受的經驗提醒我們，法制的變革和建設，涉及到各種社會關係和不同團體的利益衡量。因此，要改革舊法制、建立和健全新法制，絕不能孤立地進行，必須與其他政治、社會、經濟乃至教育、文化改革相互配合，而且要費很大的力氣才能改變這些觀念。

所謂「變法難，變法的觀念更難」，國家法規範不外是一套價值系統的體現，徒法不足以自行，而行法用法除了法律邏輯的推演之外，更脫離不了文化價值觀念與人民法律情感的作用。在法制改革或立法活動中，如果，執政當局與普羅百姓沒有相應的新思想、新觀念的轉變；如果，不排除舊思想、舊觀念的干擾；如果，不在信念中樹立個人尊嚴與價值，進而確實瞭解法律與個人權利自由及民主法治關係之不可分。那麼，新的法律就很難產生；即使產生，也很難以真正得到落實。因為，法的繼受並不祇是法典骨架的「移植」，必須法的本身適應一個社會的生活，才能長出靈肉。

凡事常須回頭看，「不知來，視諸往」。20世紀後半葉以來，海峽兩岸各自的法治進程，雖稍有所成，但仍須經再轉化與深化，不應猶停留在「嫁接」的階段；必須透過具體的實踐，汲取法制改革的經驗，方能以本土為主體，就引進的法學理論與異質法規範進行反思。其實，傳統與現代之間並不是那麼涇渭分明，也沒有所謂的楚河漢界，它有斷裂、也有延續；尤其在官民的法律意識面向上，更是如此。檢討過去，無非是為了策勵將來，如何聯結既往的經驗以把握當下？如何提升國際的視野以思考自我與他者之間的關連？如何融入全球化的社會變遷與法律變遷中而能圓融運作？如何將「傳統」與「現代」作理性的結合？或許這才是我們要永續經營的！

上篇

法律繼受與法典編纂

第一章

從《清史稿・刑法志》論刑法的古今絕續

壹、序說

綿延兩千多年中華法系的刑律，到了清代晚期，引進歐陸法，產生了深刻的形變與質變，而屬於舊文化所孕育的法律體系也隨之而邅變。《清史稿·刑法志》〈前言〉中有這麼一段關鍵性的敘述：

> 德宗末葉，庚子拳匪之變，創巨痛深，朝野上下，爭言變法，於是新律萌芽。迨宣統遜位，而中國數千年相傳之刑典俱廢。是故論有清一代之刑法，亦古今絕續之交也！[1]

趙爾巽（1844-1927）以古稀之齡主持編纂《清史稿》，在呈報〈開館日期文〉中也曾指出：

> 且大清一朝，兵、刑、食貨、外交、交通等事，均視前代大有變更，不能盡沿前史之例，凡茲辦法，俱待講求。[2]

傳統中國，自漢以降，當政者大都重視以禮教治天下，同時也留心以刑政輔禮教之不足。翻讀歷代正史，將〈刑法志〉列為一目者，共有十三部，其始為東漢班固（32-92）所創；一代刑律，關係至重，司馬子長（145 B.C.-86 B.C.）《史記》未列，不知有意？抑或無心？有清諸帝，多相信刑罰之中與不中，足可以影響盛衰治亂，於刑法恒再三致慎，相當難得。《清史稿》已經意識到清代所經歷的時代大變動，尤其是光緒末年，各種典章制度、法律規範等均出現質的變化，編修清史自應有異於以往歷朝歷代，這一點在〈刑法志〉中體現得特別明顯。

而許受衡所撰的〈刑法志〉，見於《清史稿》卷一四二至一四四，

---

[1] 趙爾巽等撰，《清史稿》（北京：中華書局，1976年），卷142，志117，〈刑法一〉，頁4181。

[2] 引自〈清史館館長趙爾巽呈報開館日期文〉，原登於民國三年8月，《政府公報》，第837號，收於《清史稿》（台北：洪氏出版社，出版年份不詳），第1冊，頁10。

〈志一百十七〉〈志一百十八〉〈志一百十九〉等三卷，凡一萬九千餘字，光緒朝變法修律諸事，約占全稿近半的篇幅。如此重視這段法制歷史，一方面或與時代政局變遷有關，蓋自光緒二十八年以迄宣統三年間（1902-1911）的變法修律，雖衹不過是清朝近三百年國祚中的一小段；但是，就法制而言，這十年的變化卻是空前的，超越了任何一個帝制王朝，可說是亙古未有的舉措；另一方面，也或與民初時人所關切者有關，因清末所新頒的刑律，在北洋政府時期基本上延續了下來。

　　關於《清史稿》的史源問題，言之詳者，有朱師轍所撰輯的《清史述聞》；此外，也有注釋書與文章針對〈刑法志〉作過探析[3]，不再贅述，僅稍鉤玄其要，而將重心著意於所謂「論有清一代之刑法，亦古今絕續之交」這句話。何為古？何為今？絕者何？續者何？絕續之理何在？歷史與時代的意義何在？凡此大哉之問，自無法完全以《清史稿・刑法志》的文本作為立論的單一依據，仍須參酌其他相關史料，否則，將淪為「考辨」之學，此非本章以刑法史學為中心的原先設想。為此，擬分別從法典編纂體例中的立法技術與律例關係、立法指導精神中禮刑的分合界限、刑罰本質理論與具體措施等幾個實質面向，考察從清代到晚清民國有關刑事法制基本原則的變與不變，同時，也針對〈刑法志〉中若干值得商榷的問題進行思辨。

貳、《清史稿・刑法志》史源述要

　　觀夫歷代興亡，後起政權，必修前朝之史，以存一代典章，述興衰之由，明成敗之跡，用以昭示來茲。清廷傾頹，民國肇建，依「隔代修

3　李祖蔭等撰注，《清史稿刑法志批註》（北京：法律出版社，1957年）。李典蓉，〈「清史稿・刑法志」史源問題探析〉《清史研究》，2012年，第4期，頁91-103。李典蓉，〈試論「清史稿・刑法志」作者許受衡〉，未刊稿，發表於「中國古文書學國際學術研討會」，2014年10月30日。

史」的往例，民國三年（1914）北洋政府特設清史館纂修清史。其編
纂工作約略可分為三期：即民國三年夏開館到五年（1916）春袁世凱
（1859-1916）去世為第一期，袁世凱離世到民國十五年（1926）底為
第二期，民國十六年（1927）初籌備刊印史稿到十七年（1928）6月閉
館為第三期，前後歷時約十四個年頭，比之修《明史》的五十七年，顯
然倉促許多[4]。而作為一個以修前朝史為專責的文化機構，清史館與民
國政府的隸屬關係到底為何？清史館館長一職是否屬於民國政府的官
員？當時北洋政府對此並未有明確的說詞，也許是袁世凱有意模糊其官
方性質，淡化其政治色彩，以便達到籠絡「通儒」和「舊臣」的目的。

　　歷來使用史籍探析傳統法制，無非想要進入文本所記述的「現象世
界」，首先瞭解作者是如何甄選材料？再端詳是如何建構此等史實？進
而觀察是如何評價此等法文化現象？在本節裡，將扼要述說清史館編纂
《清史稿》的人與事、裡與外，尤其關注何以在多篇稿件中，許受衡的
〈刑法志〉得以獨獲青睞，其書寫方式與之前歷代的〈刑法志〉到底有
何突出？

一、編纂機構性質與編纂人員身分

　　由於《清史稿》的編纂，無論是撰述成員或修史方法都難稱成熟，
故取名「史稿」，有類長編，仍有待後人的刪訂。何以這部《清史稿》
會出現諸多爭議而為南京國民政府所封存，迄今未能廁身「正史」之
列？考其原由可能有三：

　　其一，時勢迫促、經費不濟：清史館開館之初，經費初定為每月十
萬銀元，最高級人士月薪達六百元，資金尚稱充足；自民國三年夏至五
年春，纂稿還算多，但因缺乏統一體例，所成之稿能用者甚少；從民國

---

[4]　《明史》纂修，順治二年（1645）設館，康熙十八年（1679）開始修史，雍
　　正十三年（1735）初稿完成，乾隆八年（1739）全部刊刻進呈，實際修史歷
　　程五十七年，是中國歷史上纂修時間最長的一部史書。

六年張勳（1854-1923）復辟，清史館閉門數月，稿亦停頓。後雖恢復，政府以財政艱難，經費已削減，時有拖欠扣減之舉，撰人漸散。繼以連年直皖、直奉之戰，北平東華門時啟時閉，館員不能調書查考，停頓也多。加以薪水減少而又減，已不足以養人，有時欠薪，其極少時僅得十分之二三，故至館中之員，等於半盡義務，大多為贊成清史必修成之人[5]。

其二，修史人員流動頻繁，史稿成於眾人之手，尚多疏漏：《清史稿》修史之初，撰述體例並無統屬，各自為政，編寫時彼此間也很少相互照應。民國十六年，《清史稿》全稿略具，趙爾巽館長以時局多故，加上年老力衰，亟思告竣，始議發刊。惟眾多論者以為全稿尚未綜核，遺漏牴觸之處頗多，仍宜加以修改。事未決，不久，館長病情危篤，有人力贊刊行，遂決定付梓[6]，連趙爾巽自己也說，《清史稿》為「急就之章」「未臻完整」[7]。

其三，涉及新舊兩派人事之爭：由於袁世凱設置清史館的動機並不單純，開館伊始，館員的性質及編纂人員的身分地位牽扯甚深[8]。尤其，新派人士對該館編纂清史的態度和立場持質疑的態度，這種不信任一直持續到閉館，乃至南京國民政府建立後仍不肯認《清史稿》。

要問的是，為什麼時人對於《清史稿》的評價負面居多？為什麼大多認為是遺老修史，立場反動、觀點落後？別的篇章姑且不論，僅以〈刑法志〉來說，其實，仔細分析曾參與編修的人員，所謂忠於清室最保守的真正「遺老」們並未入館，而鼓吹西學最力之新學人士也沒有意願與列，絕大多數的入館者，大致為精通舊學且對新舊朝的更迭無特別意識偏執之耆儒。

5　朱師轍撰輯，《清史述聞》（台北：樂天出版社，1971年），頁75。
6　朱師轍撰輯，同上注5，頁79。另參閱〈故宮博物院呈請嚴禁清史稿發行文〉，收於朱師轍撰輯，同上注5，頁418-424。
7　趙爾巽，〈清史稿發刊綴言〉，收於趙爾巽，同上注1，頁46。
8　伏傳偉，〈傳統與西化的取捨：民國舊知識人的法律觀－以《清史稿·刑法志》編纂為中心的考察〉《政法學刊》，2012年，第29卷第4期，頁5。

據資料顯示，曾列名或實際參與〈刑法志〉編纂工作的成員，前後共有五人，即：王式通（1863-1931）、張爾田（1874-1945）、李景濂（1869-？）、許受衡（1862-1929）、袁勵准（1877-1935）等[9]。從彼等的出身背景看來，除了袁勵准屬「遺老」外，其他四人至少有三位是具備有法律的專業素養，可見，清史館選人的標準，與其說純然是看重政治立場，毋寧說是側重在專長實學。

二、許受衡〈刑法志〉的書寫方式

事實上，在《清史稿》成書之前，清朝國史館本纂修有《大清國史刑法志》與《皇朝刑法志》[10]，而民初清史館也有其他館員所纂寫的〈刑法志〉與〈刑法〉底稿。啟人疑竇者，《清史稿》最終卻採用了館外人員許受衡所撰的〈刑法志〉稿本，許氏何許人也？

許受衡，江西龍南縣人，字璣樓，光緒二十一年（1895）乙未正科會試進士，歷任刑部主事、陝西司主稿、秋審處兼行總辦、律例館提調、律例館纂修、法律館協修、法律學堂提調等職。光緒三十一年（1905）8月，補授四川司主事；10月，奏調大理院任用。三十三年

---

[9] 王式通，光緒二四年（1898）進士，長期任職刑部，清末曾赴日本考察，兼遊學於法政大學；變法修律期間，為修律大臣沈家本的左右手，並擔任京師法律學堂提調。民國建立後，曾任司法部次長。〈刑法志〉初期擬由王氏纂修，但終未交稿，改由張爾田（原名采田）接手，只成一卷；張氏，清末曾任刑部廣西司主事，江蘇試用知府等職。李景濂，光緒三十年（1904）進士，歷任內閣中書、學部總務司案牘科主事、北京法政專門學堂教員；民國後，曾任國會眾議院議員，李氏亦撰有〈刑法志〉一卷，約二萬字，未用。袁勵准的〈刑法志〉稿約一萬五千餘字，其內容近似袁氏在前清國史館的舊稿，可能是增補舊稿而成。伏傳偉，同上注8，頁6-7。

[10] 台北的故宮博物院現藏刑法志，為數頗多，其中清朝國史館纂修者，有八行紙舊本《皇朝刑法志》、八行紙清本《刑法志》、舊八行本《刑法志》以及續鈔本《大清國史刑法志》等。其中，《大清國史刑法志》為乾隆十三年（1744）修訂告竣的志書，而《皇朝刑法志》共二十卷，記載終於嘉慶二十五年（1820），可能是《大清國史刑法志》的續纂本。參閱莊吉發，〈故宮檔案與清朝法制史研究〉，收於黃源盛主編，《法史學的傳承、方法與趨向》（台北：中國法制史學會，2004年），頁227-231。

（1907）3月，奏派大理院詳讞處總核；5月，奏署大理院刑科第一庭推事；8月，簡任刑科推丞。變法修律期間，曾為修律大臣沈家本（1840-1913）的屬下，參與《大清現行刑律》的修訂[11]。宣統二年（1910）12月，署理總監察廳廳丞。清室覆亡後，仕祚不絕，仍任職於民國政府，十二年（1923），官至江蘇高等檢察廳檢察長，卒於十八年（1929）。如此完整而豐富的秋曹歷練，雖出身科舉，舊學根底深厚，但史學究非其專長，可說是一個新舊過渡期的「法律人」。

至於〈刑法志〉的初稿版本既有多種，許受衡所撰之稿所以能脫穎而出，想來並非偶然，按清史館的供稿方式，有一人負責多稿，或多人各供草稿，擇一而刊。〈刑法志〉採取的方式是將稿分給不同的館員各自撰寫，再作選擇，但都不適用，館長趙爾巽只好向館外許受衡邀稿。而許氏之稿最終受肯認，其可得而言者可能有下列兩端：

其一，纂寫方式或受《明史‧刑法志》的影響

關於歷代刑法志的書寫體例，大致上均有一定的模式，除敘述立法原意、儒家恤刑精神、法制發展沿革以及本朝的法令修訂大要外，另列舉出數個受重視的司法實例[12]。以典章制度而言，清承明舊，《清史稿》之撰寫似乎也有意無意間取則於雍正十三年（1735）成書的《明

---

[11] 有關《大清現行刑律》的刪修，參與修訂者為王世琪、許受衡、羅維垣、吉同鈞、周紹唐及董康等六人。詳參黃源盛，〈帝制中國最後一部傳統刑法典〉，收於氏著，《法律繼受與近代中國法》（政治大學法學叢書55，2007年），頁159-195。江庸對於《大清現行新刑律》的編修曾道出貶多於褒的評價：「是書僅刪繁就簡，除削除六曹舊目而外，與《大清律》根本主義無甚出入，與今之《新刑律》亦並未銜接，實不足備新舊律過渡之用，蓋與斯役者，皆刑部秋審處及刑幕人員，其學問、思想不能出《大清律》範圍之外也。」江庸，〈五十年來中國之法制〉《最近之五十年——申報五十周年紀念》（上海：申報館，1922年）。

[12] 參閱陳曉楓，〈《歷代刑法志》：話語、語境與前見作用〉，收於倪正茂主編，《批判與重建：中國法律史研究反撥》（北京：法律出版社，2002年），頁265-288。

史》體裁。《明史》素以體例嚴謹、文字簡括而為後代史家所稱譽[13]，共分三卷：〈卷一〉言明代的立法活動和贖刑；〈卷二〉講明代司法，敘中央審判制度與帝王恤刑、慎刑紀錄；〈卷三〉專述於司法之外的詔獄、廷杖、廠衛、讞獄。而《清史稿‧刑法志》也分三卷；卷一〈志一百十七〉，前半段主要敘述清代刑制沿革概況，後半部分則詳細記述了晚清的變法修律以及修律過程中的「禮法爭議」情事。卷二〈志一百十八〉，列述刑罰制度的變遷，並介紹清末修律時對於刑罰體例的具體改革。卷三〈志一百十九〉，敘述審判與監獄制度，內中言及鴉片戰爭後清廷領事裁判權的喪失問題。兩相對比之下，《清史稿‧刑法志》〈卷一〉與〈卷二〉，書寫方式與《明史‧刑法一》相近，專論歷朝法律頒定與五刑沿革。〈卷三〉則近似《明史‧刑法二》，先言中央法司設立，繼言朝審、秋審、熱審、停審、錄囚、審級、越訴以及具有清朝特色的宗室蒙古讞獄。

《明史‧刑法志》，據清初王世禎（1634-1711）記，執筆者是姜宸英（1628-1699）；姜氏雖博學，工文詞、精書法，但法律並非其所長；加之清初修《明史‧刑法志》時，缺乏足夠的法制史料可供查考，故不確處仍多[14]。即使如此，一般的評價，大多認為該志詞句通達、敘事清晰，頗有可觀。而「隨步」明史，原為民初修清史所訂的體例方針，細讀許受衡稿，通篇完整、平實流暢，或是入選的主因。

其二，論敘史事略遠詳近、輕重分明

志書雖以年為序，但主在敘述朝章國典，不在編年記事；私人撰史

---

[13] 清代史學家趙翼說：「近代諸史，自歐陽公五代史外，遼史簡略，宋史繁蕪，元史草率，惟金史行文文雅，敘事簡括，稍為可觀，然未有如明史之完善者。」此雖言整部《明史》，惟〈刑法志〉理當也含括在內。

[14] 楊一凡，〈中華法系研究中的一個重大誤區〉，收於氏著，《重新認識中國法律史》（北京：社會科學文獻出版社，2013年），頁109-110。王偉凱，《〈明史‧刑法志〉考注》（天津：天津古籍出版社，2005年）〈前言〉，頁3-4。

和公家修史，其精神本就有殊，許稿對於舊律僅陳其綱要，新律則舉其爭議，變遷之樞，述之詳矣。而現實生活裡，當代各事大都從最近歷史遞嬗而來，關係最為密切，此頗符合史家「詳近略遠」的原則。滿清入關之後，法制大都承自明制，又有所變通，粲然可舉；自歐風流入，其制丕變，一代典制之可述者，經緯萬端，許稿傾其大半之力在述說清末變法修律諸事，自本其學術閱歷所得而寫。尤其，對於該段史事，事實之搜輯，想必早已懷之有素。而清代律例明確規定旗人和漢民同罪異罰，並設立專門的司法機構以維護旗人的特殊地位，許稿陳述宗室旗員犯罪，先言審理機構，再分笞、杖、徒、流、死諸罪，論其刑罰，層次井然。對於制度與法令的變遷處則輕描淡寫，雖略顯簡約，但立論分點顯明扼要[15]，具有輕其所輕、重其所重的特色。

　　值得一提的是，歷代以來的〈刑法志〉有名之為〈刑罰志〉，亦有稱為〈刑志〉者；許稿〈刑法志〉雖名「刑法」，實則兼含法制與司法審判、監獄諸事，並不純粹祇言「犯罪」與「刑罰」，可說是採廣義的「刑事法」概念。

參、從規範混同與律例合編到罪刑專典與判例要旨另輯

　　傳統中國刑典的結構形式，有稱為「諸法合體、民刑不分」者[16]，

---

[15] 李典蓉認為，許受衡稿比較淡化「本朝」意識，例如：有關太祖、太宗、世宗等稱呼，原為皇帝廟號，後代紀錄前朝之事，以廟號稱呼帝王，向例，不似清國史館諸稿稱皇帝為「上」。論敘時也不以帝王作為主軸，而以制度為主線，時將明制與清製作比較，改外藩名號為蒙古，較無「故臣」習氣。李典蓉，同上注3，頁98。不過，本書認為，許稿如此中性筆法，固為避免陷入意識型態之爭，但此點理由並非主要，僅屬其次。

[16] 有關傳統中國法的法典結構是否可概括為「諸法合體、民刑不分」，學界多所爭論，其詳參閱胡旭晟，〈中國古代法結構形式的特點爭議〉，收於氏

也有認為傳統中國法制有類似於當今「民事」或「刑事」之區分者[17]；而我則較常以「規範混同、以刑為主」名之[18]。至於刑事法典的編纂方式，時至明清時期，已出現「律後附例」的立法體例，律與例的位階關係如何？《清史稿》上怎麼說？是否的論？又晚清繼受歐陸刑法以後，是否另有一番新的風貌？在這裡，除了引述前人既有的論點外，也將提出《大清律例》中「律」與「例」合體的編纂方式與民國以來的判例要旨制度其實有著根本上的差異。

一、《大清律例》中的規範混同與律例關係

有關《大清律例》的時代分期大致有三：自順治到雍正時代為形成期、從乾隆到道光時代為安定期、由咸豐到光緒時代為解體期[19]。詳言之，清朝立法始於努爾哈赤（1559-1626），《清史稿·刑法志》提及：「清太祖嗣服之初，始定國政，禁悖亂，戢盜賊，法制以立。」[20] 經順治、康熙、雍正，完成於乾隆，所謂「高宗運際昌明，一代法制，多所裁定。」《大清律例》是有清一朝最主要的基本法典，順治元年（1644），清廷以「詳繹明律，參酌時宜，集議允當，以便裁定成

著，《解釋性的法史學》（中國政法大學出版社，2005年），頁174-181。另參閱楊一凡，〈對中華法系的再認識—兼論「諸法合體、民刑不分」說不能成立〉，收於倪正茂主編，同上注12，頁147-202。

[17] 日本學者寺田浩明研究清代司法制度，認為雖不存在現代所謂「民事審判程序」與「刑事審判程序」之類程序性質上的區分，但事實上仍有以民事案件和微罪案件為主要對象，州縣地方官就擁有最終處理許可權的「州縣自理」審判，和以較重大的犯罪案件為對象，程式上採取「必要的覆審制」，在州縣以上的不同級別分配最終處理許可權的「命盜重案」審判，而從清代的訴訟檔案也可發現，當事人的狀紙上分別加蓋有「刑」或「錢」字樣。凡上種種，似可證明，傳統法制有類似於「民事」」或「刑事」的區分。以上詳參寺田浩明，〈清代司法制度研究における法の位置付けについて〉《思想》，第792號（東京：岩波書店，1990年），頁179-196。

[18] 黃源盛，《中國法史導論》（台北：犁齋社，2016年），頁86-92。

[19] 參閱〔日〕谷井俊仁，〈清律〉，收於滋賀秀三編，《中国法制史—基本資料の研究》（東京大學出版會，1993年），頁584以下。

[20] 《清史稿·刑法志》，頁4182。

書。」作為指導原則[21]，著手制定成文法典，三年（1646）律成，並附以條例，定名為《大清律集解附例》，頒行全國。十三年（1656）頒滿文版《大清律》。康熙二十八年（1689）復將之前十八年（1679）纂修的《現行則例》附入《大清律集解附例》之中[22]。雍正元年（1723）又命續修，三年書成，五年頒布《大清律集解》。乾隆五年（1740）再逐條修訂後，更名為《大清律例》，六年繕寫刻樣告竣，八年刊刻結束，開始刷印，在八年到九年之間，利用層層下發的方式頒行天下[23]，完成了清代最為系統，最有代表性的成文法典。

由於古今異制，自從清末民初繼受歐陸法以來，諸多用語概念已無法強加比擬。倘要硬比，《大清律例》就其結構形式看，以當今的法律分類概念，基本上，性質屬於「刑法典」，祇不過，法典的內容往往涵蓋了有關民事、訴訟和行政等方面的規範事項，且大都以刑罰制裁作為其法律效果。

此外，《大清律例》雖歷經修訂，僅增附於各條律文之後的「條例」，而律文則無多變動。清朝立法的特色，不僅是「律例」合纂，還在於修「例」不修「律」。歷經順、康、雍、乾近百年，三、四次大的修律活動，逐漸趨於定型。所謂「定型」，並不是不再發展，而是其律文保持相對的穩定，雍正後律文436條，不再增損；而其「附例」據《大清會典》云：「條例五年一小修，十年一大修」，不過，這或只是理想上的要求，實際上，並不如此拘泥。據查：康熙時修律，附例290條；雍正時修律，例已達815條；乾隆五年頒行《大清律例》，附例

---

[21] 同上注20，頁4182。另參閱清順治三年，《御制大清律序》。

[22] 《清史稿‧刑法志》說：康熙「十八年，特諭刑部定律之外，所有修例，應去應存，著九卿、詹事、科道會同詳加酌定，確議具奏。嗣經九卿等遵旨會同更改條例，別自為書，名為《現行則例》。」有關《現行則例》的內容，詳見沈厚鐸主編，《中國珍稀法律典籍集成》（北京：科學出版社，1994年），丙編第3冊，〈附錄：刑部現行則例〉，頁485-565。

[23] 有關《大清律例》的纂修及實際頒行進程，參閱陳重方，〈乾隆八年《大清律例》的頒行〉，收於中國法制史學會、中央研究院歷史語言研究所合編，《法制史研究》，2016年，第29期，頁77-123。

1049條，到二十六年增至1456條；乾隆以後，例愈修愈多，再經嘉慶、道光、咸豐、同治四朝，至同治九年（1870），陸續增至1892條。[24]另外，還有為數極其龐雜的成案、說帖、駁案、省例等，這些也都是在司法實務上被廣泛運用，而有待纂修的條例。

　　清代何以要「律例合編」？何以在司法實際運作中又出現巨大的「成案」彙編，乃至眾多的「省例」編訂？因非《清史稿‧刑法志》所敘述的重點，在此暫不論列，而把重心放在《大清律例》中的律本文及其附例之間的位階關係究竟為何？《清史稿‧刑法志》上說：

> 蓋清代定例，一如宋時之編敕，有例不用律，律既多成虛文，而例遂愈滋繁碎。其間前後牴觸，或律外加重，或因例破律，或一事設一例，或一省一地方專一例，甚且因此例而生彼例；不惟與他部則例參差，即一例分載各門者，亦不無歧異，輾轉糾紛，易滋高下。[25]

　　這般對於清代律與例的關係的素描，明顯抬高了「例」的地位，認為其法源位置在「律」之上，「以例代律」甚至「因例破律」，造成「律多成虛文」的局面，果如其然乎？這是清季律學家乃至民國時人所討論較多的議題。仔細考察此種看法，似乎與《明史‧刑法志》這一段話先後呼應：

> 始，太祖懲元縱弛之後，刑用重典，然特取決一時，非以為則。後屢詔釐正，至三十年始申劃一之制，所以斟酌損益之者，至纖至悉，令子孫守之。群臣有稍議更改，即坐以變亂祖制之罪。而後乃滋弊者，由於人不知律，妄意律舉大綱，不足以盡情偽之

---

[24] 「例」作為明清時期的法規範形式之一，寬泛說來，包括刑事、行政、經濟、民事、軍政等諸例，其功能各自不同，本書所指之「例」，僅係針對「刑例」而言。統計數字引自馬建石、楊育棠主編，《大清律例通考校注》（北京：中國政法大學出版社，1991年），〈序言〉，頁1。

[25] 同上注20，頁4186。

變，於是因律起例，因例生例，例愈紛而弊愈無窮。[26]

　　《清史稿‧刑法志》對清例的評價，自來學界引述者多，影響頗大。不過，有論者以為，如是講法，可議之處不少[27]；也有人認為，〈刑法志〉的觀點存在著「以點代面、以偏概全」而有失客觀[28]。彼等以為，「例」不可能從根本上取代「律」，而「律」成為「虛文」者仍屬極少數，況且很多是屬於在特定時期、特定條件下暫時成為「虛文」。以《大清律例》來說，「例」與「律文」兩相絕對排斥的，在全部近兩千條「條例」中所占的比重微乎其微，至多不過百分之二、三，遠不能代表律例關係的主流[29]。倘再以道光律與其所附條例比對查考，也沒有發現有一條律文是完全被例取而代之的。為此，乃主張律與例的關係為「律主例輔、律例並行」的體制。

　　是「以例破律」？還是「以例輔律」？有無其他詮釋的可能？楊一凡曾對例的發展演變及其歷史作用做過探討，提出：「後人在評價歷史上例的作用時，必須堅持實事求是的態度，要對不同時期制例、例的實施的積極和消極方面作出具體的、恰如其分的分析。」他進一步指出：「關於例在歷史上的積極作用，概括而言是：在法律不健全的時候，是對法律的補充；當法律相對健全的時候，著眼於情理，照顧到特殊，力求實現情法適中。」[30]這種見解相當中肯。

　　究其實，「律」和「例」都是清代國家基本的法規範形式，二者也都同時規定在國家基本法典《大清律例》之中；「律」為綱，是國家最

---

[26]　《明史》（中華書局，1974年），卷93，〈刑法一〉，頁2279。

[27]　一是對於清例的批評，只發表了議論，卻沒有用扎實的史料進行論證；二是此種觀點源於清末主張變法者批判律例的看法；三是對清例的批評，只是針對「刑例」而言，而不及「行政例」等其他例。參閱楊一凡，〈古代例的發展演變及其歷史作用〉，收於氏著，同上注14，頁112-113。

[28]　王侃、呂麗，〈明清律辨析〉，收於蘇亦工主編，《中國法制史考證》（北京：中國社會科學出版社，2004年），甲編第7卷，〈歷代法制考‧清代法制考〉，頁207-210。

[29]　蘇亦工，《明清律典與條例》（中國政法大學出版社，2000年），頁242。

[30]　楊一凡，同上注27，頁122。

根本的法規範，是法律的主體，有較大的穩定性；「例」為目，它的產生原初是根據社會的變遷，為補律文之不足而來，可使律更充實、更完備。《清朝通志》中云：

律以定罪，例以輔律。[31]

《大清律集解附例》中的「凡例」道：

律後附例，所以推廣律意而盡其類，亦變通律文而適於宜者也。故律一定而不可易，例則世輕世重，隨時酌中之道焉。[32]

此外，《刑案匯覽》的「序文」中也說：

夫決獄斷刑必衷律例，律垂邦法為不易之常經，例準民情在制宜以善用。我朝《欽定大清律例》，節經修纂，至當至精而用之也，要在隨時隨事比附變通，期盡乎律例之用，而後可以劑情法之平。[33]

從法制歷史的發展軌跡看，用「例」來補充「律」的不完備或僵化性，本屬法理之所當然，問題是，能否為了一事即立一例？為了遵循「例」而改變「律」是否妥當？實際上，在司法運用中，由於人為的因素，往往造成一種「不正常」的現象，甚至出現不少流弊。正如《清史稿・刑法志》上所說，到後來，已演變成「以例代律、因例破律」的局面了。清代的袁枚（1716-1797）對於當時律與例的衝突也洞燭其弊地指出：

蓋律者，萬世之法也；例者，一時之事也。萬世之法，有倫有要，無所喜怒於其間；一時之事，則人君有寬嚴之不同，卿相有

---

[31] 《清朝通志》（浙江古籍出版社，1998年），卷76，頁7205。
[32] 常頂、朱軾等纂修，《大清律集解附例》，書首〈凡例〉，清雍正三年刊本。
[33] 祝慶祺，〈刑案匯覽・序〉（北京：北京古籍出版社，2004年）。

仁刻之互異，而且狃於愛憎，發於倉促，難據為準。[34]

　　「律」與「例」聯用是明清以來傳統中國刑典的一大特點，它以成文法為主體，以維持立法、司法的統一；但「刑書所載有限，天下之情無窮，故有情輕罪重，亦有情重罪輕」，乃以「例」作為補充，用來彌補「三尺律令，未窮化一之道」。以刑事的成文法言，「律」的主要任務是維護帝國的統一，規範全體臣民的行為，區別「罪」與「非罪」等。「例」則根據不同形勢的需要，因時、因地、因事，根據統治者的意志，對某些律文進行修正、補充、細目化，因而具有相當的靈活性、具體性和適應性，用意在求其情罪曲當、因時而為變通，期「以萬變不齊之情，欲御以萬變不齊之例。」

　　或許，可以這麼說，《清律》承自《明律》，幾百年來不加修訂的祖宗成法，如何能適應不斷翻新的人事百態？而清代之所以重例，其中一個很大的原因或與滿州人在入關前是「以例為法」有關。「例」實際上也有其作用，但「律」與「例」並非完全不相容的對立物，兩者之間仍具有體用的相輔相成關係。清代出現「以例破律」的現象與流弊，一方面固由於頻頻修例，條例的數量愈增愈多，導致例與律、條例與條例相互之間參差牴牾；另一方面，應屬人為操作面上所衍生出來的問題，蓋在司法實踐過程中，確實存在著某種程度的「重例輕律」之風，尤有甚者，不少有司在例文繁多的情況下不習吏事，致使胥吏得以曲法為奸；但這並不能體現律例關係本來所設想的實質精神，也不宜毫不加區辨地完全歸咎於「例」。

二、晚清新律罪刑專典的立法技術

　　《清史稿‧刑法志》於「志一百十七」中的後半段詳細羅列了《大

[34] 袁枚，〈答金震方先生問律例書〉，收於氏著，《小倉山房文集》（上海：上海古籍出版社，1988年），卷15。

清新刑律》（正式名稱為：欽定大清刑律）的具體篇目，〈總則〉十七章、〈分則〉三十六章，這是新的創制。沈家本在修訂新刑律時，認為傳統中國舊律「規範混同」的編纂形式，已不合近世各國編纂法典之體例與最新之學說，必須加以改變。說道：

> 法律之損益，隨乎時運之遞遷，往昔律書體裁雖專屬刑事，而軍事、民事、商事以及訴訟等項錯綜其間。現在兵制既改，則軍事已專屬陸軍部之專責，民商及訴訟等律欽遵明諭特別編纂，則刑律之大凡自應專注於刑事之一部，推諸窮久通變之理，實今昔之不宜相沿襲也。[35]

因此，在變法修律期間，一反過去「重刑輕民」的傳統，掌理立法事業的修訂法律館，其工作順序，大體言之，先刑法、次民商，除刑律的刪修與新擬持續不斷外，從光緒二十九年到宣統二年間，也制頒和草擬了一系列的民商法典和單行法規。

眾所周知，刑法乃規範有關犯罪與刑罰的一部國內公法，為此，在立法技術方面，晚清繼受歐陸法後的刑法典，在體例方面實多變革。以《大清新刑律》的編纂為例，採自德、日等先進經驗國的立法新例，摒棄以往刑事、民事、實體、程序規範冶於一爐的「混同」方式，而專注於「罪」與「刑」的規範。抑有進者，以「抽象概括原則」取代過去偏重「客觀具體主義」的立法模式，與舊制的《大清律例》相比，在立法技術上有幾點顯著的變化：

之一，總則與分則並列：前面說過，《大清律例》中律例合體，律條及例文雖多，仍不免有掛漏之嫌。而在近代刑法學領域，往往分為〈總則〉與〈分則〉兩大部分，〈總則〉著重於一般犯罪成立重要基礎因素及其理論，在於揭示有關犯罪行為的本質、行為主體、行為人因

---

[35] 光緒三十三年，〈修訂法律大臣沈家本等奏進呈刑律分則草案摺並清單〉，《大清法規大全》（台北：宏業出版社，1972年），卷12，〈律部〉，頁1985-1986。

素、以及刑罰與保安處分制度的共同適用原則。而〈分則〉在於條列各種犯罪行為的態樣，並釐定各種犯罪行為所附的刑罰種類與範圍為主要內容。綜觀繼受歐陸法後的首部近代刑法典《大清新刑律》，大部分是採擷當時歐陸法系國家刑法的立法例。共分兩編，〈總則〉為全編之綱領，凡十七章[36]；而〈分則〉為各項之事例，對刑事犯罪行為進行分類，列述特別構成要件，確定罪名，規定相應的刑罰，共分三十六章，將各種刑事犯罪行為概括為四十多種罪名，依侵害國家法益、社會法益及個人法益之順序，對於罪的分類及各章次序的安排，執簡馭繁，深得緊要，顯屬刑法體系史上空前的變化[37]。

之二，類目由繁而簡：《大清律例》大分為七篇，除〈名例〉四六條外，其他六篇再分為三十門目，如職制、公式、戶役、田宅、婚姻、倉庫、課程、錢債、市廛、祭祀、儀制、宮衛、軍政、關津、廄牧、郵驛、賊盜、人命、鬥毆、罵詈、訴訟、受贓、詐偽、犯姦、雜犯、捕亡、斷獄、營造、河防等條律，不獨刑事與民商事不分，實體法與程序法無別，且一般刑罰與官吏的懲戒也幾無區隔，甚有僅定典章儀式並無刑罰性質，亦列入刑律之中者，例如〈戶律〉中諸條，以當代言，大都屬民事規範，也以刑法的形式出現。《大清新刑律》則隨學理的發展，在〈分則〉關於犯罪的分類，委棄傳統觀念，進行分類和確定罪名，主要表現於下列數點：

其一，進一步貫徹民刑分立、實體與程序有別的原則，劃清民事法律關係與刑事法律關係的界限，較前更明確了刑法規範的範圍，舊律中有關民事法律行為及訴訟、斷獄的規定，在新刑律中已不復見。

其二，改變舊律按吏、戶、禮、兵、刑、工「六曹」分類的方法；揚棄傳統的犯罪名稱和概念，代之以近代刑法的新概念、新名稱，並根

---

[36] 其中規定法例、不論罪、未遂罪、累犯罪、俱發罪、共犯罪、刑名、宥恕減輕、自首減免、酌量減輕、加減例、猶豫行刑、假出獄、恩赦、時效、時期計算、文例等，較之舊律的〈名例〉內容具體而微。

[37] 黃源盛纂輯，《晚清民國刑法史料輯注》（台北：元照出版社，2010年），上冊，頁312-359。

據當時的政治、社會、經濟情勢，重新酌定罪名[38]。

其三，〈總則〉罪先刑後的編纂體例：《大清律例》採「名例－吏、戶、禮、兵、刑、工律」的體例，因當時〈名例律〉尚無所謂「犯罪論」與「刑罰論」的區分概念，因此，刑名的種類規定在〈名例律〉的首條，具體罪名則規定在其後的各編之中。而《大清新刑律》因採〈總則〉與〈分則〉並立的體例，於〈總則〉先規定「犯罪論」，之後於第七章「刑罰論」再列「刑名」；至於在〈分則〉中，各種犯罪類型的具體罪名，自是先有罪名，之後始有法定刑。所以此處所謂的「罪先刑後」，指的是《大清新刑律》的〈總則〉部分，而不是法典的整體框架。蓋必因犯罪成立而後始賦予刑罰，罪，因也；刑，果也；刑為罪之果，罪為刑之因，因果不倒置，亦為特色之一[39]。又新刑律在法律不溯及既往的原則下，概自公布施行之日起生效，非經修改程序，現行法為持續存在之唯一有效的法律，排除舊律「死法」與「活法」並存之弊。

其四，事增文省：《大清律例》所訂的犯罪類型，關於國家公益的侵害，不過宮衛、賊盜中之叛逆、軍政、廄庫等門律；關於個人私益的侵害，不外賊盜、人命、鬥毆、詐偽、罵詈、犯奸諸門律。而時至晚清，情事變遷，事物遽增，非復舊時律例所能包括。《大清新刑律》導入歐陸法系的立法原理，儘量使法條的結構抽象化、普遍化，充分保持理論性、體系性與彈力性。在〈分則編〉關於罪名的規定，採取「概括抽象原則」，不採舊律一事一例，將「例」也纂入法典的作法。雖未採以對國家罪、對個人罪、對身體罪、對財產罪之大分類法，而按各罪配列之次序，直揭各種罪名而列舉，惟其次序仍以直接有害國家存立之條

---

[38] 例如有關妨害選舉罪、危險物罪、妨害交通罪、妨害衛生罪等新罪名的增列，反映了近代政治、社會、經濟及科學技術發展的新貌。

[39] 岡田朝太郎，〈清國改正刑律草案（總則）〉《法學協會雜誌》，明治四十四年，第29卷第3節，頁371-376。岡田朝太郎，〈清国既成法典及ビ法案ニ就テ〉《法學志林》，明治四十四年，第13卷第8、9號。另參閱陳新宇，〈禮法論爭中的岡田朝太郎與赫善心—全球史視野下的晚清修律〉《華東政法大學學報》，2016年，第4期，頁73-74。

件者居於首項（第一章至第八章），其害及社會而間接侵害國家者次之（第九章至第二十五章），其侵害個人而間接害及國家社會者又次之（第二十六章至第三十章），故新律條文所網羅涵蓋的範圍遠較舊律廣泛，更為擴充。此雖非當時各國立法通例，也非學理上有此特質，卻可以看出，《大清新刑律》的編纂，對罪的分類及各章次序的安排，自有其一貫的理論與邏輯，與舊律相比，免其繁瑣之弊，顯得簡明而扼要。

　　至於《大清律例》中「律」與「例」合體的法典編纂方式，既不同於以成文法為主的歐陸法系，也以判例法為主的英美法系有所區別。清末修律之後，此種律例合編已不復見，有關所謂的「判例」則另行專輯成冊，而民國以來的「判例」制度，其內涵也迥異於有清一代的「例」[40]。申言之，自民國北洋政府以降，其所收入彙編的判決例，均略去具體的案件事實，只錄入具有普遍規範性的部分，稱作「判例要旨」。表面上看，自民元至十七年，下級審判廳均奉大理院判例為準據，但大理院的「判例」畢竟還是無法與英美法系的判例法相提並論，其本身終究是成文法典的補充形式，僅為法院裁判時所表示的法律上的見解，並非法規本體，也無法超越和違背成文法典的原則與規範。

肆、從禮法傳統到法益保護

　　《清史稿・刑法志》在「志一百十七」中，以相當大的篇幅述說晚清變法修律過程中的「禮法之爭」。表面上，這是關於法律歧見的爭執，實際上，是如何對待綱常名教的對立。禮與刑的關係究宜如何對待？合多分少？分多合少？兩相分離？從傳統中國法過渡到近代繼受法面臨諸多挑戰，也爭議不斷。在本節裡，對於延續一千多年傳統中國刑

---

[40] 有關民國以來的「判例制度」，詳參黃源盛，《民初大理院與裁判》（台北：犁齋社，2011年），頁159-190。

律中的「禮本刑用」觀，如何進化到近現代歐陸刑法的「法益保護」思想，將以「身分差等」及「倫常條款」的存廢為例，作進一步的論證。

一、清代以家族倫理義務為本位的立法精神

　　傳統中國社會，自唐以降，向以家族為社會組織單位的基礎，國家則為家族的擴大型態。因之，文化法制方面受家族制度影響極深，而家族生活的父慈、子孝、兄友、弟恭的倫常禮則，往往也成為社會生活的行為規範。因此，家人之間的「父父子子、兄兄弟弟、夫夫婦婦」的身分關係，遂成為人民生活準繩的依據，也為歷代刑律所嚴密規範。具體地說，父尊子卑、夫尊妻卑，禮所謂：「尊尊也，親親也，男女有別」，在歷代法律中表現得周詳而盡致。

　　有論者以為：「禮法才是中華法系之法統形式，或曰法統載體。禮法體制並非禮與法的相加，並非禮與法的體制，而是禮法一體的體制。其中，既有以禮為法、法在禮中；也有非禮無法、出禮入刑；還有以禮率法、援禮入法。」[41]這種說法是有其根據的。其實，不管怎麼說，「禮」的精神是區別貴賤親疏，以禮尋律，使法有等差性，同一行為不同罪或同罪不同罰。而法的身分等差性主要表現在兩方面：一是貴賤等差，具體落實在「八議」制度上；二是血緣等差，體現在「服制」的定罪科刑上。

　　提到家族本位，不免顯現出立法以倫理義務為重的指導原則，廣泛適用家族連帶責任，各種以孝為本的法律規範頻繁出現，例如親親得相容隱、犯罪存留養親、子孫不得別籍異財等。而倫理觀念上有「孝為百行之首」，導致法律規範上將「不孝」列為十惡之一[42]。《清史稿·刑

---

[41] 俞榮根，《禮法傳統與現代法治》（貴州：孔學堂書局，2014年），頁129。
[42] 十惡之中的「七曰不孝」，小注云：「謂告言、詛詈祖父母、父母，及祖父母、父母在，別籍異財，若供養有闕；居父母喪，自身嫁娶，若作樂，釋服從吉；聞祖父母、父母喪，匿不舉哀；詐稱祖父母、父母死。」孝為綱常倫理的根本，集中表現為善事父母，違反者即為不孝。對祖父母、父母不得無

法志》開卷即言：

> 中國自書契以來，以禮教治天下。勞之來之而政出焉，匡之直之
> 而刑生焉。政也，刑也，凡皆以維持禮教於勿替。故《尚書》
> 曰：「明於五刑，以弼五教。」又曰：「士制百姓於刑之中，以
> 教祗德。」古先哲王，其制刑之精義如此。周衰禮廢，典籍散
> 失。魏李悝著《法經》（406 B.C）六篇，流衍至於漢初，蕭何加
> 為《九章》，歷代頗有增損分合。至唐《永徽律》出，始集其
> 成。雖沿宋迄元、明而面目一變，然科條所布，於扶翼世教之
> 意，未嘗不兢兢焉。君子上下數千年間，觀其教化之昏明，與夫
> 刑罰之中不中，而盛衰治亂之故，綦可覩矣。[43]

這段話闡述了傳統中國刑律的終極價值與理念，是「以教祗德」、
是「明刑弼教」。而綜觀唐之後的歷代刑律為了維持「德教」的權威
性，並為了尊重人倫秩序，對於破壞綱常名教的行為，認為難以原宥，
所加的刑罰也較重。但如其行為與禮教無關者，往往又從輕認定，避免
處以重刑。要言之，倫常禮教不但為立法的指導精神，也是論罪科刑的
權衡，《大清律例》承先代之例，罪名與禮教的規範形影相隨；尤其，
定刑因身分而異，同一犯罪事實行為，因等級男女尊卑而刑有輕重。

就親屬緣坐方面言，自身並未犯罪，只因與正犯據有一定身分親屬
關係而須連帶受罰。通常，犯罪行為人的罪刑愈重，牽連範圍愈廣，被
牽連者與犯罪者服制愈近，處罰就愈重。歷代親屬「緣坐」的範圍，有
妻子（妻與子女）、三族（父母、妻子、兄弟）、五族（加祖孫、叔伯
父母、姪）、九族（本宗五服親）等不同。緣坐親屬所處的刑罰，大致
有死刑、流刑、沒作官奴婢等三種。以《大清律例》來說，適用緣坐的
罪名有謀反、謀大逆、反獄、邪教等。乾隆四十年（1775）的條例中

禮辱罵，祖父母、父母喪，不得匿而不發，更不得作樂嫁娶。祖父母、父母
健在，不能另立戶籍，不能分家析產，這是為維護家族倫常及財產關係。
[43] 同上注20，頁4181。

甚至規定：

> 凡實犯大逆之子孫，緣坐發遣為奴者，雖係職官及舉、貢、生、
> 監，應與強盜免死減等發遣為奴人犯，俱不准出戶。倘逢恩赦，
> 亦不得與尋常為奴遣犯一體辦理。[44]

犯罪行為人的特定親屬與犯罪者須負連帶責任，這是帝制時期刑法團體責任的體現，在清代的司法實踐中，此一原則的實施範圍遠遠逾越了《大清律例》的規範之外，很值得關注。

此外，傳統中國社會由於深受禮法制度的影響，建構成家國相通，親貴合一，天、君、忠、孝相連的政治體制，而在這種體制的牽引下，形成了以家族為本位、以倫理為核心的「身分秩序社會」。個人在社會中、在法律上的權利義務，基本上，決定於他在先天或後天所取得的身分[45]。由於人倫有尊卑之別、上下之分、昭穆之序。因此，即使行為人所犯的罪行相同，法律每因犯罪行為人及被害人的身分、輩分、性別，甚至職業、族群的不同，而差異其罪之適用，或分別其刑之重輕，有其明顯的「身分秩序」差等性。

魏晉以降，有所謂「準五服以制罪」，《唐律》更是典型的「禮教立法」「一準乎禮」，全面而完整地將等級名分的原則提升為具體的律文。而翻開明清法典，赫然列於卷首的，是一幅幅「服制圖表」，服制何以在法典中居於如是顯著的地位[46]？其作用何在？身分與整個傳統法律文化有何關聯？它產生何種影響？

中國舊律，除了「十惡」重罪係由身分倫理而生[47]，其他許多論罪

---

[44] 引自《大清律例·名例》。

[45] 黃源盛，〈從傳統身分差等到近代平權立法〉，收於氏著，《法律繼受與近代中國法》（台北：政治大學法學叢書 55，2007年），頁289-300。

[46] 所謂「服制圖」，是將喪服制度中所規定的各種親屬關係等級，以圖表的形式表現出來。包括斬衰三年、齊衰杖期、齊衰不杖期、齊衰五月、齊衰三月、大功九月、小功五月、緦麻三月等。

[47] 「十惡」係傳統中國刑律中十種重罪的通稱。十惡重罪罪名，自秦漢始發其端而定型於隋唐。《唐律·名例》「十惡條」疏議：「五刑之中，十惡尤

科刑原則也依身分倫理而定。以《大清律例》〈戶律・婚姻〉「居喪嫁娶條」為例：

> 凡居父母及夫喪而身自嫁娶者，杖一百。若男子居喪娶妾，妻，女，而嫁人為妾者，各減二等。若命婦夫亡，再嫁者，罪亦如之，追奪並離異。知而共為婚姻者，各減五等；不知者，不坐。若居祖父母、伯叔父母、姑、兄、姊喪，而嫁娶者，杖八十。妾不坐。若居父母、舅姑及夫喪，而與應嫁娶人主婚者，杖八十。

而在家族本位的立法原則下，必然導致倫理本位的互生，尊卑之間在刑法地位上是不平等的。以《大清律例》來說，此類條文比比可見，例如〈鬥毆〉「毆祖父母、父母條」：

> 凡子孫毆祖父母、父母，及妻、妾毆夫之祖父母、父母者，皆斬；殺者，皆凌遲處死。其為從，有服屬不同者，自依各條服制科斷。過失殺者，杖一百，流三千里；傷者，杖一百，徒三年。俱不在收贖之例。其子孫違犯教令，而祖父母、父母不依法決罰，而橫加毆打，非理毆殺者，杖一百；故殺者，無違反教令之罪為故殺，杖六十，徒一年。

再如：對於謀殺祖父母、父母等以卑幼謀殺尊長的犯罪也同樣加重處罰，《大清律例》〈刑律〉「人命條」規定：

> 凡謀殺祖父母、父母及期親尊長、外祖父母、夫、夫之祖父母、父母，已行不問已傷、未傷者，預謀之子孫，不分首從，皆斬；已殺者，皆凌遲處死。監錮在獄者，仍戮其屍。其為從，有服屬不同，自依緦麻以上律論。有凡人，自依凡論。凡謀殺服屬，皆倣此。謀殺緦麻以上尊長，已行者，首杖一百，流二千里；為

切，虧損名教，毀裂冠冕，特標篇首，以為明誡。其數甚惡者，事類有十，故稱十惡。」十惡是：謀反、謀大逆、謀叛、惡逆、不道、大不敬、不孝、不睦、不義、內亂。

從，杖一百，徒三年。已傷者，首絞；為從，加功、不加功並同
凡論。已殺者，皆斬。

反之，對於尊長謀殺卑幼的行為則從輕論處。乾隆六年（1741）
定例：

> 尊長謀殺卑幼，除為首之尊長仍依故殺法，分別已行、已傷、
> 已殺定擬外，其為從加功之尊長，各按服制，亦分別已行、已傷、
> 已殺三項，各依為首之罪減一等。若同行不加功，及同謀不同
> 行，又各減一等。

可以說，中國舊律，自唐以迄於清，其立法基礎既植根於禮教，而
禮教又是建立於五倫之上。所以，基於君臣關係，尊崇君主的特別人格
及官吏的特殊地位；基於親子關係，強調父母乃至祖父母的特殊身分；
基於夫妻關係，婦女從夫乃當然義務；基於良賤等級，奴婢隨主，視同
資產，而具「半人半物」的性質[48]。具體體現在對於皇室及官人官親的
優遇、尊長權、男尊女卑、良賤有等制度面上。尤其，清代統治者在
《大清律例》中明確規定旗人和漢民同罪異罰，並設定專門的司法機構
以維護旗人的特權地位，這在《清史稿·刑法志》中也有充分的反映。

二、晚清新律的罪刑等價與倫常條款的遺存

清末變法修律期間所引發的「禮法之爭」，禮法雙方自成派系，廣
拉後援，相互批評，在憲政編查館覆核《刑律草案》時，即已引起軒然
大波；甚至在資政院審議期間，還出現肢體衝突，由院內爭執到院外，
藉由輿論而傳播到全國，成為影響晚清新舊思想何去何從的一次大論
戰[49]。而考察中外古今，凡法制有所變革，無不與時代與社會變遷息息

---

[48] 關於傳統中國奴婢的法律地位，詳參黃源盛，〈晚清民國禁革奴婢買賣的理論與實踐〉《政大法學評論》，2013年，第134期，頁47-114。

[49] 黃源盛，〈大清新刑律的禮法爭議〉，收於氏著，同上注11，頁199-286。

相關。沈家本從其改制圖治，拯救清廷的立場出發，提出不能再墨守舊章，宜隨世運而移轉，而須甄採西法的主張。

如果，以當今的標準言，傳統中國舊律並未涉及「人格尊嚴」的考慮，尤缺「人權保障」的觀念。而身處社會急遽變遷的年代，職掌變法修律重責大任的沈家本，深刻比較當時中西法制的發展以後，清晰地意識到當時世界法制發展的趨勢，明確提出「生命固應重，人格尤宜尊」的修律大方向。於是，將西方人格尊嚴及人權尊重的「人格觀」，列為改革舊律的一項基本原則。

沈家本首先將倫理意義上的「人格」與法律意義上的「人格」區分開來，以法律意義上的「人格」作為改革舊律的基礎。在1907年擬訂《刑律草案》時，沈氏毅然將無夫姦、子孫違犯教令等罪名刪除，在1906年的《刑事民事訴訟法》草案中，雖被張之洞批評為「襲西俗財產之制，壞中國名教之坊，啟男女平等之風，悖聖賢修齊之教。」[50]而這正是沈家本將倫理的「人格」從法律中分離出來，向「人權」的法律基礎邁出的第一步。沈氏指出：

> 凡人皆同類，其人而善也者，茂林翹秀也；其人而惡也者，叢撥荒蕪也。法之及不及，但分善惡而已，烏得有士族匹庶之分？……是使人但知士族匹庶之分，而不復知善惡之分矣，此大亂之道也。[51]

針對當時律例中的身分差等規範，沈家本提出了一系列的改革措施。在《刑律草案》中，沈氏採擷歐西各國新立法例，憧憬「法律之前，人人平等」的境界，除若干涉及皇權及身分倫理關係，礙於時代局限，仍保持固有的差等規定外，大致上已遵循「法律平權」的方向，出

---

[50] 王樹枏編，《張文襄公全集》（台北：文海出版社，1963年），卷69第49輯，482-485冊。

[51] 沈家本，〈刑制總考三〉，收於氏著，《歷代刑法考》，（北京：中華書局，1985年），頁34。

現嶄新的面貌。最主要者，乃簡化犯罪的類型，捨棄倫理身分決定罪責的原則。例如行為人犯罪，僅個人受刑法的制裁；共同犯罪，共同受刑法的制裁，不仿傳統刑律中有所謂「緣坐」、有所謂「罪坐家長或戶長」。至於舊律中有關官秩、服制等不平等規定，以家天下為根據的八議、議請減贖、官當、贖罪，以及以尊尊、親親、長長；以家長制、家族主義為基礎的十惡不赦、犯罪存留養親等舊制，大都在修正或揚棄之列，有關滿漢之間及良賤之間的法律地位也力求趨於平等。

概言之，近代西方法律，尤其歐陸法系，基本上均有一個抽象理論的體系，講求立法技術，嚴格依據法律的構成要件，以實定法作為裁判及保障個人權利的準據，其價值也普遍受到世人的重視，而這些正是傳統中國法文化中所相對欠缺的。晚清中國社會在西潮席捲下，法律的實質內容也由家族、倫理本位漸漸逐步走向個人、權利本位，而其中最顯著者，莫過於從倫常身分差等的法律秩序儘可能傾向平等人權的立法原則；以新法中的「人格尊嚴」代替舊律中的「家族倫理」，以新法中的「法治思想」取代舊律例中的「禮法傳統」。

對於大清《新刑律草案》的近代歐陸導向式立法，時江蘇提學使勞乃宣（1843-1920）深不以為然，上書憲政編查館大發議論，《清史稿·刑法志》特意長篇引述，其中有一小節道：

> 法律大臣會同法部奏進修改刑律，義關倫常諸條，未依舊律修入。但於附則稱中國宗教遵孔，以綱常禮教為重。如律中十惡、親屬容隱、干名犯義、存留養親，及親屬相奸、相盜、相毆、發塚、犯奸各條，未便蔑棄。中國人有犯以上各罪，應仍依舊律，別輯單行法，以昭懲創。[52]

從「禮法爭議」的過程看來，爭論的焦點集中在：鑒於當時國情，制定新刑律的立法宗旨，究應以近代歐陸法律的原理原則為主？抑應以

---

[52] 同上註20，頁4190。

綱常禮教為主？新法的精神應採以個人為本位的國家主義？抑或家族主義？《大清律例》中的干名犯義、犯罪存留養親、親屬相奸、故殺子孫、殺有服卑幼、妻毆夫、夫毆妻、犯奸、子孫違反教令等維護傳統禮教的條文，是否要全部列入新刑律？如何列入？整個爭議的重點就在這些問題上。而從其結果言，這種溝通新舊，調和矛盾的情況，在一定程度上反映出圍繞修律問題的各種勢力的抗爭，也顯現出各種社會力量的強弱關係。禮教派雖迫於形勢，不能阻止新刑律的修訂，但總是力圖在新刑律中保留更多的舊內容。而法理派雖得新刑律的制定機會，但迫於現實，在許多方面又不得不向保守勢力節節退讓，甚至當禮教派以《暫行章程》來根本否定新刑律時，也無招架之力。

　　這場爭議實關係到近代中國法制與法秩序的轉折與維新，我們不僅可以從中窺見傳統士大夫對於新秩序的迎拒態度，也可以從中體認中國法律由傳統邁入近代的艱辛步伐，以及由這一衝突所產生的若干法律思想上的糾結。

　　值得斟酌的是，《清史稿・刑法志》在冗長敘述了「禮法之爭」後，到底贊同禮教派的「渾法律與道德於一體」之說？還是肯定法理派的「法律與道德宜適度界分」的講法？未見有明確的表態，這是否代表許受衡對於法理派捨棄傳統禮教立法的作為有所保留？抑或另有它想？有必要再細細推敲。

　　其實，自繼受歐陸近代刑法以來，1911年的《大清新刑律》，多多少少仍保留有固有禮教的成分，並未完全不顧中國素來的天理、人情等法律價值觀；對於重要的倫理法益，依舊標明於法典加以規範，例如〈總則〉第十七章「文例」中，仍採用服制圖以計算親等；它如〈分則〉第十二章的偽證及誣告罪，對於誣告尊親屬；第二十章的褻瀆祀典及毀掘墳墓罪，對於發掘尊親屬墳墓或侵害其屍體；第二十六章的殺傷罪，對於殺傷尊親屬；第二十八章的遺棄罪，對於遺棄尊親屬；第三十一章的妨害安全信用名譽及秘密罪，對於妨害尊親屬的生命、身體、自由、名譽及財產，處以極刑或加重其刑。第三十一章的藏匿罪人及湮滅

證據罪，第三十二章的竊盜罪，對於親屬或直系親屬犯之者，免除其刑[53]，凡此，也充分體現固有刑律上的「孝悌」、「親屬犯罪相容隱」及「緦麻以上親相盜減等」的傳統精神[54]。

伍、從應報刑論走向目的刑論的綜合刑制

　　古往今來，幾乎沒有一個政權不設置刑罰制度；問題是，設立刑罰目的到底何在？是為了過去之惡？是為了將來之善？施用刑罰作為法律制裁的手段，究竟是應報乎？贖罪乎？儆戒乎？教化更生人犯乎？《清史稿・刑法志》「志一百十七」中說：

> 聖祖沖年踐祚，與天下休養六十餘稔，寬恤之詔歲不絕書。高宗運際昌明，一代法制多所裁定。仁宗以降，事多因循，未遑改作。綜其終始，列朝刑政雖不盡清明，然如明代之廠衛、廷杖，專意戮辱士大夫，無有也。治獄者雖不盡仁恕，然如漢唐之張湯、趙禹、周興、來俊臣輩，深文慘刻，無有也。[55]

　　雖坦言刑政「不盡清明」、治獄「不盡仁恕」，卻說無「專意戮辱士大夫」、無「深文慘刻之獄」，如此「溢美」之辭，是否與史實相符？是否過度虛譽清室？本節將從刑罰本質理論的側面觀點提出另一種

---

[53] 以上各項罪名詳參黃源盛纂輯，同上注37，頁416以下。

[54] 直到當前的台灣刑法，有關尊卑身分犯罪而法律明文加重其刑度，限縮法官裁量可能的倫常條款仍多數存留，例如：在現行的刑法中，有第170條「誣告直系血親尊親屬罪」、第250條「侵害直系血親尊親屬屍體、墳墓罪」，第272條「殺直系血親尊親屬罪」、第280條「傷害直系血親尊親屬罪」、281條「施暴行於直系血親尊未成傷罪」、第295條「遺棄直系血親尊親屬罪」、第303條「剝奪直系血親尊親屬行動自由罪」，此等犯罪類型，該存？該廢？該修？邇來，不無爭議。詳參黃源盛，〈固有倫常與舶來法律－殺尊親屬罪的歷史、觀念及其歸趨〉《政大法學評論》，2010年，第117期，頁1-61。

[55] 同上注20，頁4181。

看法。

一、以生命身體刑為中心的清代刑制規範

　　從刑罰的本質理論看，傳統中國歷朝歷代的刑事政策類多傾向於所謂的「應報刑論」及「贖罪刑論」，此乃基於道義的必然性，以為刑罰是與犯罪行為相均衡而賦科犯罪人以惡害的。刑罰之目的，一方面使犯罪人藉刑罰以贖罪；另一方面則係基於刑罰之有用性及不可缺性，以刑罪感威嚇儆戒世人，而預防將來再陷於犯罪，從而宣導所謂的「一般預防主義」，在這般的理念下，加上歷代君主為鞏固其政權，刑罰方面特顯其嚴酷性、複雜性與多元性。

　　以刑罰種類言，自西周至南朝都在作不規則的沿用。西周的五刑為墨、劓、剕、宮、大辟，完全是生命刑、身體刑。秦漢至南朝的刑種夾雜不清，有笞、作、完、髡、死，有死、耐、贖，有梟首、斬、棄市、髡作和贖罰。北朝才將各種刑罰簡化為五種，刑名也逐漸固定下來。北魏和北周律的五刑是死、流、徒、鞭、杖。自隋開皇定律，律令刑罰體系以死、流、徒、杖、笞為五刑，歷唐迄清，相因相襲，未多改變。

　　前已述及，明代以降有時以例代律，科處特殊刑罰；尤其，清朝中葉之後，為加強法律的威嚇作用，刑罰更為苛虐。《清律》仍以笞、杖、徒、流、死為正刑之五刑，其中笞、杖是為身體刑，死刑有斬、絞二種法定的執行方式，又各分立決和監候，乾隆五年律「五刑」條明確規定：「凡律中不注監候、立決字樣者，皆為立決；例中不注者，即為監候。」

　　細繹《大清律例》之「五刑」，笞者，謂人之輕罪，用小荊杖決打；杖者，謂人犯罪，用大荊杖決打。其中，杖刑本為以竹杖敲打犯罪人臀部，即用長五尺五寸，粗方二寸圓周，細方一寸五分圓周，重二斛（斤）以內之竹板（竹篦），並以細方敲打之。而且，笞十折竹板四板（打），笞二十折五板，三十折十板，四十折十五板，五十折二十板。

杖刑也同，杖六十折竹板二十板，七十折二十五板，八十折三十板，九十折三十五板，一百折四十板[56]。據《清史稿・刑法志》「志一百十八」載：

> 清太祖、太宗之治遼東，刑制尚簡，重者斬，輕則鞭扑而已。迨世祖入關，沿襲明制，初頒刑律，笞、杖以五折十，注入本刑各條。康熙朝《現行則例》改為四折除零。雍正三年之律，乃依例各於本律注明板數。徒、流加杖，亦至配所照數折責。蓋恐扑責過多，致傷生命，法外之仁也。

由此看來，竹板輕於笞杖，不過，笞杖之刑，往往殘酷非常，由於國土遼闊，司法官員素質也良莠不齊，法司在執行時是否嚴格遵循？笞杖作為刑訊是否沒有定數？州縣官執法的板數是否無須拘泥[57]？凡此雖不必以特例而反言共例，但仍須深入考察。

實際上，清代於法定正刑的五刑以外，往往擴大凌遲、梟首、戮屍等法外酷刑的適用範圍，《清律》凌遲，號稱極刑，沿襲《明律》，但條例所纂入凌遲者，多於《明律》17條，死罪一項已逾840餘條，為中國歷代法制史上最為繁重者。此外，刺字和枷號，是清代常用的附加刑。刺字，即古代黥刑，凡賊盜刺字，其後條例滋多，緣坐、兇犯、逃軍、逃流、外遣、改遣、改發等都刺字，分別刺右臂、左臂、面頰。有的刺所犯事由、有的刺所配地方，還分別刺有滿、漢文字。枷號，本是羈獄囚犯的戒具，但清代廣泛用作刑罰，原只限於旗人折枷代罪，後來也無旗、民之分。重枷有七十斛者，乾隆五年定制枷重至二十五斛，但運用上百斛重枷例有所見，枷號時間有枷半年、一年，以至永遠枷號者[58]。

---

[56] 關於《大清律例》之五刑，詳參該法典前所附之「五刑之圖」及「獄具之圖」。

[57] 有關清代刑訊問題，可參閱譚家齊，〈從「故禁故勘平人」律例的修訂看清代刑訊制度的變化〉《復旦大學法律評論》，2016年，第3輯，頁190-216。

[58] 有關清代的刑制規範，參閱同上注20，另參閱鄭秦，《中國法制史》（台

再打開清代法制歷史，累代刑案之審理，不難見到深文慘刻之畫面，從清初至光緒末年，凌遲、梟首、戮屍、族誅、刺字等法外酷刑也一直在使用。又《清史稿・刑法志》說：「惟就地正法一項，始自咸豐三年（1853），時各省軍興，地方大吏遇土匪竊發，往往先行正法，然後奏聞。嗣軍務敉平，疆吏樂其便己，相沿不改。」[59] 此即所謂的「就地正法」，無疑地，這是應報刑論、贖罪刑論與一般預防理論的充分體現。

二、以自由刑及罪刑相當為原則的晚清新律

清末以來，西方列強無不以中國刑律的殘酷與獄政的苛虐引為把柄，認為野蠻而不人道，作為獲取領事裁判權的托詞。《清史稿・刑法志》「志一百十七」中指出：

> 逮光緒二十六年，聯軍入京，兩宮西狩。憂時之士咸謂非取法歐、美，不足以圖強。於是條陳時事者頗稍稍議及刑律。二十八年，直隸總督袁世凱、兩江總督劉坤一、湖廣總督張之洞，會保刑部左侍郎沈家本、出使美國大臣伍廷芳修訂法律，兼取中西。旨如所請，並諭將一切現行律例，按照通商交涉情形，參酌各國法律，妥為擬議，務期中外通行，有裨治理。自此而議律者，乃群措意於領事裁判權。[60]

〈刑法志〉「志一百十九」中也述及清末司法改革的問題，依當時法理派的觀點，之所以要變革傳統法制，繼受歐陸新式制度，最初的目的是企圖撤廢領事裁判權；對此，禮教派做了強烈的反駁，認為一國主權之完整與否，不依法律以為保障，而端視國力之強弱。禮教派大將張

北：文津出版社，1997年），頁314-316。
[59] 同上注20，頁4202。
[60] 同上注20，頁4187。

之洞言，收回領事裁判權，「其效力有在法律中者，其實力有在法律外者。」[61]許受衡在此似乎較傾向於禮教派的看法，罕見地評說：

> 外人不受中國之刑章，而華人反就外國之裁判。清季士大夫習知國際法者，每咎彼時議約諸臣不明外情，致使法權坐失。光緒庚子以後，各國重立和約，我國斷斷爭令撤銷，而各使藉口中國法制未善，斬不之許。迨爭之既亟，始聲明異日如審判改良，允將領事裁判權廢棄。載在約章，存為左券。故二十八年設立法律館，有「按照交涉情形，參酌各國法律，務期中外通行」之旨。蓋亦欲修明法律，俾外國就範也。夫外交視國勢之強弱，權利既失，豈口舌所能爭？故終日言變法；逮至國本已傷，而收效卒鮮，豈法制之咎與？[62]

揆諸史實，國勢之衰弱，本屬一種政治現象，對於具體的法律措施並非絕對關聯，但當國勢頹廢、內政不修之時，往往成為誘起他國設法攫取特權的種因。沈家本深鑒於此，默察歐陸及日本各國輕刑立法趨勢，本於刑罰人道思想，極力反對舊律例中的重刑、酷刑，主張改重從輕。在其出任修律大臣之後的奏摺中，即力主刪除律例中的凌遲、梟首、戮屍等諸條重刑[63]。由於此為《大清律例》中最具殘忍性刑罰，不僅與世界法治先進國輕刑潮流相悖，也與清廷預備立憲的政策牴觸。朝廷迫於時勢，基本上採納沈氏的意見，於光緒三十一年（1905）3月，作出刪除凌遲、梟首、戮屍，以及革除緣坐、刺字各條重大改革，累代殘酷之習，逐漸滌除。

此外，沈家本秉其「寬嚴之用，必因乎其時……世輕世重，未容墨守成規」的理念，對於戲殺、誤殺、擅殺三項死罪，參酌各國，或應懲

---

61 〈學部覆奏新刑律草案有妨禮教摺〉（光緒三十四年），劉錦藻撰，《清朝續文獻通考》（商務印書館，1937年），卷247，〈刑考六〉，頁9920。
62 同上注20，頁4217。
63 同上注50，《歷代刑法考》〈寄簃文存 卷一〉〈刪除律例內重法摺〉，頁2023-2028。

役、或在禁錮刑的立法例，奏請將戲殺改為徒罪，將誤殺、擅殺改為流罪，並按新章，勿用發配，均入習藝所，罰作苦工[64]，力求死罪條目儘量減少。沈氏並於《刑律草案》起草前之階段，逐步刪除現行律例內不合時宜之例344條，廢除拷訊，將竊盜罪之笞杖刑，改於習藝所工作之自由刑等[65]。

　　其後，於《刑律草案》中基於人道主義與預防主義的原則，認為刑罰僅為改進特定犯人之手段，而非目的，乃期使刑罰簡化、合理化。因此，主刑僅列五種，而舊律時代種類繁多的附加刑減為兩種；摒棄凌遲、梟首、戮屍、緣坐、刺字等酷刑，並將舊律之笞、杖刑改為罰金；減少死刑的適用範圍，改重從輕，非情節重大者，不入死刑之列，並採用緩刑、假釋、累犯、酌減、保安處分等制度。凡此變革，是中國刑律由應報、贖罪及儆戒世人的一般預防跨向近代歐陸刑法教化更生的特別預防刑罰重要的一步。

　　以「五刑」之種類言，作為新舊過渡之用的1910年的《大清現行刑律》中，將其修改為死刑、遣刑、流刑、徒刑及罰金五種；及至1911年的《大清新刑律》，鑒於時變世異，交通日益發達，東西各國猶如比鄰，且南朔邊境皆中國土地，與之相接者，皆中國人民，流刑作用已失，流弊也大，乃予以廢止。至於笞杖刑，則因18世紀以來，人權保障呼聲日漸高漲，人身之尊嚴益受重視，近代各國刑法乃於生命刑之外，多採自由刑及罰金刑，遂將刑罰體系定為死刑、無期徒刑、有期徒刑、拘留（後定名為拘役）、罰金等五種，其中有期徒刑又分為五等，次第為十五年以下十年以上（但加重或併科時以二十年為最長刑期）、十年未滿五年以上、五年未滿三年以上、三年未滿一年以上、一年未滿一月以上。身體刑遺蛻，至此完全無跡，從刑則分沒收和褫奪公

---

[64] 同上注50，《歷代刑法考》「虛擬死罪改為流徒摺」，頁2028-2030。
[65] 《光緒實錄》，卷544，光緒三十一年4月甲辰條：「修訂法律大臣伍廷芳等奏，變通竊盜條款，擬請嗣後凡竊盜應擬笞杖者，改擬工作一月；杖六十者，改擬工作兩月；杖七十至一百，每等遞加兩月。並令各省通飭各屬，一律舉辦習藝所，從之。」

權兩種。

再以死刑執行方式來說，舊律死刑以斬、絞分輕重，斬有斷脰之慘，身首異處，故重；絞則身首相屬，故較斬為輕，然此兩者均屬絕人生命之極刑，《大清現行刑律》為示尊重人道，將《大清律例》之凌遲、梟首等刑，均改為斬立決，斬立決改為絞立決，絞立決改為絞監候，斬監候亦改為絞監候。犯人已死者不再論罪，故戮屍之刑，亦已廢除。《大清新刑律》仿近世歐美各國死刑之例，進一步委棄各種殘酷行刑手段，死刑唯採絞刑一種，並應於監獄內秘密執行，以杜社會大眾窺睹，啟殘忍之風[66]。新刑律也一反舊律牙牙相報、以殺止殺的立法原則，吸取《唐律》、清初律例精華，並仿各國通例，除少數囿於風俗民情，一時難與驟減者外，將死罪條目，儘量減到最低。

綜上看來，不論就形式或實質面言，《大清新刑律》比起《大清律例》有了極大幅度的進展，尤其，將光緒朝以降的刑名改革，落實於實際條文，最為顯著。如此一來，以自由刑取代身體刑，一方面得以避免身體刑的不人道，同時不減其社會防衛的一般預防功能，從而盡殘酷能事傳統時代的監獄制度，也隨之有所改善，然仍未竟其事。

其後，民國繼起的諸刑律，大致上也遵循罪刑相當的原則而立法。所謂「罪刑相當原則」，在立法上，係指犯罪行為之責任與刑罰輕重之賦予，必須具有相當性，亦即其罪責與刑罰須具有比例性，彼此相對稱而相適應。申言之，重罪應有重度刑、中罪應有中度刑、輕罪應有輕度刑，如此，才能使犯罪行為罪當其刑，而刑當其罪，這是「比例原則」的運用。此一罪與刑之相當性原則，既為「立法」原則，亦為「量刑」原則，也是「刑罰裁量」的原則，其根本在於「犯罪」與「刑罰」二者之間如何求其均衡。

在《清史稿・刑法志》「志一百十八」中，許受衡用了約七千餘

---

[66] 惟為顧及傳統倫常禮教，避免「訾議蠭起，難遽施行」，對於謀大逆及謀殺祖父母、父母等情節重大之罪則別輯「專例」，仍用斬刑。

字，詳細介紹了晚清修律對於刑罰體制的具體改革，還大量援引了沈家本關於改革酷刑的奏疏內容，以說明減輕舊律酷刑的合理性，即刪除凌遲、梟首、戮屍三種極刑的處罰方式。許氏在行文中對此給予高度的評價，謂「中外稱頌焉」[67]，可見，廢除野蠻落後的酷刑，在清末禮法兩派人士見解上較趨一致。比較重大的疏漏，是變法修律過程中，禮法兩派人士對於是否該採「罪刑法定主義」曾有過激烈的爭辯，這也是刑法史上的一件大事，但〈刑法志〉對此卻隻字不提，個中原因頗令人費解[68]。

說到底，刑罰是一種「惡害」，在本質上，它本就具有倫理性、強制性、痛苦性、伸縮性、輔助性及必要性。刑罰之意義與目的除了正義地報應犯罪之外，尚在於儆戒世人以及教化犯人，使其能更生而重返社會，具有保護社會免於受到未來犯罪的危害，並兼顧犯罪責任的衡平觀念。要言之，為調合應報刑論與一般預防理論二者的對立，走向報應犯罪、儆戒世人以及教化更生犯人三合一的綜合理論，是潮流，也是趨勢。而刑罰並非萬能，它不可能治癒所有的犯罪行為，必須運用其他標本兼治的方法，方能奏效。因此，欲收「預防」犯罪的效果必須廣為運用刑罰以外的制度，如緩刑、假釋或其他各種保安處分，始能克盡其功。就這一點，在《大清新刑律》中多多少少已有初步的反映，然〈刑法志〉中也片言未語，不無缺漏。

陸、結語

歷史的書寫與研究總不脫史料、史實、史論三部曲。在我看來，一

---

[67] 參閱同上注20，頁4201。
[68] 有關清末修訂新刑律是否宜採「罪刑法定主義」之論爭，詳參黃源盛，〈傳統中國「罪刑法定」的歷史發展〉，收於氏著，同上注11，頁315-344。

部理想中的〈刑法志〉，至少宜包括刑事方面的法律規範、法律制度、法律思想、法律意識乃至司法實踐等各個層面，並側重在歷史發展過程中的常與變。而在具體的書寫中所觀照的面向，一在史實的重建，一在歷史現象的探因與詮釋；前者指的是刑事法律歷史的「現象世界」，即當時的刑事規範與刑法制度是什麼？後者指的是刑事法制歷史的「根源世界」與「意義世界」，即法律歷史的發展為什麼是如此？以及法律發展歷史現象背後蘊含的意義到底為何？

經驗告訴我們，歷史可粗略分為「本來面目的歷史」與「人寫出來的歷史」，即使是近現代史，要純粹還原歷史的真實面貌也非常難得，而任何史料大都是經過作者有意的篩選；史實的鋪陳，大都也已經是透過描述，甚至評價過的。論者期許：

> 歷史乃人類過去活動之總紀錄、總評價，最忌諱誇大附會、武斷，以致歷史失真失實，甚至被顛倒歪曲，無法使人獲知其真相；法制史既為專史之一，自未可例外。[69]

作為「史志」之一的〈刑法志〉，對於史料的採搜本宜求其全；對於史事的敘說，自應避免出於特定意圖而刻意構築史實；對於史論，或許有人會認為「最好只是敘述而不解釋」，不過「不做解釋便無意味」，適度而到位的詮釋還是有其必要的。遙想當年，班固撰《漢書》，立〈刑法志〉一目，眼光犀銳，對於有漢一代的法制得失，有史有論、有膽有識，可讀性甚高。《清史稿·刑法志》雖尚未列入「正史」之列，但仔細讀來，在史料的甄選上或仍有進一步核實的空間[70]，例如：雍正律《大清律集解附例》，從目錄上算，「以上通計446

---

[69] 林咏榮，《中國法制史》（台北：作者印行，1997年），頁2。

[70] 據論者指出「許受衡無法運用《實錄》原件寫作，則所用資料很可能是由實錄摘抄版《東華錄》，亦或者是從《會典》中開載上諭內轉引。」因此「若將之視作史料，作為觀點論證之根據，務要細加考證。直接核查《實錄》《會典》《大清律例》、清三通等文，自是最為妥允。」詳參李典蓉，同上注3，頁92-103。

條」，但《清史稿‧刑法志》言祇有436條，明顯有誤。又〈刑法志〉
說停止「就地正法」之議，於光緒七、八年間由御史胡隆洵、陳啟泰提
出，其實，正確的時間可能還要早些。[71]至於在史實的建構面與解釋上
也有其局限，例如：對於「律」與「例」關係的解說有欠平允、對於
《大清新刑律》有關〈分則〉未能由資政院議決通過的說明語焉不
詳[72]、對於清代刑罰運作實際面的描述有待商榷、對於「就地正法」之
說未能探其究竟[73]、對於有關領事裁判權的撤廢與刑事立法之間的關連
性闡明尚欠周延，尤其，對於清代具有實踐意義的司法案例通篇未見例
舉，對於法律現象背後的根源世界與意義世界也缺乏具體的論證，以致
讀來不免興意猶未盡之感。

　　儘管存在著些許瑕疵，不盡人意，但凡有所著述，本來即常面臨
「後來轉精」的挑戰，無須多所苛責。總體說來，《清史稿‧刑法志》
略盡清代法規大觀，除了上述所提諸點外，其他部分大致上還算客
觀[74]，頗具宏識，使民國後人得以一窺清代法制面貌的門徑，且也提供

---

[71] 光緒七年7月，御史胡隆洵的奏章，並未直接提出取消「就地正法」，而是建
　　議廢除咸豐初年的「強盜已行，但得財者不分首從皆斬」的規定。刑部核議
　　胡氏奏疏，認為恢復強盜分首從之舊例，不如先停止就地正法章程之執行。
　　詳參朱壽朋編，《光緒朝東華錄》，頁1138，另參閱李貴連，〈晚清「就地
　　正法」考〉，收於蘇亦工主編，同上注28，頁610-620。再參閱滋賀秀三，
　　《清代中國の法と裁判》（東京：創文社，1984年），頁26。鈴木秀光，
　　〈清末就地正法考〉《東洋文化研究所紀要》，2004年，第45冊，頁1-56。

[72] 〈清史稿‧刑法志一〉說：「……明年資政院開，憲政編查館奏交院議，將
　　〈總則〉通過。時勞乃宣充議員，與同院內閣學士陳寶琛等，於無夫姦及違
　　犯教令二條尤力持不少息，而〈分則〉遂未議決。」如此描述，不夠詳盡；
　　實際上，為了符合立憲期限的要求，《大清新刑律》在宣統二年12月25日
　　（1911.1.25）欽定頒布，它是由資政院和憲政編查館會奏〈總則〉，憲政編
　　查館單獨上奏〈分則〉和《暫行章程》，最終皇權裁可的結果。詳參陳新
　　宇，〈欽定大清刑律新研究〉《法學研究》，2011年，第2期，頁203-207。

[73] 從道光三十年（1851）到同治三年（1864）的十四年間，在世局的大混亂
　　中，刑部行政幾乎完全失能，無法維持全國解釋的統一性，此或是「就地正
　　法」的肇因。參閱〔日〕滋賀秀三編，同上注19，頁601。

[74] 有論者指出：「又新憲法及地方自治，清季多思籌辦，本志不詳，亦有未
　　當。」詳參〈傅振倫清史稿詳論下〉，同上注5，頁348。惟嚴格說來，憲法及
　　地方自治諸事，並不屬「刑法」的範疇，〈刑法志〉略而不書，並非疏漏。

了很重要的思想概念線索，自有其學術的參考價值。比較遺憾的是，許受衡在行文中，對於清代的立法、刑制及司法的沿革變遷，特別是清末的變法修律著墨雖多，但少見有評價式的議論，明顯側重於所謂「描述型」的法制敘事史的書寫方式。雖然如此，倘深入探究其選材的標準及取捨傾向，不難發現，字裡行間仍蘊含著許氏個人的主觀意識，這種思想傾向似乎也反映了他對於清末法制變革新與舊的迎拒立場。

　　從另一角度觀察，就法史學來說，「變遷」是研究工作的重點之一；所謂「變遷」，究其實，不外是「連續性」與「非連續性」的思考。而法史的研究目的之一，乃是要探究不同歷史時空脈絡下的社會變遷與法律變遷，以求對於過去與現今的法律所激發出種種新的思考模式。自晚清繼受歐陸新刑律以來，百多年間，或迭經修訂，甚或新擬；從法律的安定性言，修訂頻繁，並非所宜，然法律的命脈，在於適應社會的需求。

　　晚清民國正好處在跨越傳統與近代的臨界點上，因此，社會變遷與刑法變革交互影響的痕跡斑斑可考。《清史稿・刑法志》或囿於字數的限制，不能超過其他的志書，也就無法縱橫暢敘，必須簡明扼要。而撰者慧眼獨具，因緣巧合下，傾其重心之力記述清末十年的變法修律，有其特殊的歷史與時代意義在。即使未來有重修〈刑法志〉之計，想必這段古今絕續之交的變法修律史仍會是重中之重吧？

第二章

民刑分立與《大清民律草案》的光與影

壹、序説

　　法學界先哲吳經熊（1899-1986）於數十年前曾為文《法律的三度論》[1]，指出每一個別特殊的法規範事件均有其時間、空間與事實三度，統攝「法」的諸象，構成一個「預測法的座標」。我們探討法的歷史發展，實不可不準諸時、地、事物的蓄變，晚清民國的民事立法自也不能例外。從古今中外「法」的歷史演化看來，法規範與法制度並非純為民族歷史、民族精神與民族確信的反映[2]，而仍須顧慮到人類理性的創造，具有發展性與可變性。

　　以現今歐陸法「民法」的概念與內涵來衡量，傳統中國法規範中，完全符合此一標準者實屬鳳毛麟角，絕大部分是有民事的，同時又有刑事的或行政的法規範性質，因而有被稱為「諸法合體、民刑不分」者[3]。實際上，傳統中國法制究竟有無「民法」？倘若有，是「民刑不分」？抑或「民刑有分」？還是「不分之中又有分」？說法並不一致[4]。一般說來，帝制中國時期並無一部當代意義的正式「民法典」，

---

[1]　參閱Dr.John. C.H. Wu, Juridicial Essays and Studies, The Three Dimensions of Law, pp.1-5.嗣該文經譯成中文版，〈法律的三度論〉，收於中華學術院編輯，《法學論集》（台北：中國文化大學出版部，1983年），頁1-4。另參閱小林直樹，《法の人間學的考察》（東京：岩波書店，2003年），其中第三章〈法の時間論〉，第四章〈法の空間論〉，頁199-264、131-198。

[2]　德國歷史法學派的創始人薩維尼（Friedrich Carl von Savigny, 1779-1861）雖強調法律係民族歷史、民族精神與民族確信的反映，法律與民族之間富於有機的聯繫。但他也認為，要立法之前，須有法學家先整理已經存在的法素材，並以此為基礎來建立法體系；之後，法典是根據法學家的學說來建立，而不是單純由立法者憑空抽象的訂立。

[3]　有關傳統中國法的法典結構，是否可概括為「諸法合體、民刑不分」，學界多所爭論，其詳可參閱胡旭晟，〈中國古代法結構形式的特點爭議〉，收於氏著，《解釋性的法史學》（北京：中國政法大學出版社，2005年），頁174-181。

[4]　關於此一類問題的論述，可參閱下列諸書：梁啟超，《中國成文法編制之沿革》（台北：中華書局，1957年），頁53。楊鴻烈，《中國法律思想史》（台北：臺灣商務印書館，1993年），頁400-403。張晉藩，《清代民法綜論》（北京：中國政法大學出版社，1998年），頁1。寺田浩明，〈清代司法

這已是不爭之論，問題是，沒有「民法典」是一回事，有無「民事規範」又是一回事；即使有「民事規範」，其間有無所謂「權利與義務對應」的內涵呢[5]？如果有，那是什麼？如果沒有，那又是為什麼？還要進一步追問，當晚清民國之際，社會經濟結構已然轉型，如何由傳統的「民刑混同」轉趨「民刑分立」？中國首部「民律草案」是如何產出的？在草擬過程中至今還遺留哪些存疑的問題？修律大臣沈家本（1840-1913）在其間扮演何等角色？對後世又產生了哪些影響？其歷史及時代意義各為何？

　　凡此諸問，牽涉廣泛，很值得細細求索，遺憾的是，雖屬近現代之事，但由於史料的遺闕，迄今尚無完整可靠的文獻可供徵引[6]，學界看法也不一致；本章，擬分別從立法繼受理論的宏觀視野，以及若干個別問題的微觀角度，以《大清民律草案》前三編為中心[7]，驗往證今，除了回顧華人社會「民事法制」的生成、確立及其發展外，也試圖探尋20世紀上半葉以前民事法律體系的承轉關係，並思索晚清變法修律期間若干人與事的法文化問題。

制度研究における法の位置付けについて〉《思想》（東京：岩波書店，1990年），第792號，頁179-196。

[5] 論者謂：「唐明清律已區別刑事責任與民事責任，故有償而不坐、坐而不償及令修立而不坐等規定。惟律內摻雜民事法，違者亦予處罰，如婚姻及收養違律、買賣標的物的行濫短狹、負債不償等，亦負刑事責任。要之，民刑事制裁或效果，尚未充分分化，訴訟又不分民事與刑事，即民事訴訟亦依刑事訴訟程式進行。」引自戴炎輝，《中國法制史》（台北：三民書局，1971年），頁18。

[6] 參閱張生，〈大清民律草案的編纂：資料的缺失與存疑的問題〉《中國古代法律文獻研究》（北京：社會科學出版社，2011年），第5輯，頁397-407。

[7] 根據修訂法律館1911年鉛印本《大清民律草案》的「說明稿」，只有〈總則〉〈債權〉〈物權〉三編先行公布，至於〈親屬〉〈繼承〉兩編待修訂法律館與禮學館會商後再另行公布。亦即在宣統三年9月定稿的只有前三編，後二編當時尚未定稿。

貳、由民刑混同到民刑分立的理念分殊 與立法濫觴

　　在漫漫兩千多年的傳統中國法制歷史長河中，有關法典的編纂體例何以重刑輕民？時至晚清如何由民刑混同轉趨民刑分立？

一、晚清社會經濟結構的轉變與規範渴求的窘境

　　1840年鴉片戰爭以後的中國，內外情勢有了極大的變化。就古老而傳統的中華法系來說，面臨空前的挑戰，產生巨大且深刻的形變與質變，而屬於舊文化所孕育的法律體系也隨之而遽變。就法律繼受言，繼受外國法的原因複雜多端，且彼此經常交錯相連，其中之一為「規範渴求理論」[8]，係指主張繼受外國法的原因，是由於本國法在數量或質量方面有所欠缺，不足以提供解決衝突的模式，必須從外國引進，而規範之所以欠缺，主要乃因經濟發展或社會變遷所引起。

　　從具體數據來說，自五口通商到20世紀初期，清政府變法修律這段期間，外國資本主義工商企業在華發展迅速，國人商事組織也打破傳統簡單合夥規模，民營新式工商企業步洋商之後累年增加，華、洋商人之間涉訟事件尤日益頻繁。據史料顯示，從1840年至1911年間，歷年創辦的資本額在1萬元以上的企業總數共953家，資本額達203,805千元[9]。另據海關資料統計，1940年代約為3,000萬海關兩，1950年代約為5,000萬海關兩，1980年代末已超過1億海關兩，及至1894年則達到

---

[8] 有關法律繼受的理論基礎，學說有：力的理論、規範渴求理論、面子理論及自覺理論等。而晚清繼受外國法的動因，除了撤廢領事裁判權外，另有歐日近代法典編纂的衝擊、傳統社會經濟結構的轉型、清廷救亡圖存的危機意識等多種。詳參黃源盛，《法律繼受與近代中國法》（台北：政治大學法學叢書 55，2007年），頁47-65。

[9] 參閱陸仰淵、方慶秩主編，《民國社會經濟史》（北京：中國經濟出版社，1991年），頁117-120。

162,102,911海關兩[10]。1895年甲午戰後，列強進一步強化對華商品輸出，自給自足的傳統小農經濟受到前所未有的衝擊，先進的工業文明的成果不斷湧入中國，相對落後的農業生產方式面臨著西方工業化大量生產的嚴峻挑戰。因此，社會不同的利益團體從各自角度提出修改舊律，制定新法典的要求，試圖以近代六法的體系取代以刑律為主的舊律例；社會經濟關係的遽變、民商規範的闕如，不能不說是促使晚清展開變法修律的根本原因之一，而倡議修訂民商法典的呼聲也漸聞漸近。

二、中國第一部民事立法的胎動

傳統中國律典，民事與刑事規範混同、實體法與程序法雜糅的編纂形式，已不合近代以來各國編纂法典的體例與近世最新的學理，必須加以改造。清末康有為（1858-1927）首倡宜仿照近代西方法律體系制定民商法典，早在光緒二十四年（1898）就曾提出：

> 今宜採羅馬及英、美、德、法、日本之律，重定施行，不能驟行
> 內地，亦當先行於通商各口。其民法、民律、商法、市則、舶
> 則、訟律、軍律、國際公法，西人皆極詳明……故宜有專司，採
> 定各律，以定率從。[11]

或許，康氏當時對於民法、民律、商法等概念未必十分熟稔，但能把此等法律之制定列為維新變法的一項重要內容，足見其識見異於常人。晚清變法修律，於光緒二十八年（1902）諭派沈家本、伍廷芳（1842-1922）為修訂法律大臣，設立修訂法律館，惟該館初創之際，先從事於翻譯外國律書及修訂舊有律例，民法仍未遑編纂。鑒於《大清現行刑律》依然民刑混同，光緒三十二年（1906）7月4日，《時報》

---

[10] 引自吳慧，《中國商業通史》（北京：中國財政經濟出版社，2008年），第5卷，頁105-106。

[11] 康有為，〈應詔統籌全域摺〉，收於中國史學會編，《戊戌變法》（上海：上海神州國光社出版，1953年），第2冊，頁20。

刊載了《改良法律所應注意之事》，呼籲早日實行民刑分立，制定獨立的民法典：

> 法律分析多門，然大別之，實民法、刑法兩類，其餘皆從此而生，而法律之精神實亦即寄於此。蓋專制國之法律，命令而已，其條文皆注重上與下之間，至於人民與人民之交涉，視之殆無足重。自民法獨立，別與刑法分馳，然後人民之權利，日益尊重。然民法又源於憲法，憲法未立，又幾無民法之可言。故必次第分明，然後下手不至錯亂，得收相維之益。今者，民法未立而商法先頒，民事刑事訴訟法又相繼出焉，學者常議其本末倒置。[12]

　　光緒三十三年（1907）4月4日，《南方報》也刊登了一篇題為《論中國急宜編訂民法》的文章，之後隨即被主流的《東方雜誌》轉載[13]。該文就世界各國民法的異同、民法的性質、民事法律關係的主體進行了相當清晰的論述，尤疾呼政府宜早日制定民法。文中寫道：

> 民法者，實體法也、普通法也、隨意法也，而其實國內法中之私法一大宗也。世界各國其民族性質、歷史、慣習各不相同，故其民法之範圍亦各不同。然於不同之中而求其無不同之點，所謂權利之主體與客體是也。先就主體言之有二：一自然人、二法人。我國向無法人之制，故於公益之事，往往無一定規則，所謂自然人之權利亦聽其自生自息，自消自長，毫不措意於其間。及至權利喪失乃僅僅以刑法之一部分為救正之地，其於權利之危險，又何如耶？危險者如此，穩固者如彼。當此預備立憲之際，其將何去何從耶！……若民法者，定私法上權利義務之所在及其範圍，

12　《東方雜誌》，1907年1月9日，第3卷第12號，轉引自1906年7月4日《時報》。

13　《東方雜誌》，1907年8月3日，第4卷第6號。

故有百利而無一害者也。[14]

文章刊出之後，引起廣泛的迴響。民政部尚書善耆（1866-1922）於同年即上奏，提出民法與刑法均關乎國家治道，二者不可偏廢，並奏請「飭下修律大臣，斟酌中土人情政俗，參照各國政法，釐訂民律，會同臣部奏准頒行」[15]。奏疏云：

> 查東西各國法律，有公私法之分。公法者，定國家與人民之關係，即刑法之類是也；私法者，定人民與人民之關係，即民法之類是也。二者相因，不可偏廢，而刑法所以糾匪僻於已然之後，民法所以防爭偽於未然之先，治忽所關，尤為切要。各國民法編制各殊，而要旨宏綱大略相似。舉其犖犖大者，如物權法定財產之主權，債權法堅交際之信義，親族法明倫類之關係，相續法杜繼承之紛爭，靡不縷晰條分，著為定律。……中國律例，民刑不分，而民法之稱，見於《尚書・孔傳》，歷代律文，戶婚諸條實近民法，然皆缺焉不完。……竊以為推行民政，澈究本原，尤必速定民律，而後良法美意乃得以挈領提綱，不至無所措手。[16]

其實，沈家本也早已洞悉此事之緊要，在光緒三十三年，他說過：

> 法律之損益，隨乎時運之遞遷，往昔律書體裁雖專屬刑事，而軍事、民事、商事以及訴訟等項錯綜其間。現在兵制既改，則軍律已屬陸軍部之專責，民商及訴訟等律，欽遵明諭，特別編纂，則刑律之大凡自應專注於刑事之一部；推諸窮通久變之理，實今昔之不宜相襲也。[17]

14　同上注13。
15　《光緒朝東華錄》（北京：中華書局，1958年），第5冊，總第5664頁。
16　〈民政部奏請釐訂民律摺〉，收於沈桐生輯，《光緒政要》（台北：文海出版社，1985年），頁2425-2526。
17　引自〈修訂法律大臣沈家本等奏進呈刑律分則草案摺並清單〉，收於政學社印行，《大清法規大全》（台北：宏業出版社，1972年），卷12，〈法律部〉，頁1985。

　　光緒三十三年清廷再派沈家本、俞廉三、英瑞為修訂法律大臣，是年將修訂法律館予以擴充，酌設二科，分任民律、商律、民事刑事訴訟律之調查起草。每科設總纂一人，纂修、協修各四人，調查一人或二人，民律草案的修纂主要由該館第一科負責，又設諮議官，甄訪通曉法政、品端學粹之員，分省延請，以備隨時諮商。凡各省習慣及各國成例，分別派員或諮請出使大臣調查，以期取得充分之參考資料。

參、法律繼受與沈家本主導下的《大清民律草案》

　　在清末變法修律期間所擬訂的各種法案中，最具突破性者要屬《大清民律草案》，於光緒三十三年，先由修訂法律館招攬歐、美、日歸國留學生分科治事，慎重考量延聘外籍修律顧問人選，並抉擇如何取法外國立法例，踏出關鍵性的第一步，卻也留下幾個存疑問題。

一、外國立法例法源依據的表裡

　　就法律繼受的類型來說，有所謂「同質法繼受」與「異質法繼受」兩大類，前者指的是母法國與子法國的固有法係屬同性質；而後者是指子法國的原生態法規範、法制度，乃至於宗教、經濟、社會文化等背景，與母法國大相逕庭。很顯然，晚清的民法繼受是屬於異質法的繼受。為此，論列有關《大清民律草案》繼受的法源依憑，不能僅止於規範條文間的比較，還要進行制度的比較，甚至深入探究其發展狀態及與固有法調合的情形。要先釐清的是，其所依據的外國立法例源自何處？亦即其法源的根據為何？

　　考察《大清民律草案》的修訂過程，再端詳其時代背景，可以發

現，清末的法律近代化，本質上是列強勢力逼使下的一次法律繼受，必須借助他山，方能事半功倍，它以法典化為核心，盡可能地呼應列強「改同西律、皆臻妥善」的要求，期能收回領事裁判權。質言之，清末民法近代化是傳統法制在外力衝擊下的一次「強制性繼受」，其間，外國立法例法源的選擇關乎法律規範的表現形式，左右法制發展的路線。而長達1316條的《大清民律草案》前三編能在短短四年內完成，大量的法典繼受不能不說是一條捷徑。但草案擬訂的藍本究竟取自何處？其母法是哪部法典？對此，學界存有不同看法，有以為主要係仿照德國民法典者[18]，也有以為係仿自日本的明治民法者[19]。

　　以上兩種不同觀點，各有其見地，也各有所偏執。其實，要談論此一話題，恐怕得先略略提及日本的近代民法史，以利比較。日本在明治維新之前，並無獨立的民法典，民事案件大都取決於仿效傳統中國法制而成的律令和舊日的習慣，內容比較單純，而且不甚完整。維新以後，日本被迫由鎖國自守而門戶開放，由昔日幕府專制的封建政治，一變為君主立憲的近代式體制，政治、社會、經濟情勢都有劇烈的變動，傳統式的民事法制，自然不足以因應時勢之需，而有制定民法典的必要；再者，日本在幕府末期，與外國簽訂許多不等條約，企圖撤廢領事裁判權是明治維新的起因，也是當時的國是之一，而民法典的制定，尤有必要。所以，在明治三年（1870）3月，即在太政官之下設立制度調查局，令請精通法語的箕作麟祥（1846-1897）翻譯《法國民法》，以作為編纂民法典的準備，其後日趨積極，迨明治十二年（1880）在脫亞入歐思潮的導引下，專聘法國巴黎大學教授波阿朔那德（G.E. Boissonade de Fontarabie, 1825-1910）起草民法，提經元老院通過，於明治二十三年（1891）公布，預定自二十六年1月1日起施行，史稱

---

[18] 李秀卿，〈中國近代民商法的嚆矢—清末移植外國民商法述評〉《法商研究》，2001年，第6期，頁134-140。

[19] 孟祥沛，〈大清民律草案法源辨析〉《清史研究》，2010年11月，第4期，頁103-106。

「舊民法」。

　　但因該法幾乎是1804年拿破崙民法的翻版，既有傷日本國民的民族感情，和日本社會經濟情況也諸多扞格；此外，法國民法典雖然執19世紀初期民法的牛耳，為各國所宗仰，但19世紀後期以後，已漸失其優勢，甚至略有過時之況，為此，該民法公布後，即引起相當大的爭議。「斷行派」主張如期施行，「延期派」則主張無限期的延後[20]，反對最力者，甚至說出「民法出，忠孝亡」的言詞；激烈論爭的結果，終由國會決議，將該法延期施行[21]。迨1894年，政府始設置法典調查會，改派學者穗積陳重、富井政章、梅謙次郎等三人，以德國1887年的第一次民法草案為藍本，重行起草民法，於明治三一年（1899）7月6日起施行。該法改從德國立法例，分為五編，依序為〈總則〉〈物權〉〈債權〉〈親族〉〈相續〉，全文共1,044條。

　　綜覽日本民法，與各國民法一樣，分為三類：〈物權〉和〈債權〉是關於財產法方面的，〈親族〉和〈相續〉是屬於身分法方面的；〈總則編〉，規定全部民法共通適用的法則，而為其餘四編共同適用的基礎。因為各編的性質不同，其理論根據也各異，大體說來：總則和財產法部分，繼受自德國民法和法國民法，以個人主義為其理論的立基；身分法部分則依從日本傳統思想，以家族主義為其立論的根本。

　　回過頭來看晚清，《大清民律草案》前三編主要係以上述1899年的日本民法典為直接藍本，間接則從1896年的德國民法典而來，列陳理由如下：

　　其一，《大清民律草案》雖有不少內容與德國民法典相同或相似，這是間接借鑒德國民法所使然。從文化角度言，19世紀後半，德國不論在人文社會或自然科學領域都超越了歐洲其他各國，這對於向來主張

---

[20] 詳參星野通編著，《民法典論爭資料集》（東京：日本評論社，1969年），頁1-8。另參閱手塚豐，《明治民法史の研究》（東京：慶応通訊，1991年），下冊，頁335-343。

[21] 林紀東，《戰後日本法律》（台北：正中書局，1956年），頁76-78。

「要繼受外來法就要選擇最強勢的」日本而言，自有相當的魅力。此外，日本1899年民法的三位起草人當中，有二位曾留學過德國[22]，這當然影響了彼等後來民法典的起草、解釋和研究工作，甚至牽動整個日本民法學的發展走向。尤其體現在德國民法典中的德國民法學研究的巨大成果，也是使德國民法學成為日本所仿效的重要原因[23]。因此，德國民法對日本明治民法典的影響極深，而《大清民律草案》是以明治民法為轉介站，間接導入德國法，因此，三部法典自然存在著為數不少的神似規定。

以〈總則編〉來說，取法自日本的有第二章「人」，設若干節；規定妻為限制行為能力人之一種；設禁治產與準禁治產之區別，對於禁治產設監護人，對於準禁治產設保佐人；規定取得時效及消滅時效，並設有共通適用之通則等。至於《大清民律草案》中存在部分內容與德國民法典相似而與日本明治民法典不同者，例如，針對限制行為能力人的代理人、關於債權中受領遲延的問題，以及關於消滅時效，德國民法第90條規定：「一般時效期限為三十年」，明治民法第67條規定，「債權，因十年間不行使而消滅。非債權或所有權之時效，因二十年間不行使而消滅」。對此，《大清民律草案》第304條採取德國的立法例，規定：「債權之請求權，因三十年不行使而消滅」。

類似狀況的出現，並非《大清民律草案》直接取自德國民法的結果，而是20世紀初德國法學在日本國內風行一時所造成的。自19世紀末開始，德國法學後來居上，取代法國法學成為日本的主流法學，日本以德國法為藍本構建其六法體系；以德國司法為典範建立其司法體系，在立法技術和思維方式上極力慕仿德國，甚至在司法實踐中也以德國法學理論解釋日本法律。德國法學在日本法學界占據領先的地位，因此如

---

[22] 梅謙次郎與穗積陳重均曾留學德國宏堡大學（Humboldt University of Berlin）。

[23] 〔日〕北川善太郎，《日本法学の历史と理論》（東京：日本评论社，1968年），頁129-135。

果說，此其間日本進入「德國法萬能」的時代，並不為過。

當時，法學者言必稱德國，有人甚至說：「沒有德國法學，就沒有日本的法學」[24]。在這種情況下，《大清民律草案》的草擬者松岡義正身在其中，自然深受其薰陶，或許，在協助清廷草擬民法典時，也發覺到日本民法的某些個別規定不盡合於時用，而將德國法學的某些觀點和主張採納到《大清民律草案》之中。值得注意的是，《大清民律草案》雖有個別內容與德國民法相似而與日本明治民法不同，卻有更多內容與日本明治民法相似而與德國民法典不同，這也清楚揭示了《大清民律草案》與日本明治民法典的直接師承關係。

其二，在法典編排結構上，《大清民律草案》與德國民法相同，於五編體系中將〈債權編〉置於〈物權編〉之前，不同於日本民法的〈物權編〉在前，〈債權編〉在後。之所以如此安排，蓋於近世認為債為取得物權的重要方法，且適用較廣之故；而明治民法將物權列於債權之前，或以物權為根本，而人類生活上，物權較債權發生在先之故。這種結構的編排，反映出立法者對債權和物權在社會生活的價值認知不同。不過，也不能僅僅由於《大清民律草案》的編章編排次序與德國同而與日本異，就得出《大清民律草案》係直接繼受德國民法的結論，否則就很難解釋何以德國民法〈債法〉部分稱為〈債的關係法〉，明治民法則稱之為〈債權〉編，〈債〉和〈債權〉雖僅是一字之差，前者寓有保護債權人與債務人雙方之法意，而後者則側重在債權人。

其三，在法律專門用語上，當時日本已經先後以法國法及德國法為主要仿效對象，創造了許多「和製漢語」的法律詞彙。由於中日的漢字語文相通，所以明治時期日本的法律術語透過譯介、法律詞彙表和詞典進入中國[25]。例如在具體法律用語上，動產、不動產、不當利得、事物

---

[24] 參閱日本法學家末弘嚴太郎的發言，收於日本評論社編集，《日本の法学》（東京：日本評論社，1950年），頁81。轉引自〔日〕北川善太郎，同上注23，頁12。

[25] 何勤華、殷嘯虎，《中華人民共和國民法史》（上海：復旦大學出版社，1999年），頁15。

管理、擔保物權、質權、保佐人、法人、財團法人、社團法人、禁治產、準禁治產、取得時效、消滅時效、侵權行為等概念均原封不動地來自日本民法，相同的法律用語側面反應了《大清民律草案》脫胎於日本明治民法的事實。

　　綜上所述，從法律繼受的觀點說，《大清民律草案》並非某一個國家民法典的「單一繼受」或「全盤繼受」，而是一種「混合式的繼受」或「選擇性的繼受」，它的前三編形式上係直接經由日本明治民法而來，實質內容與精神則明顯間接受到德國民法的影響。甚至，另有部分係採自瑞士者，例如德、日民法於〈總則編〉均無「法例」之設，而《大清民律草案》於〈總則編〉揭「法例」於首章，即係仿瑞士的立法例而來。因此，我們可以在《大清民律草案》的立法理由中，頻頻見到所謂「本案採多數之立法例」「本案採各國立法例」等字眼[26]。茲以〈總則編〉為例，列舉其章節名目之同與異的對照表如下，以明其梗概：

《大清民律草案》總則 （1911年）	《德國民法》總則 （1896年）	日本《民法》總則 （1898年）
第一章　法例		
第二章　人	第一章　人	第一章　人
第一節　權利能力	第一節　自然人	第一節　私權之享有
第二節　行為能力	第二節　法人	第二節　能力
第三節　責任能力	第一款　社團	第三節　住所
第四節　住址	第二款　財團	第四節　失蹤
第五節　人格保護	第三款　公法人	
第六節　死亡宣告		
第三章　法人	第二章　物、動物	第二章　法人
第一節　通則		第一節　法人之設立
第二節　社團法人		第二節　法人之管理
第三節　財團法人		第三節　法人之解散
		第四節　罰則

---

[26] 參閱黃源盛，《晚清民國民法史料輯注》（台北：犁齋社，2014年），第一冊，頁46、143、353等。

《大清民律草案》總則 （1911年）	《德國民法》總則 （1896年）	日本《民法》總則 （1898年）
第四章　物	第三章　法律行為 　第一節　行為能力 　第二節　意思表示 　第三節　契約 　第四節　條件、期限 　第五節　代理、代理權 　第六節　允許、承認	第三章　物
第五章　法律行為 　第一節　意思表示 　第二節　契約 　第三節　代理 　第四節　條件及期限 　第五節　無效撤銷及 　　　　　同意	第四章　期間、期日	第四章　法律行為 　第一節　總則 　第二節　意思表示 　第三節　代理 　第四節　無效及取消 　第五節　條件及期限
第六章　期間及期日	第五章　消滅時效	第五章　期間
第七章　時效 　第一節　通則 　第二節　取得時效 　第三節　消滅時效	第六章　權利的行使、自 　　　　　衛和自助	第六章　時效 　第一節　總則 　第二節　取得時效 　第三節　消滅時效
第八章　權利之行使及 　　　　　擔保	第七章　提供擔保	

二、修律顧問人選與民商的分合

　　清末修律之時，中國尚處於工商業初期的萌芽階段，歐西先進法律知識的傳播剛剛引進，還談不上法學的進階。可以說，即使在《大清民律草案》草擬之際，國人真正對民法有深刻瞭解者也寥寥無幾。實際上，在擬訂的過程中，主要起作用的是日本法學專家，這就加深了民律草案借助日本民法的中間橋梁作用，而繼受德國民法的痕跡。於變法修律中，張之洞（1839-1909）率先提出要延攬各國的法律專家幫同中國立法修律。在聯銜會保沈家本、伍廷芳為修律大臣之前，張氏在致劉坤一和袁世凱的信中即說：

　　近來，日本法律學分門別類，考察亦精，而民法一門最為西人所

嘆服。該國係同文之邦，其法律博士多有能讀我會典律例者，且風土人情與我相近，取資較易。……在日本訪求精通法律之博士一兩人，來華助我考訂編纂，尤為有益。[27]

　　沈家本對此也持同樣的看法，且是這個倡議的執行者；問題是，在有限的人力資源下，如何挑選外籍顧問？沈家本曾說：「……至延聘外國法律專家，尤宜慎重，臣等現正詳細斟酌，俟聘定後另行具奏。」[28]不過，草擬民律的具體人選，沈家本與翰林院侍講學士朱福詵（1841-1919）[29]似有不同意見，人選之議實際背後牽涉到的是：民法典的編纂體例要採「民商合一」還是「民商分立」？所謂「民商分立」者，乃民法法典之外，尚有商法法典與之對立的制度；而所謂「民商合一」者，乃民法法典之外，不復有商法法典的存在，即以商事亦屬民事。大體言之，民商分立制為19世紀以前產生民法法典的國家所採用，如德國、法國、日本等是；而民商統一制乃20世紀以後新訂民法法典之國家所採用，故為新制，如1901年公布的《瑞士債務法》，即開民商法合一之端。

　　從史料上看來，朱福詵較屬意的人選是有「日本民法典之父」稱譽的梅謙次郎[30]（1860-1910），因為在民商法典的編纂上，梅氏是主張民商合編體例的學理，朱福詵在光緒三十三年11月《奏請慎重私法編

---

[27] 引自張之洞，《張文襄公全集》，卷17，〈電牘〉。

[28] 同上注15，總第5803頁。

[29] 朱福詵，光緒六年進士，曾任河南學政、貴州學政。參閱魏秀梅，《清季職官表附人物錄》（台北：中央研究院近代史研究所史料叢刊5，2002年），頁457。

[30] 梅謙次郎是1898年日本明治民法的三位主要起草人之一，1906年曾以日本法政大學總裁的身分來清廷訪問，除其民法學著作《民法要義》被譯成中文外，其他諸如：孟森譯述，《日本民法要義‧總則編》（上海：商務印書館，1910年）、孟森譯述，《日本民法要義‧債權編》（上海：商務印書館，1911年）、陳與燊譯述，《日本民法要義‧親族編》（上海：商務印書館，1911年）、金泯瀾譯，《日本民法要義‧相繼編》（上海：商務印書館，1911年）、陳承澤、陳時夏譯述，《日本民法要義‧物權編》（上海：商務印書館，1913年）。

制選聘起草咨員摺》中說：

> 日本修正民商法時，梅謙次郎曾提議合編，以改約期近，急欲頒
> 布而不果。中國編撰法典之期後於各國，而所採主義學說不妨集
> 各國之大成，為民商法之合編。[31]

梅謙次郎是日本明治初年註釋派的民法泰斗，司法部法學校法學
士，1886年入法國里昂大學（Université de Lyon），以拔萃的成績畢
業，轉赴德國柏林大學（Humboldt-Universität zu Berlin），於1890年
歸國，任東京帝國大學法科教授，翌年獲得法學博士學位，歷任法科大
學校長、法制局長官、文部總務長官等職。其最顯赫的業績乃1893年
任法典調查會委員，從事民法、商法典的起草，對於法典的編纂具有卓
越的才能與精力。憲法以外之法典，幾乎無役不與。1906年更任法律
調查委員，從事改正商法、刑法、刑事訴訟法的審查，1910年8月受命
膺任韓國法典的調查起草，案未及半，因病逝世於漢城（今首爾市），
年僅半百。梅氏本屬一法法派的學者，但因潮流所趨，同時又努力吸收
德法派的新思想。梅氏之所長，在能以銳敏之觀察力洞察事物的真相，
短處在拙於方法論，故聆氏之言論者，有時不免有牽強附會之感，亦俗
謂「白圭之玷」，賢者不免也。其所著《民法要義》五巨冊，以通俗之
語意闡明法律的真髓，發凡起例，至今日本言民法者猶宗之[32]。

至於大清民律的編纂，民政部草擬的〈編纂民法之理由〉中對民商
法編纂的體例似較傾向於採民商分立，曾表明：

> 本草案雖規定私（法）上之關係，然關於商事者，則讓諸商法，
> 不規定於本草案中。原來民商二大法典之並存，多數之立法例雖

---

[31] 《法律大臣沈家本等摺議覆朱福詵奏請慎重私法編制由》，引自《故宮沈家
本奏摺》（台北：故宮博物院圖書文獻處藏）。

[32] 據穗積陳重所述，在法典調查會的主查委員會及總會上，梅氏發言的總數高
達3,852次之多。詳參潮見俊隆、利谷信義編，《日本の法學者》（東京：日
本評論社，1975年），頁73-89。

亦如此,其學理上果正當與否,現尚為未決之問題。惟在中國,民商二法典使之並存於(世),實際上頗為便利也。又本草案雖規定私法上之關係,然於公法上之關係並非全不規定。公法上之法律關係以規定於本草案為宜者,則收入本草案中。蓋法典雖須尊重學理,然於實際上之便宜亦不得輕視也。此外,私法上之法律關係亦非網羅於本草案中,因立法上及實際上之便宜,委諸特別法、條約及習慣等不少。[33]

修訂法律館於光緒三十四年10月4日對朱福詵的意見也做出回應,沈家本奏議,首先肯定起草民律應以日本、德國民法為範本:

臣等伏查歐洲法學統系約分法、德、英為三派,日本初尚法派,近則模範德派,心慕力追。原奏所陳確有見地,臣等自當擇善而從,酌量編訂。總之,無論採用何國學說,均應截短取長,慎防流失。

不過,對於朱福詵「民商合編」的主張,沈氏並不表贊同:

查自法國於民法外特編商法法典,各國從而效之,均別商法於民法各自為編,誠以民法係關於私法之原則,一切人民均可適用;商法係關於商事之特例,惟商人始能適用。民法所不列者,如公司、保險、匯票、運送、海商等類,則特於商法中規定之,即民法所有而對於商人有須特別施行者,如商事保證、契約利息等類,亦於商法中另行規定。凡所以保護商人之信用,而補助商業之發達,皆非民法之所能從同,合編之說似未可行。[34]

此外,關於「聘請外國法律專家」的事宜,沈家本在光緒三十四年上奏道:

---

[33] 中國第一歷史檔案館藏檔案,《修訂法律館全宗》〈編纂民法之理由〉(檔案號:10-00-00-0007-009)。

[34] 參閱同上注31。

臣等一再斟酌，以聘用外人至有關係，不得不加意慎重。遂於今年三月館事粗定後，派令臣館提調、大理院推事董康前赴日本，詳細訪察。該員在日本將及半載，深悉梅謙次郎為該國政府隨時顧問必不可少之人，斷非能輕易聘用。訪有日本法學博士志田鉀太郎為商法專家，名譽甚著。稟經臣等公同商酌，聘充臣館調查員，電請出使日本國大臣胡惟德，妥定合同，約其來京。此外，另訂舊在京師之日本法學博士岡田朝太郎、小河滋次郎、法學士松岡義正，分任刑法、民法、刑民訴訟法調查事件，以備參考。臣等仍督同編纂各員，限定課程分類起草，一面派員調查各省民商習慣隨時報告，總以酌採各國成法而不戾中國之禮教民情為宗旨，此臣等日與編纂各員所兢兢致慎者也。[35]

依照沈家本的想法，梅謙次郎的確是當時日本最具聲望的民法學家，但因國內事務忙碌，且已受聘為韓國政府修律最高顧問，在聘之不可得，又迫於急需用人的考量下，延請另一位日本民法實務家松岡義正擔綱民事法的起草，此舉仍不失為另一種務實的選擇。因此，光緒三十四年10月，沈家本另奏請聘用松岡義正協助編纂民律草案，該請求迅即獲得清政府的批准[36]。據當年所簽訂的合同，松岡義正的薪資為月薪800銀元，為期三年，略低於岡田朝太郎的月薪850銀元[37]。

松岡義正（1870-1939），何許人也？日本民法及民事訴訟法專家，1892年畢業於東京帝國大學法科，並無海外留學的經歷，長年從事司法實務工作，歷任東京地方裁判所判事、東京控訴院、大審院各判事，著作甚豐[38]。光緒三十二年（1906）11月，時任東京控訴院部長法

---

[35] 同上注33。

[36] 同上注15，總第6001頁。

[37] 該合同原件之複印本，係委託九州大學法學院西英昭教授，從日本外務省外交檔案中所找得，特此誌謝。詳見外交史料館，3門8類4項16-2號《外国官方に於テ本邦人雇入關係雜件　清国部》第四（一卷）北京法律學堂及法律館調查員 松岡義正部分。

[38] 松岡義正其後於日本大正五年（1916）獲法學博士學位，有關松岡義正與晚

官的松岡氏應清廷之聘，赴北京充當清政府修訂法律館顧問，兼任北京法律學堂民法、民事訴訟法及破產法教習。同時負責民律中的〈總則〉〈債權〉〈物權〉等三編的起草工作，而由於身分法關涉中國的風俗習慣、禮教民情等因素，另由國人章宗元、朱獻文起草〈親屬〉，高种、陳籙起草〈繼承〉，於宣統三年（1911）完成五編草案，即所謂的《大清民律草案》，為中國法制史上第一部民法草案。

　　該草案前三編的擬訂，由於是松岡義正所主導，最終採「民商分立」。其編制體例係建立在「由抽象到具體」「由一般到特殊」的立法技術之上，強調四大立法宗旨：（一）注重世界最普通之法則、（二）原本後出最精確之法理、（三）求取最適於中國民情之法則、（四）期於改進上最有利益之法則。〈親屬〉〈繼承〉後二編因「關涉禮教」，疊次諭旨會同禮學館訂立，全草案雖有五編，當時僅將前三編〈總則〉323條、〈債權〉654條、〈物權〉339條，總計1,316條，在沈家本辭去修訂法律大臣後，於宣統三年9月，由俞廉三（1841-1912）等奏呈朝廷[39]。惟上奏之日，武昌槍響，清廷覆亡，故該草案既未經憲政館核定，亦未及資政院議決，自也不可能頒布。

　　翻閱其內容，人格平等是近代民法產生和存在的基礎，〈總則〉編第4條規定：「人於法令限制內，得享受權利或負擔義務。」確立了近代民法的人格平等原則，但遺憾的是，於〈總則〉編第26-30條卻規定妻為限制行為能力人。〈債權〉〈物權〉兩編各詳劃其區域，並以繼受

清民事法編纂的相關資訊，參閱熊達雲，〈清末における中国法律の近代化と日本人法律顧問の寄与について～松岡義正と民事関係法律の編纂事業を中心にして～〉《JFE21世紀財団アジア歴史法学研究報告書》（東京：JFE21世紀財団，2012年）。松岡義正的著作有：《破產法講義》《民法論總則編》《特別民事訴訟法》《新民事訴訟法註釋》（全6卷）《民法論物權法》等書。參閱伊藤隆、季武嘉也編，《近代日本人物史料情報辞典3》（東京：吉川弘文館，2007年），頁222-223。另參閱西英昭，《近代中華民国法制の構築》（日本：九州大學出版會，2018年），頁283-286。

[39] 詳參〈修訂法律大臣俞廉三等奏編輯民律前三編草案告成繕冊呈覽摺〉，收於故宮博物院明清檔案部編，《清末籌備立憲檔案史料》（北京：中華書局，1979年），下冊，頁911-913。

歐陸法及日本法為多，如能力之差異、買賣之規定，以及利率、時效等項，大都採用當時普通之制，奠定了契約自由原則，於第513條明確規定：「依法律行為而債務關係發生或其內容變更消滅者，若法令無特別規定，須依利害關係人之契約。」尤其採用了近代民法的過失責任原則，於〈債權〉編第945條規定：「因故意或過失，侵害他人之權利而不法者，於因加侵害而生之損害，負賠償之義務。」有關法人及土地債務諸規定也仿自各國新制，既原於精確之法理，期無鑿枘之虞。而保護所有權人的私有財產原則是近代西方國家憲法的基石，也是民法的核心，該草案〈物權〉編第二章即關於所有權制度的專門規定，例如第983條規定：「所有人於法令之限制內，得自由使用、收益、處分其所有物。」

三、民事習慣調查的輕重

　　法律規範反映世故民情，而文化有其區域獨特性，各國的法制往往因國情所繫、風俗所關，各有特色，無需強力求同，也不必處處捨己徇人，此為不爭之理。就繼受外國法言，如何能使外來法與本土資源相結合是極為重要之事，《大清民律草案》在擬訂時對於民間習慣是否有做到相應的配套措施？於今看來，似乎負面的評價較多。

　　其實，「斟酌古來之習慣」是晚清在制定民法典過程中考慮的原則之一。光緒三十三年5月，大理院正卿張仁黼（1837-1908）在以「明訂民律宗旨」為主要內容的奏摺中說：

國之所與立者惟民，一國之民必各有其特性，立法者未有拂民之性者也。西國法學家亦多主性法之說，故一國之法律必合乎一國之民情風俗，如日本……民法五編，除物權、債權、財產三編，採用西國私法之規定外，其親族、相續二編，皆從本國舊俗……特聞立法者，必以保全國粹為重，而後參以各國之法，補其不足。此則以支那法系為主，而輔之以羅馬、日爾曼諸法系之宗旨

也。……凡民法、商法修訂之始，皆當廣為調查各省民情風俗所習為故常，而於法律不相違悖，且為法律所許者，即前後所謂不成文法，因為根據加以制裁，而後能便民，此則編纂法典之要義也。[40]

為此，在草擬民法典時，除了摹倣歐陸及日本法的普通規則外，主導修律的沈家本也早已體悟到，中國傳統民事習慣的調查是必不可或缺的基礎工作。他說道：

人類通行之習慣，各因其地，苟反而行之，則必為人所擯斥而不相容，故各地方之習慣，亦有強制力含其中者，是以國家法律承認之，或採之為成文法。

實際上，當時參與《大清民律草案》修訂的大員，在民事習慣調查一事上並無歧見，因此，在考察國外民事立法的同時，民商事調查活動也同時積極地推進。例如光緒三十四年（1908）正月26日，沈家本疏請調查東南民俗商情。片云：

再擬訂民商法典，亟應派員親往各省調查習慣，以資考證。查有翰林院編修朱汝珍，現充臣館纂修，該員洞徹法理，任事精勤，擬請派令前赴東南各省，將民俗商情詳細調查，隨時報告，事畢即行回京。[41]

同年5月，沈家本又上〈奏呈法律館諮議摺〉，主張由修訂法律館主持，在全國各地展開大規模的民商事習慣調查。而在光緒二十九年至光緒三十二年間（1903-1906），為配合《商人通例》《公司律》《破產律》等商事單行法的制定工作，實際上已著手商事習慣的調查，此外，又奏請以各省提法使、按察使兼充法律館諮議官。諮議官除對各項

---

40 〈大理院正卿張仁黼奏修訂法律請派大臣會訂摺〉，收於故宮博物院明清檔案部編，同上注39，頁833-836。
41 〈修訂法律大臣沈家本等片〉，引自同上注31。

法律事件應箚飭各州縣詳查報告外，對於法律館所派調查員還應協助調查，隨時接洽。宣統二年（1910）正月，沈家本正式上奏云：

> 民商各律，意在區別凡人之權利義務而盡納於軌物之中，條理至繁，關係至重。中國幅員廣遠，各省地大物博，習尚不同。使非人情風俗洞澈無疑，恐創定法規必多窒礙。[42]

為明確民事習慣調查的指導思想、調查程序、調查重點、調查期限，修訂法律館另制定了《調查民事習慣章程》（共10條）[43]。從其詳細的說明中，可以看出，當時的民律草擬者對民事習慣調查的高度關注，部署規劃也相對細緻周詳。

但畢竟，由於政局動盪、中央財政艱難、修律時程壓縮、調查人員短缺，造成中央在地方威信下降，各地方大都未能按中央的原計畫時間完成民事習慣調查工作，致清末的民事習慣調查對編訂《大清民律草案》並未產生直接且積極的影響，因此招來不少非難之聲。其間，曾襄助沈家本修律，後來任國民政府修訂法律館館長的江庸（1878-1960）指陳：

> 民律草案多繼受外國法，於本國固有法源，未甚措意，如民法債權編於通行之「會」，物權編於「老佃」「典」「先買」，商法於「舖底」等，全無規定，而此等法典之得失，於社會經濟，消長盈虛，影響極鉅，未可置之不顧。[44]

此番評價，左右其後的點評頗大。其實，參與修訂民律的成員們，

---

[42] 宣統二年1月，〈修訂法律大臣奏為編訂民商各律照章派員分省調查摺〉，引自同上注31。

[43] 參閱黃源盛，《晚清民國民法史料輯注》（台北：犁齋社，2014年），第四冊，頁1851-1852。

[44] 參閱江庸，〈五十年來中國之法制〉，收於申報館編，《最近之五十年——申報五十週年紀念》（1872-1922），（上海：商務印書館，1923年），頁碼不詳。

對傳統民商事習慣的重視，力圖使民律與國情民俗相符的用心是斑斑可考的。因為傳統中國成文法偏重於刑事規範，始終欠缺一部獨立的民法典，民事紛爭大多依賴民間習慣來解決，只有透過民事習慣調查，才能深入民事活動和民事解決規制在近代中國的真實狀況；又鑒於過往德、日編纂民法典時，也都很強調本國民事習慣的蒐集採用，這更堅定了修訂民律大臣們在這一工作上的決心與戮力，這種在法律繼受過程中考慮其本土化的思維方式是難能可貴的。儘管囿於種種因緣，民事調查工作未能如期如實地完成，也未達到預期的效果，然而，此一作為還是起到了應有的功能。這次調查活動的結果，使修律者對地方風俗習慣有了較深刻的認識，也更清楚地意識到傳統民事習慣與西方近代法多所齟齬，民律不能完全照搬他國之法。宣統三年（1911）9月，修訂法律大臣俞廉三等特別奏明：「臣等調查之資料，參照各國之成例，並斟酌各省報告之表冊，詳慎從事。」[45]此並非全為虛言！

可見，《大清民律草案》還是盡最大可能整合西方近代民法思潮和傳統中國民事習慣，其成效如何恐怕不單是民事習慣調查本身的問題，而是整體社會環境條件所使然，民事習慣調查終究代表了在繼受外國法過程中一個應為的方向，此次修律雖未能展現具體成果，其正面意義仍然值得肯定。

四、《大清民律草案》脫稿前後人事的浮沉

啟人疑竇者，當《大清民律草案》前三編竣事後，上奏領銜人並非沈家本而是俞廉三？何以未及該草案上奏後才更換修律大臣？世人但知，晚清變法修律過程中，有關《大清新刑律》禮教派與法理派的「禮法爭議」，卻鮮有人論及《大清民律草案》脫稿前後也有一段「禮法之爭」的小插曲。

---

[45] 同上注39。

　　清末在禮法之爭的階段中，不僅掀起新舊官僚與東西洋留學生、資政院議員之間的大衝突，輿論界也有急進與保守之分，在新聞媒體上各自大作文章。雖然報紙新聞之類的報導並非第一手史料，不宜拿來作為論證的直接證據，卻也能見得當年對於民律草案出臺前後人事的紛紛擾擾。

　　剛剛完稿的民律草案被禮部禮學館所牽制，一時尚難奏呈，報界輿論對民律的前途十分關注，修訂法律館承受著朝野內外的壓力。恰在此時，法部尚書廷杰（1840-1911）病重請辭，傳聞沈家本有望升任法部尚書[46]。不久，廷杰辭世，朝廷命紹昌（1857-？）為法部新尚書。沈家本非但沒有升職，反於宣統三年2月22日（1911.3.22）被辭去修訂法律大臣及資政院副總裁兩項職務，回任法部左侍郎，由大理院少卿劉若曾（1860-1929）充任修訂法律大臣，學部右侍郎李家駒（1870-1938）任資政院副總裁[47]。時為修訂法律館第二科總纂，被歸類為「法理派」的汪榮寶（1878-1933）聞訊後相當錯愕，在日記中寫道：「殊出意外」[48]。報界紛紛揣測沈家本去職的原因，《大公報》報導稱：「沈子敦侍郎修訂法律大臣一差，日前奉諭開去。茲聞其原因，係為政府以該侍郎所訂法律多與禮教不合，屢被言官指摘，且在資政院毫無建白，監國深滋不悅，故有同日開去法律大臣及資政院副總裁之職。」[49]倘姑且依其所說，沈家本離職一事，似與宣統朝新當權者攝政王載灃（1883-1951）有關，即指載灃並不贊同新律過度傾斜西方近代法制，反而比較敦崇禮教，暗助「禮教派」[50]。

---

[46] 〈沈侍郎將升法部之預聞〉《大公報》，1911年1月17日。
[47] 〈上諭〉《申報》，1911年3月23日。
[48] 汪榮寶，《汪榮寶日記》，收於沈雲龍主編，《近代中國史料叢刊三編》（台北：文海出版社，1987年），第621-623冊，頁816。
[49] 〈沈侍郎開去兼差之原因〉《大公報》，1911年3月26日。
[50] 該報又報導，沈家本得旨謝恩，頓感到輕鬆許多，曾語人云：「予今開去此兩項兼差，外間多有為予惋惜者，殊不知修訂法律與充資政院副總裁，此兩差最難理處，稍有不慎，非受責於政府，必受謗於輿論，無論如何，恒處於叢怨地位。今一律釋此重負，何快如之！沈看透時局，並不戀棧，深知身兼

其實，早在《大清新刑律》經資政院於宣統二年12月決議通過後，在制定過程中禮教與法理兩派的喧擾爭辯便該落幕。誰知，隔年2月，禮教派的京師大學堂總監督劉廷琛（1867-1932）再起鑼鼓，上書清廷，痛劾法理派，說道：

> 竊維政治與時變通，綱常萬古不易，故因世局推移而修改法律可也，因修改法律而毀滅綱常則大不可。蓋政治壞禍在亡國，有神州陸沈之懼，綱常壞禍在亡天下，在有人道滅絕之憂，宗旨不可不慎也。[51]

奏摺中更嚴詞指斥：「該法律大臣受恩深重，曾習詩書，亦何至叛道離經若此？」揚言「斷未有朝廷明崇禮教，該館陰破綱常，擅違諭旨，自行其是。天命未改，豈容抗命之臣？該大臣恐不能當此重咎！」如是尖刻言詞，對沈家本來說，自是沉重的一擊！

《時報》認為，沈家本離職資政院副總裁一事並不單純，同時溥倫（1874-1927）開缺資政院總裁，繼任者為世續（1852-1921），是奕劻所保舉，而繼任副總裁李家駒則為那桐所推薦[52]，此事皆為軍機重臣奕劻和那桐上奏促成的。該報評論道：「溥倫對議員感情既深，有恩威並濟、涵蓋眾流之度；沈家本威望似不如倫，然沈固法律專家也，於舊律

修訂法律大臣與資政院副總裁是腹背受怨的差事，既要應對朝廷，又要承受外界輿論的批評，行事如履薄冰，故得旨開缺而感欣悅。參見，〈沈侍郎撤差後之愉快〉《大公報》，1911年3月30日。其實，自光緒三十二年（1906），修訂法律大臣伍廷芳請旨開缺後，沈家本已感孤掌難鳴，萌發退意。光緒三十三年（1907），各省督撫奏議《刑事民事訴訟法》草案時，沈家本的修律工作並不順利。同年，大理院正卿張仁黼上奏影射沈家本大權獨攬，沈家本順水推舟上奏請辭修訂法律大臣差使；但憲政編查館覆議張摺時，肯定了修訂法律大臣和修訂法律館是必要的差職和機構，諭旨採納憲政編查館建議；不久，又任命沈家本為修訂法律大臣。由此可見，沈家本擔任修律大臣的幾年中，並非一路順遂。參閱史洪智，〈清末修訂法律大臣的政治困境〉《史學月刊》，2013年，第1期，頁63-70。

[51] 參閱〈大學堂總監督劉廷琛奏新刑律不合禮教條文請嚴飭刪盡摺〉，收於故宮博物院明清檔案部編，同上注39，頁887-889。

[52] 〈專電〉《時報》，1911年3月23日。

既經驗數十年，於新律亦研究數載，其智識實遠出於諸老朽之上。」那桐是「著名守舊之輩也，當在軍機時，碌碌無所短長，曾未聞有所建白，久已不協於眾望，即轉而掌內務府事」；慶親王奕劻和那桐，既握軍機中之大權，又握外務部之大權，「去歲，因彈劾軍機處案，屢為議員所迫也，固已惡之深而恨之極矣！然語有之，蛇無頭而不行。慶、那以為議員之所為，皆由倫貝子釀成之，於是以惡議員恨議員者，轉而遷怒於倫貝子，此則慶、那之處心積慮也。」[53]

似乎，劉若曾充任修訂法律大臣，也是由那桐一手所促成的，而且就在沈家本開缺上諭發出的翌日。《時報》隱晦地說：「樞臣因沈家本修訂法律專主從新，故保劉若曾代之，復嗾令劉廷琛奏請申明新律宗旨，飭禮學、律學兩館依據舊律參訂各新律，以維名教。」[54]《申報》有〈時評〉稱：「沈家本既開去資政院副總裁差，又開去修訂法律大臣差，而僅飭回法部侍郎本任，動輒得咎，可憐。劉若曾既肯為樞臣傀儡，又能傀儡劉廷琛，故得一修訂法律大臣差，心勞日絀，可憐。」[55]這些議論影射了修律背後的權位紛爭。而劉若曾，1889年己丑科進士，為翰林院編修，曾任考察各國政治大臣參贊、大理院正卿，從其履歷看來，他對修史、科考、學務等方面較有經驗，但有關法律方面的修持明顯遜於沈家本。宣統元年（1909）7月，《申報》報導了劉若曾的近況，稱他是「禮教家之專門」，以孝行聞名，最得張之洞器重，被贊為「才堪大用」，將升授禮部侍郎[56]。雖然終未進入禮部，但從其仕途歷練來看，他於宣統三年被任命為修律大臣，或可說明當時朝廷對待編纂新律關於禮教思維的傾向與態度已有所轉變。

我常這麼想，太陽底下並無太多新鮮事，凡有「人」的地方就有「事」的存在，此即所謂貪、瞋、癡、慢、疑、邪見的作祟；也為此，

---

53 〈論資政院更調正副總裁事〉《時報》，1911年3月24日。
54 〈專電〉《時報》，1911年3月24日。
55 〈時評〉《申報》，1911年3月25日。
56 〈京師近事〉《申報》，1909年9月11日。

世上總是人事紛爭不斷，而宦海本無常，沈家本對於《大清民律草案》的擬訂，未能克盡前功，時也？勢也？命也？

肆、《大清民律草案》對後世的影響及其歷史意義

在兩千多年來的傳統中國法制長河中，採所謂的「規範混同、以刑為主」的法典編纂體例，直迄沈家本所領導的變法修律才走出「民刑分立」的格局。想問的是，《大清民律草案》對後世產生了什麼樣的影響？有什麼樣的歷史與時代意義？

一、民初北洋政府時期無民法典下的「條理」運用

或許，天命真的無常，晚清變法修律的改革理念還來不及落實，大清帝國的國祚已盡，所有的後續只能到民國時期來尋繹了！而晚清修律大臣沈家本所領導的繼受外國法工程，志雖未竟，業績已有，留給其後的北洋政府頗多迴旋空間。民國初年，政權更替頻繁，就刑事與民商事等法律雖先後設「法典編纂會」「法律編查會」及「修訂法律館」等機構，負責賡續起草各類法案，但畢竟茲事體大，一時難有所成。各級審判廳審判根據的法源為何？理論與實際的運作又如何？是一個相當有趣且值得關注的課題，本節擬僅述民事方面而不及其他。

宣統二年4月由沈家本主持，根據《大清律例》刪修而成的《大清現行刑律》頒布施行，這部「刑律」把《大清律例》中有關繼承、分產、婚姻、田宅、錢債等純屬民事的條款專門輯出，不再附以刑罰，首開「民刑分立」的雛型。進入民國，這部《大清現行刑律》的刑事規範幾乎全部廢除，而其中的〈民事有效部分〉卻成為北洋政府時期的「實

質民法」[57]。單就此而言，如果說，沈家本是近代中國民事立法的先行者，洵非過譽！

除了《現行刑律民事有效部分》外，尚須提及者，還有清末宣統三年《大清民律草案》及民國十四年《民國民律草案》的存在。《大清民律草案》由於在晚清變法修律期間並未通過正式的立法審議程序，自無法律上的效力；因此，民初參議院否決援用該草案作為民事審判的法源依據。雖然如此，綜覽大部分大理院的判決例，可以發現，《大清民律草案》對大理院法曹在判決過程中，形成「心證」過程的影響相當大[58]。也許，大理院的推事以及原被告兩造的在野律師們，依他們當時所受的法學訓練，顯然是較偏於傳統中國法或歐陸法系的思維模式，因此，在處理實際訟案時，很自然地會選擇或必須去適用成文法典。但是，在正式民法典及其附屬各項法規尚未訂頒，只有兩次民律草案的情形下，又不得不想盡辦法採用此等既成的民律草案，甚至參以草案的立法原則及說明以作為斷案的法源依據。例如大理院四年上字第2118號判例：

> 然查失火延燒是否需有重大過失始負賠償責任，在現行法上尚屬待決問題，惟即以需有重大過失論，重大過失即欠缺輕微注意之謂，故僅需用輕微注意，即可預見有侵害他人權利之事實而竟怠於注意，不為相當之準備者，即不可不謂有重大過失。[59]

上述所援引的條理依據，在《大清民律草案》中即可找到相同的內涵，該草案〈債權〉編第八章「侵權行為」第945條規定：「因故意或過失，侵害他人之權利而不法者，於因加侵害而生之損害，負賠償之義

---

[57] 有關《大清現行刑律》的修訂歷程，詳參黃源盛，《晚清民國刑法春秋》（台北：犁齋社，2018年），頁49-84。

[58] 由於民國十四年，《民國民律草案》草就時間已近於大理院時期的末端，致被援引以為「條理」斷案者甚少，故暫置不論。

[59] 詳參黃源盛纂輯，《大理院民事判例輯存》（台北：犁齋社，2012年），頁169。

務。前項規定，於失火事件不適用之。但失火人有重大過失者，不在此限。」立法理由說：「無論何人，因故意或過失侵害他人之人格或財產而不法者，均須賠償其所受之損害，否則，正當權利人之利益必至有名無實。惟失火如無重大過失，必責令賠償因失火而生之重大損害，未免過酷，此本條所由設也。」詳細比對上引判例所援用的條理，其法意幾與民法草案雷同。

再例如大理院三年上字第195號判例：

> 上告人引用民律草案第二百零三條：「向對話人間之要約未定承諾期間者，非及時承諾不生效力。」第兩百零四條所謂：「要約經拒絕者，失其效力。前項規定逾兩百零二條所定之期間者，準用之。」以及第兩百零五條所謂：「承諾非對話人之要約，須於要約人所定期間，或第兩百零二條內所定期間內承諾之。」的規定，主張其所為書函要約與委任余森庭之面商要約不生效力，不負契約上之責任。[60]

大理院於判決之中指出：「民法尚未頒布，民律草案條文當然不能適用，本案上告人遽引該律草案條文，主張殊難認為正當；惟本案按民事法條理而論，契約的成立，應於要約到達後相當期間內為承諾之表示，若因行為地或當事人間之通常慣例，或要約人之意思表示，其承諾為不必通知者，則自有可認為承諾之事實時，契約始為成立，否則承諾逾相當期間，於要約既失效力後始行到達者，則惟可視承諾為新要約，其契約並不因而成立也。」本案，大理院雖然駁斥《大清民律草案》的直接適用，但是觀其判決理由中所謂「民事法條理」的適用結果，其實與該草案的條文並無太大差異。

從以上所舉二例，可以看出，大理院其實是把《大清民律草案》的規定轉換成「條理」來運用，通覽大理院的大多數判決，其適用的條理

---

[60]　參閱黃源盛纂輯，同上注59，頁251。

縱然與民律草案相同者，也從不直接援引民律草案以對，揆其想法，或在避免法源位階錯置所可能引發的誤會。細讀《大理院判決例全書》[61]，其匯編方式係根據《大理院編輯規則》，略去個案的具體事實，衹摘錄具有普遍規則效力的「判決理由」部分，並按照《大清民律草案》的編排體例，以條為單位，依編、章、節的結構編排，其編制體例幾與《大清民律草案》相同；想像上，大理院法曹很有可能恆將民律草案備置案頭，遇有案情及爭點相當的訟案，即援引草案的相當條文，以製作判決。

另外，閱讀時人所編纂的《大理院法令判解分類彙要》[62]一書，更進一步將《現行刑律民事有效部分》之相關規定依附於《大清民律草案》的編排體例之中，例如有關〈戶役門〉私創庵院及私度僧道，〈田賦門〉有關寺院莊田附於第三章第三節「財團法人」項下；再如〈錢債門〉違禁取利條列於第二編〈債權〉、第一章第一節之「債權之標的」項下；再如〈錢債門〉費用受寄財產條及〈雜犯門〉失火與放火故燒人房屋條附於第二章「契約」第十三節「寄託」項下等。

至於在法學方法論上，為解決實際法律秩序中所遭遇的法律漏洞，而有所謂「法官造法」的現象。倘以此類彼，有疑義的是：當大理院的推事們在從事「漏洞補充」時，他們究竟想要根據何種「條理」來填補所遭遇到的「漏洞」？尤其令人好奇的，大理院在民事審判中所實際援用，並且拿來作為「漏洞補充」依據的各種「條理」，它們是否又能夠回溯或歸納至一個可以聲稱具有圓滿性，且具有內部一致性的民事法律體系呢？如果答案是肯定的話，在民刑分立才剛開始推展，且又欠缺獨立民事法典的情境下，大理院的法曹們究竟要如何建立，或是要到哪裡去尋找這樣一套具有圓滿性的民事法律體系呢？

---

[61] 此書為郭衛所編輯，全書僅有「判例要旨」而缺「判例全文」（台北：司法院秘書處重印，1978年）。

[62] 詳參黃榮昌編輯，《最近修正大理院法令判解分類彙要》〈民例之部〉（上海：中華圖書館印行，1921年）。

　　或許可以這麼說，在當時雖尚無成文的民法典，然於大理院推事的心目中，一部「具有圓滿性的民事法律體系」的民法典卻可能是「隱然存在」的。事實上，大理院三年統字第144號解釋也稱：「民法（草案）雖未頒行，其中與國情及法理適合之條文，本可認為條理，斟酌採用。」[63]雖然，此民律草案當時只能做為「條理」法源而被援用，但引用民律草案而來的「條理」，它具有的規範效力顯已非一般的條理可以比擬。如果，這是合理的推論，顯然，民律草案在北洋政府時期已具有「準」民法典地位的傾向。

二、南京國民政府時期1930年代《民法》典的奠基石

　　1928年，國民政府完成北伐，南北一統，隨即展開一連串的宏圖擘劃。大體說來，南京國民政府法律體系的建立和發展經歷了三個階段，前期從南京國府建立到抗戰爆發（1928-1937），中期為對日八年抗戰（1937-1945），後期為第三次國共內戰（1945-1949），本節擬僅著重在第一階段的立法建制。在這段期間內，國民政府對於晚清及北洋政府時期的法制，有承襲、也有新創，特別是對於「六法全書」的編纂事業全面開展，具體收割了自清末民初變法修律以來的大部分成果。

　　有關民法典的編訂，國民政府察覺到1911年的《大清民律草案》及1925年的《民國民律草案》已不足以因應時需，乃由立法院重加起草；聘法國學者寶道（Georges Padoux, 1867-？）為顧問[64]，以德國、

---

[63] 詳參郭衛編著，《民國大理院解釋例全文》（北京：中國政法大學出版社，2014年），頁346。

[64] 寶道，法國人，1889年畢業於巴黎大學，1890-1896年任職於法國外交部，嗣轉任突尼斯政府秘書長（1896-1904）、暹羅政府法律顧問（1905-1914）。1914年來華任北京政府審計院顧問、1919年再任司法部顧問，曾一度擔任華洋義賑會副會長；1928年後任國民政府立法院、司法院和交通部法律顧問；他熟諳中國國情，廣泛參與了中國近代法典的編訂工作，並撰寫或發表了有關中國法的報告、建議和論著。參閱王健編，《西法東漸－外國人與中國法的近代變革》（北京：中國政法大學出版社，2001年），頁541。

瑞士的民法典為主要繼受對象，少數則參考自蘇俄、泰國新民法，其中，於民國十八年（1929）4月最先完成〈總則〉編，共分七章，155條，並附詳細說明書如下：

> 謹按民法為人民日常生活之準繩，民法總則編又為民法共同適用之規則，其直接關係個人之福利，間接關係國家之繁榮者實為鉅大。我國頻年擾攘，雖嘗有兩次民法草案，而因循至今，迄未成為法典。際此全國統一，訓政開始，領事裁判權之收回亦將實現。亟應從速編訂統一之民法，而總則編為一切民事法規之根據，尤應首先編訂，以資適用。惟其編訂之方針關係綦大，既不應騖新炫奇，又不當拘常泥舊，允宜審慎精詳，以公平正義為旨歸，以黨義國情為尺度，必能切合社會現實之要求，而為新時代新主義之法典。[65]

民法〈總則〉編的立法體例，為繼受德國民法的亞洲國家如日本、韓國、泰國等所獨有，法國民法及瑞士民法不採之。揆諸〈總則〉編的立法例，可說是法學歷經長期發展的產物，肇始於德國18世紀普通法（Gemeines Recht）對6世紀優士丁尼大帝編纂《學說彙編》（Digesten Pandekten）所做的體系整理，充分展現德意志民族抽象、概念、體系的思維方法，其內容主要體現在兩個基本核心概念之上，一為權利，一為法律行為[66]。其後，〈債〉〈物權〉二編於同年11月公布，〈親屬〉〈繼承〉兩編則公布於次年12月，直到民國二十年（1931）5月5日整部民法才全部施行。仔細比對民國《民法》對於《大清民律草案》有因有革，以〈總則〉編為例，其承與變之大要如下：

---

[65] 《民法・總則》之立法理由，據原起章說明，列舉有下列四點：1.習慣適用之範圍、2.社會公益之注重、3.男女平等之確定、4.最新編制之採用。詳參謝振民，《中華民國立法史》（台北：正中書局，1948年），頁910-916。

[66] 參閱王澤鑑，《民法總則》（台北：作者印行，2013年），頁26-27。

《大清民律草案》（1911年）	民國《民法》（1931年）
於〈總則〉編首設「法例」一章。	雖亦設有「法例」，但兩者間之內容有異。
於第二章設若干節。	不復另設節與目，並將行為能力規定於法律行為「章」。
規定妻為限制行為能力人。	採男女平等主義，特予刪除。
設禁治產與準禁治產之區別，對於禁治產設監護人，對於準禁治產置保佐人。	只設禁治產之一種，惟置監護人。
於法人章，特設通則，而財團法人又多援引社團法人之規定。	將兩種法人共通適用之規定完全歸納於通則中。
對於主物與從物未設規定。	對於主物與從物特為增入。
於法律行為中設有契約一節，規定一般契約之通則。	以契約為發生債權債務之原因，改於民法〈債〉編中規定。
規定取得時效及消滅時效，並設有共通適用之通則。	將消滅時效規定於〈總則〉編，取得時效則規定於〈物權〉編。

　　值得留意的是，民法與商事法究宜採「民商合一」？抑或採「民商分立」？此乃涉及私法體系建構中無可迴避之立法政策的抉擇。晚清的《大清民律草案》及1925年的《民國民律草案》，大體上係仿自德國及日本等20世紀以前制定民法典國家所採的立法體例，皆按「民商分立」的原則起草，即除規範個人間法律關係的「民法典」外，尚制定有規範商事交易及其他商事關係的「商法典」。及至國民政府時期，民商立法體例該如何抉擇？再起爭議，論爭的結果，基於國內外的法制歷史、為了適應社會變遷的需要、有利於世界各國的經濟交往、順應世界的最新立法趨勢、有助於理順法典編纂體例、貫徹法律之前人人平等，以及為了避免司法實踐中法律適用可能產生的分歧與混亂等種種因素的考量，乃決定採取當時尚不多見的「民商合一」瑞士立法例，編定民商統一法典[67]。

---

[67] 參閱〈民商法劃一提案審查報告書〉，中央政治會議第183次會議議決，民國十八年6月5日送立法院，同年11月22日《民法‧債編》即制定公布。另有關「民商合一」立法政策問題的相關問題，詳參胡長清，《中國民法總論》（上海：商務印書館，1933年），頁26-29。王伯琦，《民法債編總論》（台北：正中書局，1980年），頁302。鄭玉波，《民法總則》（台北：三民書局，1979年），頁30。謝振民，同上注65，頁759-760。

　　其後，立法院遵照這項決議，在編纂民法典時，將通常屬於商法總則之經理人及代辦商，商行為之交互計算、行紀、倉庫、運送營業及承攬運送均納入〈債〉編內，其他商事法之不能合併者，則分別制定單行法，形式面上採「民商合一」制，不另立「商法典」。與此同時，自1929年至1931年間也另陸續公布了《公司法》《票據法》《海商法》《保險法》等四大商法，在進行法律匯編時，將其附於民法典之後[68]。揆諸實際，商法以發展工商企業、促進國民經濟為目的，為追隨世界潮流及社會變遷之需，可能要隨時修訂，採民商合一編例，其商事特殊部分另訂單行法，單行法之修改，不至於牽一髮而動全身，自有其優點，惟通常仍將上述四大商法合稱為「商事法」。

　　以今觀昔，這部民法典其實是集清末《大清民律草案》及《民國民律草案》的積累而來，蓋非「創造性」的法典，「大抵有基方築室，未聞無址忽成岑」，如此之謂！耐人尋味的是，國民政府立法院成立以後，不到幾年功夫，即制頒如此龐大的民法典，採的全是當時各國最新的立法例，整套是歐西近代的法律意識，其制訂過程，何以如此順遂？頗堪玩味！

伍、結語

　　多彩多姿的20世紀匆匆過去了，觀乎前半葉的民事立法繼受與法制變革，追求的是與列強先進的獨立、平等與合理的法制，在這些追求當中，勢必要對傳統加以整理、評鑑、批判，甚至大部分的揚棄，但絕不是、也不必對傳統的全面否定。再明白的說，清末民國時期的法制近

---

[68] 《公司法》公布於民國十八年12月26日，《票據法》公布於民國十八年10月30日；《海商法》公布於民國十八年12月30日，並自民國二十年1月1日施行；《保險法》公布於民國十八年12月30日。

代化，是傳統與近代掛鉤接榫的歷史運動，所意含的不衹是消極地對傳統巨大地摧毀，也不是簡單的剪裁與拼湊；而是要在學習先進國法制模式的同時，也能多加省視本身的文化感情與社會的客觀現實，喚起國人自尊與理性開拓的精神，進而一步步地轉化傳統，使新生的法律可以運作，可以展現出活性化的一面。

在中國兩千多年的法文化時光隧道裡，晚清這十年的變法修律，衹不過是歷史中的一瞬。但是，就法制而言，這十年的變化卻是空前的、古今絕續的，超越了任何一個帝制王朝，沈家本是這次變法修律活動的掌舵人，在舊律的改造和新律的創制上，都立下深刻非凡的功績。雖受制於時代背景、侷限於政治立場、窘迫於修律的時程、無奈於體力的漸衰，對於《大清民律草案》的著力確實未及《大清新刑律》之深，以致於他功未竟而被迫身先退。但無論如何，沈氏的法律思想與法制改革不能說失敗，他在這段時期中的付出也是功不可沒的。因為他替近代中國開啟了一扇新的法制思想之窗，一個新的變革架構，他的許多理念與作為，深深影響後來民國法制的發展。

第三章

《大清著作權律》的立法與實踐*

---

* 本章由黃源盛擬訂主題及構想，並負責增修補訂，助理唐湘荃擔當蒐集材料及草擬初稿。

壹、序說

　　晚清在列強外逼及內在革命的嚴峻形勢下，不得不放棄祖制家法而無奈地宣布「變法修律」。自此，西方近代法典、法律思想得以源源輸入中國，終於使延續千餘年的中華法系洞開大門，開始與世界其他法系銜接。[1]針對基本六法的各個部門法，或多或少已有人論及，但就「智慧財產權法」這個學門，似仍罕見談及這段法律繼受與轉化的過程[2]。

　　單從著作權法而言，首先要問的是，「中國的著作權理論來自西方嗎？」清末有位商務印書館編譯所的編譯人員陶保霖（1870-1920）[3]，不贊同中國著作權西來說，他認為，中國的著作權發達最早，宋元時代的刊本中已有類似禁止翻刻等字樣[4]，只是那時的著作權：「保護思想之意多，保護財產之意少。」言下，著作權對思想、財產二者的保護兼而有之[5]。而當代的美國哈佛大學教授安守廉（William P. Alford）在其著作《竊書為雅罪》一書中，認為傳統中國並沒有著作權的法意識和實際運用，並且指出近代台灣著作權法的產生，不僅係因應美國301條款

---

[1] 黃源盛，〈晚清法制近代化的動因及其開展〉《法律繼受與近代中國法》（台北：政治大學法學叢書55，2007年），頁85。

[2] 有論者指出，台灣的著作權法制，始自明治三十二年（1899）日本《著作權法》，該法曾經日本政府以敕令第301號命令臺灣總督府自7月15日起，與日本同日施行當年新修正公布之著作權法。此為臺灣施行著作權法之始，1945年二戰後，轉而適用民國十七年（1928）5月14日制定公布之《著作權法》，迄今共歷19次修正及增刪。參閱章忠信，〈臺灣地區1949年後著作權法制之發展變遷〉《中國著作權法律百年國際論壇論文集》（北京：中國人民大學，2010年10月14日）。

[3] 陶保霖，字惺存，號景藏，文獻資料中亦有載為陶葆霖者，為統一稱謂，本文皆用「陶保霖」。浙江嘉興人，兩廣總督陶模之子、陶保廉之弟，曾遊學日本法政大學，歸國後特賞員外郎，曾擔任資政院議員，歷任《政法雜誌》及《東方雜誌》主編，留有《惺存遺著》。

[4] 有關宋代版權問題，可參閱仁井田陞，〈慶元條法事類と宋代の出版法〉《中国法制史研究—法と慣習、法と道德》（日本：東京大學出版會，1980年），頁445以下。

[5] 歐星宇，〈中國的著作權理論來自西方嗎？—清末陶保霖獨步一時的著作權主張〉《中央日報》，1994年8月15日，第17版。

的壓迫而誕生，同時也是經濟成長、政治自由化以及其他本土利益所共同催生的結果[6]。對於安守廉的論點，鄭成思為文表達不同的看法，與陶保霖的觀點相一致，提出中國自有宋一朝以來，出版業極為發達，對於版權[7]的保護意識也從而萌芽[8]；李明山則撰寫專書《中國古代版權史》，從春秋戰國以迄清末民初，詳述傳統中國有關版權保護的文獻並加予論列[9]。

本章並不想考究「傳統中國有無著作權？」這樣的命題，要探討的是，在清光緒二十八年至宣統三年（1902-1911）變法修律過程中，被《清史稿‧刑法志》稱之為「古今絕續之交」的大變局，古老的傳統中國法制，如何採納了近代西方的著作權律？中國又是如何將這套制度及背後的法理轉化為內國法規範？在立法過程中有無遭遇何等困難？又是否真正落實到司法實踐面？要言之，將圍繞著著作權為何變？如何變？以及變如何？這三大命題一窺究竟[10]。

除了從法律史的面向，對這段著作權律的立法與實踐進行考察外，還要進一步論述在全球化的時代浪潮裡，如何在傳統中國法文化的脈絡下，建構起近代西方化的法制？雖然這段晚清民國繼受著作權法的時程不長，但透過古與今、中與西立法面與實際面的比較，或能幫助我們在

---

[6] 安守廉(William P. Alford), To Steal a Book is an Elegant Offense-Intellectual Property Law in Chinese Civilization, Stanford University Press, 1995. Ch. 5, pp. 95-111.

[7] 有關「版權」或「著作權」等用語疑義，因各類資料中或有使用「版權」者，亦有使用「著作權」者，為尊重並保存原始文獻完整性，本章並不予以統一或刪改，以存其真。

[8] 參閱鄭成思，〈資訊傳播與版權歷史〉《韶關學院學報》，2003年，第24卷第2期，頁37-39。另參閱鄭成思，〈再論中國古代的版權保護〉《中國專利與商標》，1996年，第4卷，頁60-64。

[9] 李雨峰，〈槍口下的法律——近代中國版權法的產生〉《北大法律評論》，2004年，第6卷第1期，頁144-166。事實上，李雨峰此篇文章的標題，正是回應安守廉在《竊書為雅罪》一書中第三章之標題：Learning the Law at Gunpoint（暫譯為槍口下的法律）。此外尚可參閱鄧建鵬，〈宋代的版權問題——兼評鄭成思與安守廉之爭〉《環球法律評論》，2005年，第1卷第1期，頁71-80。

[10] 黃源盛，《中國法史導論》（台北：犁齋社，2016年），頁3-38。

當今的社會環境中，深刻理解此一背景下的法律術語轉譯與法律實踐的各種問題。

貳、千古變局與轉機
——晚清著作權律的立法背景

　　晚清民國著作權律的生成，是斷裂？抑或是一種延續性的轉化？促使晚清變法修律的動力究係為何？泛泛說來，清政府之所以要繼受外國法，進行全面性的法制改革，大致上不出所謂力的理論、規範飢渴理論、面子理論、自覺理論等因[11]，而其中最重要者，是迫於外力，為撤廢領事裁判權而不得不為。至於著作權律的部分，是否也是基於這般原因，較少有人提及其修法的機緣是如何產生的，尤其，關於修訂《大清著作權律》的立法背景，從民政部草案的起草，乃至在資政院的立法審議過程，迄今似也較未受到應有的關注。

一、清末有關保護版權的論爭

　　前面提到，安守廉曾指出傳統中國沒有保護著作權的觀念與法制，而在某些朝代所實行的出版管制，僅僅只是帝國統治者控制觀念傳播的作為；李雨峰索性借用了該書第三章的標題「槍口下的法律」，另著專書，點出了近代中國的智慧財產權制度的引進和建立，可以從沿海通商口岸與內地來做比較，並且將傳教士與商會的角色引入[12]，用以解釋隨

---

[11] 黃源盛，同上注10，頁335。

[12] 就傳教士對譯述事業的影響與晚清變法間之關係而言，自傳教士丁韙良譯出《萬國公法》後，維新派的譯書機構相繼譯出了18部外國法律法學著作，維新運動失敗後，民間譯局也遍地開花，而沈家本亦深知譯書事業之重要，延聘頗多人才進入修訂法律館協助譯著事業，詳參黃源盛，同上注10，頁354-355。

著商業發展和傳教事業的開展，智慧財產權的保護需求也於焉而生[13]。

就晚清民初著作權律的修訂，李明山說：「版權概念在中國產生較早，但立法保護卻落在了西方發達國家之後」，這樣的現象，促使清政府在與西方各國以及日本修訂商約的過程中，逐漸萌生了修訂著作權律的立法意識，從而推動了《大清著作權律》的誕生[14]；王清在〈商務印書館與中國近代版權保護〉一文中則認為，彼時的知識分子對於著作權的重要性已有一定的認知，商務印書館等出版與譯著事業的存在，對著作權律的催生有著一定的影響[15]。此外，在吳翔君〈中美智慧財產權交涉與近代中國〉的研究報告中，從中外商約的角度切入，指出：對中國而言，著作權的問題，主要關係到知識和教育文化的傳播，而非西方保護智慧財產權的命題[16]。

上述各篇研究，各自點出了一些問題與觀點，而如果我們回到清朝末年，在那樣的時空下，時人眼中又是如何看待著作權法的問題？其實，早在光緒二十八年，便曾發生過是否應訂立著作權律的爭議，當時各部大臣與官員對於應否採納著作權或推行版權保護等議題，仍存有仁智之見。

戶部郎中廉泉（1868-1931）在〈上管學大學論版權書〉嘗言：「為國家之長計，而發蒙之成效，不虛編輯之微勞。」[17]表明雖是為了廣被教育，提高人民知識，但為久遠之計，對版權仍應該給予保護。嚴復（1854-1921）在〈上管學大臣論版權〉中也劃切道出：

---

[13] 李雨峰，《槍口下的法律》（北京：智慧財產權出版社，1998年）。

[14] 李明山，〈20世紀初中國版權問題論爭〉《近代史研究》，1999年，第1期第1卷，頁302-316。

[15] 王清，〈商務印書館與中國近代版權保護〉《出版發行研究》，1993年，第1期第1卷，頁55-58。

[16] 吳翎君，〈中美智慧財產權交涉與近代中國〉，台灣國科會研究計畫（NSC100-2410-H-259-036），另參閱吳翎君，〈清末民初中美版權之爭〉《國立政治大學歷史學報》，2012年11月，第38期，頁97-136。該文認為，1903年「中美商約」首度訂立版權和專利條款，形成此後中外有關版權問題的依據。

[17] 參閱〈上管學大臣論版權書〉《政藝通報》，1902年，第20卷，頁1-2。

今夫學界之有版權，而東西各國莫不重其法者……一書之出，人
人得以刻售，於普及之教育為有益，而勢甚便也·顧著述譯纂之
業最難，蔽精勞神矣……是故國無版權之法者，其出書必希，往
往而絕。希且絕之害於教育，不待智者而可知矣，又況居今之
時，而求開中國之民智，則外國之典冊高文所待翻譯以輸入者何
限。既非區區版權為之摩礪，尚庶幾懷錢握槧，爭自濯磨，風氣
得趨以日上。乃奪其版權，徒為書賈之利，則辛苦之事，誰復為
之？[18]

　　嚴復作為晚清重要的譯書家，對於譯作得否受到保護，自然感受深
切，該文明白點出，對於譯書如未能獲得著作權的保護，譯者之辛勞成
果不僅未受重視，同時可能導致無人願對此等勞心勞力之事再做付出。

　　除了民間的呼聲，當時列強，包含美國與日本使臣，皆想在商約中
要求中國依各國公例給予版權保護，然在廷臣的討論中，卻提及：

敝國變法維新，但期共進文明之化，無端又生此一阻塞，殊屬無
益。夫使敝國多譯數種外國書，使國人讀之，通外事者較多，將
來各種商務大興，中外共受其利。[19]

　　可以嗅出，彼等在光緒二十八年如屈服於列強之壓力而推行著作權
法，對國內譯書將有所阻塞，必會影響到廣開民智的事業推展，電文中
甚有：

今日中國學堂甫立，總有萌芽，無端一線生機又被逼絕，何異勸
人培養而先絕資糧？[20]

---

[18] 嚴復，〈上管學大臣論版權〉《經濟叢編》，1903年，第26卷，頁4。
[19] 〈管學大臣爭論版權函電彙錄〉《皇朝外交正史》，光緒二十八年，卷4，頁
1-2。
[20] 同上注19。

　　如此說來,在清政府大員的心目中,「不立版權,其益更大」[21],並研擬討論以專利保護若干年作為商約之折衝[22]。

　　實際上,自清廷開放通商後,外國公使對於中國的智慧財產權保護也愈加重視,屢屢在文獻中看到公使對清政府各衙門施壓的紀錄,光緒三十四年(1908),美國領事即曾致書上海道要求保護版權事[23];再如宣統三年(1911),美商金恩公司(Ginn)與商務印書館發生糾紛時,不僅美國公使對此高度關注,英國公使也多方垂詢相關衙門[24]。據此發現,除了為撤廢領事裁判權的努力之外,列強各國為了保護其商業利益而頻頻施壓,清廷為了推廣教育、廣開民智而有其譯書面的需求,面對這兩種不同利益的需求衝突,逼使清政府不得不審慎考量對著作權的重視。

二、時人對著作權法制的呼聲

　　前面說過,當時已知開民智的重要,而要民智開,必先譯書,早在同治五年(1899),時論〈論布版權制度於支那〉中就說:

> 支那改善之策不一而足,然其中最即要者一事,則在以經世實用
> 之智識,供給支那四萬萬人也。夫經世實用之智識,改善之基礎
> 也,一切文物之改良、制度之革新,及其他可以增國家進步之速

---

21 同上注19。
22 同上注19。
23 報載:駐扈美總領事以有新著西文通史綱要一書,宗旨純正,今運行中國以餉學界,誠恐被人私行翻印,特函致滬道請給版權,蔡觀察因該書係屬西文,於中國學界未能普受其益,以此為允,旋美領以保護版權指明中美續約,復函滬道,據約力爭,蔡觀察已將原書送交教育總會核議覆奪矣。參閱〈美領力爭保護版權〉《大同報》(上海),1909年,第12卷第2期,頁36。
24 參閱〈上海道批〉,該批文中談及美總領事曾去函要求北京核辦;〈外務部覆英朱使照會〉外務部也特地函覆英國公使照會該案之審理結果,同時函知上海道。參閱《重訂翻印外國書籍版權交涉案牘》(上海:上海書業商會,1923年),收於周林、李明山主編,《中國版權史資料彙編》(北京:中國方正出版社,1999年),頁178-192。

率者，皆以人民經世實用之智識為之基。民若無此種知識，則改
善之策，無山而施；而進步之計，亦無可措畫。故謀支那之改
善，一面行種植之方法，依而當專力以西洋之新知識供給之，而
供給之教科書，必自版權制度始；蓋版權制度者，供給智識原動
力所藉以保護者也。

且布版權於支那，其所得利益，不獨支那人而已，我日本與支那
同州同文之國，關係最親密，今我日本得文明之智識，先於支那
一著，今日以日本所得之文明，分布於支那，而為供給之，亦同
州同文之國所當盡之職分也；今因支那無版權，故日本人雖欲為
之譯輯良教科書以供給之，而功勞不能相當，故憚于從事，一旦
與支那更訂條約，布以版權，則我國著述家權利可以保護，報酬
可以相當，前者四千萬人購讀之書，今忽增而有四萬萬人購讀，
則我國著述家之位置，可以與歐西著述家相頡頏矣，此亦為最大
之利益也。[25]

此番言說，將著作權等相關制度視為「供給智識原動力所藉以保護
者也」的論點，主要或係日本人為圖謀在中國拓展而立論，然該文在被
轉譯成中文並刊登在中國的報紙上後，引起了相當的注目，在討論中日
版權同盟問題時，論者也指出：

吾國當務之急莫如開民智，開民智莫如譯書，譯書莫如日本文之
便捷，人人共知此本國人應為之事，非他人所能越俎代謀。本國
人為之而他人助理之，則可；若他人為之而又設為限制，本國人
反不得自由經營，則於吾國開民智之事，必大受阻礙。[26]

該文認為，要開民智，必須譯書；若要譯書，則不可使譯書之權受

---

[25] 〈論布版權制度於支那〉（東洋經濟新報），收於〈外論匯譯，論布版權制
度於支那〉《清議報》，1899年，第13版，頁789-792。
[26] 〈中日版權同盟問題〉《外交報》，1901年，第1卷第2期，頁16-19。

制於人，要將主動權掌握於自身，無有容任日本人或其他外人牽引之
理，否則其害無窮。商務印書館更在1903年出版了由周儀君所翻譯的
《版權考》一書[27]，以便世人瞭解著作權保護的相關概念與源流。

　　在內外均有保護著作權的要求夾迫下，清政府也並未停下對著作權
法制的籌備，而是加緊瞭解外國法律的腳步，除翻譯多部外國著作權律
外，學部也曾在光緒三十二年（1906）電囑使法大臣調查版權條約[28]。
而清廷駐德國柏林的代辦和商務參贊更曾在光緒三十四年（1908），
以觀察員的身分參與當時的國際著作權保護公約組織修訂會議（即伯恩
公約）[29]。

　　時間推移到宣統年間，立憲之呼聲愈來愈高，陶保霖在《論著作權
法、出版法急宜編訂頒行》一文中更說道：

> 自九年籌備清單頒布後，又有旨令各衙門各就本管事宜，以九年
> 應有辦法分期臚列，奏明交憲政編查館覆核請旨施行。於是各衙
> 門無不各就本管職掌，條分縷晰，逐年分列或更劃為表式，分別
> 類例似於法治國之形式，固已應有盡有，鉅細無遺矣！而由於關
> 係教育前途最為密切著作權法與出版法二者，竟闕而不舉，不知
> 各衙門未知此項法律職掌所歸耶？抑以為不妨遲至九年後始行釐
> 訂頒行耶？按今日之情形，二法之頒布，實萬不容緩者，而吾國

---

[27] 該書是中國出版的第一本版權專著，全書共3篇25頁，分為：論版權之胚胎、論版權之發達、論版權之進步，輯要介紹歐西各國的版權法，書末版權頁則印有「書經存案，翻印必究」的聲明語。參閱王清，〈商務印書館與中國近代版權保護〉《出版發行研究》，1993年，第1期第1卷，頁55-58。另參閱田濤、李祝環，〈清末翻譯外國法學書籍評述〉《中外法學》，2000年，第3期，頁355-371。

[28] 〈學部電囑使法大臣調查版權條約〉《直隸教育雜誌》，1906年，頁1。

[29] 伯恩公約（Berne Convention），全名「保護文學和藝術著作公約」（Berne Convention for the Protection of Literary and Artistic Works），是國際最早關於著作權保護的公約，1886年9月9日制定於瑞士伯恩，歷經幾次修訂，時1908年11月13日於柏林修訂，遂邀請中國駐柏林之官員以觀察員身分參加。歐星宇，同上注5。

士大夫對於二法之觀念，亦不免有混同之處。[30]

　　陶保霖文章甚至指出，著作權保護的本質學說，乃為創作保護說、報酬說、人格說及勞力說等諸種理論，否定了著作權西來說，而提出最早在宋代即有相關的概念產生，最後並在文末大聲疾呼：「教育進步，民智通塞，需視此為轉移編訂者，不可不博考諸家學說，而審慎從事也。」[31]凡此各端，可以發現清廷內外的觀點，已經從早年的「不宜採用」轉向「應妥善保護」，以全國內之需求發展，著作權律的立法終於顯露曙光。

參、《大清著作權律》的立法過程
——以資政院為中心

　　康有為（1858-1927）曾提出：「變法者須自制度法律先為改定」。[32]從光緒二十八年大員之間爭論是否保護版權事，迄宣統二年研擬《著作權律》並予審議公布，在此八年間，中國譯書與出版事業蓬勃發展，不僅有修訂法律大臣沈家本（1840-1913）延攬人才進入修訂法律館從事翻譯各國法學論著，民間出版事業也如火如荼，政府與民間均大規模而有計畫的引介外國法律和法學著作，自然成果豐碩。[33]而商貿活動的興盛，終於讓清政府體察到保護著作權的重要性。

---

30 陶保霖，〈論著作權法、出版法急宜編訂頒行〉《教育雜誌》，1910年，第2卷第4期，頁37-42。
31 陶保霖，同上注30。
32 張靜盧，《中國近代出版史料》（上海：群聯出版社，1954年），初編，頁5。
33 黃源盛，同上注10，頁357。

一、《大清著作權律》的提案與草擬

早在光緒三十一年（1905），曾有報載商部曾經研擬《版權律》
及《出版條例》並欲咨行公布事，〈商部諮核擬訂版權律〉云：

> 商部所訂之《版權律》及《出版條例》，現已擬訂妥善，探聞學
> 務處準該部咨送到處，請為查核。一俟核定，即可頒發通行
> 矣。[34]

然該部法案並未真正頒行適用，及至宣統二年，民政部再將《著作
權律》草案提出咨送資政院審議一事，〈民政部奏擬訂著作權律摺〉提
及：

> 奏為擬訂著作權律繕具清單請旨交議，恭摺仰祈聖鑒事。竊維著
> 作一端，東西各國均設專律，確立範圍、保障制度，故學問、藝
> 術日異月新，現在預備立憲，國民程度正期繼長增高，欲謀思想
> 之交通，必得推行之無弊，臣部職司警政，首在保衛治安而高等
> 治安警察之中，尤以集會結社、新聞、著作數端為最要，所有報
> 律、結社集會律等，業經臣部奏請核定施行，則著作權之專律，
> 自當及時擬訂。臣等督飭司員悉心參酌，謹擬成著作權律五十五
> 條並疏通證明加具按語，咨送憲政編查館覆核，茲據憲政館核乞
> 咨覆到部，謹繕具清單，恭呈御覽，並請飭交資政院議決，照章
> 辦理。所有擬具著作權律緣由，謹恭摺具陳，伏乞皇上聖鑒。[35]

民政部草定該案後，即將《著作權律草案》暨說明送交資政院審
議，於草案章首說明著作權立法的本旨：

> 按本章揭明著作之範圍及著作權所由附麗，凡應受檢定或審定之

---

[34] 〈紀事：內國之部：商部諮核擬訂版權律〉《大陸》（上海），1905年，第3
卷第18期，5頁。
[35] 〈民政部奏擬訂著作權律摺〉《四川官報》，1910年，第33卷，頁13-32。

著作物，即有檢定審定各權之該管衙門，俱以本章所規定者為準；至檢定審定後之註冊，尤為享受保護之必要，故亦列諸通則，所以擘第二章以下各條之綱領也。[36]

說明在民政部所規劃的草案中，著作應送至指定之部門進行檢定或審定，註冊給照，使受保護。此外，在民政部所提出的稿本中，除前述就著作權之定義外，也針對著作權期間說明採用「德意志、奧地利、匈牙利等國主義，定為著作者終身後，繼續至三十年」，既說明了其所採用的立法例參照對象，也明訂了著作權的保護期間（第5條），其他相關之法案說明，諸如作者身亡後子嗣就遺著之發行得享有三十年保護（第6條）[37]、法人得享有著作權（第8條）、分數次發行之著作（第13條）、姓名表示之規定（第16及17條）、共同著作（第24條）、編輯著作（第25條）、聘僱著作（第26條）、翻譯著作（第28條）、改作權（第29條）、公共財（第32條）等。

值得一提的是，該草案提到照片的著作權保護期間，因照片「依光線作用而成，為事尚易，非若他種著作物需費幾許意匠經營也」，而對此類著作給予較一般著作三十年為短的十年保護期間，這也是依據日本《著作權法》及當時的《伯恩公約》等國際規範所制定，同條文但書也提到「但專為文書中附屬者不在此例」，而理由謂「文書中之照片，既非主物，則不適用本條之規定也」[38]。

在大眾所關注之「欲開民智，必先譯書」的翻譯著作部分，民政部所提之草案也設立專條保護翻譯著作，《大清著作權律》草案第28條規定：「從外國著作譯出華文者，其著作權歸譯者有之，惟不得禁止他人就原著作另譯華文。」其理由為「各國於繙語多視為重製之一種方

---

[36] 〈著作權律案（附說明）〉《江南警務雜誌》，1910年，第9卷，頁31-48。另參閱〈著作權律案（附說明）〉《政治官報》，9月17日，第1069號，頁525。

[37] 相關之著作保護期間計算則規定在第14條至15條，參閱同上注36，頁528。

[38] 同上注36，頁527。

法，包括於著作權中，如日本著作權法第一條即揭明此義，現今科學多恃取資外籍，不能不審量國情變通辦理。」[39]蓋因中國當時各項科技與新知，多譯自外國書籍，不得不稍事變通，規定翻譯著作之著作權歸譯者享有。

概括而言，民政部所提出的這部《大清著作權律》草案，其中大部分的重要內容，所參酌對照者，多為歐西國家[40]及日本等最新法制，同時，也在立法說明以「按語」酌加解釋，甚至提供簡明案例供參，以備查考。而在內容上，雖只有五章凡55條的條文，不過，其所規範之內涵與範圍，以今日的眼光來看，在當時可稱得上「充實」，大體將現代著作權法所關注之各項議題都包含在內。

二、資政院審議著作權律的過程

民政部完成法案之草擬後，先行送交憲政編查館覆核，再由民政部請旨，送呈資政院審議[41]。資政院係清政府為預備立憲而成立的國會機構，在宣統二年9月正式開議，議員員額原定200名，欽選、民選各一半，不僅是帝制中國第一個具有國會性質的機構，更因為共有98位經各省諮議局議員互選產生的民選議員，而為民意代表參與中央政治的先聲。在其現存的歷次會議紀錄中，可以看到，其會議程序採公開辯論、一人一票以及多數決的方式，將民主議程與概念正式導入國家大政，其所審議的相關法案，除宣統年間的國家預算外，尚包括清末立憲之《十九信條》[42]《刑律草案》[43]，對晚清民國的政治及立法產生深遠的影

---

39 同上注36，頁531-532。
40 同上注36。單是在民政部所提出之法案說明中即可見到該部列舉美國、德國、匈牙利、奧地利、法國、西班牙等。
41 〈資政院奏准著作權律摺（並單）〉《教育雜誌》，1911年，第3期第1卷，頁2-8。
42 關於資政院審議刑律草案的相關內容，參閱黃源盛，《晚清民國刑法史料輯注》（台北：元照出版社，2010年），以及同氏著，《法律繼受與近代中國法》（台北：政治大學法學叢書 55，2007年）。

響。而在審議《著作權律》的資政院常年會中，首先由民政部特派員孫培進行要旨說明：

> 本部提出《著作權律》議案，宗旨專在保護學者及美術家之意匠經營，蓋對於學者或美術家，凡由精神上之勞力著作物件能加以完全保護，方可期學問及各種美術日加發達，故欲視伊國之文運進步如何，必須先視國家對於此種權利所加之保護如何。譬如十八世紀以前，歐州各國於此種權利亦未加保護，因之各種科學未能日異月新，降及今日，不特保護周詳，且將保護範圍大加擴張，而學問、美術日益精進，此其明效大驗也。本部此次規定《著作權律》，即採用擴張主義，共五十五條，分為五章，所有詳細理由已見各條文下，茲不復贅。[44]

民政部特派員的說明，已然道明《大清著作權律》草案的核心意旨，係為保護人民智慧勞動之成果，並欲達到促進國家發展及技術進步的目的，然而在審查過程中，資政院的議員們紛紛就草案的內容與法條文字用語等進行質問，囿於篇幅，以下僅將部分議員關切的重點，分別摘要於後。

（一）著作權法與出版法之差異與部分用語之疑慮

根據資政院常年會第六號速紀錄，此為資政院院會第一次審查民政部所擬之《大清著作權律》草案，在民政部特派員的說明後，席間議員除針對「版權」與「著作權」之名稱提出疑慮外，最為關切者為出版法及著作權法間之關係。議員劭羲特別針對草案第2條法條用字「檢定」與「審定」提出質疑，認為兩字本有區別，教科書必先行檢定而後出

---

43 韋慶遠、高放、劉文源，《清末憲政史》（北京：中國人民大學出版社，1993年），頁402。

44 李啟成，《資政院議場會議速紀錄－晚清預備國會論辯實錄》（上海：三聯書店，2011年），資政院常年會第六號速紀錄，頁31-32。

版,學部之審定則在審核內容適用於教學與否;並質疑若學部對某教科書不予審定,則該書無法受著作權保護,顯非著作權保護人民權利之本旨。民政部回應說,此規定在《出版律》中,議員所述之情況依草案第3條,有應受本律保護者給予著作權,故凡不受檢定或審定者,即不受著作權法之保護[45]。

然邵義議員認為,凡一切出版物皆應歸其檢定,並應有第二機關再行干涉才是,而學部為教育之目的所為之審定,無關著作權之存在與否。同理,草案第3條及第4條的著作物「凡願受檢定或審定者」、「經檢定或審定後」,一事而分別隸屬民政部及學部二機關,顯與著作權保護之本旨有違,而認為《著作權律》只需規定呈請註冊給照後即可受本律保護,至於「檢定」應規定於《出版法》;「審定」應另規範於《學部審定出版條例》中,不可加在著作權法的條文內[46]。

此外,曹元忠議員也就《出版律》與《著作權律》之關係提問,《出版律》與《著作權律》性質不同,出版在外國可以自由,而著作權律草案須經民政部檢定,又須學部審定,並舉日本《出版律》「無出版保護之文書者,而有違背國家法律即冒瀆乘輿之罪」,對於《著作權律》欠缺罰則。針對此問,民政部特派員回應:《著作權律》與《出版律》兩不相同,出版屬於消極限制;著作權律屬於積極保護,版權與著作權實係一物,但版權範圍較狹,而著作權範圍較廣[47]。

該次會議也討論了民政部的立法時程,是否先頒《著作權律》而後再定《出版律》的方針?民政部則回應《出版律》已起草,尚未脫稿。此外,議員們也關注數人之共同著作,多個著作人,其中死亡年限不同,保護年限為作者死後加三十年的期間應如何計算的問題。民政部也一一回應,認為若甲乙丙三人,甲乙先死而後二十年丙才去世,則保護期限應以丙死亡後三十年計,並無不公之處。本次條文經初讀後,送交

---

[45] 李啟成,同上注44,頁32。
[46] 李啟成,同上注44。
[47] 李啟成,同上注44,頁32-33。

法典股審查[48]。惟除前述就出版法與著作權法的規範內容與適用範圍有所疑慮外，資政院的議員們也關切著作權法的性質與背後所採納的法理內涵，例如胡礽泰議員提問：

> 著作權之性質，認定著作權是私權之一種，其中分兩個學派：一是法國學派，一是德國學派；按照法國學派，以著作權為所有權，應在民法之內；按照德國學派，著作權是私權中一種特別權利，不知民政部定著作權之時，其採用者係法國學說？抑用德國學說？[49]

議員並提出，日本民法首為法國顧問協助起草，本案既仿照日本，應採用法國學說較為合理。不過，經審查之後，又將著作權認定是私權中特別權利的一種，而非所有權，批判民政部原案有幾個問題：

> 第一，著作權之保護與教科書審定不同，著作權經註冊後即有當然享受的利權，至於著作好與否，全不能計較，如果著作有妨害治安或有荒語之議論，另在出版律上所規定。然則著作權是保護主義，出版律是禁止主義，兩種法律性質不同，所以說著作權是一種特別權利。至於教科書之審定與此不同，因為教科書是關乎教育事情，所以必要審定。如果兩事不能並在一列，將來必須另訂章程。[50]
>
> 第二，是著作權註冊與意匠商標特許註冊不同，文藝美術是屬於著作權，至於工業發明是屬於意匠商標特許者，查各國章程便可明白。當十七世紀以前，歐洲各國保護著作權之辦法與商標特許所差不多，惟專利一項另有年限。現在各國通例，審定著作權屬於私權之一種，所以與意匠商標特許不同。然則專利與特許又當

分明，所以意匠商標特許應歸農工商部註冊，著作權應歸民政部註冊。照事實研究，著作權歸農工商部註冊，歸民政部檢定，殊為不便。既然民政部檢定著作物，其註冊一節自應規定在民政部辦理。此項著作權與出版權相為表裡，著作權是保護主義，出版律是限制主義，將來民政部另訂《出版律》，可以與著作權相輔而行。[51]

民政部特派員孫培表示審查等事，在法典股股員會議中曾討論過，因受限於審查時間，特派員對此議題並無意見。由於議員們對於法案仍有爭論，認為應作再讀，經副議長排入下期議程中再議[52]。

（二）翻譯著作

在第一次常年會議場第十二號中，議員陳樹楷於審查修正案提出第28條之修正議案，指出：

從外國著作譯出漢文者，應有著作權，但可於第一條通則內說出，第二十八條方有根據，第四條方有著落，所以本議員以為應先於通則內說出。[53]

陳樹楷議員並稱：

現在我們中國一切新書全恃翻譯，既是如此，則翻譯之權應當保護，然恐外國干涉，不可不列入通則之內，至（第）二十八條始行揭出，於編制體例不合。[54]

議員從法案整體的架構提出修正提案，主張倘若要給予翻譯著作保護，應該在〈總則〉部分即將之劃入著作之定義範疇，以便在體例上取

---

[51] 李啟成，同上注44，頁72-73。
[52] 李啟成，同上注44，頁72-73。
[53] 李啟成，同上注44，常年會第十二號，頁116。
[54] 李啟成，同上注53。

得統一和律文的法效。對此民政部回應：

> 現在我國科學尚未發達，一切科學全恃翻本者，第一條規定譯本
> 事項，恐引起外人要求著作權同盟。倘使加入同盟，則此後輸入
> 文明必多阻礙，故第一條未經規定，然於翻譯一事毫無規定，又
> 無以資提倡，是以第二十八條特表明之，此本部之原意也。[55]

關於譯書的保護問題，易宗夔議員認為，不必特別規定翻譯有著作權，以避免成為笑柄，特別是中國尚未加入「萬國著作權同盟會」，翻譯書而有著作權，將會受到外人的干涉，甚至建議第28條也可以刪除。章宗元議員則認為，是否加入萬國著作權同盟是各國自由，外國不能強迫中國加入，且「外國人所著書不多，故中國加入版權同盟會，甚不合算。我不加入，外國人豈能干涉？」此番說詞獲得場內議員的拍手贊同[56]。

汪榮寶議員則從另一個角度切入，認為著作必經註冊方能享有著作權法的保障，翻譯之書亦同，若將第28條有關翻譯著作的部分刪除，恐將來難取得保護。另有劉景列議員提出，若要給予翻譯權保護則需規定在第1條，或不必規定，或云取消，然第1條乃為著作權之原則，第28條的翻譯著作保護則為例外，不可將例外規定於原則內，著建議兩條並立[57]。

俟資政院常年會審查至第28條翻譯著作之特別保護時，吳賜齡提案應將第28條取消，其理由為所有權均受特別利益保護，而翻譯著作既無個人獨有利益，也欠數人共有利益，與前面各條保護衝突，為畫蛇添足之條文，應予刪去，以免貽笑大方[58]。王璟芳議員則提出，因為著作權全編皆規範著作之權利，翻譯之書，須予區別，乃建議將之歸入附

55　李啟成，同上注53。
56　李啟成，同上注53。
57　李啟成，同上注53。
58　李啟成，同上注44，常年會第十三號，頁135。

則作為特別條文，以全整體律文之體裁完善[59]。其就第28條修正說明謂：

> 原案語，譯書的便有著作權，譯與著本是二事，這是第一層不合。又就原作另譯華文不在禁止之列，這是第二層。對於保護不確實又譯文無甚異同者，不在此限。「無甚異同」四字不訂確實解釋，將來實行的時候，對於這一層更有許多困難。一條法律總要有一個一定的辦法，若一種書准兩人譯的，必有兩個著作權，彼此都有損害，一有損害，凡被損害之人難免不互相訴訟，這是立法的時候不能不想到的。將來各種新書從外國文翻譯出來的，若不將保護權先規定個限制，將來一定要受外國人的干涉，而且譯外國各種的，多事直譯文義，不甚明晰。若這等書均有著作權，不定一個制限，於輸入文明國家學術，並無一點進步。所以本議員修正案對於一書要加「特出心裁」四字，既經特出心裁，便可算本人的著作，所有的著作便不致受外國人的干涉，且於學術上較有進步，在於國家著作權法律亦較完全。至「特出心裁」如何解釋，則有規定之第二項，「引申意義，摘錄要旨，加注案語」皆是等語。[60]

不過，場內也有議員如汪榮寶，回應該修正案之內容即為第29條之內容，似不必增此一條，議員們繼續討論第29條之「他人」，其亦應否解為專指本國人所著的書，並有邵羲委員引各國通例，指出翻譯都可以算作著作權，最終條文照修正案，經多數決通過[61]。

至第29條於三讀時，議員們再次針對「略加修正」「闡發新理」之意涵闡述意見，認為加入音訓句讀、注解圖畫者，仍是由原著作而來，法條文字酌添「闡發新理」較無掛漏，並就是否刪去「圖畫」有所

---

[59] 李啟成，同上注58，頁135-136。
[60] 李啟成，同上注58，頁136。
[61] 李啟成，同上注58，頁136-137。

爭論[62]；再經表決，採納陳樹楷議員之意見，將「音訓句讀、注解圖畫」刪去。

（三）重製與翻版之文字、語意爭議

法案在重讀審查中，陳樹楷議員認為，條文內所稱「重製」字樣即有翻版之意，第22條規定重製者應付該管衙門呈報，應說明本意以免混淆；籍忠寅議員也認為重製就有翻版改良意思[63]。對此，民政部特派員孫培解釋：

> 第二十二條規定著作權期限內將原著作重製的，重製意思是就訂正而言。陳議員修正本條，謂改良內容重製之著作應從重製發行時起算年限等語，本員對此頗有疑問。倘如陳議員所云，則原著作是否仍有著作權？若謂仍有著作權，是一種著作而有兩種著作權矣；若謂原著作歸於消滅，則此後他人即可任意翻版，且將侵損改良內容之新著作權矣，是不可不研究者。[64]

議員們認為重製既然不是翻版，則應請特派員將改正內容解釋明白。對於改正，如用重製二字則不夠明確，並有議員提案22條重製之上應加「訂正」，以為區別，否則查閱日本著作權律內的「複製」二字，就是「再版」的意思，爰建議既然第22條所謂「重製」與日本之「複製」相同，不如加「訂正」二字較為明晰，並認不需再為呈報[65]。就訂正重製而改其內容者，論者有認為「製者，製造之意，重製即是修正，修正即是改其內容，並非再版之謂，且第1條業經標明，重製此處又添『訂正』等字樣，亦似矛盾。」也有主張「重製二字，自是包涵修正意義在內，只需認明此為《著作權律》，所謂重製，即是將著作

---

[62] 李啟成，同上注44，常年會第二十三號，頁322。
[63] 李啟成，同上注58，頁132-134。
[64] 李啟成，同上注58，頁136-137。
[65] 李啟成，同上注58，頁132-133。

物重行改製，至翻印之事當在《出版律》內，規定此『重製』二字，絕非『翻印』可知。」[66]另一方面，場內議員就訂正後呈報，可能因為有人侵奪著作權翻版去賣，造成保護混淆，而提出不同意見[67]。

議員們爭論著作人自己不呈報，如何知道是自己翻版或他人翻版，是否必經本人呈報，以及是否重製須呈報，亦有認應照原案，在著作權保護期間內將原著作重製者稍加修改，沒有大變動者可以做為例外。最終經表決，該條文文字加上「修正」，而改為「修正重製」[68]，並將第49條之文字修正為「修正重製時，不呈報立案時，查明後將著作權撤銷。」[69]

到了三讀會時，全案幾經逐條審查完成，胡礽泰議員又再提出第22條「修正」重製語意不妥，而與陳樹楷議員意見相左，乃有沈林議員提案將重製改為「改製」以與第1條之重製區別；汪榮寶議員另提案將文字改為「將原著作重製而加以修正者」，最終，通過汪榮寶議員版之提案，並同修正第49條文字為「重製時，加以修正而不呈報立案者」[70]。

除前述三個反覆引起資政院議員們討論的重要議題外，資政院對於民政部版草案的討論還包含著作權之主管機關認定問題，對於民政部版草案第3條「各該管衙門」到底是何項衙門，鄭際年議員提出疑問，並請民政部說明，民政部回應，原定「各」字因本有學部審定關係，現因法條文字修正，概歸民政部專理，則當然該刪去「各」字，並同時聲明一併修正第16條「凡願受檢定或審定之著作」應改為「願註冊之著作」；第17條第2項除依第31條之規定外，「項」改為「款」；「分別咨報民政部或學部存案」，亦應改為「咨送民政部存案」，並由議長指

[66] 李啟成，同上注58，頁133。
[67] 李啟成，同上注44，常年會第十三號、第十七號，頁133、頁200-201。
[68] 李啟成，同上注58，頁133。
[69] 李啟成，同上注44，常年會第十七號，頁200-201。
[70] 李啟成，同上注62，頁322-324。

示交法典股再行修正[71]。

另有些較無關緊要的討論，例如子嗣和相續人的問題，終在修正案中改為「承繼人」[72]、「不著姓名之著作」應否改為「不著真實姓名之著作」爭議，最後仍保持原案未改；同時修正草案中所有「子嗣」文字改為「承繼人」，刪去「批准」，改為「註冊」，而就團體可否改為法人者，有議員認為因局所等非法人，故「法人」二字不宜濫用，但「團體」二字可否包括學堂、寺院在內，最後議決採將「團體」取代為「學堂等」[73]。另在第50條的訴追年限，有議員擔憂中國地大物博，兩年不足以保護等語，建議延長至四年，然在場議員認為日本亦係兩年，故未予修正；最後，在註冊費的部分，民政部規定五元，有議員認為書價不定，均定價為五元似有不妥[74]，但最後仍照原案通過。

經過冗長的討論後，《大清著作權律》終告審議完成，並由資政院於宣統二年（1910）11月17日會奏議決著作權律遵章請旨裁奪，奏章內稱：

> 竊查資政院章程第十五條內載，前條所列第一至第四款議案，應由軍機大臣或各部行政大臣先期擬訂具奏請旨，於開會時交議，又第十六條內載第十四條所列事件議決後由總裁、副總裁分別會同軍機大臣或各部行政大臣具奏請旨裁奪各等語，民政部擬訂著作權律一案先經咨送憲政編查館覆核竣後，於本年八月二十九日具奏請交資政院議決照章辦理，旋由軍機處遵旨交出民政部原奏及清單各一件，資政院照章將前項著作權律一案列入議事日表，開議之日初讀已畢，當付法典股員會審查，並經民政部派員到會發議，該股員會一再討論提出修正案，於再讀之時將原按語修正之案由到會議員逐條議決，復於三讀之時以再讀之議決案為議

---

[71] 李啟成，同上注53，頁117。
[72] 李啟成，同上注53，頁118-119。
[73] 李啟成，同上注58，頁131-138。
[74] 李啟成，同上注69，頁200-203。

案，多數議員意見相同，當場議決。計原擬著作權律凡五章五十
五條，經修正議決其各條中意義字句互有增損，仍定為五章五十
五條，謹繕具清單，遵照院章，會同具奏請旨裁奪。一俟命下，
即由民政部通行各省一體遵照辦理。[75]

　　至此，中國首部著作權專法《大清著作權律》終於堂堂問世，並在
其後的智慧財產法歷史上，漸漸占有一席之地。

肆、《大清著作權律》的施行及實踐舉隅

　　根據清政府所頒布的《大清著作權律》，凡分五章，依序為「通
例、權利期限、呈報義務、權利限制、附則」[76]，計55條條文，分別規
範了著作權的概念、著作物的認定範圍、著作權人的權利、取得著作權
的相關程序以及保護期限和法定限制等。有關著作權的保護期限，凡在
民政部註冊享有著作權保護之著作，作者可以終身享有其著作權；離世
後，法律繼續保護三十年，和當時世界各國著作權之保障相比較，已與
伯恩公約（Berne Convention）的要求相符，甚至時下最新立法潮流，
幾已含括在內。對於編輯著作、聘僱著作及當時爭議較大的翻譯著作等
問題，《大清著作權律》也都有規範[77]。

一、《大清著作權律》的正式頒行與適用

　　宣統二年11月17日，《大清著作權律》正式頒布：

---

[75] 〈資政院會奏議決著作權律遵章請旨裁奪摺〉《國風報》，1910年，1
　　（33），頁45-54；另參閱〈資政院、民政部會同奏定著作權律〉《雲南官
　　報》，1911年，（12），頁75-85。

[76] 〈法制：欽定著作權律〉《吉林司法官報》，1911年，（1），頁60-71。

[77] 秦瑞玠，《著作權律釋義》（上海：商務印書館，1914年），頁1-3。

欽奉諭旨，資政院議決著作權律會同民政部具奏繕單請旨裁奪一摺，著依議 欽此。[78]

由此可知《大清著作權律》頒布於宣統二年（1910）11月，其第51條並規定「頒布文到日，滿三個月施行」。該法頒布後，清廷並非僅只是發下通告而已，政府各機關也著手進行各項行政準備工作，發布通告，要求所屬各部各省也要協助發布咨文，出示曉諭，以求大眾周知。例如，民政部在宣統三年（1911）正月即發布〈為迅速推行著作權律出示曉諭事致各省督撫諮文〉，要求各省督撫協助布告：

為諮行事。本部會奏著作權律，前經抄錄通行在案。查原律雖經通行，人民恐未及周知，致屆時或難發生效力，應即出示曉諭，以利推行。相應諮行貴督撫，希即轉飭各府廳州縣，迅速遵照辦理也。[79]

宣統三年正月23日民政部警政司也有相應的行動，在〈為已將著作權律通諮京內各衙門等事覆著作權法冊局片〉中提到：

警政司為片覆事。貴局片稱：本部會奏著作權律，京內各衙門已否通行，請開單見示，並請將該律印刷本檢齊移付過局等因。查本司於正月一六日，業將京內各衙門一律通諮在案，茲開單片覆。至該律印刷，本係合《巡警道屬官任用章程》訂為一冊，相應將該印刷本移付貴局查照，即祈將該章程折出付還，以憑備用可也。須至片者。右片行著作權注冊局。[80]

如此一來，除前開在京各部門，至少均已在宣統三年正月中旬取得

---

[78] 〈諭旨：宣統二年十一月十七日欽奉諭旨資政院議決著作權律會同民政部具奏繕單呈覽請旨裁奪〉《吉林司法官報》，1911年，（1），頁6-9。

[79] 周林、李文山主編，《中國版權史資料彙編》（北京：中國方正出版社，1999年），頁96-97。

[80] 周林、李文山主編，同上注79，頁97。

《著作權律》的印本外，地方重要的督撫大員亦應收到來自中央的通告，而在同年3月的〈督院李准民政部資本部與資政院會奏著作權律一摺，欽奉旨准札巡警道文〉又說：

> 為札行事宣統三年三月十二日，准陸軍部火票遞到民政部咨本部會奏著作權律，前經抄錄通行在案，查原律雖經通行，人民恐未及周知，致屆時或難發生效力，應即出示曉諭，以利推行。相應咨行貴督，希即轉飭各府廳州縣，迅速遵照辦理可也。計奏著作權律等因到本督院准此，合就札行為此札，仰該道即便轉飭各屬遵照辦理，特札計發奏定著作權律一本。[81]

清廷除將《大清著作權律》公布之外，其下轄民政部尚與各省府廳州縣警察司合作，令其盡速公告，使民眾得以聞知新著作權律的公布和其內容，以便推行。而除了在國內推行外，外國政府與著作權國際組織也對中國終於頒行著作權法表達高度關切，如宣統三年4月3日〈學部為著作權律已引起外國出版界重視事致民政部呈文〉：

> 敬啟者：昨准駐奧沈大臣函稱，瑞士萬國文藝美術公會辦事處總理函稱：近讀德報，知由德國內部得來消息，中國已於一千九百十年十二月十八號採用第一條著作權法律。按一千九百八年，貴公使曾在柏林公會代表貴國政府，熱心此項問題之關係，用特函請貴公使，將此項法律譯成德文或英、法文見示，並署貴公使銜名，或翻譯人姓名，以便及早刊入本公會著作權官報，請速示覆。等因。查此項著作權法律，貴部如何採用？是否已經公布？應請迅賜詳示，以便轉告。等因。查此律係由貴衙門提交資政院議決會同奏明請旨公布，應如何迅為答覆之處，擬由尊處酌核

辦理。[82]

由這一系列的行文來看，不僅國內已正式公布實施《大清著作權律》，連外國使節都將相關情況回傳母國，乃至伯恩公約的辦事機構，也來向中國政府駐外代表索取該律的外文譯本。往深一步言，此一呈文所具備的雙重歷史意義有二：一方面，是內國法的正式通行，中國終於有其自身的著作權專法；另一方面，《大清著作權律》的頒行，也周知於外。

二、《大清著作權律》的司法實踐

清政府在《大清著作權律》通過後，除透過前述之行政作為來加速推行外，在司法實踐層面，自該律於1910年11月公告施行至1911年10月辛亥革命清帝遜位，短短不過近一年的光陰，但仍然可在司法檔案中窺得其適用之實例，其中最著者，即為「商務印書館與美商金恩公司糾紛案」[83]，僅將該案的主要判牘內容，摘要分述於下。

（一）案情事實

本案案情，簡而言之，乃係美商金恩公司（Ginn & Co.）指控商務印書館翻印售賣其在美國持有著作權的《邁爾通史》（General History by Myers），訴請上海會審公廨為之審理。在會審公廨的文書中則明確地表達了本案可能適用的三種準據法：1.為中國本國之法律，即《大清著作權律》；2.為萬國公法，如經朝廷頒行，或雖未頒行但曾有被適用

---

[82] 周林、李文山主編，同上注79，頁97-98。

[83] 按：原文為Ginn，譯文可為金公司或金恩公司，在往來公文案牘中，時有見「金公司」或「金恩公司」等不同語，然未見「經恩公司」，但後世編輯史料時，卻將其定名為「美商金公司（又稱經恩公司）版權交涉案」。參閱《重訂翻印外國書籍版權交涉案牘》（上海：上海書業商會，1923年），周林、李文山主編，同上注79，頁178-192。

之案例者，亦可援引適用；3.為中國與外國所簽訂之條約[84]。

（二）法律見解

對於此三種法律之適用可能，上海會審公廨說明如次：

1.中國本國法律，本不承認版權，間有此等案件，雖亦未嘗竟置不理，然大率冒名牟利之例辦理。否則，援洩漏秘密，有害治安之例辦理。故因律無專條之故，版權獨有之案，遂偶見而不數見，欲求有可援之律，以資保護，卒不可得也。宣統二年11月，資政院之議案出，中國人之文藝著作物始有著作權。若他國人則可酌示通融，而不能藉口爭執。至舊律則除，已經新律改訂者外，仍舊遵行。然則此案，商務印書館既無假冒字號之事，則翻印售賣《邁爾通史》，按律固無應得之咎。

2.東西洋各國之著作權，大抵不出西曆1885年各國在白登地方鎖定之版權協約之範圍。各國簽約後，猶必俟其國之立法機關照約妥訂議案，再經其國之行政機關批准通行，方能有效。若此者，名曰版權聯盟。凡屬聯盟，無論何國之人，遇有領有著作權之著作物被人違犯，可向他國裁判所呈訴。然其應享之利益，仍不能越協約及各該地方自治機關所立之議案之範圍之外，亦不得越聯盟各國境土之外。是約中國不但未嘗簽押，且並未嘗採取其條款公布諸國中，是中國未入聯盟，毫無疑義。故中國之著作者，在中國地方出版發行之著作物，一入外國，即不能援版權協約及其國之著作律，以求保護；而外國之著作者，在中國亦

---

[84] 〈會審公廨呈上海道文〉原文如下：謹將美國金公司控商務印書館翻印西書一案辦（辯）護情形，摘敘緣由，黏同辦（辯）護全文證據，呈候鈞鑒：謹查此案原告金公司控商務印書館，擅將該公司在美國領有版權原版（中學堂以下學堂用）邁爾通史翻印售賣一節，被告承認，有將該書翻印售賣，惟控案必憑法律，此案可以範圍被告之法律，約言之，厥維三種：甲、中國本國之法律。乙、萬國公法經中國頒發明文認准通行，及雖未經頒發明文而歷辦有案，已予承認者。丙、中國與外國訂立之條約，約明有應守之法律，俾他國人得一體均霑者。如案情出法律範圍之外，在拉丁語為之有損害而無過犯之案件。原告金公司所控者是也。蓋原告必先有被冤抑之端，而後可投裁判所，而求法律之補救，若理由未完，則補救自無，而施法雖不能禁其控訴，就無從為之審理耳。

不能藉口於中國著作例之利益。且中國之著作者，不但在外洋各國不蒙保護，即在上海各國之領事署，亦不蒙保護。1900有五年，滬道照准各國領事照覆，並奉盛大臣批示之案可證其事。

3.至中國與各國所立之條約，則除1900有三年美約之第11款即是年之日約第5款外，皆與著作權不相涉。而該二款又皆不直該原告之所控。查美約第11款所許之著作權，係以專為中國人民教育之用為限制，其餘皆不得援以為例。此案《邁爾通史》作於1889年，書名上復大書特書，曰為中學以下各學堂之用，其非專為中國人民之用，已無疑義。全書779面，言中國歷史事實者，僅有9面，更無從藉口，自應視該書為其餘，皆不得援以為例之書之例。

（三）解析

在第一種情形，適用中國法律方面，上海會審公廨明白指出《大清著作權律》已在宣統二年11月經資政院審議通過，並表示中國人已有著作權法，外國人也可酌示通融，但不能以此為藉口而來爭執。本案之爭議，會審公廨認為商務印書館並無假冒之事，則「翻印售賣《邁爾通史》，按律固無應得之咎」。

其次，上海會審公廨又針對美商金恩公司所爭執之國際公法，伯恩公約（即版權聯盟）准否適用於本案進行說明，認為國際公約亦有其效力範圍，中國既然未曾加入國際著作權組織，則概然不受伯恩公約約束，自也不能援引公約條文內容約束內國司法，拒絕將伯恩公約作為本案之準據法予以適用。

最後，上海會審公廨討論了中國與各國所簽訂之商約內容，是否得適用於本案的問題，根據中美商約內容，對於著作權之保護僅止於對「中國人民教育之用」，但問題在於，《邁爾通史》該書之封面即明文該書適用於中學以下各學堂，而非特指中國人民；再由內容層面以觀，其有關中國歷史之部分，亦僅有寥寥數面，被上海會審公廨認為「不得

援引商約之例」，上海會審公廨進一步將中日商約也予以檢討[85]。

上海會審公廨認為，兩國商約在議定之時即已劃定界限，酌予明定，本案系爭之《邁爾通史》，不僅不合於中美商約的「教育中國人民之用」，甚而也非中日商約中的華文著作，並援引英美兩國事例，凡是非屬英美兩國著作權法所保護之外國著作，在該國亦無得享有著作權，並論述在中國亦屬同此法理，因此認定美商金恩公司之訴並無理由。

據此，從上海會審公廨所提出的三種準據法及其適用來看，可以發現，《大清著作權律》確已被承認作為法源而適用，本案因商務印書館並無違法事宜，故認為金恩公司無由爭訟；其次，上海會審公廨也透過解釋《伯恩公約》和中外商約在華的適用範圍，以期限制外商運用智慧財產權法阻礙國內商務的法律效果。上海會審公廨並指出：

> 且我國版權之限制，乃純為教育前途起見，實有不得不然之勢。教育未能普及之先，極宜採有用之書，而以賤價售之，務使盡人能夠而後已。否則，我國生童勢不能不以重價求書於外洋。而中人以下者，即無由得新智識，其阻礙教育前途，何堪設想？然則原告金公司具控翻印之處，此按照我國之法律條約，固不能不立加駁斥，而按諸公理及平等往來之道，在我尤覺駁斥有辭耳。[86]

會審公廨進一步表明，著作權法其中一項重要的立法目的，即為促進國內人民接觸新知，使人人得而近用新智識，對於金恩公司此番妄圖利用著作權法制來阻礙國內出版和教育者，自當予以駁回，不予採認。

---

[85] 原文如下：「若夫日約第五款則限制猶嚴，非以華文著作者，概難保護，邁爾通史，更非其比。而該約中，亦未嘗無專為中國人民之用之字樣。綜觀上文條約上之限制可見，著作權之利益，兩國政府於訂約之際，即明示。以此疆彼界之分，亦如英美兩兩國，凡外國之作者在外國出版之著作物，非屬英國萬國版權議案及美國總統版權告示範圍內之件，蓋不准有版權之利益者，事同一律也。」

[86] 〈會審公廨呈上海道文〉《重訂翻印外國書籍版權交涉案牘》（上海：上海書業商會，1923年），收於周林、李明山主編，同上注79，《中國版權史資料彙編》，頁180-181。

實際上，本案除足資證明清末《大清著作權律》的頒行及其被援引當作法源外，尚包含著晚清司法機關與行政部門，對於智慧財產權相關法制的理解及對國際條約、中外商約的透徹認識，透過對法律的適用准否，來維護本國人民利益的用心用力。

三、民國初年仍發揮效力的《大清著作權律》

宣統三年10月的辛亥革命，清廷傾覆，但《大清著作權律》並未隨之黯然成為歷史的一頁；民國肇建之初，袁世凱（1859-1916）於民國元年（1912）3月就任臨時大總統，發布令云：

> 民國法律未經議定公布，所有從前施行之法律及新刑律，除與民國國體牴觸各條應失效力外，餘均暫行援用。[87]

此道臨時大總統令，明確了臨時政府對待晚清法律的基本立場，亦即前清施行的一切法律，除與民國國體牴觸各條應失效力外，其他概為民國政府所概括承受；也就是說，宣統二年已經正式公告頒布的《大清著作權律》各條仍被視為有效之法律。民國元年9月26日，內務部發布通告，除確認《大清著作權律》的法律效力，也再次申明人民應繼續依據著作權律的相關規範，進行註冊給照等事：

> 為通告事，查著作物註冊給照關係人民私權，本部查前清著作權律尚無與民國牴觸之條，自應暫行援照辦理，為此刊登公報。凡有著作權擬呈請註冊及曾經呈報未據繳費領照者，應即遵照著作權律，分別呈候核辦可也。[88]

民國二年（1913）11月7日的大總統令，再次確認前清《著作權

---

[87] 民國元年3月10日，〈暫准援用前清法律及新刑律令〉《臨時公報》，參閱蔡鴻源主編，《民國法規集成》（合肥：黃山書社，1999年），第31冊，頁259。

[88] 民國元年9月26日，〈內務部通告〉《政府公報》，149號。

律》的繼續適用：

> 大總統元年三月初十日命令。通告本律應暫行援用，並歷經遵律
> 辦理在案所有，本部先後遵律註冊，各著作物自應受本律完全保
> 護。茲據商務印書館呈報，山東東昌府善成堂書鋪翻印本館曾經
> 註冊初等小學新修身、新國文、新算術各書。業赴東昌起訴，奉
> 判勒令繳版銷毀、賠償損失。並稱現在各省書業，圖利假冒，百
> 出其技……（中略）
> 侵害版權，受損滋大。為此呈請通令，示禁等情。閱之殊堪詫
> 異。查本部成立後所有註冊各著作物，計共百數十種，均經分期
> 刊登公報，至前清遵律註冊所取得之著作權，亦當然繼續有效。
> 乃罔利之徒竟敢公犯禁例，豈惟侵害私權，實屬故違法令。須知
> 著作一經註冊，權利證明，遇有侵損，即得向該管審判衙門遵律
> 呈訴，或償損害，或處罰金，律有專條，斷難寬假。誠恐本律在
> 前清時代施行未久，或未周知。前次佈告容有未悉，特此通
> 告。[89]

事實證明，《大清著作權律》的適用效期，自宣統二年11月公布
起，延續至民國元年，一直到民國四年（1915），北洋政府正式頒行
民國第一部《著作權法》為止[90]。此期間，政府有關部門仍然透過行政
作為的方式，持續進行著作權法的適用，並透過發布公告，刊登已經註
冊之各著作物於《公報》上，既不斷重申著作權的保護，也同時表彰了
政府部門對《大清著作權律》的繼續適用，例如民國三年9月28日內務
部示[91]：

> 為公示保護版權禁止翻印仿製事，茲將本部第十一次註冊各著作物

---

[89] 民國二年11月7日，〈大總統令〉《政府公報》，543號。
[90] 然觀其內容仍與《大清著作權律》幾乎雷同，只是條文內容編排上，翻譯著
作改到第10條，文字體例編排略作修正。參閱民國四年11月8日，〈法律第八
號：著作權法〉《政府公報》，1258號，頁22-26。
[91] 民國三年9月28日，〈內務部示〉第31號，《政府公報》，9862號，頁499。

列表如下，此示計開：

名稱	註冊日期	著作者	發行者	件數	備考
初等小學單級國文教科書	三年8月7日	譚廉 費焯	商務印書館	第二三四五六等冊	分次發行
中華新字典	三年8月21日	吳興 王文濡	中華圖書館	六冊	
公民鑑	三年8月21日	原著作人： （美）馬維克斯密司 譯述人： 吳縣、蘇錫元	商務印書館	一冊	
民國新教科書幾何學	三年8月21日	嘉定　秦浣、秦汾	商務印書館	一冊	
新北京	三年9月17日	擷華編輯社	擷華書局	第二編	分次發行已齊

由此一內務部的「示文」與「表列」可以發現，民國三年（1914）的著作權登記主管機關為內務部；而登記之著作種類中，有譯書，也有教科書，更有一般著作等；而在著作者的登記上，已可看到自然人、法人（如擷華編輯社）、譯述人（如吳縣、蘇錫元）之區分，並也有「分次發行」「分次發行已齊」等字樣。據此，不難觀察到《大清著作權律》之各項條文，在民國初期政府對清政府的承繼運作下，於行政機關執行的真實樣貌及其內容，也與《大清著作權律》法條的相關規定大致相吻合。

從這些史料看來，雖然《大清著作權律》在清朝的存續期間不到一年，即因清室傾頹而告終，然而，透過民國初年北洋政府一系列的布告和通告「示文」，可以看出，《大清著作權律》仍被視為是有效的法律而繼續適用，且其相應的註冊登記呈示，一應在行政機關間被遵照執行。

伍、結語

　　晚清民初乃至當今，這段近代著作權法繼受史事給予我們的啟示，即在於若要解決中國法文化的轉型，不能只在傳統的脈絡下進行找尋，而必須敞開胸懷，匯納世界其他先進的法律文化，注入非華人社會法文化的精神，加以比較、選擇與吸納，而截長補短，才能產生新的法律文明。1910年《大清著作權律》的頒行，其規範用語尚稱明確、體例也還算清晰，難得的是，它確立了多個著作權法上的重要原則，諸如採取保護主義（與《出版律》有所區別）、尊重作者的精神人格、專有權利之保護及於作者並可繼承、著作採登記註冊制等[92]。

　　從編纂體例看，《大清著作權律》的第一章「通例」即以概括明訂法律的意旨，在保護著作者專有重製之權；次在第二章以「權利期限」定明其保護期日與計算方式，再以第三章「呈報義務」和第四章「權利限制」，將著作者應享有之權利與義務予以分明詳言，並將各項權利和限制依據不同情況再加酌定，最後，又以第五章「附則」的形式，將行政操作的註冊程序編入其中。與傳統中國律例的體例相比較，《大清著作權律》與過往清政府的《大清律例》或各部院則例，在法典編排上明顯有所不同，是屬於近現代的新式法典編纂方式[93]。

---

[92] 台灣有關著作權之保護期間，及至1992年之修正，才將保護期間由著作人終身及死後三十年改為五十年，並沿用至今。

[93] 與台灣現行著作權法之體例相比，現行《著作權法》章目如下：「第一章『總則』、第二章『著作』、 第三章『著作人及著作權』、第四章『製版權』、第四章之一『權利管理電子資訊及防盜拷措施』、第五章『著作權集體管理團體與著作權審議及調解委員會』、第六章『權利侵害之救濟』、第六章之一『網路服務提供者之民事免責事由』、第七章『罰則』、第八章『附則』」。可以看出，因科技進步而增訂了與新興技術相關的「權利管理電子資訊及防盜拷措施」與「網路服務提供者之民事免責事由」；另有關「著作權集體管理團體與著作權審議及調解委員會」則係楊崇森教授大力推動下才於1961年代逐漸成形，及至1985年正式進入著作權法的規範。楊崇森，〈五十年來我國智慧財產法制之變遷〉《法令月刊》，第51卷第10期，頁520-521。另參閱楊崇森，〈科技進步對法律之衝擊－著作權法之新課題〉《法令月刊》，第41卷第10期，頁587-592。

　　從實質內容面說，《大清著作權律》界定了著作權法為國家關於著作者權利所制定的法律，獎勵著作者的創作並保護其權利不受侵害，在所保護的著作種類上，計有文學著作、美術著作、翻譯著作、編輯著作，甚至講演筆述亦均屬之，在保護範圍上已就其標的做了界定；而在保護的範圍認定上，除了原作者或著作權人，也可以是其子嗣或其他繼承人，亦不限於自然人，公私法人也可能成為著作權人，幾乎已將現代民法財產權與私權的概念納入[94]。

　　或許有人會認為，《大清著作權律》主要仿效自明治三十二年（1899）的《日本著作權法》，但兩相對照之下，也並非是完全「抄襲」，當時立法者仍審慎評估自己的國情與社會現實，為避免陷於「超前立法」或「超文化立法」之譏，其繼受部分約占91%，未予繼受的約占9%[95]。究其實，日本該法又是繼受自《伯恩公約》，可以說，《大清著作權律》雖直接繼受自《日本著作權法》，卻也是間接繼受歐西法。

　　綜上看來，《大清著作權律》不僅是近代中國第一部正式的「著作權法」，它的存在與適用，昭示了近代著作權法的整體制度和框架，以及其正式運用實態，它為後來民國四年北洋政府的《著作權法》提供了基礎，而北洋政府的這部《著作權法》[96]，影響及民國十七年（1928）國民政府的《著作權法》，1949年之後，又花果飄零到了台灣。很顯然，《大清著作權律》的立法，奠基了著作權法的規範體系，而其法制精神，也透過其後的幾次更修，被繼承與保留，造就了台灣現行的這部著作權法[97]。

---

[94] 論者有認為《大清著作權律》採納了民法上私法的概念，並將著作權視作個人的私權，將著作權法當作是民法的特別法。秦瑞玠，同上注77，頁2-3。

[95] 有關《大清著作權律》是否照搬《日本著作權法》內容的考證與逐條比對，可參閱王蘭萍，《近代中國著作權法的成長（1903-1910）》（北京：北京大學出版社，2005年），頁99-132。

[96] 民國四年，〈法律第八號：著作權法〉《政府公報》，1258號，頁22-26。

[97] 關於《大清著作權律》與民國四年北洋政府《著作權法》及民國十七年國民政府《著作權法》三者之間的承繼與變化，參閱王蘭萍，〈中國法制近代化過程中的三部著作權法〉《比較法研究》，2005年，第3期，頁44-58。

　　不管時序如何推演，法律與社會生活之間本就有著密切的連結，法律制度往往能夠以其思想或理論的力量，促成社會生活的變遷；反之亦然，社會生活型態的轉變，也經常成為規範立法修訂的動因，晚清這段智慧財產法的法律繼受過程，如實地反映了這一特點。固然，從清末民初以迄今日，台灣的著作權法隨著立法指導思想與資訊、數位技術的發展，又經多次修訂[98]，於法條內容多多少少也有所變動，但部分法律條文的專用術語及概念，如「重製」「編輯著作」「聘僱著作」[99]，乃至其思想內涵卻仍被延續迄今，雖然《大清著作權律》的壽命極短，但作為中國有史以來的第一部著作權專法，仍值得我們再回眸與省視一番！

---

[98] 楊崇森，同上注95，〈五十年來我國智慧財產法制之變遷〉，頁512-525。另參閱楊崇森，《著作權法論叢》（台北：華欣出版社，1983年），頁24以下。

[99] 相關概念可見於《大清著作權律》第1條（重製）、第25條（編輯著作）、第26條（聘僱著作）。

中篇

法律繼受進程中的人與事

第四章

梁啟超的「理想國」與「元法式」*

---

* 本章由黃源盛擬訂主題及構思，並負責增修補訂，施奕擔當蒐集資料及草擬初稿。

壹、序説
——理想國與法

　　梁啟超（1873-1929）生於時局動盪，精神與知識兩饑荒的清末。在那個內外交困、法權淪喪的時代裡，[1]四萬萬中國人仍然千百年如一日的生活在孔教經綸、之乎者也的環境中，而與堅船利砲一同進入中國的憲法、法治、權利，一方面既是愛國者高舉的旗幟，同時也不免成為當權者粉飾太平、輯合南北的籌碼。但毋庸諱言的是，清末民初的權力亂局也成了孕育新法的沃土，中國的法律近代化也在西潮東漸的法律繼受中發生。梁啟超不僅作為戊戌維新的領導人之一，親身推動了這場變革，更始終筆耕不輟地堅持喚醒以「家族、倫理、義務」為主的人民，漸次地培育起以「個人、自由、權利」為本位的近代西方法理思想土壤。[2]

　　中國近代著名的思想家、政治家、文學家、歷史學家等，在這些被普遍冠稱的頭銜之外，梁啟超罕見被認為是一個法學家，[3]而更多的被

1　許紀霖，〈國王的兩個身體：民國初年國家的權威與象徵〉《學術月刊》，2015年，第4期，頁9。

2　黃源盛，〈晚清民國的社會變遷與法文化重構〉《法制與社會發展》，2020年，第3期，頁118。

3　但進入21世紀以來，隨著法學學科的發展，大陸法學界已逐漸開始重視梁啟超對於中國近代法學的貢獻：俞榮根在〈論梁啟超的法治思想——兼論梁氏對傳統法文化的轉化創新〉（《法制現代化研究》，1996年10月（輯刊），頁315-338）中率先提煉了梁啟超的「法治思想」；劉新在〈梁啟超法治思想研究〉（《法學家》，1997年，第5期，頁25-32）中將梁啟超稱為「頗有建樹的法學家」。范忠信在其選編的《梁啟超法學文集》（北京：中國政法大學出版社，2000年）的〈認識法學家梁啟超〉一文中提出梁啟超是「法學家」（最早可見於范忠信1998年發表於《政治與法律》的〈認識法學家梁啟超〉一文）。梁治平在2002年的〈法律史的視界——方法、旨趣與範式〉（載《中國文化》，2002年，總第19、20期，頁155-185）中提出，梁啟超是「中國現代法律史學的奠基人」。李秀清的〈「梁啟超憲草」與民國初期憲政模式的選擇〉（《現代法學》，2001年，第6期，頁21-34）一文中更明確將梁啟超稱為「憲法學家」。喻中在《梁啟超與中國現代法學的興起》（北

認為是一個具有法理思想的愛國者和言論家，他在維新運動中所竭力鼓吹的開議院、定憲法、採行君主立憲政體的憲政思想，隨戊戌變法的失敗而湮沒；他興西學、開民智、重整傳統文化上的一腔熱血，也在北洋政府退潮之後漸次銷聲。自光緒二十一年（1895）以滿腔愛國情懷發動公車上書，走上歷史舞臺始，梁啟超並不以一個政治家或政客自居，他一方面身入時局以〈變法通議〉（1896）〈論中國積弱由於防弊〉（1896）〈異哉所謂國體問題者〉（1915）力圖實現其憲政救國的政治理想，另一面則始終致力於透過〈各國憲法異同論〉（1899）〈中國法理學發達史論〉（1904）〈論中國成文法編制之沿革得失〉（1904）〈憲法之三大精神〉（1912）〈中國國會制度私議〉（1910）〈開明專制論〉（1905）〈立憲政體與政治道德〉（1910）《先秦政治思想史》（1922）《中國近三百年學術史》（1924）等論著，試圖在他自己不懈前行的所學、所見、所思中，探尋構築一個「體用相濟」之憲政的、法治的、共和的理想國家。

　　人類歷史上最古老的理想國，建構於西元前400多年的愛琴海，取得文化藝術空前繁榮的雅典，在伯羅奔尼撒戰爭（Peloponnesian War, 404 B.C.）爆發後逐漸走向衰敗，而身處這一時期，同樣基於愛國熱忱的柏拉圖（Platon, 427 B.C.-347 B.C.）則在探尋「正義」「美德」與「制度」等實質內涵，試圖回答「什麼是國家制度的至善，什麼是立法者立法所追求的至善」，[4]並企求藉此設計出一個承前啟後的理想國家。兩千多年後，在經歷了康雍乾的盛世，中國在1840年的鴉片戰爭和1895年的甲午海戰失利後，從此迅速地走向衰弱。成長於內憂外患中的梁啟超也試圖進行一次探索，就像柏拉圖把目光看向斯巴達一樣，他也把目光投向了船堅砲利的侵略者們，與旨在自強、求富、「師夷長技以自強」的洋務運動不同，他並不在乎一朝一代的興衰得失，他的關

京：中國人民大學出版社，2019年）中，系統性地梳理了梁啟超對於中國現代法學的貢獻。
4　柏拉圖，《理想國》（北京：商務印書館，2017年），頁215、199。

注點始終是法和制度，關注如何讓「積民而成體也」的國家煥然一新。[5]

在梁啟超的「理想國」中，立憲、憲政和法治不僅是他師承康有為（1858-1927）「變法全在定典章憲法」的肇始之思，更是他打造理想國所始終秉持的「天下之公器」，他想望在「變」中找到「天下的公理」，從而積極主動地順應時代脈動和社會變遷，在憲政中改變君主專制，在開民智、伸民權的新民之法中，推進民主議政和民權保障，實現變法圖強。[6]在這個終極目標上，梁啟超是一以貫之的，他始終堅持以法、以憲法為基核重塑一個理想國。

梁啟超求變，或許，因為他始終生活在紛亂不安的時局之中，經歷了摧枯拉朽般的甲午之敗、曇花一現的戊戌變法、聲勢浩大的辛亥革命、鬧劇般的袁世凱帝制自為和北洋政府的全面倒臺，在這個「三千年一大變局」中，[7]他只能透過不斷地讀書、行旅，不斷地在對西洋文化和傳統中國文化的審視之中思考、錘煉、修正他的救國、治國、強國方法。

「法」究竟是什麼？西方自嘉慶、道光以來日漸更新發達的「保國之經，利民之策」究竟為何？應當如何「發明西人法律之學」？「發明吾聖人法律之學」？[8]在變與不變之間是否存在有通式？在常變常新之中是否存在有公式？是否存在有符合人類文明、地球文明的中西合璧的「元法式」？如何在「中與西」「新與舊」的背景下實現法的近代化，並以此為基底建構一個理想國，這始終是梁啟超畢其一生所致力尋找的答案。

---

[5]　梁啟超，〈文集之十四‧論獨立〉，收於周志鈞編，《飲冰室合集》第2冊，頁6。

[6]　梁啟超，〈專集之四‧新民說〉，收於周志鈞編，《飲冰室合集》第6冊，頁1-2。

[7]　李鴻章，〈籌議製造輪船未可裁撤摺〉《李文忠公全書‧奏稿》卷19（影本）（北京：商務印書局，1921年），頁45。

[8]　梁啟超，〈論中國宜講求法律之學〉，湯志鈞、湯仁澤編，《梁啟超全集》（北京：中國人民大學出版社，2018年），第一集，頁426。

貳、問世間「法」為何物

夫政法者，立國之本也。[9]

在中國以儒家為中心價值觀的認識體系中，「禁奸邪、刑盜賊、布之於百姓」的法雖然也有「法任而國治」的概念〈商君書・慎法〉，但這種以秩序之治為中心的「法治」，在本質上與近現代以權利之治為中心的法治仍有較大的差別，因此，如何準確地把握法的概念和作用，如何把中國的法和西方的法，進行分別賦予準確的釋義，本身就是當時的變法家或者法學家們首須面對的課題。

一、法者為何？

法者何？所以治其群也。[10]

在延綿兩千多年的中華法系文化中，雖《尚書・呂刑》中即有「苗民弗用靈，制以刑，惟作五虐之刑曰法。」之謂，戰國李悝纂輯有《法經》（406 B.C.）之作，但在商鞅改法為律，助秦一統六國而成霸王之業後，歷代王朝大典則多以「律」為名。實際上，正如現代法治國家中亦有法、律、條例、通則、辦法、細則、準則等之稱，古代中國在表達國家制定的專門、具體、特定的規範時，更多採用其他稱謂，在《尚書》中，「誓」「謨」「誥」「訓」「命」「刑」「典」「範」都可謂是當代的法規範形式，分別有著各自不同的形式外觀和實質作用。

以中華法系集大成者的《唐律》（658 A.D.）為例，《新唐書・刑法志》卷五六〈刑法志〉：

唐之刑書有四：曰律、令、格、式。令者，尊卑貴賤之等數，國

9　梁啟超，〈變法通議〉，同上注8，頁5。
10　梁啟超，同上注8，頁425。

家之制度也；格者，百官有司之所常行之事也；式者，其所常守
之法也。[11]

除此類多指君王所制定的規制，被賦予法律規範的效力之外，對法
規範的解釋本身常常也構成法的實質內容；再以《唐律疏議》為例，
〈律疏〉乃為對律文的解釋，「疏」既是中國訓詁語言學上的一個術
語，同時又是文學史和法制史上的一個術語，係指對經典正文和注文進
行詮釋的一種文體，其與律具有同等效力；而「議」同樣是一種解釋，
惟其所進行的是對法律條文在內容上的闡發、評論和辯駁。[12]《唐律疏
議》中有字詞之釋、概念之釋、歷史源流之釋、儒家經典之釋、引律之
釋等，[13]它可謂是一種包含了各種法規範形式，諸多法律解釋在內的多
樣化、多層次性的綜合性法典。

總體而言，在傳統中國的表述上，「法」通常是一種抽象的、通用
的、表觀的規則性指稱，而具體的、專門的、特定的發揮法規範功能的
規則在不同時期、不同場合，根據其不同內容則有各種表述形式，即稱
為刑、律、令、格、式、典、範等。從比較法史的視角，與羅馬時期行
使解答權（jus respondendi）的專門法學家相似，帝制中國的疏、議所
代表的對於法律的注釋（文學上的）、解釋（語義上的）和詮釋（法學
上的）也是具有規範效力之法的一種形式。因此，在傳統中國語境下的
「法」與近代西方法治中的「法」，究竟是否相同？中國之律典與西方
之法律究竟有何不同？中國自戰國起即有之法家，與西方的法學家、法
學有何區別？這不僅是梁啟超本人在宣導維新、呼籲憲政的求新求變之
路上，必須說服自己內心的關鍵，也是他基於「中國衰弱由於教之未

---

[11] 〔宋〕歐陽修、宋祁，《新唐書》（北京：中華書局，2003年），頁1407。
[12] 唐代把對律文與注文同時做解釋的疏稱為義疏，《唐律疏議》實際上有三個
內容：一是律文、二是注文、三是對律與注（本義）作解釋的疏文。參見錢
大群，〈唐律疏議結構及其書名分析〉《歷史研究》，2000年，第4期。
[13] 參閱張晉藩，《中華法制文明的演進》（北京：中國政法大學出版社，1999
年），頁264-265。

善」[14]追求的教民化民之路，所需予以釐清的重要現實問題。

梁啟超在對「法」字的考證中首先提出，「我國文『法』之一字，與刑、律、則、式、範等字，常相為轉注。」[15]從語源上看，法之本字「灋」乃有平之如水（刑的本意）、平直、排除不正、不公之意；而「刑」有形式、模範、程量，引作秩序之解；「律」有「範天下之不一而歸於一」的基本方圓制式之解；「典」則有常習、固定之解。其餘互訓各字，均有中直、均平、規矩等義，由此可以推出法字在傳統中國語境下本身即代表著「均平中正，固定不變，能為最高之標準，以節度事物者也。」[16]

在梁啟超的剖析中，法與律已經出現了明顯的差池，即律所代表的多是一種客觀上的規律，是君主在特定時期所頒訂的，旨在制事軌物的標準，它強調的是一種功能性和實效性；而法則隱在律、典、範、式等各種表現形式之後，有較為深厚的「中正」之意、有較為深刻的「均平」之意，以現代法治來說，即相對於形式性的律而言，法更為強調實質上的縱向公平與橫向公平。

在這樣的理解下，傳統中國的「法」也有了與西方古代所具有的「正義」（希臘，畢達哥拉斯）；正義即稱法律（希臘，柏拉圖）；「公且善」（羅馬，錫爾士）；「正理」（羅馬，哥克）相近之意。兩相比較之下，梁啟超在《先秦政治思想史》中認為，中國古代也存在「法治主義」——法治主義起於春秋中葉，逮戰國而大盛，[17]這種相對於禮治主義等後發的法治主義，梁啟超謂「最為後起」。其治術在法家的發展和實踐下，強調在內以嚴正的法治維持國家秩序，但特別要求「人主無論智愚賢不肖，皆不可不行動於法之範圍內」，[18]在外則興

14　梁啟超，同上注9。
15　范忠信選編，〈論中國成文法編制之沿革得失〉《梁啟超法學文集》（北京：中國政法大學出版社，2000年），頁77-78。
16　范忠信選編，同上注15，頁81。
17　范忠信選編，同上注15，頁116。
18　范忠信選編，同上注15，頁103。

「國家主義」觀念，以富國強兵應對外部挑戰。梁啟超在引用日本法學家穗積陳重（1855-1926）的《法典論》中的法律實質形體二要素論時，透過其論述之法治範圍屬於形體而非實質，從而側論出傳統中國法家法治成色之未足。

可以說，梁啟超較為清楚的認識到，傳統中國認知下的「律學」，實際上並不是等同於近代西方的「法學」，中國律學雖然也致力於對法條文和詞句進行文字上的註解，但本質上從未脫離過現行律條，其目的祇是作為現行法更好施行的「工具」；但近代西方的「法學」則並非如此，它們透過對《羅馬法》的注釋，挖掘出《萬民法》的樸素精神，並以人文主義的理性思想自成一體。

二、法者何為？

梁啟超生於中國面臨亙古未有之大變局的時代，在政治上，傳自始皇帝的帝制穩定政治秩序受到了空前的衝擊；在國際上，一二千年的朝貢體系基本上也開始土崩瓦解；而在法制上，自秦律開始形成的以律令為基的體制，在內容上以刑為主，在理念上以禮為本的中華法系也漸日薄西山。可以說，雖然康有為、梁啟超等推動的百日維新以失敗收場，君主立憲的近代化道路也最終作古，但並不妨礙全新的法治理念和憲法精神在中華大地上萌生。

在這樣的一個大變局中，「法」究竟應當扮演一個什麼樣的角色？秩序、規則、均平、正義究竟應當如何在法中得到體現？自中英《南京條約》（1842）中美《望廈條約》（1843）中法《黃埔條約》（1844）中俄《璦琿條約》（1858）《伊犁條約》（1881）中葡《北京條約》（1887）中日《馬關條約》（1895）中德《膠澳租借條約》（1896）十一國《辛丑條約》（1901）等不平等條約的相繼簽訂，雖然使清朝徹底淪為帝國主義在中國攫取利益的工具，但也讓仁人志士真正的「開眼看世界」，他們開始認識到船堅砲利這一結果，並非只是由

中國和西方在技術上的差距所致，尤其在1868年明治維新後，國勢急
速成長的日本，更讓梁啟超們意識到，西方列強「其所以致今日之強
盛，皆其法治之功，吾國不欲強盛則已，苟欲生存於此競爭劇烈之場，
捨取西人之法制盡施吾國，其莫道由。」[19]

「國家之強弱全視乎法制之精神」，[20]中國之弱，表面確實在技不
如人，但不論如何之師夷長技，最終如果不在制度層面上找到問題的癥
結，仍將只是黃粱一夢，而法正是這些制度中的執牛耳者，「天下萬世
之治法學者，不外是矣。其條教部勒，析之愈分明，守之愈堅定者，則
其族愈強，而種之權愈遠。人之所以戰勝禽獸，文明之國所以戰勝野
番，胥視此也。」[21]在梁啟超的認識中，立法、明法、守法之國乃是文
明強盛之國，但是，為什麼中國的「人治」不如西方的「法治」？西方
的法治精神為何？法該做些什麼？又應如何發揮其作用？

在霍布斯（Thomas Hobbes, 1588-1679）的「社會契約論」中，國
家乃是一個基於「大家把所有權利和力量託付給某一個人，或一個能通
過多數的意見，把大家的意志化為一個意志的多人組成的集體」，這個
集體是由眾人相互訂立信約而成之完整的、唯一的人格，眾人的意志都
須服從於它的意志，眾人的判斷須服從於它的判斷，重要的是，它要求
「你把自己的權利拿出來授予它，並以同樣的方式承認它的一切行
為。」[22]梁啟超充分肯認霍布斯在強調國民相互鬥爭，因相互爭奪利
益、滿足個人慾望所可能導致的破壞和災難，因而提倡「故輯睦不爭，
是建國以後之第一要務也」；[23]人民需要透過一種信約將個人的意志和
行為委之於國家，從而形成一致的行動，此即客觀上法的作用——透過

---

[19] 李晉，〈法律與道德〉《東方雜誌》，1912年，9卷第12期。
[20] 伍廷芳，〈〈法國憲法通詮〉序〉《伍廷芳集》（北京：中華書局，1993年），頁529。
[21] 梁啟超，同上注8，頁425。
[22] 霍布斯，《利維坦》（北京：商務出版社，1985年），頁132。
[23] 梁啟超，〈文集之六·霍布士學案〉，周志鈞編，《飲冰室合集》第1冊，頁90。

劃一的制度和行為指引，避免惡劣的、逐利的、利己的個體紛亂，從而導致人與人之間互相爭鬥不休、弱肉強食。

不過，梁啟超反對霍布斯所提出的將個人權利全部交托給政府主權者的作法，他在1902年的〈斯賓諾莎學案〉中，介紹和肯認了在建立國家契約中最需保留的「隨己意而有所思有所欲之權」[24]——自由之權，亦即，國家的構成和法的建立，縱有輯睦不爭、協調民意之為，但最低限度仍需維持人民之自由權。霍布斯和斯賓諾莎（Baruch de Spinoza, 1632-1677）確為現代國家之結成提供了必要性，但基於民約而成的現代國家，以及作為國家制度基礎的法，如果沒有一個明確的目的作為限制和束縛，似乎仍將落入「托天而治」的窠臼。那麼，符合現代國家的正法應做何為？

梁啟超在〈論學術之勢力左右世界〉中提出：

> 及盧梭出，以為人也者，生而有平等之權，即生而當享自由之福，此天之所以與我，無貴賤一也，於是著〈民約論〉（Social Contract）大倡此義。謂國家之所以成立，乃由人民合群結約，以眾力而自保其生命財產者也。各從其意之自由，自定約而自守之，自立法而自遵之，故一切平等。若政府之首領及各種官吏，不過眾人之奴僕，而受託以治事者耳。此說一行，歐洲學界如平地起一霹靂，如暗界放一光明，風馳雲捲，僅十餘年，遂有法國大革命之事。自茲以往，歐洲列國之革命，紛紛繼起，卒成今日之民權世界。〈民約論〉者，法國大革命之原動力也；法國大革命，19世紀全世界之原動力也。[25]

在梁啟超的理解中，所謂之「民約」，本質上乃是一種在保障個人所具有的天賦自由權利基礎上的相居之約、相聚之約，個人藉由大眾的力量來保護其性命和財產，抵禦侵略。在最可能被濫用的公意上，公意

---

[24] 梁啟超，〈文集之六·斯賓諾莎案〉，同上注23，頁96。

[25] 梁啟超，〈文集之六·論學術之勢力左右世界〉，同上注23，頁112-113。

不是多數人之所欲，而是全國人民之所欲，而國人公認的公意，即為法律。梁啟超繼而認為：「公意體也，法律用也；公意無形也，法律有形也」[26]。法律的目的在於為公眾謀最大的利益，而公眾的最大利益即存在於自由與平等二者之中，但凡如有一人失其自由平等權利，國家之合力即缺失一人，由此國家利益亦將受損。

在對這種最大利益的解讀中，梁啟超又於1902年加注了樂利主義泰斗邊沁（Jeremy Bentham, 1748-1832）所主張的「最大多數人之最大幸福」理念，他認為應當透過教育使人人皆得以知「真樂真利」「毋狃於小樂而陷大苦，毋見小利而致大害」，從而，真正達到在法的引領下能「公益與私益並重」。[27]

實際上，雖然梁啟超並未如嚴復（1854-1921）、伍廷芳（1842-1922）、王寵惠（1881-1958）等人之早期有留洋經歷，但現代法治國家中的「法學」「憲政」「法系」「法治」這些在現在耳熟能詳的基本詞彙，最早卻都來源於梁啟超。[28]在變法的追求上，有著較為深厚的中華法系積澱和開闊視野的梁啟超，是體用並重的，他雖然醉心於用西方的、現代的、文明的法制度來解決中國的積貧積弱問題，但他也認識到法治不是孤立的、形式上的法，必須站在對法理、法史、法文化剖析的基礎上，才可能對要變的法有較為清晰準確的認識。

在「法者為何」與「法者何為」這個命題上，一方面，代表著在歷史變局下梁啟超對法的認識和展開，與他尊法、尊憲的追求理念一脈相承；另一方面，又展現他在文化斷層和西方近代法治衝擊中，所堅持的基本認識論和價值觀。

---

[26] 梁啟超，〈文集之六・盧梭學案〉，同上注23，頁106。
[27] 范忠信選編，〈樂利主義泰斗邊沁之學說〉，同上注15，頁29-38。
[28] 喻中，同上注3，頁38-40。

參、法之精髓與要義
——立憲與行憲

　　在晚清風雨飄搖的政局中，遽然進入中國的不僅有列強的堅船利砲，還有在各類書籍和進步報刊雜誌中宣傳的法治、憲法、民主、自由。這些在帝制中國看似虛空縹緲的觀點，不僅在〈民約論〉〈萬法精義〉〈自由原理〉等譯作的傳播中，漸漸進入了中國知識分子的視野，更透過他們興辦的報刊雜誌在晚清的陳腐土壤中生根，不僅成為了仁人志士振臂高呼的旗幟，也「成為中國政壇的流行語言」。[29]而梁啟超作為清末開眼看世界的代表性人物，不僅勇於參與推動維新變法，更善於運用先進的憲政理念，想方設法要達成使國家強盛這一美好的願景。

　　本質上來說，法並非西方所獨有，以法治國更非西方所獨倡，傳統中國在一千四百多年前就發展出得古今之平、體例完備的《唐律》（651.A.D.），兩相比較，中西方在法的理解和實踐上之最大差別，其實正是憲法的有無。梁啟超也將憲法作為新舊兩世的基礎觀察點，他在1900年的〈立憲法議〉中說道：

> 憲法者，何物也？立萬世不易之憲典。而一國之人，無論為君主、為官吏、為人民，皆共守之者也，為國家一切法度之根源。此後無論出何令，更何法，百變而不許離其宗者也。西語原字為THE CONSTITUTION，譯意猶言元氣也，蓋謂憲法者，一國之元氣也。[30]

　　憲法是法律之源，憲政是法治之基，如果沒有憲法作為法治的保障，那麼所謂的法不過是砂上閣樓，最終祇會淪為統治者的御民之具，

---

[29]　程燎原，〈清末的「法治」話語〉《中西法律傳統》（北京：中國政法大學出版社，2002年），第二卷，頁250。
[30]　梁啟超，〈文集之五‧立憲法議〉，同上注23，頁1。

在這一點上，搖搖欲墜的清廷僅僅是在預備立憲中，將憲法當做苟延殘喘的擋箭牌，而出身科舉的梁啟超卻始終將之視作法治的精髓與要義，試圖在立憲與行憲中塑造起一個新世。

一、梁啟超的憲法思想辨析

　　20世紀初中國法制轉型之大者，莫過於立憲。梁啟超在政治舞臺上活動的三十幾年中，幾乎有一半的時間是在宣傳憲政、追求憲政、推行憲政中度過的。在他的總體思想中，憲政思想占有極為重要的地位，他始終認為，惟有施行憲政，國家的政治才可能走上正軌，中國才可能得救，才可能實現獨立富強。然而，在不同的時期，梁啟超所主張的憲政觀點，卻有所不同——「梁啟超的具體憲政主張因時而變，充分體現了他「流質多變」的特點。」[31]在不同時期不同局勢下，對梁啟超的不同憲政主張進行分析，或能更動態的、連續的把握住他對法度之根源者——憲法的元法式認知。

> 憲法者，英語稱為Constitution，其義蓋謂可為國家一切法律根本之大典也。故苟凡屬國家之大典，無論其為專制政體（舊譯為君主之國）為立憲政體（舊譯為君民共主之國），似皆可稱為憲法。雖然，近日政治家之通稱，惟有議院之國所定之國典乃稱為憲法。故今之所論述，亦從其狹義，惟就立憲政體之各國，取其憲法之異同，而比較之云爾。[32]

　　梁啟超在1898年發表的〈各國憲法異同論〉中，基本上呈現出維新變法前後他的立憲思想。首先，憲法乃是國家一切法的根本大典，在實質上具有最高性和根本性；其次，在立憲的形式上並不拘泥於君主之

---

[31] 郭日君，〈百變不離其宗：梁啟超憲政思想新論〉《華東理工大學學報（社會科學版）》，2013年2月，頁71。
[32] 范忠信選編，〈各國憲法異同論〉，同上注15，頁1。

國或君民共主之國（民主之國）之不同國體；再次，近來有謂有議院之國的憲法與無議院之國的憲法存在不同，無議院國所定國典不能稱為憲法，這意味著梁啟超在持續考量轉介新的憲法觀念。

　　戊戌變法失敗後，在東交民巷與決志赴死的譚嗣同（1865-1898）「相與一抱而別」的梁啟超，從此分作程嬰與公孫杵臼故事。亡渡日本期間，梁啟超一方面在濃烈的救國抱負下生破壞專制政體之思——「不破壞之建設，未能有建設者也」[33]、「Revolution之事業為今日救中國獨一無二之法門，不由此道而欲以圖存欲以圖強，是磨瓦作鏡炊沙為飯。」[34]另一方面卻又在遊歷北美之後醉心於英國式的君主立憲制，在對比英（君主）美（共和）兩種國體的發展現狀後，他認為國體並非是國家強弱的關鍵，從而繼續回到了他之前受自嚴復、康有為的進化論思想，即堅持「循序漸進，不可躐等」之君主立憲變革路徑，反對暴力革命。

　　1912年辛亥革命之後，重新踏上故土的梁啟超，在北洋政府中正式登上了政治舞臺，面對著突然崩解的千年帝制，梁啟超似乎有些迷茫，因為在他的認知中，中國目前所處的時期——「國家初成立」「國家當貴族橫恣階級軋轢時」「國家久經不完全的專制時」「國家久經野蠻專制時」「國家新經破壞後」，以及所處的狀態——「民智幼稚之國」「幅員太大之國」「種族繁多之國」等狀況下，並不適合即刻走入共和立憲，而應當進入一個開明專制的時期作為「立憲之過渡、立憲之預備」。[35]在這樣的理念下，梁啟超一方面為袁世凱穩定時局出謀劃策，「建議袁世凱以清朝舊官僚集團為中堅，集合舊立憲派，拉攏革命派中的溫和派，組織大黨，通過競爭戰勝革命派，以共和之名，行開明專制之實。」[36]另一方面，更在為共和建設討論會起草的〈中國立國大

---

[33]　梁啟超，〈專集之四・新民說〉，同上注6，頁61。
[34]　梁啟超，〈文集之九・釋革〉，同上注23，頁42。
[35]　梁啟超，〈文集之十七・開明專制論〉，同上注5，頁38-39。
[36]　焦潤明，《梁啟超法律思想綜論》（北京：中華書局，2006年），頁220。

方針〉中認為，中國與當時世界先進國家相比較，還不具備「完全國家」的條件，應先建立強而有力的中央政府，對人民實施全方位的「保育政策」。[37]其中觀點與著名的法學家，當時的北洋政府法律顧問古德諾（Frank Johnson Goodnow, 1859-1939）的〈共和與君主論〉中對形勢之判斷頗相類似。[38]

然而，梁啟超所倡的君主立憲，本質上並不是像其師康有為一樣，頑固的以保皇支持君主專制，正如他在加入袁內閣時所倡之開明專制並非如呈《君憲救國論》的楊度（1875-1931）一般，為袁世凱搖旗吶喊，他所尖銳提出的推行憲政等諸多問題，亦非如古德諾一般為君主制播鼓助威，1915年8月，在袁世凱欲倒行逆施的復辟黑雲壓城之下，梁啟超毅然在《大中華》發出〈異哉所謂國體問題者〉：

> 夫國體本無絕對之美，而惟以已成之事實為其成立存在之根原……故鄙人生平持論，無論何種國體，皆非所反對……夫立憲與非立憲，則政體之名詞也；共和與非共和，則國體之名詞也。吾儕平昔持論，只問政體，不問國體。故以為政體誠能立憲，則無論國體為君主為共和，無一而不可也。政體而非立憲，則無論國體為君主為共和，無一而可也。國體與政體，本截然不相蒙，謂欲變更政體，而必須以變更國體為手段，天下寧有此理論？[39]

在文中，梁啟超旗幟鮮明地反對古德諾所謂的「然中國如用君主制較共和制為宜，此殆無可疑者也」之說。雖然民初憲政失敗，但此乃由民智未開、法制未備、中央地方疏離等諸多客觀原因所致，這些客觀原

---

[37] 梁啟超，〈文集之二十八・中國立國大方針〉，周志鈞編，《飲冰室合集》第4冊，頁62。

[38] 古德諾（Frank J. Goodnow），〈共和與君主論〉《亞細亞日報》，1915年8月3日。另可參古德諾共和與君主論，鳳凰網https://news.ifeng.com/history/special/wusiyundong/juewangdeniandai/200904/0423_6259_1121109_1.shtml，2009年4月23日，訪問時間2023年7月30日。

[39] 梁啟超，〈專集之三十三・異哉所謂國體問題者〉，周志鈞編，《飲冰室合集》第8冊，頁86-89。

因與共和制並不相關，更不可能因為斷然改變國體為君主制而有所改變，他以「假共和之名，行專制之實」駁斥了論者所謂的墨西哥、中美、南美、葡萄牙因轉軌之動盪與採行共和的相關性，在國家的制度轉道中，立憲出現一定的困難和波折，不是倒行逆施的理由，要解決這些問題的關鍵恰恰在於堅定的反對君主制、反對專制。

　　國體與政體的概念最早由西方引介，清末共和派、帝制派、立憲派在立憲思想上進行的爭辯，基本上就是國體與政體之爭，國體之爭體現於共和派與其他兩派之間，而政體之爭則是帝制派與立憲派的涇渭。但是，國體與政體的本質學理與意義，在長期被束縛在君主制國體專制政體下的國人理解中，仍顯陌生，不僅早年梁啟超的〈各國憲法異同論〉（1899）把君主國和共和國歸類為政體，孫中山於1911年末的兩次演說中也把「共和」稱為政體。[40]

　　政體乃是國家政權的基本組織形式，所呈現者為政府權力行使之外觀，並以此實現對國家事務的管理。實際上，憲法作為國家的根本大法，不僅陳明了人民的基本權利，也為國家權力的行使劃清了界限，其本身即有設定政體、變更政體之用，例如1912年的《中華民國臨時約法》改總統制為議會制即為政體之變，而洋參謀和籌安會試圖在法的煙霧彈和政局的亂象中渾水摸魚，混淆視聽的將立憲行憲「綁架」到君主制國體之下。梁啟超透過〈異哉所謂國體問題者〉以堅定的立場、清晰的法理邏輯和有力的事實論據辨明了「國體與政體，本截然不相蒙。」也為反袁、倒袁發出了振聾發聵的吶喊，正如陳寅恪（1890-1969）所感歎的，「迨先生〈異哉所謂國體問題者〉文一出，摧陷廓清，如撥雲霧見諸青天。」[41]梁啟超的〈異哉〉一文既成為了全國討袁、倒袁的檄文，[42]也是從法學，特別是法理學角度論述國體與政體的名篇。

---

[40]　徐忱，〈近代史上的國體政體概念〉《中國社會科學報》，2016年6月1日，版7。

[41]　陳寅恪，〈讀吳其昌撰梁啟超傳書後〉《寒柳堂集》（上海：上海古籍出版社，1980年），頁148。

[42]　論者甚至認為洪憲王朝的徹底毀滅，〈異哉〉就要負一半的責任。見唐德剛

平心論之，無論何種國體皆足以致治，皆足以致亂。治亂之大
原，什九恆繫於政象，而不繫於國體。……謂共和必召亂，而君
主即足以致治，天下寧有此論理？[43]

與政體所呈現的政府職權外觀相對，所謂之「國體」，乃指國家之
形態外觀，它更多體現的是一種終極權力的歸屬——「指國家統治之
權，或在君主之手，或在人民之手」，在歷史進程中大致可以分為君
主、貴主（貴族）國體、民主國體三種。從古希臘以降，歐洲政體分類
理論向來有重政體輕國體的傳統，甚至沒有「國體」概念。柏拉圖和亞
里士多德（Aristotle, 384 B.C.-322 B.C.）的混合政體理論，意味著統治
者並非政治體制的關鍵所在，君主、貴族、共和三種國體都互有利弊，
並無絕對優劣之分，而法治才是區分政體優劣的根本標準。柏拉圖的守
法政體與不守法政體二分法，亞里士多德的正宗政體與變態政體二分
法，表徵著憲政思想的濫觴。至啟蒙時代，洛克（John Locke, 1632-
1704）、孟德斯鳩（Montesquieu, 1689-1755）和休謨（David Hume,
1711-1776）則發展了憲政政體的理論。[44]在當時的一般理解下，國體
乃國家之樣貌，應有與國家的傳統及現狀相適應的國體，才能有與之匹
配的政體，換言之，需先定大統而後有行政。而在梁啟超的理想國中，
其第一位階在於是否立憲行憲，這才是實現政治現代性與建構現代化國
家的根本，至於是民主、是共和、或是君主，則為下一位階的問題。

正如梁啟超在文中所述「以生平只問政體不問國體如鄙人者」，在
以愛國志士自居的政治歷程中，他有政治抱負卻未有明顯的政治野心，
有政治觀點卻更接近於一個「政論家」和「刀筆匠」，他所愛的是「中
華」（泱泱哉，我中華）[45]和「中國」（「今天下之可憂者莫中國若，

著，《袁氏當國》（台北：遠流出版公司，2002年），頁285。
[43] 同上注38，頁93-94。
[44] 高力克，〈憲政與民主：梁啟超的政體與國體理論〉《二十一世紀双月
刊》，2014年4月號，頁49。
[45] 梁啟超，〈文集之四十五·愛國歌四章〉，周志鈞編，《飲冰室合集》第5

天下之可愛者亦莫中國若」）[46]清末他支持君主立憲的關鍵在於立憲，民初他鼓吹開明專制，加入北洋政府的關鍵也在於立憲——「制定憲法，為國民第一大業」；[47]而他之所以「十年來不敢輕於附和共和」的原因，也在於顧慮權力交接中「易生變亂」，導致「必人招致列強干涉，有誘發進一步擴大侵略風險的危險。」[48]是故，在梁啟超的憲政理論中，立憲與行憲（施行憲政）是他一以貫之的終身目標，從未偏離，而所謂之國體，本質上是他實現立憲與行憲目標的路徑。

二、以分權與民權為中心的憲法兩面

「行政、立法、司法三權鼎立不相侵軼，以防政府之專恣，以保人民之自由……今日凡立憲之國，必分立三大權。」[49]梁啟超早年如饑似渴地從亞里士多德等啟蒙學者那裡，修習西方近代法政哲學的基本理論架構及準則。1899年初東渡日本的前幾年，更閱讀了大量的日文西方文獻，尤其受到了孟德斯鳩、盧梭、斯賓諾莎等人的啟發，聚焦闡釋了「以議會為中心」的憲法觀，強調三權分立的憲法基本框架。

梁啟超作為清末立憲、行憲的急先鋒人物，多次身居變革中心，既有疾呼變法的在野經歷，也曾有作為考察者兩次出洋的經歷，1920年後更回歸書齋在清華國學院任教，其間也不乏短暫登上政壇之履歷，梁啟超的理想國正是植根於對憲法的深刻理解之上的。在他的觀念中，憲法不僅是在多民族國家中建立現代國家的必由之路，是保障民權、伸張民權的基礎，還是國家完成政治制度和官僚體系革新的關鍵，而由此對應的權利與義務關係（民權）、政府與人民關係（議會）、國家立法行

　　冊，頁21。
[46] 梁啟超，〈專集之二・自由書憂國與愛國〉，同上注6，頁40。
[47] 梁啟超，〈文集之三十・進步黨政務部特設憲法問題討論會通告書〉，同上注37，頁82。
[48] 〔日〕佐藤慎一著，劉岳兵譯，《近代中國的知識份子與文明》（南京：江蘇人民出版社，2006年），頁108。
[49] 梁啟超，〈文集之四・各國憲法異同論〉，同上注23，頁73。

政司法橫向權力配置關係（三權分立）、政府間中央與地方關係（地方自治）等憲法上核心內容，也建構起了梁啟超的元法式。

（一）三權分立

近代創自洛克〈政府論〉的分權之說，在孟德斯鳩的〈論法的精神〉中終成氣候：

> 當立法權和行政集中在同一個人或同一機關之手，自由便不復存在了。因為人民將要害怕這個國王或者議會制定暴虐的法律，並暴虐的執行這些法律。如果司法權不同立法權和行政權分立，自由也就不存在了⋯⋯如果一個人或由重要人物、貴族或平民組成的同一個機關行使這三種權力，即制定法律權、執行公共決議權和裁判犯罪或爭訟權，則一切便都完了。[50]

在權力分立中得以展開的人，因自然理性而有自決之權以及君主權力有限說，為當時新興的資產階級在國家權力的配置上，提供了一條提綱挈領的有效路徑，即透過自然法上的重新闡釋，使人民獲得自由、平等等天賦之權；透過對君主權力和國家權力運行的剖析，將國家權力劃分為行政、立法、司法三權，由此對抗在君主專制下「大權統於朝廷」之綱乾獨斷，梁啟超認為：

> 近世專制政治之消滅，蓋17、18世紀所謂自然法一派之學者最有功焉。而就中尤健全而久占實力者，則孟德斯鳩三權鼎立說也。孟氏此說，原為反抗專制為精神，所反抗者不徒君主專制而已，凡一切專制皆反抗之。[51]

在強調藉由分權實現對抗專制之外，梁啟超還希望透過分權實現行政權的現代化，在他看來，中國雖然長期以來皆有複雜精密的官僚體

---

[50] 孟德斯鳩，《論法的精神（上）》（北京：商務印書館，1961年），頁29。
[51] 梁啟超，〈文集第十七・開明專制論〉，同上注5，頁42-43。

系，但在以上下相疑、差遣調配、互相掣肘為主旨的舊行政體制下，行政權始終十分混亂，最終不僅導致立法與行政、司法混同，在行政事務上更造成官員職責不行、相互推諉，因此，他在行政權上提出建立有責政府的主張，「凡行政之事，每一職必專任一人，授以全權，使盡其才以治其事，功罪悉以屬之，夫是謂有責任之政府。」[52]

但是，在彪炳如孟德斯鳩之三權分立有著「創見千古不朽」「尤健全而久占實力者」的價值時，梁啟超仍然有其獨立判斷，正如他在介紹孟德斯鳩的學說時所論述的，「今所號稱文明國者，其國家樞機之組織，或小有異同，然皆不離三權範圍之意。」[53]雖然三權分立與現代文明國之淵源頗深，但是各個國家仍「小有異同」，並非雷同。正如孫中山以三權分立為基礎，立足於傳統中國政治制度特色提出「五權憲法」，梁啟超也並不苟同完全的三權分立，他提出孟德斯鳩之說乃基於「代議政體」而有空想之嫌，認為完全的三權分立將對國家的統一造成不利。此外，梁啟超在結合三權分立的理論，對中國混亂無權卻各自擅權的官制，進行實事求是的分析之餘，更結合中國的實際情況，對三權分立理論進行本土化的修正——在認識到「常衝突而苦於調和」的為政之常後，他特別指出，如立法行政截然兩分，將導致兩機關因此各持敵意，爭於意氣，不利於國家，實際上各國均「因國情積經驗以成良習」，摸索出了一套調和兩權之法，中國也應當在分權的基礎上，在國會和內閣的權力配置中進行因地制宜的優化。

（二）民權

在梁啟超的理想國中，三權分立是以法的手段對抗數千年君主專制，破除專制弊病的首要武器，惟此才能解構傳統上無所不能、無所不包的君上大權。而在與君相對的民上，他特別關注民權，將民權視作國

---

[52] 梁啟超，〈文集之九・論立法權〉，同上注23，頁105。

[53] 范忠信選編，〈法理學大家孟德斯鳩之學說〉，同上注15，頁17。

家興亡的關鍵——「民權興則國權立，民權滅則國權亡」[54]。在他的心目中，民權乃是人人的自主之權，即人人得以自己思考實現個人意志，從而「各盡其所當為之事」[55]，而在中國帝制王朝歷史中，在「不自知膝之前於席」「坐而論道」到「跪奏筆錄」的君權強化下，民權則在一點點的流失，民從不得為當為之事漸漸到不知為當為之事，由是民愈愚而國家日衰，「民權日益衰」，也因此成為梁所詬病的「中國致弱之根源」[56]。

　　「立憲政治者，民權政治也。」[57]梁啟超雖然不談國體，但在對政體的理解和闡釋中，已經深刻地描繪了立憲和民權的關係，在主張立憲的同時，始終認為談憲法則必談民權，而非空談立憲與民權本身是行憲的一體兩面，立憲乃為保障民權，同時立憲又必須以民權為基礎，脫離了民權談立憲，所立的憲是無本之木，行的憲也只是披著憲法外衣的君主專制。梁啟超縱使在光緒的變法求新下提出「君主立憲者，政體之最良者也」，不過他所謂的君主立憲，一者是為了限制君權，仍然是基於尊重和保障民權基礎上的君主立憲政體。他在1901年的〈立憲法議〉中提出：「故苟無民權，則雖有至良至美之憲法，亦不過一紙空文，毫無補濟，其事至易明也。」[58]有憲法而無民權，如果出現桀紂這樣的暴君和漢桓帝、漢靈帝這樣的懦弱之君，憲法最終不過是砂上樓閣。

> 權者生於智者也。有一分之智，即有一分之權，有六七分之智，
> 即有六七分之權，有十分之智，則有十分之權……是故權之與智
> 相倚者也，昔欲塞民智為第一要義。今日欲伸民權，必以廣民智

---

[54] 梁啟超，〈文集之三·愛國論〉，周志鈞編，《飲冰室合集》，頁73。
[55] 梁啟超，〈文集之九·新史學〉，周志鈞編，《飲冰室合集》，頁21。
[56] 梁啟超，〈文集之一·西學書目表後序〉，周志鈞編，《飲冰室合集》，頁128。
[57] 梁啟超，〈文集之二十三·為國會期限問題敬告國人〉，周志鈞編，《飲冰室合集》第3冊，頁22。
[58] 梁啟超，〈文集之五·立憲法議〉，周志鈞編，《飲冰室合集》，頁2。

為第一義。[59]

　　把民權和民智聯繫在一起，是梁啟超立憲思想的關鍵，認為只有開民智才有可能興民權，在人民「不知為當為之事」的情況下，所謂興民權祇不過是一種空想。他提出「新民」一說，在〈論公德〉中殷殷期盼加強道德教育，「固吾群、善吾群、進吾群」，進而建立起符合現代憲政國家的社會秩序與國家秩序；[60]他在〈敬告政黨及政黨員〉中主張「政體既歸宿於立憲，則無論其國體為君主為共和，皆非藉政黨不能運用」，[61]須經由人民之愛國結社建立起之政黨，才可能實現真正的立憲。

　　梁啟超所謂的「民權」，是一個兼有權力、主權意義的民權以及權利、權益在內的民權，民權既代表人民主權從而反對君主專權，又與西方所主張的天賦人權相對應，體現為在各種法律的各項權利，但殊途同歸，民權之要在於立法權——「故有權利思想者，必以爭立法權為第一要義。」[62]如果在一個立憲政體中，立法權僅僅操之於達官顯貴、皇族內閣之手，那麼，所謂的憲法權利及其延伸的法律權利，都只可能被用於維護他們的權勢。

　　正因為此，梁啟超提出，在人民「知為當為之事」，有了權利的意識後，還必須付諸行動，敢於透過爭鬥去爭取權利獲取權利，「倡議制新法律者，不啻對於舊有權力之人而下宣戰書也。……新權利新法律之能成就與否，全視乎抗戰者之力之強弱以為斷，而道理之優劣不與焉。」[63]梁啟超不僅主張人民應當積極爭取立法權，在袁氏帝制之後，他更在〈主張國民動議制憲之理由〉中，提出「使國中較多數人與制憲

59　梁啟超，〈文集之三·論湖南應辦之事〉，同上注23，頁41。
60　田柳，〈梁啟超《論公德》的「即中即西」特質〉《中國社會科學報》，2023年7月24日，版004。
61　梁啟超，〈文集之三十一·敬告政黨及政黨員〉，同上注37，頁1。
62　梁啟超，〈專集之四·新民說〉，同上注6，頁37。
63　同上注62。

事有關係」，[64]亦即制憲不應限於個人之手，而應當群策群力，讓大多數的人民參與憲法的制定，憲法才有可能發揮其威靈。

肆、法之具現與踐履
——從法的思想到法的實踐

　　理想國有的不僅需要有法的思想和理念，要有法的綱領和核心，還要有法的具現與踐履。梁啟超筆路藍縷數十年醉心變法立憲，然而不論是〈臨時約法〉〈天壇憲草〉或是〈袁記約法〉，梁氏始終不過是個觀之以冷眼的局外人，反倒是在北洋政府權力更迭中，短暫獲任不過半載的司法總長、幣制局總裁和財政總長（兼鹽務署署長）之職，似乎給了他一次財政與司法改革上，從法思想到法實踐的機緣。但不論是在袁氏帝制鬧劇中辭任結束的幣制整頓，還是在護法運動中隨段祺瑞去職告終的財政預算，或是在熊希齡內閣時匆匆下台的司法總長，梁啟超的法實踐，留給後人的不過是無法落地的壯志未酬，但是，梁啟超在國家與人民關係最密切、最尖銳的財稅法領域的倡導和在司法獨立上的堅持，或許，也足以管窺全豹地看到他所勾勒的理想國側影。

一、財政憲法與財政改革

　　治本之策，一曰改正稅制，二曰整頓金融，三曰改良國庫。[65]

　　梁啟超之所以在袁世凱和段祺瑞政府中兩度以財政之長見任，並非遽然。在馬關條約後，梁氏不僅在公車上書中與康有為齊唱變法救國之

---

[64] 梁啟超，〈文集之三十五·主張國民動議制憲之理由〉，同上注37，頁31。
[65] 梁啟超，〈文集之二十九·政府大政方針宣言書〉，同上注37，頁114。

經，他也務實地開始從財政視角審視這個朝不保夕的國家。甲午戰後，戰爭損失和巨額賠款使清廷財政陷入困境，庚子再創更是雪上加霜，這使梁啟超對財政問題日漸關注。光緒二十六年（1900），梁啟超在《清議報》上連載日人松岡忠美的〈論清國財政改革之急務〉，指出清廷再不大革新其財政，「假使即能逃滅亡於今日，而異日亦必因財政以自滅也」；光緒三十二年（1906），梁啟超在代筆出洋考察憲政五大臣的〈東西各國憲政之比較〉之餘，還同時遞交了他關於財政之私貨——〈中國財政改革私案〉；宣統元年、二年間（1909-1910），梁啟超先後撰寫〈論各國干涉中國財政之動機〉〈發行公債整理官鈔推行國幣說帖〉〈論中國國民生計之危機〉〈公債政策之先決問題〉〈論地方稅與國稅之關係〉等文，論述其財政經濟主張。

　　如果說，聲勢頗大的變法和立憲只是清廷為了迷惑國民的障眼法，那麼，在財稅法上引進西方先進稅制以挽救危局，可以說是清廷迫不及待的「國之大計」。在戊戌維新至庚子賠款前，清朝的歲入總數約為8,800萬兩，而歲出達10,100萬兩，每年虧空即高達1,300萬兩。[66]甲午海戰之後，又必須面對高達45,000萬兩，[67]計債款本息共98,200萬兩賠款的辛丑條約，平攤至三十九年，每年須償還28,000,000餘萬兩，而在1903年時清廷財政收入不過10,492萬兩，同時之支出卻高達13,492萬兩，年虧空超過3,000萬兩。[68]

　　晚清之財政危機可謂內外交困，一則困於殖產、興業、設新局練新軍等近代國家職能的擴張，如1903年開設財政處、1905年設諮議局、1910年設資政院等；另則更受困於無盡的戰爭支出和對外賠款。傳統上以農業為主的經濟基礎和賦稅體制，不僅無法提供穩定的稅源，以支撐如此巨大的財政支出，現有的官僚體制和稽徵體系更無法支應統一、

---

[66] 中國近代經濟史資料叢刊編輯委員會編，《中國海關與義和團運動》（北京：中華書局，1983年），頁64-65。
[67] 周育明，《晚清財政與社會變遷》（北京：人民出版社，2000年），頁386。
[68] 劉錦藻，《清朝續文獻通考》（台北：新興書局，1959年），第68卷，頁8249。

高效運轉的財政收入需求。當時的朝野有識之士更希望藉由西方的財稅法制理念和新的財政工具，來全面地改造整個國家的財政面貌——「今日文明各國，於國家財政之收入，莫不注重於租稅一門。」[69]而梁啟超提出的將「改正稅制」列為財政上首位的治本之策，也似乎有英雄所見略同的意味。

　　梁啟超所謂的改正稅制，一方面體現在他所提出的整頓舊稅上，在晚清的財政收入體系中，田賦、鹽稅、關稅和釐金可謂四分天下，以1911年為例，當時的田賦收入達48,101,346兩，鹽稅收入達46,312,355兩，關稅收入為42,139,287兩，釐金收入為43,187,097兩，[70]在以農為本的清朝，植根於農業生產力和農耕生產關係的田賦，以及創自春秋時管仲的鹽鐵專賣兩項，始終是財政收入的兩大支柱。在田賦的徵收上，梁氏除了關注到與人民負擔緊密相關的「均賦」，同時也關注到與財政汲取能力密切相關的稅收稽徵制度。田賦徵取洵非易事，多需建立在清丈田畝的基礎之上，明朱元璋（1328-1398）自建國伊始即進行全國大規模的土地清丈和人口核查，1578年張居正（1525-1582）主持變法，更是首先花費三年時間重編〈魚鱗圖冊〉，申言之，只有在丈量田畝細緻真實的基礎上，田賦的改革才有可能推進，國家的賦稅也才可能因此得獲稽核。[71]為此之故，梁啟超敏銳地提出應當先對土地進行調查，重新登記，劃清宅地和耕地，根據土地豐饒區分不同稅率，提出在確定人民負擔公平的「均賦」基礎上，提高政府稅收汲取能力的切實做法。

　　此外，梁啟超同樣關注採行西法以開設新稅，在西方財政思想的傳播下，整頓舊稅、開設新稅也成為了與汰革舊制籌辦新法同受關注的救

---

[69]　佚名，〈論中國整頓財政當以何者為急務〉《東方雜誌》，1907年，第3期第4卷，頁32。

[70]　鄧紹輝，《晚清財政與中國現代化》（北京：人民出版社，1998年），頁99。

[71]　鄭學檬主編，《中國賦役制度史》（上海：上海人民出版社，2000年），頁501；同樣觀點見唐文基，《明代賦役制度史》（北京：中國社會科學出版社，1991年），頁12。

國大事，在康有為上〈奏請裁撤釐金摺〉，伍廷芳上〈請仿行各國印花稅摺〉，張之洞上〈遵旨籌議變法謹擬採用西法十一條摺〉提出「鉅款全在印花稅」，[72]在關注財稅所帶來的經濟效果之外，梁啟超則把稅制改革的焦點更多地放在他的憲政主張上——「以不妨礙人民經濟之發達，而負擔均平者為貴，故選擇稅目最當加慎。」[73]在梁啟超的解讀中，不論如何以徵稅獲得國家財政收入，其徵稅之要，均在於不妨礙經濟發達的中立性和負擔均平的實質公平性，惟有以此建構的國家財政才有可能是憲政財政、民主財政。

二、國家權力與人民權利

> 凡加束縛於人民公私權者，或新課人民以負擔者，皆須以法律定之。[74]

　　稅收法定原則（或稱租稅法律主義）乃是現代法治國家，在稅法上得到普遍認可的建制性原則，其不僅指導立法，也在司法和行政之中受到肯認。「租稅之課徵，係以公權力干涉人民之自由權及財產權，受憲法規定及憲法原則之拘束，非依法律或法律授權之法規命令不得為之。」[75]租稅法律主義作為稅法上的根本性原則，它固然受憲法約束、源於憲法，但更源自於近代之「法治」理念，因此，租稅法律主義也被稱為現代法治主義在課稅、徵稅上之體現。[76]正因為租稅乃是人民對國家所負擔的無對價的、強制性的義務，因此對其之課賦，需要經過特別程序方能確定，而這一特別程序，正是自〈自由大憲章〉以來所形成的「無代表不納稅」的議會制。

---

[72] 朱壽朋，《光緒朝東華錄（四）》（北京：中華書局，1958年），頁4765。
[73] 梁啟超，〈文集之八・中國改革財政私案〉，同上注23，頁1-58。
[74] 梁啟超，〈文集之八・政黨與政治上之信條〉，同上注57，頁52。
[75] 陳敏，《稅法總論》（台北：新學林出版公司，2019年），頁28。
[76] 金子宏，《租稅法》（東京：弘文堂，2014年），頁71。

在〈中國國會制度私議〉一文中，[77]梁啟超以法律的角度對國會制度做出解讀，他將國會視為行代議制度，體現「國民全體之意志」的基礎，提出國會在法律上所具有的立法和監督機關性質，只有經過體現國民全體意志的國會表決，法律和財政（預算）才能通行全國——（國會之職權）「最要而不可闕者有二：一曰議決法律，二曰監督財政。法律非經國會贊成不能頒佈」，在梁啟超陳述自由大憲章時的英國國會功能時，亦持此說——「國會其唯一之職務，在承諾納稅；其唯一之權利，在監督會計」。

1910年，清政府試辦宣統三年預算案發表後，梁啟超即撰〈度支部奏定試辦預算大概情形摺及冊式書後〉一文指出，應在對國家收支詳加審定的基礎上編制預算表，國家歲入在「遵依法律所收諸稅」外，不得濫行徵索。1913年，在梁啟超提出的〈進步黨擬中華民國憲法草案〉中，也以「凡新課租稅及變更稅率，以法律定之」條文，清晰明確體現了他對於租稅法律主義的堅持。

尤為重要的是，梁啟超更藉由稅法這一國家與人民之橋梁，闡釋了人民納稅之權利與義務的關係，一者，他旗幟鮮明地以稅法法理反對以財產之多寡、納稅之多少區分人民在憲法上之權利；另者，清晰地分辨了直接稅與間接稅的關係，並指出「直接稅固租稅也，而間接稅亦不得謂非租稅。……一國中人則誰不納間接稅者，雖貧至乞丐，苟尚能活其生命，則所資以活其生命之物品，國家必先有所以取之者矣」；再者，他也清晰明辨地提出「夫國家與人民之關係，非以市道交也。國家命人民以義務，則命之而已，非必有報酬而後能命也。人民對於國家所應享之權利，則享之而已，非必緣報酬而後能享也。」換言之，國家乃是一種由人民意志集合的人格，它的存在不是與人民進行利益交換，國家命令人民也不是為了從人民手中獲取報酬，而是為了更好更全面地貫徹共同體的意志；相應的，人民在國家中所享有的權利，也並非因為能給予

---

[77] 范忠信選編，〈中國國會制度私議〉，同上注15，頁184-315。

相應之報酬才能獲得；人民之納稅義務本身就是當然的義務，並非有待國家之有償給付。

　　梁啟超的財稅法治觀，本質上正是承自其憲法觀之「法」具體呈現，他以法治的精神為基礎，試圖透過具體的稅制整頓，來確保建立起符合人民負擔水準、促進經濟發展的、支應現代國家職能轉型的國家財政收入體制；他以精闢的法理試圖在政治紛亂、國體未明的「過渡時代」，為國家與人民之間的關係樹立法的藩籬，既強調國家對人民天然權利的平等保障，又強調人民對國家所應盡之義務，從而樹立起人民自主、人民主權的重要基礎。

三、司法獨立與司法改革

司法獨立之真精神，惟在使審判之際專憑法律為準繩，不受他方之牽制。[78]

　　與主動求任財政總長，力求在新政府施展抱負不同，受熊希齡（1870-1937）之邀加入內閣的梁啟超，在1912年11月歸國前可能並未曾想過，自己會在1913年9月至1914年2月間，以司法總長的身分登上司法改革的舞臺。在其位則謀其政，梁啟超也試圖依此為契機實踐其法治理想，改革司法、推進司法獨立和法制現代化。[79]他不僅在〈政府大政方針宣言書〉中，提出中國建立憲政必須以司法獨立為第一要件，[80]更以任內的〈呈請裁撤各省司法籌備處文〉〈甄拔司法人員準則〉等腳踏實地地從司法機關的設置、司法人員的選任上，試圖推進民國司法的進步；在離任之際，更以體察司法情形，系統性地總結了當時的司法積

---

[78] 梁啟超，〈呈總統文〉《梁啟超全集》（北京：北京出版社，1999年），第五冊，頁2648。

[79] 沈大明，〈梁啟超與中國法制的現代化〉《上海交通大學學報（社科版）》，2002年，第3期。

[80] 崔永東，〈西學東漸背景下的中國近代司法思想——兼談對待中西法律文化的正確態度〉《法律文化研究》，2006年9月，頁93-194。

弊，以〈呈請改良司法文〉詳列改正法院審級、採取特殊簡便程序審理
輕微案件、確立審限、制定刑律施行法、設立法官養成所、限制律師資
格、應由國稅支應司法經費等十條內容。[81]

> 無論普通行政，莫不以侵犯司法為常例，行政機關之干涉法律，
> 居之不疑……無一案不變更其事實，以曲就文字上之組織，以售
> 其舞文弄法之伎倆。審判官之判決案件，其擬律之判決文必先受
> 本廳長官之刪改，再受法部之核稿，往返駁詰，不得其許可，其
> 讞即不能定。[82]

　　汪庚年的這一段記述，清晰展現了帝制中國時期司法與行政混同、
司法受制於行政的常態，正因為傳統縣官在地方上像「皇帝」一樣，具
有絕對和不可分割的權力，[83]中國始終未曾出現過近代意義上的專理訴
訟的法官，自然更無司法獨立、法官獨立、審判獨立的觀念與實踐。對
晚清和初建的民國而言，隨西潮東漸而來的司法獨立背後所體現的，不
僅是近代國家權力配置的關鍵——早在1861年被引介到國內的《大美
聯邦志略》所述的立法權、行法權、審判總權各自專屬的權力設置，就
引起了當時有心人士的關注，同時更關乎整個國家的統治基礎和治理能
力——「州、縣官以濫用法權，反致民離眾叛」，[84]應當說，推動司法
改革，特別是將司法獨立作為推行立憲、行憲的重要一環，是建設近代

---

[81] 梁啟超，〈司法總長梁啟超呈大總統敬陳司法計畫十端留備採擇文〉《東方
雜誌》，1913年，第10卷第12期。

[82] 汪庚年，〈上大總統及司法總長條陳司法獨立書〉，上海經世文編社，《民
國經世文編(一)》（北京：北京圖書館出版社，2006年），頁48。

[83] 知縣「掌一縣治理，決訟斷辟，勸農販貧，討猾除奸，興養立教。凡貢士、
讀法、養老、祀神，靡非 不綜。縣丞、主簿，分掌糧馬、徵稅、戶籍、緝捕
諸職。典吏掌稽檢獄囚。無丞、簿，兼領其事。」《清史稿》卷一百十六
《職官三》。「縣官是皇帝的代理人和地方百姓的父母官，他像皇帝一樣，
在地方上行使著絕對和不可分割的權力。」黃宗智，《民法的表達與實踐
——清代的法律、社會與文化》（上海：上海書店出版，2001年），頁13。

[84] 故宮博物院明清檔案部編，《清末籌備立憲檔案史料》（下冊）（北京：中
華書局，1979年），頁823。

法治國家的有機組成，已經成為朝野有識之士的普遍認知，這不僅是梁
啟超一個人的看法，也是當時的一種流行觀點，甚至連此前的清政府也
認識到，必須推進司法改革，因而，透過司法改革提升國家治理能力，
可以說是朝野新舊勢力的共識。[85]

在梁啟超之前民國先後兩任留學歐西的司法總長，都將推動司法獨
立放在司法改革的首位，第一任的伍廷芳指出：

審判官之獨扼法權，神聖不可侵犯，其權之重，殆莫與京也……審判
官為法律之代表，其司法之權，君主總統莫能干預。[86]

第二任的王寵惠，也在整頓司法五端中將司法獨立列為第一：

故司法官之任用，雖屬於司法行政，惟既經任用之後，非依據法律
不得干涉之。誠依司法權之行使，寄之以司法官，欲令其保障人民，不
得不先予以法律之保障。夫然後司法官獨立審判，非惟不受行政之干
涉，並不受上級司法官之干涉，始為真正獨立之精神。[87]

第三任的許世英（1873-1964）也同樣提出：

司法獨立，為立憲國之要素，亦即法治國之精神，然必具完全無缺
之機關，而後可立司法之基礎。[88]

比之伍廷芳與王寵惠，未有正式留洋求學經歷的第四任司法總長梁
啟超，也同樣在對孟德斯鳩的三權分立解讀中，樹立起了「司法之權若
與立法權或與行政權同歸於一人或同歸於一部，則也有害於國人之自由

---

[85] 喻中，〈民國初年的司法獨立——司法總長梁啟超的理論與實踐〉《清華法學》，2014年，第6期，頁139。論者在文中詳細列出了梁啟超推動司法改革，堅持司法獨立的「兩點論」「四點論」「六點論」與「十點論」。

[86] 丁賢俊、喻作風，《伍廷芳集（下）》（北京：中華書局，1993年），頁594。

[87] 〈王總長發表政見書〉《司法公報》，1912年10月。

[88] 〈許總長司法計畫書〉《司法公報》，1912年12月。

權」[89]的信念，這也對應於孟德斯鳩在《論法的精神》中提出的「如果司法權不同立法權和行政權分立，自由也就不存在了。」在那時，梁啟超就已深刻認識到只有透過「惟法律是依」「法官地位保障」的司法獨立，才能夠真正「以防政府之專恣，以保人民之自由」。實際上，與當時之言論多將推進司法改革、施行司法獨立作為收回領事裁判權的主要動因不同，梁啟超似乎不那麼關心改革的時效，也沒有那麼「急功好義」，他對於司法獨立有著更深的「理想」。

在司法獨立的具體實踐上，梁啟超很清楚地認識到他所要追求的司法獨立，並不僅僅是強調在外部職權上擺脫行政干涉之獨立，打鐵還需自身硬，有真正崇尚正義的明法之士才是司法獨立的基礎性內生力量。頗應於袁世凱在〈令整頓司法事宜〉中針對當時司法所提之弊病：「況法官之養成者既乏，其擇用之也又不精，政費支絀、養廉不周、下馬濫竽、貪墨踵起。」[90]梁啟超亦在〈箴立法家〉中就當時的司法官情況指出：「朝出學校，暮為法官，學理既未深明，經驗尤未宏富，故論事多無常識，判決每卻公平則登庸太濫之所致也。」[91]

在梁啟超看來，法官的選任應當充分考量知法、明理、有德三大要素。在知法上，法官應當接受過較為完整國家認可的法律知識教育，並且能夠通過相應的考試；在明理上，由於學校所授多僅為法律知識，初出茅廬的學生，在社會經驗與理性思維上仍有諸多欠缺，如祇以法理選任，勢必造成不諳世事之「恐龍法官」；在有德上，梁啟超也特別強調法官的道德品行，在司法審判工作所涉及的各種利益面前，如不能有良善的道德修養，那司法取信於國民也必蕩然無存。1913年11月，梁啟超還專門針對司法官之選任發布了《甄拔司法人員準則》[92]，對司法人

89　范忠信選編，〈法理學大家孟德斯鳩之學說〉，同上注15，頁19。
90　〈令整頓司法事宜〉《東方雜誌》，第10卷第8號，1914年2月1日。
91　〈呈大總統詳論司法急宜獨立文〉《司法公報》，第2卷第4號，1914年1月15日。
92　〈甄拔司法人員準則〉《司法公報》，第2卷第3號，1913年12月15日，頁7-9。

員的甄選資格、甄選組織、甄選方法做出了較為細緻的規範。

雖然對於司法人才的選任，最終因熊希齡內閣的下臺而未能實際付諸施行，但在卸任司法總長的十三年後，梁啟超則以另外一種方式開始了中國司法人才的培養。1926年10月下旬，隨著司法部公布《司法儲才館章程》《司法儲才館學員考試章程》《司法儲才館學員考驗獎勵辦法》，由此，上承司法講習所（1914-1921）的新司法官員培訓機構——司法儲才館正式成立，其首任館長，正是在離任之際力陳「設立法官養成所」的梁啟超。

相繼於司法總長時期對法官選任的認知，梁啟超將「人格之修養」與「常識之擴充」作為了辦館育才的基本方針，在「人格之修養」上，他強調法律人應善盡個人之「一般責任」與社會之「特別責任」；在「常識之擴充」上，他強調應用法律與觀察社會兩種的雙向擴充。因此，在司法儲才館的課程設計中，不僅圍繞法律實務開設民事法規及判例、現行刑律及判例、商事法規及判例、民刑事訴訟法規及判例、中外成案等課程，還專設「社會問題」之課程，透過邀請清華大學社會學系陳達、人口問題專家馬寅初等人為學子講解勞工、經濟、人口等現實問題。雖然隨著奉系集團入主北京，在任未滿一年的梁啟超也再度去職，但應當說，看到了「司法與社會疏遠問題」的梁啟超，[93]已經企圖在司法人員培養中，彌合西化的司法系統與傳統社會思想文化的斷裂。

梁啟超堅持憲政以限制統治者權力，規範政府職權，建立現代國家的關鍵，即透過立憲，國家之組織及各機關之權限與人民之權利義務得以明確，[94]由此人民得「自外而內」獲得自由。而梁啟超之所以如此強調司法，乃因為他將司法與教育聯繫在一起，他不僅希望透過教育與司法途徑「整飭紀綱、齊肅民俗」以開一般國民之智識，更期盼在這一過程中養成普遍的官與民「守法之觀念」，他提出：

---

[93] 李在全，〈梁啟超與司法儲才館〉《歷史研究》，2020年，第5期，頁218。
[94] 梁啟超，〈專集之三十二‧國民淺訓〉，同上注37，頁4。

守法觀念如何而始能普及，必人人知法律之可恃，油然生信仰之心，則自懍然而莫之犯也。故立憲國必以司法獨立為第一要件，職此之由。[95]

申言之，衹有經由司法獨立，法才有可能真正得到公允的推行，而衹有能夠公允推行的法，才有可能為國民所尊重和信仰，惟此，人民才有可能在現代國家中得「自內而外」的自由。

與當時見用於清廷的體制內改革者沈家本（1840-1913）、伍廷芳兩位修訂法律大臣不同，梁啟超始終未能入列清末的法制變軌之中，長期在野的他，不需要與「禮教派」進行爭辯，無須在求新與妥協間尋求平衡，[96]也無須在列國並立的國際舞臺上正名爭權，[97]而更可以「天馬行空」地設計他的理想國圖像，也正因於此，梁啟超不必陷入到在中國傳統尋求大同之法的泥沼當中，也免於落入藉萬國公法、世界秩序以自救的窠臼，他既關注當時的文明、法治、民主等先進之學，又堅持從中國文化的特質和個性出發，提出「為了中國人而構想，使中國得以在列強競爭中生存的必要的改革方案。」[98]

伍、梁啟超新法學觀的侷限性及其再思辨

梁啟超一生，著書立說約達1,400餘萬字，內容涉及科學、經濟、佛學、法學、史學、政治思想、小說理論等諸多領域，[99]其中講「法」

---

[95] 梁啟超，〈文集之二十九・政府大政方針宣言書〉，同上注37，頁121。

[96] 陳新宇，〈法律轉型的因應之道──沈家本與晚清刑律變遷〉《現代法學》，2021年，第2期，頁10。

[97] 參見丁賢俊、喻作風，《伍廷芳評傳》（北京：人民出版社，2005年），頁153。

[98] 〔日〕佐藤慎一著、劉岳兵譯，同上注48，頁95。

[99] 許知遠，《青年變革者梁啟超──1873-1898》（上海：上海人民出版社）〈序言〉，頁3。

者洋洋灑灑不下300萬言，範圍及於法理、法史、憲法、行政法及國際公法等，他在引介西學中隨新民、民權、法治、法系、社會等語詞所帶來的法學認識和法治實踐[100]，不僅名噪一時，更以其而深邃而帶溫度的筆調，熱忱而廣博的思想，深刻地影響了整個國家的年輕人。[101]但或許正因為梁啟超的所學、所涉、所寫太多，時間跨度太長，歷史變化太劇，他給當時的人、給後人不免都帶來了一種「流質多變」和「務廣而荒」的形象。[102]在時鐘剛剛劃過梁氏誕辰150週年之際，本節也試著從法學，特別是從憲法的角度，再來回眸這個理想國中的梁啟超究竟是何光景。

一、流質多變乎？

　　實際上，對於梁啟超流質、多變的評說，最早是來自於其老師，康有為在評價梁啟超時即認為「總而言之，汝真一極流之質，吾一凝質，望汝後勿再流而已」，戊戌六君子之一的康廣仁（1867-1898）也說「卓如熙熙可人，行事如嬰孺，性多流質，將奈何？」[103]而作為梁啟超

---

[100] 參見李運博，〈梁啟超在中日近代漢字辭彙交流中的作用〉《日語學習與研究》，2006年4月，頁46-51。

[101] 二十年前的青少年──換句話說：就是當時的有產階級的子弟──無論是贊成或反對，可以說沒有一個沒有受過他的思想或文字的洗禮的。郭沫若，《沫若自傳少年時代》（上海：海燕書店，1947年），頁125-126。

[102] 當代相關研究較多，不論是法律領域、歷史領域、政治領域、文學領域都有對梁啟超的多變評價，例如：喻中，〈見之於行事：梁啟超憲法思想的液態屬性〉《政法論叢》，2015年4月。吳愛萍、鄭定，〈論梁啟超的「變」與「不變」──梁啟超憲政思想再評說〉《江西社會科學》，2005年7月；王明德，〈凝質與流質之間──康有為、梁啟超的個性差異與其不同的政治境遇〉《河海大學學報（哲學社會科學版）》，2007年3月。左日成，〈善變之豪傑──論梁啟超的「多變」〉《黑龍江史志》，2011年1月。陳世華，〈梁啟超「善變」原因新論〉《學術探索》，2006年10月。黃坤，〈梁啟超多變論〉《歷史研究》，1987年8月。夏曉虹則在文學思想上指出了梁啟超的善變（從前期的文學救國論轉向後期的情感中心說），參見夏曉虹，《覺世與傳世──閱讀梁啟超》（上海：東方出版社），頁323。

[103] 康廣仁，〈與何易一書〉，張元濟編，《戊戌六君子遺集》（台北：文海出版社，1966年）。

的摯友，黃遵憲（1848-1905）同樣提出了他的善變，在1904年7月4日的通信中，黃批評說：「公之所倡，未為不善，然往往逞口舌之鋒，造極端之論，使一時風靡而不可收拾。」梁啟超轉趨保守後，黃又道：「言屢易端，難於見信，人苟不信，曷貴多言？」[104]辛亥革命元勳譚人鳳（1860-1920）也斥其：「故嘗謂彼時之梁卓如啟迪國人，功誠匪淺。使始終一貫，庸詎非賢？惜反覆無常，甚至賣朋友，事仇讎，叛師長⋯⋯近康有為毋以我與某並稱呼，我有所不為，某無所不為也，誠哉斯言！」[105]

　　譚人鳳與孫中山同屬革命派，而梁啟超為改良派之代表，在日本期間，兩派透過辦報刊文多有言辭交鋒；從師到友再到敵，都有評梁啟超為反覆善變者，然而，對他的流質多變究應作何思辨？

　　生逢亂世的梁啟超，經歷了太多波瀾壯闊的歷史事件，他的一生大致可被界分為三個階段，第一是拜師康有為到戊戌變法時期（1890-1898），這一期間的梁啟超，要面對的是甲午海戰的殘酷失敗和風雨飄搖的清廷，康有為的獅子吼讓這個尚未滿20歲的年輕人，開始意識到洋務運動所帶來的殖產興業並不能挽救這個國家，「今日非變法萬無可以圖存之理」，只有在制度和思想上為之一新，才是救亡圖存的關鍵，梁啟超已經意識到，中西方的最大差別是法治的不同，他提出需要改變傳統中國固守的祖宗之法，來全面地改造這個國家，要在政治上施行議會制度和君主立憲，在教育上廢科舉、開新學，從而興民權、開民智、實行君民共治，在光緒帝推行新政的感召下，梁啟超與康有為所抱持的，只是一種在現有政局下的改良之思。

　　第二個階段是戊戌變法失敗到民國建立（1898-1911），在經歷了百日維新的失敗後，被迫逃往日本的梁啟超，從此開始了他近十四年的

---

[104] 丁文江、趙豐田，《梁啟超年譜長編》（上海：上海人民出版社，1983年），頁340-341。

[105] 譚人鳳，《石叟牌詞》，饒懷民箋注（上海：世紀出版集團、上海書店出版社，2000年），頁2。

流亡生涯，在這一時期也是梁啟超真正「開眼看世界」的歲月，在戊戌變法前，受限於政治文化環境，當時在國內流傳的書籍不僅少而且在內容上多頗淺顯，因此他的閱讀範圍仍然較為有限，而在抵達日本之後，梁啟超開始大量閱讀自明治維新以來，西方所傳播來的書籍和報刊，在這一年代的梁啟超創辦了影響巨大的《新民叢報》（1902年2月8日），並透過介紹亞里士多德與康德的哲學、達爾文的進化論、盧梭的政治學、孟德斯鳩的法學等，大力提倡西方的自由平等、天賦人權，攻擊腐敗的君主專制，同時他以「進化」「公法」為核心觀念，考察中國的歷史與現實問題，透過〈新民說〉設計了國民性格的理想藍圖，一種自覺受文明規訓，富於公德與進取，在世界民族之林中足以自豪的公民形象。[106]在這段流亡期間，梁啟超因感慨於君恩友仇兩未報，為此，在初期較為猛烈的抨擊獨裁專制、鼓吹種族革命，所撰之〈擬討專制政體檄〉〈釋革〉等似有興義師、清君側之意，但在1900年初春訪美後，梁啟超則徹底重回改良路線──「自美洲歸來後，言論大變，前所深信之破壞主義與革命的排滿主義至是完全放棄」，不僅與憲政考察團合作代筆了「凡二十萬言內外」的調查報告，[107]其憲政觀點基本上也回到了開明專制、君主立憲之途。

　　第三個階段是辛亥革命勝利後（1911-1929），這一階段的中國不僅迎來了一個帝制傾覆、共和草創的新國家，也第一次有機會將他的理想國抱負付諸實踐，在南北和談之際，應建立何種之國體成為了當時關注的焦點，梁啟超在這一時期撰文〈新中國建設問題〉，重申了他的立憲主張，並詳細剖析了國際上的六種可能政體──人民公選大統領，大統領掌行政實權之共和政體（美國）、國會公舉大統領而大統領無責之共和政體（法國）、人民選終身大統領之共和政體（名雖共和，實為專

---

[106] 狹間直樹，《東亞近代文明史上的梁啟超》（上海：上海人民出版社，2016年），頁79-81。

[107] 參見夏曉紅整理，〈代擬憲政奏摺及其他〉《現代中國》，第11輯（北京：北京大學出版社，2008年），頁28。

制)、不置首長之共和政體(瑞士)、虛戴君主之共和政體(英國)、虛戴長官之共和政體(澳洲),[108]在清晰的指出大眾所「尤想望者,則美國式也」的同時,梁啟超仍然堅持提出「吾囊昔確信美法之民主共和制,決不適於中國,欲躋國於治安,宜效英之存虛君,而事勢之最順者,似莫如就現皇統而虛存之。」[109]易言之,梁啟超在支持民主共和制的同時,仍然對君主立憲存有幻想。在袁世凱取代孫中山就任大總統後,梁啟超雖交好於袁並勸其行「開明專制」,但仍然堅持推動其立憲行憲之說,並撰文〈憲法之三大精神〉詳陳其憲法理念:

> 今世之言政者,有三事焉,當衝突而苦於調和,各國皆然,我國為甚。他日制憲者能擇善而用中,則新憲法其可以有譽於天下矣。第一,國權與民權調和;第二,立法權與行政權調和;第三,中央權與地方權調和。[110]

這一時期的梁啟超,雖仍對君主立憲有所留戀,但其根本原因在於梁並不希望中國再出現動盪,而對於野心勃勃的袁世凱,梁啟超則寄希望於一方面堅持透過立憲,從根本上限制其權力,一方面希望組黨參與國會,在具體國事上施加影響。[111]可以說,此時的梁啟超所秉持的仍然是改良主義的思想,他不願意推動流血革命,不願意看到國家動亂,他試圖在既有的國體時局下實現其理想。

表面觀之,梁啟超在立憲救國路線上確實有所搖擺,從一開始的參與公車上書到戊戌變法,到流亡日本初期試圖推動革命,到赴美回來提倡君主立憲,再到民國建立後的虛君共和、開明專制。然而,這些路線本質上並沒有太大的不同,都是梁啟超秉持「改良主義」原則下,在不同稜鏡下所發出的不同光色。本質而言,梁啟超是立憲派不是革命派,

---

[108] 范忠信選編,〈新中國建設問題〉,同上注15,頁329。
[109] 范忠信選編,同上注108,頁338。
[110] 范忠信選編,〈論憲法之三大精神〉,同上注15,頁343。
[111] 1913年2月,梁啟超加入共和黨;5月,統一、共和、民主三黨合併,統稱為「進步黨」。

立憲是他救國一脈相承的法寶，從第一階段的〈變法通議〉〈立憲法議〉，到第二階段的〈開明專制論〉〈憲政淺說〉〈立憲政體與政治道德〉，再到第三階段的〈新中國建設問題〉〈憲法之三大精神〉，梁啟超都堅持認為，透過憲法能夠實現權力的調和，透過政體之變足以建立有責政府，透過新民足以新國。梁啟超所謂的「革命」「破壞」本身就不是改朝換代的革命，不是革命派所說的暴力革命，甚至不是武力革命，只是思想革命。[112]而他所堅持的理想國，本身也不是一個新造的國，而是在既有國下的改良的國、覺醒的國。

　　被評價為「熙熙可人，行事如嬰孺，性多流質」的梁啟超，並不希望以暴力實現理想國，他將理想國的實現寄望於「法」而不是革命，亦正如他在〈異哉所謂國體問題者〉中所自述的：「吾儕平昔持論，只問政體，不問國體。」[113]梁啟超關心的始終是政體。在這一點上，他本身就與在成立興中會時堅定於通過「流血革命」，實現「驅逐韃虜，恢復中華」的孫中山是不同的，孫早在陳明興中會之設時即表明了他對國體的關心：

> 是會之設，專為振興中華、維持國體起見。蓋我中華受外國欺凌，已非一日。皆由內外隔絕，上下之情罔通，國體抑損而不知，子民受制而無告，苦厄日深，為害何極！茲特聯絡中外華人，創興是會，以申民志而扶國宗。[114]

　　正因為兩人所關注的重點有根本上的差異，孫中山堅定的推動革命以改變國體所以一以貫之，而梁啟超只是在堅定的推動一個下位的立憲政體，所以才呈現出更多無可奈何的折衷。

　　雖然，梁啟超與孫中山在路線上可謂截然不同，但這只代表著在那

---

[112] 賈小葉，〈破壞、革命與立憲——再論梁啟超的革命思想（1898-1903）〉《清華大學學報》（哲學社會科學版），2023年，第1期第38卷，頁143。
[113] 梁啟超，〈專集之三十三‧異哉所謂國體問題者〉，同上注37，頁86-89。
[114] 孫中山，《孫中山選集》（北京：人民出版社，1981年），頁14。

個「三千年之大變局」下不同豪傑的不同選擇，梁啟超的改良路線或許不那麼堅定、不那麼徹底，但與孫中山相同，愛國和救國同樣是梁啟超的中心思想，[115]即使在不抱偏見的政敵，如陳少白（1869-1934）也是承認的——「救國才是他的宗旨」。[116]鄭振鐸（1898-1958）也認為「他最偉大處，最足以表示他的光明磊落的人格處便是他的『善變』，他的『屢變』。他的『變』，並不是變他的宗旨，變他的目的；他的宗旨、他的目的是並未變動的，他所變者不過方法而已。」[117]孫寶瑄（1874-1924）在《忘山廬日記》中，對於梁啟超所發的感慨頗為中肯：

> 飲冰梁氏，奔走海外十年，其言論理想，屢騰諸報紙。人有譏其宗旨累變，所謂種界也、保皇也、共和也、立憲也、開明專制也。始談革命，繼又日與革命黨宣戰，始談公德，繼又提倡私德。綜其前後所言，自相反對者，不知凡幾，豈非一反覆之小人乎！忘山居士聞而笑曰：不然。飲冰者，吾誠不知其為何如人，然據是以定其為小人，言者之過也。蓋天下有反覆之小人，亦有反覆之君子，人但知不反覆不足以為小人，庸詎知不反覆亦不足以為君子。蓋小人之反覆也，因風氣勢利之所歸以為變動，君子之反覆，因學識之層累迭進以為變動。其反覆同，其所以為反覆者不同。[118]

二、務廣而荒乎？

與醉心用「法」實現救亡圖存、救國興國上的一以貫之不同，在學

---

[115] 李任夫，〈回憶梁啟超先生〉，夏曉虹編，《追憶梁啟超》（上海：生活・讀書・新知三聯書店，2009年），頁418。

[116] 陳少白，《興中會革命史要》（南京：建國月刊社，1935年），頁88。

[117] 鄭振鐸，〈梁任公先生〉《小說月報》，1929年，第20卷第2號。

[118] 《中華文史論叢》增刊（下冊）（上海：上海古籍出版社，1983年），頁1043。

術和啟蒙思想上，梁啟超則似乎如天女散花般地廣泛全面的介入到經濟、歷史、金融、文學、新聞、佛學、科學之中，不論是在民智初開的當時，還是在百年後的現在，梁啟超都可謂是一個「百科全書式」的人物，但除卻在質性上被非議為「流質多變」外，廣泛涉獵而不夠精深的梁啟超，同樣也被時論者和後來者們批評為「務廣而荒」。

「務廣而荒」其實是轉歸學術界的梁啟超，在1920年的《清代學術概論》中對自己的坦誠告白：

> 晚清思想界之粗率、淺薄，啟超與有罪焉……啟超務廣而荒，每一學稍涉其樊，便加論列，故其所述著，多模糊影響籠統之談，甚者純然錯誤，及其自發現而自謀矯正，則已前後矛盾矣！[119]

正如梁自身所坦言，他常常因為興趣上的廣博而大量攝入各種知識，在讀到這些新知之時，又因為情感上的衝動，往往未求甚解就貿然下筆論列，由此導致所言所述時有「籠統之談，甚者純然錯誤」。非但如此，流亡日本期間辦報刊主筆《新民叢報》的梁啟超，同樣有被報界同行批評為剿竊者，中美合辦之《大陸報》即針對梁啟超提出「拾德富蘇峰一二唾餘，以實〈自由書〉」「不過為新聞記者中之一乞兒、一行竊者而已。」[120]

誠然，梁啟超的一生涉獵極廣，論著繁多，但其中卻罕有連貫性、系統性的大部頭著作，總有一種在一時的閱讀理解中慨然行文，在一定的歷史事件下憤然疾書之感。甚至在短暫的同一年中，他的關注點都完全不同，以1902年為例，梁啟超在一年內先後撰寫〈立法權〉〈論政府與人民之許可權〉〈法理學大家孟德斯鳩之學說〉〈中國改革財政私案〉〈新史學〉〈教育政策私議〉〈論小說與群治之關係〉〈中國史上

---

[119] 梁啟超，〈專集第三十四・清代學術概論〉，周志鈞編，《飲冰室合集》第9冊，頁65。
[120] 〈敬告中國之新民〉〈與新民叢報總撰述書〉《大陸報》，1903年5月，第6期。

人口之統計〉〈論佛教與群治之關係〉〈地理與文明之關係〉〈亞里士多德之政治學說〉等數十篇文章，主題涉及了法學、財政學、史學、教育學、文學、地理學、佛學、統計學、政治學等多方面，內容之廣博令人咋舌。這段時間的所述所作，也正可以當做梁啟超一生為學為政的縮影，在如此短暫的時間內進行如此寬泛的選題和寫作，要想做到精深且確實勢所難能，不過，適當引介先進的觀點亦屬無可厚非。

《孟子·萬章下》有言：「頌其詩，讀其書，不知其人，可乎？是以論其世也。」孟子所提出的「知人論世」，指的是在鑒賞作品時，必須瞭解作者的身世、經歷、思想和寫作動機，而論世則指應聯繫作者所處的時代特徵來體察作品的內容。在評價梁啟超時，我們也應當有這樣的基本立場，梁啟超的時代，是一個動盪不安的時代，整個國家和國民需要的是救國之思，是能喚醒民族的覺世之學，在這樣的大歷史背景下，他挺身而出，在千百年來從未進入過中國人視野的廣袤學野中，全面的找尋各種知識，他需要說服自己；從小接受舊式科舉的他，需要說服自己去正視傳統中國的「律」與近代西方的「法」，並將之整合在近代的法律與法治之中，以支撐自己的理想國；他還需要說服國民，因此需要以最平實的語言和飽滿的熱情，辦報刊雜誌以傳播新思想新觀念，從而喚醒國人；他更需要去說服他的對手，需要時刻準備回應不同的觀點和迥異的政見，因此，他的文章也總少不了虛張聲勢和誇大其詞的筆鋒和內容。

在這樣的時空背景下，梁啟超的「務廣」確有其因緣，然而「務廣」的同時是不是就一定「而荒」了呢？似乎也並不盡然。從本質上來說，梁啟超的「務廣」是為其救國新民服務的，但他自己也清晰的知道，一味的務廣不僅無法吸引眼球，也是沒有說服力的，在那樣一個權力更迭、時局頻變的年代，固態不變的思想和主張是完全跟不上時代潮流的。

儘管康有為批評他個性流質，然而在這些事件中他均有一定的立場，有時固然不免於利害之權衡，但內心深處仍有其一向服膺的基本理

念。[121] 以梁啟超的「立憲主義」觀之，就深刻地體現了他的這一變化，早期追隨其師康有為，支持保皇君主立憲制，在亡渡日本期間，則開始接受孟德斯鳩的三權分立、議會中心主義的憲法觀，「預備立憲」時期則轉向了以君權、官權與民權並重的新君主立憲制，南北和談中又相應地提出了虛君共和立憲制，民國建立後更進一步地提出憲法應當處理好國權與民權、立法權與行政權、中央權與地方權之間的關係，在時局甫定之後，梁又向袁世凱提出以組黨，控制國會以共和之名，行開明專制之實；在參與反袁的護國戰爭中，鑒於政府得不到約束，以至於民國顛覆，特別強調以國會監督政府，表達了提升國會權能的憲法觀，在安福系掌控各地選舉的腐敗之下，梁啟超則再次提出憲法的要點在於職業選舉與國民投票。

憲政本身是活的憲法，堅持憲政作為一種政體的梁啟超，在闡釋他的立憲主義時，也始終注意在不同的憲法語境下，強調憲法的某個面相。[122]如此說來，梁啟超並不是一概淺薄的，正因為他對立憲和憲政有較深刻的體悟，所以才能不斷的隨緣變局。換言之，在一定的歷史時期，為了應對特定的問題，梁啟超有選擇，或者說與時俱進的闡釋他對憲法的觀點，可以說，至少在憲法、在法律上，留下諸多論著的梁啟超並不全然是「而荒」的。然而，是否又因此要真的給梁啟超戴上一頂「法學家」或是「憲法學家」的帽子呢？如果這只是為了讓後世的法律人能更加關注他在法學上的貢獻，或許還有點意義，但殊不知這頂「高帽」，卻同時也矮化了本身無志於此的救國之士，讓這個總是關注太多法律之外問題的「半法律人」[123]，不得不與真正專攻的法律人同台競技。

自拜康有為為師以來，梁啟超與「法」就有著剪不斷理還亂的因

---

[121] 張朋園，《梁啟超與民國政治》（台北：中央研究院近代史研究所，2011年），頁7。

[122] 喻中，〈見之於行事：梁啟超憲法思想的液態屬性〉《政法論叢》，2015年4月，頁36-37。

[123] 李在全，同上注93，頁216。

緣，不論是不惜身命參與戊戌變法，幕後主筆預備立憲，還是辨法析理傳播近代法治思想，又或是親入局中，推動財稅法治與司法改革，主持司法儲才館，甚至有「中華民國憲法之父」之稱的張君勱（1887-1969）也與梁啟超情同師友。從晚清帝制的最後十七年（1895-1912）到民國初創的前十七年（1912-1929）都可見他活躍的身影。梁啟超真正著意點並非成為學術大家或是思想大家，而是期盼從衰頹老舊的中國軀殼中，鑄造能夠追步時代進步的中國國魂。[124]他的政治活動，是為了行「覺世」之責，治學也是「以覺天下為任」，他所秉持的立憲主義所仰賴的基礎是人民，救國、新民才是他念茲在茲奮鬥的根本大願。

　　或許，龔自珍（1792-1841）的「但開風氣不為師」是對既名滿天下又謗積丘山的梁啟超最好的結語。與其把他的廣博學識之論當做著書立說的一家之言，不如將他救世情懷又充滿感召力的「新民體」，[125]視為給民眾的啟蒙書。他主張「用法來保護人民權利、規範政府活動、限制君主權力」，積極推動「民主主義啟蒙」。熟稔中國經典的梁啟超沒有將視角過多地聚焦到仁政恤刑、改革家族主義等國家制度觀點上，在堅持繼承和發揚中國傳統的基礎上，他也沒有一成不變的「經歷逸出傳統——融入傳統——高揚傳統的過程」[126]，特別是在五四健將幾乎全盤否定中國傳統文化之時，梁啟超對中國文化也始終有著自己的立場。[127]

---

[124] 參見黃克武，《文字奇功 梁啟超與中國學術思想的現代詮釋》（桂林：廣西師範大學出版社，2024年）。

[125] 「梁啟超運用全新的見解和方法以整理中國的舊思想與學說。……他的這些論學的文字，是不黏著的，不枯澀的，不艱深的；一般人都能懂得，卻並不是沒有內容；似若淺顯袒露，卻又是十分的華澤精深。」鄭振鐸，〈梁任公先生〉，載夏曉虹編《追憶梁啟超》（上海：生活·讀書·新知三聯書店，2009年），頁71。梁啟超本人在《清代學術概論》中也將他的這種「務為平易暢達，時雜以俚語韻語及外國語法，縱筆所至不檢束，學者競效之」的文體稱為「新文體」。

[126] 張禮恒，《從西方到東方——伍廷芳與近代中國社會的演進》（北京：商務印書館，2002年），頁20。

[127] 彭樹欣，《多維視野下的梁啟超研究》（成都：電子科技大學出版社，2014年），頁205。

在遊歷歐西之後，梁啟超在西方的法治實踐重新觀照了法與國家、法與人民的關係，他拈取了西方法治花朵上，具有普世正義價值和哲學內涵的花芯，並將它灑落在東方的土地上。

陸、結語
——理想國的底色

　　時勢造就英雄，人傑也趨勢淑世。飛花墜葉當中，可作因緣觀，人生無非是由一連串的因與緣所排列組合而成。若非生逢亂世，12歲中秀才，17歲中舉人的梁啟超，或許，最終將為他的老家廣東新會添上一個尚書故里，但19世紀末有國破家亡之虞的暗淡神州，卻讓他在1890年與康有為結緣為師生，而為我們帶來了一個現代國家的啟蒙者。

　　滿腔救世情懷的梁啟超不僅是一個坐而論道者，也是一個改革家和政論家，[128]他身體力行的上書、著論、創黨、興學，試圖挽救大廈之將傾；勤於思辨的他，又更多的是一個思想家和法學家，始終力求用達觀博見的各種近代知識，擘劃出一個心目中的現代國家圖像，在這個理想國中，他先見性地意識到了，是「法」而不是「技術」「制度」和「明君」在現代國家中所具有的基礎性作用，他以法理——〈中國法理學發達史論〉（1904）等澄明法在現代國家中的概念和作用；他以法史——〈論中國成文法編制之沿革得失〉（1904）等梳理中華法系的利害得失，激發國民的愛國心；他以憲法——〈異哉所謂國體問題者〉（1915）等作為維護共和打擊獨裁專制的利刃；他以〈中國財政改革私案〉等試圖在財政部門法中實現其構想。

---

[128] 參見朱維錚，〈前言〉，梁啟超，《清代學術概論》（上海：上海古籍出版社，2005年），頁3。

或許，正因為梁啟超總是關注於太過現實的積貧積弱問題，企圖解決太過實際的國家權力問題，梁啟超的「法式」被論者歸入到了中國傳統強調治術的法家之中，他在法上的諸多論斷，也成為了引西方法理注釋法家思想的「新法家」。[129]誠然，梁啟超早期確實在借用西方的法治標準，其中包括概念、工具和路徑等來詮釋中國先秦法家的法，但他只是將這個作為剖析龐雜中國法的一個截面；他確實也在不同的時期，標榜過法家的法和君權，但他並未在「古已有之」的論斷上泥古不化，而是將之作為觀察中國法漫長歷史中的一個斷面。

傳統中國法家的「法」與其說是法，倒不如按梁啟超的「學」與「術」之分歸入術的範疇，[130]雖然它在解決問題的路徑上有定分止爭、繩墨規矩之用，但在本質上所強調的仍是國家本位、增益君權、御民弱民，它並不在乎法的真理、原理、道理。梁啟超在「法者為何」與「法者何為」的最基本問題上，始終致力於探尋法的「理」，即便在國體和革命道路上有過轉變，但變中總有其不變，民權、立憲、權利始終是他詮釋近代法治，實現文明之法的最大公約數。

實際上，與他在最早的〈變法通議〉中「一言以蔽之」所指出的「變法之本，在育人才」[131]相繼，在關注法把重心放在法上的梁啟超，所關注的更多是如何發揮人的力量、如何實現人的價值、如何維護人的權利，在這一點上，他與傳統的法家是完全不同的，他所主張變法的基礎是人民；他所宣導法的基礎是權利，堅持以開民智提振國力，以興民權限制君權，以國會限制政府作為，提出應由國家加以保障的人權理念，辯證地論述權利與義務的關係，試圖建立有責之政府和有義務之國民，試圖在一個以民權、立憲、權利為常量，以動盪不清的國體和先知

---

[129] 程燎原，〈晚清「新法家」的」新法治主義」〉《中國法學》，2008年5月，頁39。

[130] 梁啟超，〈學與術〉《梁啟超全集》（北京：北京出版社，1999年），第四冊，頁2351。

[131] 梁啟超，〈變法通議〉，同上注8，頁30。

為變量的元法式上，構築起一個「人民之公產」「積民而成體」[132]的理想國。

---

[132] 梁啟超，〈文集之五・少年中國說〉，同上注23，頁9-10，及〈文集之十四・論獨立〉，同上注23，頁6。

第五章

從禮法爭議論沈家本的變法修律方法

壹、序説

　　傳統中國法制，遠起秦漢，中至隋唐，近迄清末，雖代有增損，不過，自唐以降，律典的基本精神與原則變化不大；時至光緒二十六年（1900）庚子拳亂之後，由於時局日以陵夷，迫於內在與外鑠的雙重壓力，起了一次突破性的進展，這是中國法制史上古今絕續之交的新紀元。

　　翻閱一部中國法文化史，在漫漫法制長廊裡，凡有關政法思想的問題，無不顯現出儒、法兩家觀點的呶呶爭辯；時至有清末造，再度出現劃時代意義的「禮法之爭」。這次的爭議，是指清光緒二十八年以迄宣統三年（1902-1911）變法修律期間，清廷內部主張應維持舊律倫理綱常的「禮教派」，和主張宜繼受西方近代立法原理原則的「法理派」，雙方就修訂《大清新刑律》草案根本理念的一次大論爭。[1]表面上，這是關於法律歧見的爭執，實際上，是如何對待綱常名教的對立。在近代中國法史上，是屬於中學與西學、舊律與新法爭議的範圍，乃為中西法律文化根本不同的衝突；甚至可以說，是傳統中國農業社會與西方近代工商社會攸關法律體制的正面交鋒。

　　禮教派是以軍機大臣兼掌學部尚書的張之洞（1839-1909）、京師大學堂監督勞乃宣（1843-1920）、法部尚書廷杰（1838-1911）、憲政編查館一等諮議官陳寶琛（1848-1933）等傳統功名出身的守舊派人士

1　《大清新刑律》最後正式名稱為《欽定大清刑律》，惟學界一直多以《大清新刑律》稱之。原因有二：其一，清末憲政編查館、資政院於光緒三十四年8月1日會奏《憲法大綱》《議院法》以及《逐年籌備事宜清單》中多次提及「新刑律」。宣統二年12月17日憲政編查館大臣奕劻等擬呈〈修正憲政逐年籌備事宜〉摺，也屢屢提及「新刑律」。其二，宣統二年在正式頒布《大清刑律》的《上諭》中，也有「新刑律」字樣。之所以在刑律之前冠以「新」字，疑僅是為與《大清現行刑律》有所區別。該《刑律》從擬訂到正式頒布，其正式名稱中均無「新」字，又宣統二年頒布的該刑律也以《欽定大清刑律》為其正式名稱。詳參朱勇，《中國法制史》（北京：法律出版社，1999年），頁482；另參閱《欽定大清刑律》，宣統三年6月刊印殿本。

為代表，以維護傳統倫常禮教為職志；法理派則是以主張變革的沈家本（1840-1913）為首，憲政編查館特派員楊度（1874-1932）、資政院法典股副股長汪榮寶（1878-1933）、憲政編查館編制局局長吳延燮（1865-1947）以及日本修律顧問岡田朝太郎（1868-1936）等人均參預其中，彼等以溝通新舊，折衷各國良規為己任。禮法雙方，自成派系，廣拉後援，相互批評，在憲政編查館覆核時即已引起軒然大波；甚至在資政院審議期間還出現肢體衝突，由院內爭執到院外，藉由輿論而傳播到全國，成為影響晚清新舊思想何去何從的一次大會戰。

　　本章主要擬對這段往事，首先，概說晚清繼受外國法的動因與時代背景，接著，以無夫姦的存廢為例，詳述法律繼受過程中「禮法之爭」的新舊文化衝突，而最主要者，將側重於探討沈家本的變法修律方法，最後，則從歷史及法學的觀點，申明其法律文化史上的時代意義。

貳、晚清繼受外國法的動因與時代背景

　　世間事，萬般因緣，而其成住壞空總不離時間、空間與事實三個面向。如果，從西方近代法律思潮對東方傳統法文化衝擊的觀點，回顧晚清法制近代化歷程上所受的挑戰及所處的情境，是為外緣的觀察；如果，進一步從中國文化自身的變動，考察傳統舊律在近代化途程上不得不變的緣由，則為內因的省察。為探索中國法文化變動的內情，為明瞭傳統舊律在近代法律世界中的處境，自應將兩者配合觀察，才能對晚清法文化的激變，得到比較完整的圖像。

　　法制是文化結構體系中的一支，晚清法律制度與刑律興起自隋唐以來空前的遽變，外在因素固可追溯到1840年的鴉片戰爭。當時，列強挾其武威，用砲艦政策，把原本天朝大國自成法系的外殼摧毀，此乃源於「外發的壓力」，甚至可以說，中國法律近代化的開端，是一種「防

衛的近代化」。但言一時代法制的變遷，不能逕從法律規範本身說起，必須從文化層層相關的因素中去體察；本節擬從當時清廷的內外情勢、今昔中外法律文化價值的轉換、社會經濟結構的蛻變、時代的危機意識等方面，探討晚清法文化變遷的動因與開展。

一、領事裁判權的撤廢問題

國勢之衰弱，本屬一種政治現象，對於具體的法律措施，並非絕對關聯，但當國力頹廢，內政不修之時，實際上，往往誘起他國設法攫取特權的種因。清代中葉之後，吏治腐敗、武備不振、列強眈眈。自北方陸路東侵者是帝俄，從南方海路東入者以英國為首，而法、德、義、葡等相繼而來；日本亦得英日同盟之助，隨英國之步圖謀中國。彼等脅迫清廷與之訂立片面獨惠的不平等條約，索取種種特權，其中以領事裁判權為最嚴重，而由英國開其端。1843年10月，中英締結《五口通商章程》，其中第13條關於「英人華民交涉詞訟」一款約定：

> 凡英商稟告華民者，必先赴管事官處投稟，候管事官先行查察，誰是誰非，勉力勸息，使不成訟。間有華民赴英官處控告英人者，管事官均應聽訴，一律勸息，免致小事釀成大案，……倘遇有交涉詞訟，管事官不能勸息，又不能將就，即移請華官共同查明其事。既得實情，即為秉公定斷，免滋訟端。英人如何科罪，由英國議定章程法律，發給管事官照辦。華民如何科罪，應治以中國之法。[2]

2　參閱The Maritime Customs Treaties, etc. between China and Foreign States Vol I. 按此項條文所載，有四點值得注意者：1.英商控告華民，由領事受理，然後移請華官共同查明；2.華民控告英人，則由領事聽訴；3.英人有罪，由其領事依英國法律治罪；4.華民犯罪，則依中華法律審判。由此顯見英國在華僑民，因此豁免於中國之法權管轄。參閱《清末對外涉條約輯》（一）道光條約。另參王鐵崖，《中外舊約章匯編》（北京：三聯書局，1957年），第1冊，頁42。

其後，列強接踵而至，疊相傚尤，1844年的《中法條約》與《中美條約》，1847年的《中瑞挪條約》，亦均有相同性質的約定。1857年，英法聯軍攻陷天津，清廷敗戰。翌年，又有《中英天津條約》及《中法天津條約》的締結。[3]當時，關於領事裁判權的約定，範圍愈趨廣泛，內容更加詳明。[4]

理論上，領事裁判權制度為法律屬人主義的體現，本非正常的國際法及條約關係。其結果，清朝主權日削，司法權淪喪，而細究其產生的原因，固由於列強具侵略野心，狃於西方文明先進的成見，但清廷當時本身司法制度及刑律的嚴重缺陷，理應先提出來檢討。實際上，中國早期文明對於西方文化的啟蒙與文藝復興，自有其重大影響；中國的官制與法制，直到18世紀中葉，一直是西方人及東亞諸國借鏡的對象，這也是事實。惟18世紀末葉以降，情勢逆轉，歐洲工業革命，徹底改變舊有的生產方式；經濟上的自由主義，根本改變了經濟的結構型態；政治上的人權運動導致了法制的重大變革。反觀，中國的政治與法律卻一仍舊慣，猶昧於世界大勢，仍固守著祖制家法，不知與時更轉，就因執迷於這種閉塞與排斥，播下了中國近代史上後患不斷的種因。

以刑律及司法制度來說，當時被在華外人抨擊最甚的，莫過於刑律上的重法酷刑，尤其，缺乏獨立的民事法典及訴訟法典，且無所謂的辯護制度；獄政的腐敗與苛虐，更是引為把柄。清末身居香港，受到西學薰陶的何啟（1859-1914）與胡翼南（1847-1916）曾痛陳時弊，剖析列強不肯放棄領事裁判權的原因：

> 吾則曰：在中國無平情律例，無公堂法司耳！且公平者，國之大本也；國之有公平，猶人身之有背骨，臟腑之有血氣也。……今

3　詳參王鐵崖，同上注2，頁54-56、62-64、75-76、97-99、110-112。

4　此外，1858年的《中美天津條約》，也有相同的約定。其後，歐美各國相繼與清廷訂立商約，紛紛援引所謂「最惠國待遇」的條款，取得領事裁判權。終晚清之季，曾在中國享有此等特典的國家，遍及歐、亞、美三洲，總計有18國之多。

者中國之律例，其有平乎？無也！罪案未定，遽用刑威，何平之
有？供證無罪，輒罹笞杖，何平之有？斃於杖下，意氣殺人，何
平之有？瘐死獄中，有告無訴，何平之有？凌遲梟首，死外行
凶，何平之有？今者，中國之法司其有公平？無也，縉紳名帖，
可逮無辜，何公之有？苞苴載道，上下皆同，何公之有？情面枉
法，貧者無詞，何公之有？吏胥勒索，富室傾家，何公之有？監
牢刻酷，不得為人，何公之有？其不平不公也如是……故吾曰：
其（外國）絕不肯從者，以中國無公平之故也！此由政令不修，
因而風俗頹靡也。執此不悟，縱使中國兵威強於今日數十倍，亦
不能尊紀綱於與國，等使權於列邦。[5]

光緒二十七年（1901）5月，兩江總督劉坤一（1830-1902）、湖
廣總督張之洞在奏疏中，也曾作過類似的陳述：

《大清律例》較之漢、隋、唐、明之律，其仁恕寬平，相去霄
壤。徒以州、縣有司，政事過繁、文法過密、經費過絀，而實心
愛民者不多。於是濫刑株累之酷，囹圄凌虐之弊，往往而有，雖
有良吏，不過隨時消息，終不能盡挽頹風。外國人來華者，往往
親入州縣之監獄，旁觀州縣之問案，疾首蹙額，譏為賤視人類，
驅民入觳。……州縣監獄之外，又有羈所，又有交差押帶等名
目，狹隘污穢、凌虐多端，暑疫傳染，多致瘐斃，仁人不忍睹
聞，等之於地獄，外人尤痛詆，比之以番蠻。[6]

證跡鑿鑿，領事裁判權之發生，固然危害中國的領土主權，破壞中
國司法制度的統一，但如果祇一味地詛咒列強具侵略野心，而不深切自

5　參閱何啟、胡翼南，〈書曾襲侯（紀澤）先睡後醒論後〉，收於麥仲華輯，
　　《皇朝經世文新編》，卷21，『雜纂』，引自沈雲龍主編，《近代中國史料
　　叢刊》（台北：文海出版社，1972年），第78輯、771冊。
6　參照劉坤一、張之洞，〈變法第二摺〉，收於《江楚會奏變法》，兩湖書院
　　刊本，光緒辛丑年（1901）9月。

我反思，不但失之客觀，也不利於汲取歷史教訓。事實上，領事裁判權之所以被列強加於中國，絕不單係晚清的經濟、軍事落人之後，也不僅是列強狃於文明先進的偏見，而確存有傳統中國律例嚴重到不能適應近代社會的深刻問題在。

光緒二十八年以前，除了少數有識之士予以痛陳外，清廷對於領事裁判權之撤廢，並未為何等積極努力過；迨至東鄰日本著意改革其法律及司法制度，並於1899年達其撤廢領事裁判之目的後，清廷始猛然向列強表明恢復司法權的意願，惟列強則以中國法律及司法制度未臻完善為由，予以回絕。

庚子拳亂（1900）之後，各國依《辛丑和約》第11條的約定，重訂商約，清廷要求將廢棄領事裁判權等事宜列入。1902年《中英續議通商行船條約》第12款約定：

> 中國深欲整頓本國律例，以期與各西國律例改同一律，英國允願盡力協助，以成此舉；一俟查悉中國律例情形及其審斷辦法，及一切相關事宜皆臻妥善，英國即允棄其領事裁判。[7]

此為列強首次正式表明願意放棄領事裁判權的附條件承諾，以上所引述約文，承諾放棄領事裁判權的條件，強調須中國法律與審判辦法「皆臻妥善」，要求中國律例與東西各國法律「改同一律」；問題是，所謂「皆臻妥善」並無一客觀衡量標準，如此一來，反變成列強拒絕撤廢在華領事裁判權的法源根據，充其量僅係虛應的允諾。不過，緊接其後，清廷即頻頻諭令，積極策劃修訂法律事宜，以為撤廢領事裁判權的準備。尤其，沈家本被奉派為修訂法律大臣後，更是念茲在茲。沈氏在奏摺中曾說：

> 西國從前刑法較中國尤為殘酷，近百數十年來，經律學家幾經討

7　參閱王鐵崖，同上注2，第2冊，1902年9月5日《中英續議通商行船條約》，頁109。

論，逐漸改而從輕，政治日臻美善，故中國之重法，西人每訾為不仁。其旅居中國者皆藉口於此，不受中國之拘束。夫西國首重法權，隨一國之疆域為界限，甲國之人僑寓乙國，即受乙國之裁判，乃獨於中國不受裁判，轉予我以不仁之名，此亟當幡然變計者也。方今改訂商約，英、美、日、葡四國，均允中國修訂法律，首先收回治外法權，實變法自強之樞紐，臣等奉命考訂法律，恭繹諭旨，原以墨守舊章，授外人以口實，不如酌加甄採，可默收長駕遠馭之效。[8]

顯然，列強附條件允諾放棄領事裁判權，是晚清變法修律的直接動因，也是一帖猛烈的催化劑，含有妥協與變革的雙面意味在。

二、歐日近代法典編纂的衝擊

從人類文化發展史看，18、19世紀的西歐，由於科技的突飛猛進，帶動各國產業革命的快速發展，進而促成經濟社會的遽變，而經濟社會的變動，必然牽連法制的革新。如此，科技發達與法制革新相因相成，出現了史學者所稱的「近代文明」。此期間，歐洲國家組織極度發展，學術思潮也有一日千里之勢，而民智日開，個人主義勃興，以爭取個人權利，以充實其生活利益。

如從法典編纂史觀察，西歐「近代文明」似又可視為「法典編纂文明」，這是西方法制滋生與育成的時代，因為過去的法制變動，或限於一時一地，或偏於一事一物，概起於偶然之舉或因襲者為多。反之，近代西歐法制變革則為全面性、包括性與國際性的，幾乎所有國家都參與法制改革與法典編纂的劃時代事業。例如：18世紀後葉的法國憲法，19世紀初葉的法國民法典、商法典及刑法典，19世紀中葉的英國各項

---

[8]　中國政府之正式提議撤廢領事裁判權，始於1919年的巴黎和會。在當年會議中，中國議和代表曾將領事裁判權撤廢一事作為建議案之一。

立法改革，以及19世紀後葉的奧國、德國及瑞士諸國的法典編纂，皆為基於自由主義、個人主義及權利本位思潮下所立的法典，自此奠下市民法律體系的基礎。

就在歐洲各國普遍受到近代民主法治思潮的洗禮，各項新式法典的編纂如雨後春筍般地出現，清廷卻仍堅持其閉關的自守政策，用《大清律例》去維持其專制而傳統的政治，無怪乎和西歐近代法律正面交鋒後，就暴露其簡略與窘境。直到19世紀後期，反帝國列強的聲浪高漲，民族資本主義的萌芽，西方啟蒙思想家學說的傳入，民權、民主及法治等觀念才日受重視。中國近代改革派的何啟、鄭觀應（1842-1922）、譚嗣同（1865-1898）、梁啟超（1873-1929）等人，首先論及要拯救清廷，要振興工商，必須講求民權和法治，或多或少也都主張要改革舊典與制定新律。當時，雖尚未能找到實現此一目標的明確道路，卻也為清末的法制變革起了先導作用。

近代法典編纂運動雖導源於西方，而其影響卻遠被東方諸國。19世紀中葉以前的日本，與清廷類似，採取所謂的「鎖國政策」。嘉永六年（1853），美國「黑船事件」始迫其開放通商口岸，以與美國等西方國家貿易。[9]就在西方商品大舉登陸之後，列強擺出經濟剝削和政治瓜分雙管齊下的本來面目，其中自也包括滋生極大流弊的領事裁判權，造成外僑與日本人間嚴重的衝突。此時，是惡夢的開始，也是轉運的契機。

明治初年，日本朝野認識到守舊不變，終非長計，乃共同發起富強的維新運動，揚棄固步自封的心態。於1867年，在政治上、經濟上、法制上風馳電掣地推行新政與變革，政府率先鼓勵穿著洋服、命令廢止結髮佩刀、採用陽曆和電信郵政制度、建設鐵路和購買汽船、實施西洋式學制和徵兵制。而維新之初，司法、行政仍雜糅不分，各項法典無一

9　參閱伊藤正己編，《外国法と日本法》（東京：岩波書店，1972年），頁184。另參閱John K. Fair bank, Eduin o. Reischauer, & Albert M. Craig, East Asia, The Modern Transformation, pp. 200-205。

完善，乃銳意以整飭司法、編訂法典為事。計其司法制度，改進共分四期，始漸趨完善。至於編纂法典，事尤繁難，自明治八年（1875），司法卿江藤新平（1834-1874）建議各法同時編纂以來，於二十年間次第公布。其刑法改正四次，民法三易稿而成，商法再易稿而成，民刑訴訟法亦屢經手續。起草過程中，或委諸法國人，或委諸德國人，而改正則託付給本國人。當時機關，或屬司法省，或屬內閣，大多以高等行政官、高等裁判官、大學法科教授及在野法律家組成；這種多元性的近代化改革，究其實，也可說是「西洋化」（Westernization）的開端。

　　日本變法績效昭著，國勢蒸蒸日上，致一敗滿清，再敗俄帝，絕非偶然。明治二十七年（1894），司法制度規模已具，於是首與英國改訂條約，使英國僑民悉適用日本法律；其後，德、法、美、奧諸國相繼撤廢領事裁判權。明治三十二年（1899）以後，日本司法權，對內對外完全獨立。這個不爭的現實，對清廷舉國上下，是刺激，也是鼓舞。而晚清的有識之士終亦體認日本富強之關鍵，不全在引進歐美科技，而在輸入西方文物制度，尤在法律體系。中日歷史文化和政情民俗既相仿，從而，日本維新的改革方式和程序，應可作為清廷的借鏡。

　　事實上，日本的近代法制，雖是歐陸法系之法、德等國法律在日本的翻版。但其變法之初，規模宏大，推行有漸，即調查編訂就長達十五年之久，方正式實施。而施行之初，先其淺近，徐為試驗，稍滋弊端，立即改正，審慎迂迴，逐漸推廣，絕非所謂速取速成之功。清廷修律大臣沈家本潛心比較各國法制，試圖尋找與中國國情相適應的法制改革之途，最後得出：「日本法系本屬支那法系，而今取法於德、法諸國，其國勢乃日益強盛……唯日本特為東亞之先驅，為足以備呈明之採擇」的結論。[10]乃決意仿效日本繼受歐陸法制的經驗，大量引進歐陸、日本等國的法律制度與各類新律，此後，所有的修律動向，莫不遵循歐日近代

---

[10] 詳參故宮博物院明清檔案部編，〈大理院正卿張仁黼奏摺〉及〈沈家本奏摺〉《清末籌備立憲檔案史料》（北京：中華書局，1979年），下冊。

法典編纂的軌跡推進。

三、傳統社會經濟結構的轉型

晚清社會的形變，基本上是從傳統農業社會逐漸轉向近代雛形的工商業社會。蓋自西漢以來，採重農抑商政策，中國的傳統社會是建立在農業上，社會結構係以農業為基礎。多數農民，聚其家族，耕其田疇，既無可以無限發達的工業，也就無可以無限發達的商業。而中國的經濟在根本上是一「自足的系統」，且相緣於此一自足系統的，則是一非經濟性的文化。不論儒、道、釋的哲理，以及依其所建構的社會制度、家庭組織、倫理道德、風俗習慣與典章律令，都是與農業性分不開的。

可是，自從西方文化進入中國社會以後，整個情勢大大改觀。必須強調，改變中國社會的基本力量，並非西方的槍砲兵船，而是西方的工業技能，侵入中國的西方文化在基調上是工商業，這個工商業性的西方文化，迫使中國的社會結構與文化價值解體乃至崩潰。

說得具體些，鴉片戰爭前的中國社會，是一典型的農業社會。農業社會以家為組織的基本單位，由男耕女織的自耕而食與自織而衣，發展為家庭工業，再發展為家族性的合夥工業。這種重農抑商、家族本位、倫理本位的社會，在閉關自守時代，社會秩序尚稱安定，也尚勉可維持其酌盈濟虛，以有通無的自給自足生活方式。及至鴉片戰爭敗戰，海禁大開，列強於軍事征伐之外，湧入大量的資本，繼之以經濟侵吞，一方面，從中國輸出工業原料及勞動力；另一方面，又將機器製的商品，源源越過低額關稅而主宰整個中國市場；使中國手工業窒息，廣大的中國民眾反成為被傾銷的對象。從前家族的經濟基礎破產了、家族的意識型態幻滅了、家族的社會結構崩潰了。中國社會起了質的變化，這更替的社會並非純粹意義上所說的「資本社會」，而是所謂「半殖民或次殖民地式」的社會。

此時，一般的知識分子憬悟到傳統的農本思想，已不足以適應時代

之需，轉而提倡西方的新「農學」，以科學方法改良農業，並一反抑商的傳統，倡行「重商學說」；也由於列強要求清廷開放重要的沿海港口與歐美通商，沿海沿江一帶的工商業遂逐漸萌芽。雖然工商規模還微不足道，卻是中國由傳統農本社會轉向工商社會邊緣的第一次大轉變。而位於通商口岸大都市裡的商人也相繼組織商業行會。經濟關係起了變化，社會結構亦隨之變動，出現了「買辦」的「官督商辦」型態，資本主義社會的意識型態也次第滲入，原來的生活關係，傳統文化思想的絕對價值幾瀕臨破滅；西洋的法律規範、道德標準輸入，被視為當然。由於傳統中國法制無法適應如此遽變的經濟關係和新興的社會型態，因而使繼受西方法律成為可能。

言法制者固不宜過度強調所謂「經濟決定論」（economy determinism）的說法，但社會的基礎要因是經濟構造，且經濟情勢足以影響法制，也是無須爭辯的。所以，要理解晚清法制的變遷，對於清末經濟情況，不能不有一基本認識。直言之，中國近代化的進程，具有經濟需求，這是無庸置疑的。而表現於經濟生活上，就其歸趨而言，是要變農業社會為工商業社會，變自然經濟體系為商品市場經濟體系，變鄉村文明為城市文明，變狹隘的地域性經濟為世界聯繫性經濟。可是，中國社會這一歷史性的大轉變，卻並不是自然演變的結果，而是在列強藉助砲艦與種種不平等條約下驟然強加給予的。

尤其，在新的歷史條件下，傳統法制至少遭到三種政治力量的非議，論者曾指出：一是列強嫌棄它不能全面保護其在中國殖民地的利益；二是代表「買辦階級」的洋務派，在與列強交涉時，深感中國法律無法提供其必要的依據；三是民族工商業者長期受到傳統法律的抑壓，而無法成長，企圖脫身與西方資本家同享法律周全的保障。在此種情勢下，揚棄傳統法制，繼受西方近代法律與法制，就具備了必要性和迫切性。

要言之，由於中國社會經濟結構的遽變，由於外國資本主義經濟的入侵，加上列強將其意識型態直接向殖民地輸入；當時的中國通商口

岸，可以見到基督教廣泛的傳播、自由思想迅速地蔓延、權利觀念日漸抬頭；原本建立在專制自然經濟基礎上的舊法制，顯然，已無法適應新出現的內外社會形勢，亟須有新的法制來加以規整。因此，社會不同的利益團體從各自角度，提出修改舊律，制定新法典的要求，試圖以近代六法的體系取代以刑律為主的舊律例；社會經濟關係的遽變，不能不說是促使晚清修律的根本原因之一。

四、清廷救亡圖存的危機意識

在清末一連串的救國自強運動中，雖以洋務運動興起較早，主張取法西方，起初為國防船砲，繼而為時務科技，以厚植國力，圖謀自強。不幸的是，1894年中日甲午之戰，創鉅痛深，數十年經營洋務的努力，毀於一夕，終而醒悟到——要挽救危局，海防時務乃為枝節，根本之道在於謀求政治與法制的變革。張之洞就說：「不變其習，不能變法；不變其法，不能變器……西藝非要，西政為要。」又說：「大抵救時之計，謀國之方，政尤急於藝……」[11]

就實質內涵而言，這種變法維新的主張較能洞悉清廷的積弊及西方、日本富強之道，既具充分理由與客觀需要，又具深度與說服力，因而聲勢日隆，造成「戊戌變法」的局面，由光緒帝發布上諭，擬推行「廢科舉興學堂」「廣開言路」「肅清吏治」「淘汰冗閒」「改良司法」等新政措施。奈何，清廷親貴守舊勢力牢固，竭力堅守祖制家法，絕不輕言變易，甚至執著於「寧可亡國，不可變法」的信念，而聯合袁世凱發動政變，致使百日維新成為泡影。

戊戌變法失敗後，國內革命運動日益高漲，民主憲政思潮愈加蓬勃，清廷為圖苟延殘喘，不得不變通手法，粉飾開明變革，藉以疏緩反對勢力，兼以應付列強迫壓。在形勢比人強的狀況下，清廷乃「興戌已

---

[11] 閱張之洞，〈勸學篇序〉〈外篇說學第三〉，收於王樹枬編，《張文襄公全集》，引自沈雲龍主編，同上注5，第84、85輯。

兩年初舉之而復廢之政」，宣布「變通政治」，從事一系列漸進性、全面性的法制革新。光緒二十六年（1900）12月，清廷飭內外臣工條陳變法稱：

> 世有萬古不易之常經，無一成不變之治法。窮變通久見於大易；損益可知著於論語。蓋不易者三綱五常，昭然如日星之照。而可變者令甲令乙，不妨如琴瑟之改弦。伊古以來，代有變革。即我朝列祖列宗，因時立制，屢有異同，入關以後，已殊瀋陽之時。嘉慶、道光以來，豈盡雍正、乾隆之舊，大抵法積則敝，法敝則更，要歸於強國利民而已。

在詔書的結語，兩宮要求臣下提出新政建議，措詞相當嚴正：

> 總之，法令不更，錮習不破，欲求振作，當議更張。著軍機大臣、大學士、六部九卿、出使各國大臣、各省督撫，各就現在情形，參酌中西政要，舉凡朝章國故、吏治民生、學校科舉、軍政財政，當因當革，當省當併；或取諸人，或求諸己；如何而國勢始興，如何而人才始出，如何而度支始裕，如何而武備始修；各舉所知，各抒所見，通限兩個月，詳悉條議以聞，再由朕上稟慈謨，斟酌盡善，切實施行。[12]

隔年3月，特設「督辦政務處」，處理各地所呈具申改革之奏文，並任命慶親王奕劻、李鴻章、榮祿、崑崗、王文韶、鹿傳霖等人為督辦政務大臣，而以劉坤一、張之洞為參預。該處議定開辦規條云：

> 變法大綱有二，一則舊章本善，奉行已久，弊竇叢生；法當規復先制，認真整理。一則中法所無，宜參用西法，以期漸致富強；

---

[12] 詳參朱壽彭，《光緒朝東華錄》，光緒二十六年12月丁未，收於《續修四庫全書》（上海：上海古籍出版社，1997年），史部，編年類383-385。另參閱〈飭內外臣工條陳變法〉，收於沈桐生，《光緒政要》（台北：文海出版社，1969年），卷26，12月，引自沈雲龍主編，同上註5，第35輯，345冊。

法當摒除成見，擇善而從，每舉一事，宜悉心考求。[13]

同年8月，兩江總督劉坤一與湖廣總督張之洞，會奏名噪一時的〈江楚會奏變法三摺〉，奠定清廷變革的方向。其中：

第一摺，籌擬變通政治人才四條：一、設文武學堂，二、酌改文科，三、停罷武科，四、獎勵遊學。

第二摺，籌議整頓中法十二條：崇節儉、破常格、停捐納、課官重祿、去書吏、去差役、恤刑獄、改選法、籌八旗生計、裁屯衛、裁綠營、簡文法。關於「恤刑獄」一條，又酌擬與法制改革有關者九項：禁訟累、省文法、省刑責、重眾證、修監羈、教工藝、恤相驗、改罰鍰、派專官等具體建議。

第三摺，籌議採用西法十一條：廣派游歷、練外國操、廣軍實、修農政、勸工藝、定鑛律、路律、商律、交涉刑律、用銀元、行印花稅、推行郵政、官收洋藥、多譯東西各國書等。

劉、張二氏的奏議與清廷的「新政」適相吻合，深得慈禧太后容允，於是下旨稱：

> 自經播越，一載於茲……推積弱所由來，恨振興之不早……爾中
> 外臣工，須知國勢至此，斷非苟且補苴所能挽回厄運，惟有變法
> 自強為國家安全之命脈，……捨此更無他策，……昨據劉坤一、
> 張之洞會奏，整頓中法以行西法各條，其中可行者，及著按照所
> 陳，隨時設法，擇要舉辦，各省疆吏亦應一律通籌，切實舉行。[14]

經歷浩劫，慈禧似假又真，終於覺悟到非變法自強，不足以保全；而必須面對現實，以應變局，以求權位永固。

---

[13] 詳參〈特設督辦政務處〉，收於沈桐生編，同上注12，卷27，3月。
[14] 參閱張之洞，〈奏議〉，收於王樹枏編，同上注11，54卷。

參、變法修律中禮法爭議的新舊文化衝突

　　傳統中國刑律築基於家族、倫理、義務本位之上，而清末變法修律，在沈家本領銜下，透過日本修律顧問岡田朝太郎的協助，繼受歐陸近代法制，數易其稿而成的《欽定大清刑律》（俗稱《大清新刑律》），因採擷近代歐陸刑法的立法體例，與傳統刑律相較，不論在編纂體例或實質內容上均有明顯的轉向。而其立法過程，更是曲折迂迴，頗有可觀。禮法雙方爭議的焦點不外集中在「準禮制刑」的傳統立法原則是否可變？比附援引之制是否要改採罪刑法定主義？「無夫姦」罪是要存要廢？子孫違犯教令是否仍然要入律？卑幼對尊長能否適用正當防衛？等幾個重大問題上，其中，又以「無夫姦」應否定罪及如何處罰的問題，爭辯尤烈，本章擬僅聚焦於「無夫姦」的存廢為例，詳說其始末。

　　觀乎中國舊律，自唐以降，有所謂「禮教立法」原則貫穿其間，為維護禮教風紀，以刑律處罰違反倫理道德的「姦非」行為，是屬必然，茲列唐清律中相關規定的簡表如下[15]：

罪名		《唐律》	《清律》
和姦	無夫	一年半	杖八十
	有夫	二年	杖九十

　　禮教派人士對於《大清刑律草案》只列有夫和姦罪，獨缺無夫和姦之條，聞之震怒，認為此舉「失之過矣」，大舉反對，以為漠視禮教，當時軍機大臣兼掌學部的張之洞首先發難，隨即引發在京各部院，以及

---

[15] 《大清律例・刑律・犯姦門》規定：「凡和姦，杖八十；有夫者，各杖九十。刁姦者，杖一百。強姦者，絞；未成者，杖一百，流三千里。」凡犯和姦罪者，男女同情，故同坐罪。婦人無夫者，杖八十；若有夫而與人和姦，則姦婦、姦夫各杖九十。

在外各督府的猛烈非議。[16]禮法雙方或主禮教、或張法理，相互詰難，久久不已。

一、法理派的新理

在1906年至1911年間，《大清新刑律》由預備草案起以迄正式頒訂止，凡歷七稿，其中，主張「無夫姦」應予除罪化者，主要有沈家本、楊度、汪榮寶、吳廷燮以及岡田朝太郎等「法理派」人士。其中，擔綱《大清新刑律》起草的沈家本，基於法律與倫常禮教應有有所界分的理念，在光緒三十三年（1907）11月奏進該草案中，說明「姦非罪」的沿革、理由時，說道：

> 姦非之罪，自元以後，漸次加重，竊思姦非雖能引起社會國家之害，然逕以社會國家之故，科以重刑，於刑法之理論未協。例如現時並無制限泥飲及惰眠之法，原以是等之行為，非刑罰所能為力也。姦非之性質亦然，惟禮教與興論足以妨閑之，即無刑罰之制裁，此種非行，亦未必因是增加，此本案刪舊律姦罪各條，而僅留單純之姦非罪也。[17]

其後，又在《修正刑律草案》中表明：

> 國家立法期於令行禁止，有法而不能行，轉使民玩法而肆無忌憚。和姦之事，幾於禁之無可禁，誅之不勝誅，即刑章具在，亦祇空文，必教育普及、家庭嚴正、興論之力盛、廉恥之力生，然後淫靡之風可少衰。……防遏此等醜行，不在法律而在教化，即

---

16 詳參高漢成，《簽注視野下的大清刑律草案研究》（北京：中國社會科學出版社，2007年），頁64-168。

17 引自〈修訂法律大臣沈家本奏進呈刑律分則草案摺（並清單）〉《大清法規大全・法律部》（台北：宏業書局重印，1972年），卷12，頁2050。

列為專條，亦無實際。[18]

岡田朝太郎也從刑法發達、法典進化的歷史考察，他認為，在刑法和刑法觀念不發達的時代，由於未劃清個人道德與社會道德的界限，將教育與法律混淆為一，故世界各國都以和姦行為為有罪而處予刑罰。中世紀歐洲各國，對正當婚姻之外性行為的規定，不但條目多於中國，處刑也重於中國；18世紀末，道德、宗教、法律之混淆達於極點。其反動力，遂有劃清界限之說。法、德兩國首對法典進行修改，延至19世紀，「所有一般法律思想，無不以屬於道德範圍之惡事與屬於宗教範圍之罪惡，蓋置諸法律之外。」在這種思想指導之下，刑法對姦非罪的處罰主要有：公然實施，致污善良風俗；以強暴實施，對於無完全承諾能力之人而實施，破壞正當婚姻之效力，足以誘引姦淫之惡習。其餘如單純和姦、納妾、調姦等罪，東西各國刑律中殆至絕蹤。《大清刑律草案》之所以不採無夫和姦為有罪，其所本正導因於此。[19]

除沈家本、岡田朝太郎外，法理派人士有關除罪化的言論，大致上可歸納出如下幾點：[20]

其一，於立法上不便。國家對於國內女子「犯姦」之事，通常採取三種辦法：為維持社會風化起見，有夫之婦無論和姦、強姦都在禁止之列，此為第一種辦法。然欲全國婦女都堅貞節操，即國家亦有所不能；例如娼妓，各國都無禁止之法，非不知與風化有關，因事實上不能斷絕，故不僅不禁止，且為法律所允許，此為第二種辦法。至於無夫婦女與人和姦，國家對此既不禁止，亦不允許，全採放任，是為第三種辦法。就「無夫姦」的立法而論，一是刑罰的輕重不易掌握，重刑顯屬不

---

[18] 參閱沈家本，〈沈大臣酌擬辦法說帖〉，收於勞乃宣，《桐鄉勞先生（乃宣）遺稿》，引自沈雲龍主編，同上注5，頁877-1060。

[19] 參閱〈岡田博士論刑律不宜增入和姦罪之罰則〉，引自李貴連，《沈家本傳》（北京：法律出版社，2000年），頁324-327。

[20] 詳參楊度與汪榮寶在資政院議場上的發言，見〈資政院第一次常年會第二十三號議場速記錄〉，收於李啟成點校，《資政院議場會議速記錄－晚清預備國會論辯實錄》（上海：上海三聯書店，2011年），頁301-314。

妥，然輕微處分，終不足禁制男女之私情，則仍屬無益之規定。二是娼妓娼婦，其初亦處女，尋常和姦處罰而允許娼妓營業，法理上無法解釋；禁絕娼妓，又屬能言而不能行之空論，故不能不採第三種辦法。

其二，於檢舉上、司法上兩相不便。就舉發而言，刑法若設此種罪名，將導致貧賤者不能免縲絏之罪，而富貴者則搜索無從，往往幸逃在外，與刑律四民平等之原則恰相背馳。或者不分貴賤老弱，凡有穢行風聞，一律追捕處罰，這一來，便將使人為一時一事而喪失終身之名譽幸福，實與「社會上死刑」無異，更有甚者，將使一家一族為社會所不齒。至於司法上不便，和姦必須搜求證據，由於這種行為，往往於秘密之秘密中行之，證據極少，蒐求證據非常費力，稍有怠忽，將導致判決恣意，於審判上實有不便。

其三，於外交上不便。晚清刑律變革，原為撤廢領事裁判權的預備，新律若與各國法律原理原則不同，不僅無法獲得列強的贊成，將來一生交涉，必多阻力。因為各國刑法大多沒有此條，如將此條加入正文，如有中國男子、女子與外國人和姦，中國要按法律辦理，外國人勢必不受裁判而有所藉口，則於撤去領事裁判權之圖有所妨礙。

其四，於禮教上不便。無夫姦不列入正條之罪，正所以養社會之廉恥，欲以維持風教。對於家庭父慈子孝之間，也是一種維持的方法，父母對於子女絕不欲蒙以恥辱之名，使其終身無婚嫁之望，刑律即有此條，亦形同虛設。所以國家對此種事並不是不理，因為在教育之範圍，而非在法律之範圍。即不與父母以制裁之權，亦不過恐其傷父子之恩，而所以養社會之恥，因其於宗族的名譽、本身之名譽、子女之名譽均有關係。父母若有此制裁之權，恐其恥憤之時，不及計較，事後悔之不及，反以傷父子之恩，不如不與以此權，使其秘密不宣，反於禮教不悖，所以不加入正條。

其五，道德與法律應適度分離。中國歷來法律和道德常相混同，所謂的「家法」即可代表國家法律，對家族成員任意施刑，嚴重違背近代法律原則。按照新的法律原理，道德不可與法律相混，刑法關係國家，

道德關於個人。申言之，刑罰之效力所不能及而屬於教育範圍內之行為，便不能不捨刑罰而注重教育。刑罰效力不如治療效力之大者，則捨刑罰而施以治療。最後，刑罰已經宣告，但是如果暫不執行能更有效的使犯人反省自新，便應施行緩刑。這三種方法，均為「刑期無刑」的政策，是一種適宜預防。以此而論，尋常無夫和姦行為，不過是違犯道德而已，並未害及社會；退一步說，即使害及社會，也不應據此而列入刑法、動用刑罰，道理很簡單，「刑罰者必就其性質與其分量，及其他社會一切之狀態，而以其效力之能及與否為斷。」刑罰效力不如教育效力之大，就不應動用刑罰。解決無夫和姦行為，關鍵在於養成家庭嚴正之風、普及智育德育、辦好新聞雜誌、造就社會輿論、涵養公眾廉恥之心，習俗自會轉移。

　　總的來說，法理派的論點除了著眼於無夫姦之事非法律所能為力，應歸屬禮教、道德、輿論、教育的範疇外；也提及習慣為任意法所採，刑法為強制法，不應有此習慣者從習慣之文；另外，令人耳目一新者，法理派還大膽提出此事攸關情慾自由，非可強抑，確屬前衛之言。

二、禮教派的舊義

　　在《大清刑律草案》審議過程中，強力主張無夫姦不得退出刑律的人士被歸類為「禮教派」，主要有張之洞、勞乃宣、陳寶琛等人，[21]其中言論最為激烈者，要推時任京師大學堂監督的勞乃宣，他撰寫〈修正刑律草案說帖〉〈聲明管見說帖〉等專論，對於法理派的諸種論調，深不以為然，逐一加予批駁，並遍示京內外，一時附和之者，如蠭而起。勞氏質難道：

21　禮法之爭並未因《欽定大清刑律》的頒布而落幕，宣統三年（1911）2月，京師大學堂總監劉廷琛再起鑼鼓，上書清廷，痛劾法理派。詳參宣統三年2月23日，故宮博物院明清檔案部編，〈大學堂總監劉廷琛奏新刑律不合禮教條文請嚴飭刪盡摺〉，收於同上注10，頁887-888。

推其意……蓋謂法律具在，而犯者依然，是乃道德之教化未至，非法律所能禁，法律既為無用之文，不如去之。然則有殺人之律，而仍有犯之者，乃仁之教化未至也，將並殺人之律而去之乎？有盜贓之律而仍有犯盜者，乃義之教化未至也，將並盜賊之律而去之乎？鴉片煙之罪、賭博之罪，亦與姦罪同一教化未至也，何以不去乎？無夫和姦之罪，因禁之無可禁，誅之不勝誅，遂以專待於教化為詞而去之矣；有夫和姦之罪，同一禁之無可禁，誅之不勝誅也，何以不純任教化而仍科以罪乎？以子之矛陷子之盾，法律與道德教化無關之說，不攻自破矣。[22]

此外，勞乃宣分別從法律與禮教相表裡、社會治安等觀念，再加批駁，認為：「天下刑律無不本於禮教，事之合乎禮教者，彼此自相安無事。其不合禮教者，必生爭端，一生爭端，必妨治安，故以刑治之，以泯爭端，即以保治安。謂法律與禮教兩不相涉，教育與用刑全不相關，皆囈言也。」中國風俗，家庭關係與西方國家不同，中國社會傳統賴以生存的根基是女德，「無夫姦」的行為會引起家長的羞憤、家族的悲劇與社會的不安。勞氏說：

在室之女犯姦，為家門之辱，貽笑於人，其父母視為大恥，其忿怒尤甚於夫之於妻。寡婦犯姦，其舅姑親屬之恥與怒，亦等於父母之於女，斷無不生爭端，不妨治安之理。若不明定罪名，民心必不能服，地方必不能安。今使有處女、寡婦與人通姦，為其父母、舅姑所捉獲，事發到官，官判以無罪而兩釋之。吾恐其父母、舅姑之羞憤無以自容，強者將剚刃，弱者將自裁；合境之民亦將譁然不服矣。果能無害於治安乎？凡有害於治安之事，即應治以刑法之事，故中國法律無夫婦女犯姦一端，萬不可不編

入也。[23]

　　針對法理派提出有關增入「無夫姦」治罪條文，必受外人指摘，從而影響撤廢領事裁判權之說。勞乃宣也駁斥說：

> 出禮入刑，中外一理。無夫婦女犯姦，在外國禮教不以為非，故不必治罪；而在中國禮教則為大犯不韙之事，故不能不治罪，此理至明，無待巧辯。今謂「此最為外人著眼之處，如必欲增入此層，恐此律必多指摘」。不知此亦最為中國人著眼之處，如不增入此層，此律必為中國人所指摘。畏外國人指摘，獨不畏中國人指摘乎？況外國無此律無害治安，中國無此律有害治安乎？因避外人指摘致損本國治安，竊恐得不償失也。且中國自定法律，何以畏外國人指摘乎？[24]

　　除了勞氏之外，當時，憲政編查館一等諮議官陳寶琛也為文，大力支持禮教派一方，他指出：「法律之範圍，固不能與禮教同論；而法律之適用，不能不以事實為衡。斟酌夫國情民俗而因革損益於其間，有時捨理論而就事實，亦立法之公例也。」陳氏特就無夫姦罪規定之有無，洋洋灑灑論其事實上之利害如次[25]：

　　其一，對於法理派謂無夫姦非法律所能為力，不關規定有無之說。陳氏道：「中國於無夫姦之為罪，深入人心；雖非純藉法律之力，而究因律有明文，鄉曲細民益知此事之不可犯，是於道德之外，多一法律以為後盾，未始非無形之補助也。夫使中國舊律所本無，則人情相與淡忘，誠亦無所關係。以數千年固有之律法，一旦革除之，謹飭之士不知律意所在，或且疑為誨淫；無知之氓莫明法理之原，遂直視為弛禁。甚謂國家崇尚新法，貞節不重，佻達無傷，一歧百誤，隄決流倒，有非首

---

[23] 引自勞乃宣，同上注22。
[24] 引自〈聲明管見說帖〉，收於勞乃宣，同上注22，。
[25] 參閱陳寶琛，〈陳閣學新刑律無夫姦罪說〉，收於勞乃宣著，同上注22。

議之人所能預料者。蓋社會之情形，率源於歷史之沿襲，不藉其歷史以為引導，遽以新理想行之，必與其社會不相副，與社會不相副之法律，無益有害。故無夫姦之規定，在中國有之，無赫赫之功；無之，則滋烈烈之害者，從來之國情民俗使之然也。」

其二，有關法理派無夫姦之防範，在於教育與輿論之說。陳氏指出：「去刑律之規定，而責實禮教養成，輿論使人懷恥而不懷刑，其收效有在於刑律之外者，觀於法律無罰浮浪之科條，而在乎強制勞動；亦無禁高利貸之效果，而在乎經營經濟，其理均也。獨是禮教輿論與刑律相為更迭之際，不能不視其速率之遲速以為權衡。夫以中國數千年聖經賢傳之漸漬，猶有逾禮越畔陽奉而陰違者，禮教輿論之為功緩而難見如此，當此禮教輿論之力未有加於前時，而先自抉其藩籬，蕩踰佪越之風，豈可復遏？竊恐當法律甫革之時，遂無餘地以事禮教之修明、輿論之成立。而一瞬之間一落千丈，於法律則明縱之，而欲以禮教輿論逆挽之，不亦難乎！」

其三，對於法理派所謂法律與道德應有界分之說。陳氏認為：「道德事項不規定於法律之中，誠以道德領域與法律範圍有若鴻溝之不相踰越，特是道德領域之大小與法律範圍之大小，果以何者為衡？夫制定法律必斟酌國民程度以為損益，以西國之民，教育之普及、職業之發達，又有公園及種種娛樂場之疏盪其心志，而踰越道德，非禮苟合之事，猶有所聞。若以教育未普及、職業未發達、種種娛悅心志之藝術營造之未設備，而遽以此事讓諸道德之領域，則以不侵道德範圍之法律，適以破道德之範圍法律。即不任過立法者之膠柱，獨不職其咎乎？故法律與道德區域之大小，實不可不準諸時地事物之蕃變，國民程度未至也，不得不縮小道德之領域，以擴充法律之範圍。或者日後吾國文明發達，德育日進，有無事此條規定之希望，而今尚非其時也！」

其四，對於法理派所謂情慾自由，非可強抑之說。陳氏道：「果充其說，則似有夫姦之規定亦可無庸，而各國初未敢盡弛其閒者，可知情慾自由不可無限制矣。他若刑法有幼年姦之規定，民法有婚姻年齡之限

制，何嘗不以法律干涉情慾乎？固知外國所以無無夫姦之規定者，蓋出於彼族之習慣，而非確有不可易之情理存也。」

　　從上述諸點看來，禮教派人士對於法理派一方的說法，逐一批駁，力道也相當強勁。

三、禮法之爭平議

　　《修正刑律草案》交憲政編查館後，先由編制局校訂審核。該局局長吳廷燮支持法理派，在編制局的校訂新刑律意見書中，對禮教派予以駁斥：

> 古今聖人立論，均為禮先刑後，舊律本聖人之意，無夫和姦僅處五刑中最輕之刑，目的係保全犯者之名譽。刑法之用，譬諸藥石，藥石之投，純視乎疾之輕重。若其疾並非藥石所能為功，自不能不別籌療濟之方。犯姦之行為，全恃平居之教育，固非刑罰可獲效也。各國均有其獨自之風俗而形成之禮教，且範圍一切，他國禮教不賴刑律維持，何以中國定要執刑罰之彎策，迫禮教之進行？如是，素稱夙秉禮教之中國，又自處何等地？因之，無夫姦不應列入刑律正文。[26]

　　為此，憲政編查館雖未於「正文」中增列「無夫姦條」，但仍於附加的《暫行章程》中增此一條，以為折衷調停。其按語謂：「各國新定刑律均無無夫姦處罰之明文，誠以防閑此種行為，在教育不在刑罰也。但中國現在教育尚未普及，擬暫照舊律酌定罰例。」[27]

　　禮法雙方互不讓步，對於憲政編查館的折衷調和也都不滿意，乃進入資政院議場繼續辯論。宣統二年（1910）12月6日，資政院第三十七

---

[26]　參閱憲政編查館，〈編制局校訂新刑律意見書〉，引自李貴連，《沈家本與中國法律現代化》（北京：光明日報社，1989年），頁163-164。
[27]　參閱勞乃宣著，同上注222。

次院會，討論新刑律第289條關於「無夫姦」之條文（即原草案第278條），爭辯持續達五個多小時，雙方仍無法取得共識，議長乃宣布分兩次表決：

無夫姦，主張有罪者用「白票」，主張無罪者用「藍票」，以白票七十七對藍票四十二可決，主有罪者獲勝。

無夫姦是規定於《暫行章程》？還是「正文」？用起立法，贊成規定於《暫行章程》者四十九人，贊成規定於「正文」者六十一人，經二次正反表決，贊成者占多數，禮教派得勝。[28]

由此看來，「無夫姦」在資政院議決的結果是認其為有罪且應放入法典的正文，但憲政編查館卻無視此一結果，僅僅將其放在過渡性的《暫行章程》中，這在立法程序上或存有瑕疵。最後，在《大清新刑律》正文第289條定曰：「和姦有夫之婦者，處四等有期徒刑或拘役。其相姦者，亦同。」而於《暫行章程》第4條規定：「犯第二百八十九條之罪為無夫婦女者，處五等有期徒刑、拘役或一百圓以下罰金。其相姦者，亦同。前項犯罪須婦女尊親屬告訴乃論，但尊親屬告訴，事前縱容或事後得利而和解，其告訴為無效。」此舉否定了法理派「無夫姦」不定罪的主張。該《大清新刑律》正文連同附加《暫行章程》五條於宣統二年12月由資政院議決通過，同月25日內閣奉諭頒布，是為《欽定大清刑律》，未定施行日期，尚無實施效力，而清廷已覆。

證諸往古刑律歷史，特別是「和姦罪」的犯罪類型，刑罰手段的倫理性通常表現在兩方面：一為是否該動用刑罰，往往受到一定倫理或宗教因素的牽制；二是在確定刑罰輕重之際，也受到一定倫理因素的制約。此外，因男女身分而同罪異罰，通姦犯罪章中，男子通姦的處罰並不分有妻、無妻；女子則分有夫、無夫而異其處罰。有夫姦處刑較無夫姦為重，之所以如此，除了社會道德的非難外，主要係自唐代以來，受

28　詳參李啟成點校，同上注20，《資政院議場會議速記錄—晚清預備國會論辯實錄》，頁589-614。另參閱陳新宇，〈欽定大清刑律新研究〉，中國社會科學院法學研究所主編，《法學研究》，2011年，第2期，頁2、14、15。

到「禮本刑用」立法思想的影響，視貞節為良好的性道德，而在父權、夫權當道的社會文化建構下，婦女的「貞操」遠較男性的「忠貞」受到重視。

刑法所以坊民，亦將以宜民，所謂「宜民」，講白些，就是適於時用。晚清在社會急遽的變遷下，舊的價值體系頻頻受到挑戰，而新的核心價值尚未確立，面對未來社會秩序的維護與規範的重建，究竟該何去何從？禮法兩派人士顯然都陷入了迷思。

從比較法史的角度觀察，傳統中國自有法，是為「家族、倫理、義務之法」；西方近代自有法，是為「個人、權利、自由之法」，各自有其產生的時空與社會背景，這無關乎誰「先進」誰「落後」的問題。只是，當兩種不同法價值觀撞擊在一塊，自會迸出火花來，而晚清變法修律過程中的「無夫姦」存廢論爭，正提供了我們走出倫常禮教與法律秩序分合界限的迷惘。

事實上，對於「無夫姦」的爭議，主要或源於雙方對法律與倫常禮教的規範領域及功能看法的歧異，但在此表面的分歧下，雙方觀念其實仍有交集之處。這場論戰，對於法理派而言，其主張廢止無夫姦的理由，並非在於無夫姦不應受任何制裁，而在於無夫姦是否應當作為犯罪行為而受到刑罰的制裁，以及無夫姦縱列入刑律，似仍難以期望有效禁絕此一行為等。

此種論述，實際上並未直接挑戰傳統男女禮教及家族倫理的觀念與價值，而且也不反對以刑律以外的方式制裁無夫姦；換言之，法理派對於當時支配統制男女及婚姻關係的傳統宗族禮法，並未企圖驟然加以撼動或否定，但為何仍遭遇禮教派如此強大的反對壓力與攻訐？是否係肇因於禮教派對於舊有「禮主刑輔」觀念牢不可破的堅持，因而將此一論證視為傳統禮教價值的大攻伐？

肆、沈家本的變法修律方法論

在新與舊、因與革的抉擇關鍵年代，考驗著領航人的智慧與能耐。身為欽命修訂法律大臣，沈家本如何奮力走出傳統律例窠臼？如何銳意開創法制新局？從修律過程中的「禮法爭議」，如何看待他變法修律的方法論？

一、沈家本的中西法律觀及其會通改制

沈家本以其精湛的傳統法學素養，並對歐陸及日本近代法制有深切的體認，生逢其會，啟動風雲，無論對固有律例的整理、各國新法例的採擷、近代法制及法學教育的建立，乃至開創中國部門法編纂體例，均有深遠的影響，誠為近代法律歷史上關鍵性的人物。而在中西學說薈萃、新舊思潮更迭的年代，沈氏雖然積極地推動對西方法學與法律的研究和引進，但並未因此而媚外非古，也頗能注重歷史的傳統和中國社會的實際性，掌握舊學與新學相互發明的契機。[29]因此提出法學研究乃至修律立法必須酌古準今、會通中西的方法論。沈氏說：

> 當此法治時代，若但徵之今而不考之古，但推崇西法而不探討中法，則法學不全，又安能會而通之以推行於世……。[30]

又道：

> 夫吾國舊學自成法系，精微之處仁至義盡，新學要旨已在包涵之

---

[29] 其語曰：「或者曰今日法理之學，日有新發明，窮變通久，氣運將至，此編雖詳備陳跡耳，故紙耳；余謂理固有日新之機，然新理者，學士之論說也；若人之情偽，五洲攸殊，有非學士之所能盡發其覆者，故就前人之成說而推闡之，就舊日之案情而比附之，大可與新學說互相發明，正不必為新學說家左袒也。」參閱沈家本，〈寄簃文存〉，收於《沈寄簃先生遺書》（台北：文海出版社，1962年），卷6，〈刑案匯覽三編序〉。

[30] 參閱沈家本，同上注29，〈薛大司寇遺稿序〉。

內，烏可弁髦等視，不復研求。新學往往從舊學推演而出，事變愈多，法理愈密，然大要總不外「情理」二字，無論舊學、新學，不能捨情理而別為法也，所貴融會而貫通之。保守經常，革除弊俗，舊不俱廢，新亦當參，但期推行盡利，正未可持門戶之見也。[31]

對此等言說，有研究者認為值得商榷：「吾國舊學需要研究考求，故應如此，但新學說主要是從西方法學的要旨都已包含在吾國舊學之中。如果是這樣，那沈氏修律為何在大方向還要捨己從人，澈底改弦更張？」[32]不過，沈家本另從實踐與理論的關係面指出：

大抵中說多出於經驗，西學多本於學理；不明學理，則經驗者無以會其通；不習經驗，則學理亦無從證其是，經驗與學理正兩相需也。[33]

由於傳統中國的律學與西方近代的法學各有所長，後代法學者應當「保其所有而益其所無」。他說：

余奉命修律，採用西法互證參稽，同異相半。然不深究夫中律之本源而考其得失，而遽以西法雜糅之，正如枘鑿之不相入，安望其會通哉？是中律講讀之功仍不可廢也。[34]

可以看出，沈家本既反對「步亦步、趨亦趨」，把西法作為「炫世之具」，要求中國法律悉同於彼的「全盤西化」思想。更反對「拘泥舊章、故步自封」，一味盲目守舊的抗變情結。為了使修律能夠符合國情並落實於實際，沈氏明確指出：

---

[31] 參閱，沈家本，同上注29〈法學名著序〉。

[32] 參閱李啟成，〈「法治」——沈家本法治理論的核心概念〉，收於李雪梅主編，《沈家本與中國法律文化學術研討會會議文獻》（北京：中國政法大學，2021年），頁88。

[33] 參閱沈家本，〈王穆伯新注無冤錄序〉。

[34] 參閱沈家本，〈大清律例講義序〉。

我法之不善者當去之，當去而不去，是之為悖；彼法之善者當取之，當取而不取，是之為愚。[35]

顯然，沈家本是以「善」與「不善」作為中西法律的取捨標準。至於如何辨識其中的「善」與「不善」，沈氏主張應確切探究古今中外法律之本源，明其法理，尋出「真是」，說道：

夫古法之不同於今，而不行於今，非必古之不若今，或且古勝於今。而今之人習乎今之法，一言古而反以為泥古，並古勝於今者而亦議之。謂古法之皆可引於今，誠未為然；謂古法皆不可行於今，又豈其然？西之於中亦猶是耳。值事窮則變之時，而仍有積重難返之勢，不究其法之宗旨何如，經驗何如，崇尚者或拘乎其墟，而鄙薄者終狃於其故。然則欲究其宗旨何如，經驗何如，捨考察亦奚由哉！[36]

一個歷史人物的理論思想，通常是由自己生長環境、人事歷練和價值結構的結晶。沈家本生於傳統禮教社會，浸身於固有法律文化既深且厚，從法律思想層面看，「德主刑輔」「明刑弼教」等觀念，在沈氏的法律觀中仍多所體現，在不少學術論著與技術性的理論中，也常夾雜著仁義綱常的因素，含有「以禮為體、以法為用」的烙印。因此，或有以為沈氏為「中體西用」或「託古改制」論者。不過，必須明察的是，此其中已摻入時代新的內容，特別是在修律過程中，沈家本以一種新的思想感情來處理「法律與倫常道德」的關係問題。其所謂「道德」已不同於傳統的禮教道德，而注重的是，尊重人格和個人尊嚴的西方近代道德觀念。沈氏在草擬《大清新刑律》的「禮法爭議」過程中，不主張處罰無夫姦，也不主張將直系尊親屬列為正當防衛對象的例外，顯然已走出傳統禮教的桎梏，偏離家族主義、倫理本位的軌道，而多少帶有近代西

---

[35] 參閱沈家本，同上注29，〈裁判訪問錄序〉。
[36] 參閱沈家本，同上注29。

方自由主義和個人主義的傾向。

在修律方法上，沈家本始終堅持參考古今、博稽中外的「會通改制論」，憧憬並力行「折衷各國大同之良規，兼採近世最新之學說，而仍不戾乎我國歷世相沿之禮教民情」的理想境界。大同良規、最新學說和禮教民情，此三者在沈家本的思想體系中，是一個「綜合完整體」，可以說，這是沈氏對待中西法學的基本態度與方法。[37]

二、沈家本法的歷史觀與其變法修律理念

歷史的演進，既根源於時勢的形成與變動，時勢不斷變化，歷史也就不斷變異，因此，順勢而變與因革損益，自是自然之理。一代之法典，緣一代之政體而生，事為昔人所無者，不妨自我而創。底下，分從「順勢而變」與「因革損益」兩個角度來一窺沈家本的變法修律思想的梗概。

（一）順勢而變

傳統中國歷史上的變法論爭，往往癥結所在，就是守常與變法觀念的衝突。沈家本肯認先秦儒法兩家「禮法時移」及「法與時轉」「治與世宜」的主張。認為，以法理而論，「古人立法原有至理」。[38]惟環球學說日新月異，世界各國「舉凡政令、學術、兵制、商務，幾有日趨同一之勢」，舊律顯然無法適應激變的形勢，「事變愈多，法理愈密」。[39]改弦更張，必須既探討舊法理，也應研究新法理；否則，就不能採擷精華，折衷新舊，而有補於世。秉此理念，沈氏提出自己的變法修律主張，認為「法律之損益，隨乎時運之遞遷，……推諸窮通久變之

---

[37] 參閱李貴連，〈沈家本中西法律觀論略〉《中國法學》（北京：中國法學會，1990年），第3期。

[38] 參閱沈家本，〈明律目箋三〉《歷代刑法考》（北京：中華書局，1985年），監守自盜倉庫錢糧，常人盜倉庫錢糧條下。

[39] 參閱沈家本，同上注29，〈法學名著序〉。

理，實今昔之不宜相襲也」。[40]「法律之為用，宜隨世運為轉移，未可
膠柱而鼓瑟」，[41]中國法律尤須尋繹《易傳》的變通趨時之義。[42]為了
破除「祖制家法」不能更易的禁忌，沈家本闡述康、雍、乾三朝多次修
改律例的成事，又根據「物競天擇」的近代進化論和日本明治維新的史
例，強調中國如欲繼續生存於萬國之林，就必須變法修律。他指出：

> 今者五洲懸絕，梯航畢通，譯寄象鞮，交錯若織，列國政教之殊
> 途，質文之異尚，使節所至，亦既見之，且往往能言之。此固天
> 地氣運日開，為前古未見之變局，人不得而詆為虛妄矣！惟是智
> 力日出，方有進無已，天演物競，強勝乎？弱勝乎？不待明者而
> 決之。然則處今日之變，通列國之郵，規時勢，度本末，幡然改
> 計，發憤為雄，將必取人之長以補吾之短。若者益，若者損，若
> 者先，若者後，不深究其政治之得失，又烏乎取之？。[43]

沈家本從其改制圖治，拯救清廷的立場出發，提出不能再「墨守舊
章」「宜隨世運而移轉」「甄採西法」的主張。在沈氏所上《刑律草
案》告成奏摺說：「我中國介於列強之間，迫於交通之勢，蓋有萬難守
舊者」，於是一則曰：「愍於時局，不能不改」，再則曰：「鑒於國
際，不能不改」，三則曰：「懲於教案，不能不改」。[44]可以說，晚清
變法修律是迫於現實情勢而生，尤其，《大清新刑律》更是被外力逼出
來的；是被動的，是勉強的。

為此之故，禮教派一再譏諷沈家本等人，指彼為撤廢領事裁判權而
試圖改變傳統法制，從事新的刑事立法，是捨己芸人，是效顰學步，是
喜事更張。而我認為，從動機及目的上說，沈家本等法理派人士的見解

---

[40] 沈家本奏摺，〈奏刑律分則草案告成由〉。
[41] 參閱沈家本，同上注29，卷1，〈刪除律例內重法摺〉。
[42] 參閱沈家本，同上注29，卷6，〈重刻明律序〉。
[43] 參閱沈家本，同上注29，卷6，〈政法類序〉。
[44] 參閱〈修訂法律大臣沈家本奏刑律草案告成分期繕具清單呈覽並陳修訂大旨
摺〉，收於同上注10，頁845。

與措施顯難謂為不當，何況正配合時代的潮流及社會的遽變，藉以迎合新的法學理論與實際的趨勢。蓋當時司法國際化的要求，已為大勢所趨，尤其是世界各民族發達最早，且為國家存立所必須的刑典為然。一國的刑法，如再陳腐封閉，不圖變革，不但被視為不文明、野蠻，甚至國際間將藉口以該國法制、司法制度的「落伍」為要挾，在涉外案件處理中，百般刁鑽，需索無度，陷司法管轄權於旁落，其關係實非淺鮮，晚清不就是一個活生生的例證！

　　該強調的是，中外社會固有不同，但方向很清楚，那就是合於時代需要而有益於人類社會者，即應追求，這並非盲目從新，也並非追趕時髦，時也、勢也！如何將歐西及日本近代先進法學理論及其立法例，折衷至當地揉合於新法之中，這正是沈家本等法理派人士所致力追尋的目標，對此，我們又何忍苛責？

（二）因革損益

　　論者有將各別法律的內涵，分為時間度、空間度與事實度，統攝法律之諸象，構成「預測法律之座標」者。[45]就時間度而言，所有的法律，均與歷史時間同其命運，須服從於時間，隨時代的推移而演變，時間能「吞食」一切事物的存在；因此，具體存在的法律，自也不能免於為時間所吞食。就空間度來說，所有的法律，均在一定的領域，對一定的人民，發生效力，沒有一種法律，其效力是普遍天下的，也沒有一種法律，它的適用範圍是毫無限制的。就事實度來看，所有的法律，均與事實有關，每一法律均統制一定的事件或一類的情事。易言之，法律並非僅如歷史法學派所言，純為民族歷史、民族精神與民族確信的反映，而仍須顧慮到人類理性的創造，[46]具有發展性與可變性。

---

[45] 參閱吳經熊，〈法律的三度論〉，收於中華學術院編輯，《法學論集》（台北：中國文化大學出版部，1983年），頁1-4。

[46] 德國歷史法學派的創始人薩維尼（Friedrich Carlvon Savigny, 1779-1861），認為法律係民族歷史、民族精神與民族確信的反映，法律與民族之間富於有

　　以這樣的觀點來看清末的禮法爭議，就其中爭論焦點之一的家族主義與個人主義的歧見，固然家族主義在中國法制史上有其歷史使命，也有其時代價值。但西洋自16世紀文藝復興運動，發現「人」的價值後，近代西洋法律對於人與人的規範，是以個人為出發點，並以個人為歸宿點；此時，中國的家族主義可謂已克盡其歷史使命，自然應順應時潮，轉而重視「人」的尊嚴。禮教派一再強調家族主義廢棄後，將會「人心離散，土崩瓦解」，將會「綱淪法斁，隱患實深」[47]，這種危言，意在聳聽，衡諸事理，實有未當。

　　當然，沈家本以撤廢領事裁判權，作為修訂新刑律的權輿，企圖借外力以達目的，本身固存在致命的弱點。而反對新刑律的禮教派，以為撤廢領事裁判權，必須國勢強盛、審判公平，始能收到實效，否則，徒事摹仿西洋法制，將屬枉然，這種認識雖屬正確；但問題是，就當時的局勢看，法制改革與修律勢必先行，否則何來國勢強盛？又何由審判公平？誠如禮教派的張之洞在自己的奏疏中也提及，清季刑訊無辜、非刑殘酷、拘傳過多、問官武斷、監羈凌虐、拖累破家，是不文明的法律，[48]豈能施之於文明的國民？沈家本期將中國法律與西方各國近代法典改趨一致，不但為履行商約，以期收回法權所必要，且亦法理、體制所必須。禮教派以為，一味仿行西法，則名分顛倒、服制紊亂、禮教陵夷，則綱常無存、禍亂相尋、國將不國，此等論調固所痛快淋漓，以使天子動容，[49]但顯然缺乏社會已變、時代已移的危機意識，顯然忘情於

機的聯繫。要立法之前，須由法學家先整理已經存在的法素材，並以此為基礎來建立法體系，之後法典是根據法學家的學說來建立。

[47] 詳參劉錦藻，〈刑五〉《清朝續文獻通考》（台北：新興書局，1963年），卷246。

[48] 《大清律例》較之漢隋唐明之律，其仁恕寬平，相去天壤，徒以州縣有司，政事過繁，文法過密，經費過絀，而實心愛民者不多；於是濫刑株累之酷，囹圄凌虐之弊，往往而有；雖有良吏，不過隨時消息，終不能盡挽頹風。外國人來華者，往往親入州縣之監獄，旁觀州縣之問案，疾首蹙額，譏為賤視人類，驅民入縠。」詳參劉坤一、張之洞撰，同上注6。

[49] 禮教派人士劉廷琛於宣統三年（1911）2月23日曾上奏說：「此等法律使果得請施行，竊恐行之未久，天理民彝漸滅寖盡，亂臣賊子接踵而起，而國家隨

今夕何夕的戀古情結；傳統法律文化面臨新的挑戰，已完全失去回應的能力，這是不能迴避，也不得不正視的現實課題。

三、沈家本變法修律的侷限性

綜觀清廷變法修律的指導原則，前後幾經轉折。光緒二十八年，沈家本、伍廷芳奉命修律之初，因庚子八國聯軍壓境，慈禧、光緒為緩和列強各方壓力，下達諭旨中有「將一切現行律例，按照交涉情形，參酌各國法律，悉心考訂，妥為擬議，務期中外通行，有裨治理」之語。[50]這時，清廷向世人所宣告的法律改革，乃是與各西國改同一致，何等堅定！何其乾脆！沈家本此時從事法制近代化的修律工作，自然進行得較為順遂。

到了中期，列強放棄鯨吞、瓜分中國的計謀，轉而採取「以華制華」「以華治華」的策略，慈禧等又驕恣如故。其後，清廷的諭旨中，屢屢更換修律宗旨，在「參酌各國法律」的同時，還必須「體察中國禮教民情」，緊接著又強調「中國素重綱常」「實為數千年相傳之國粹，立國之大本」「凡我舊律義關倫常諸條，不可率行變革，庶以維天理民彝於不敝。」[51]凡此，固暴露出清廷因循敷衍的苟安心態。不過，從另一角度看，這也不能完全歸責清廷缺乏「修律誠意」；畢竟，在長達十餘年的修律活動中，投下的人力物力也是歷來少見的大手筆。如果真要徹底檢討，主要是當時內外樞臣的輿情聲浪，左右了當局的決策。不幸的是，此舉反而大大助長禮教派的保守勢力，而愈使沈家本等修律工作

之矣。蓋天下至大，所恃以保治安者，全賴綱常隱相維繫。今父綱、夫綱全行廢棄，則人不知倫理為何物，君綱豈能獨立？朝廷豈能獨尊？理有固然，勢所必至。」詳參〈大學堂總監劉廷琛奏新刑律不合禮教條文請嚴飭盡刪摺〉，收於同上注10，頁887-889。

50 參閱《大清德宗景皇帝實錄》（台北：華聯出版社，1964年），卷498。另參劉錦藻，同上注47，卷244，1902年。

51 參閱〈修改新刑律不可變革義關倫常各條諭〉，收於同上注10，《清末籌備立憲檔案史料》，下冊，頁856。

障礙重重。

　　面對這些困難，沈家本仍本其變易歷史觀，通觀全局，體察國情，把握20世紀初頃世界法律思潮趨向，堅持折衷中西、溝通新舊。一方面利用列強與清廷間的利益矛盾，重申舊律不改，列強必將不肯放棄領事裁判權等，企圖使禮教派讓步；另一方面，則與禮教派公開展開論戰，甚至不惜冒「勾結革命黨」釀成大獄之風險，為新律辯護；這種乘勢而變，力挽狂瀾的精神，的確為晚清法制改革展現一線生機。

　　然而，歷史終究是冷酷的，衡諸世界各國法制通例，法律政策或律典的具體改革，往往要在改變政體之後，始能順利進行。就變法革新的歷史進程而言，沈家本等著手推動的修律工作，出自清廷本身垂危掙扎之際，顯然為時已晚。因為自鴉片戰爭之後，先進的有識之士，提出變法革新的口號已幾十年，其間又經歷了1860年的自強運動，以及1898年的戊戌變法等自救機會，孫文領導的民主革命也已轟轟登場，而無論當時的維新或革命活動，實際上，都遠未觸及具體法律領域的變革。[52]

　　身為清廷修律大臣的沈家本，能在清末以合法的身分，進行一系列法律的具體變革，這是一種特殊情勢下的產物，正因為如此，他縱然有心，卻無力貫徹，也不可能越出專制皇權所能容允的範圍。所以，沈氏無論刪修舊律、制定新法，都要多方折衝。以廢除奴婢制度言，沈氏當然想徹底務盡，但礙於朝廷內外保守勢力的壓力，在某些細節問題上不得不採取「變通」作法，以圖達到改革的目標。難怪他無奈地說：

　　倘朝廷大沛殊恩，仿照西國贖奴之法，普行放免，固為我國家一
　　視同仁之盛舉。即不然，不強之以放贖，而但變通其罪名，此亦
　　修法者力維之苦心，舉世所當共諒者也。[53]

　　可以想見，沈氏在諸多問題上，有其勢不從力、力不從心的難言之隱。尤其，在禮法爭議中，一再的退讓和妥協，新刑律被迫一改再改，

---

[52] 參閱李貴連，同上注37。
[53] 參閱沈家本，同上注29，卷10，〈禁革買賣人口變通舊例議〉。

不斷加入義關綱常名教之條；最後，還被加上一個很大的禮教性附款
——〈暫行章程〉，甚至沈氏本人也不得不辭去修訂法律大臣之職，這
不是沈家本個人能力的問題。歷史也證明，向專制政體謀求開放改革是
不容易的；如果不改變政權的實質，如果不從政治中心根本變革，徒求
法制的改良，戛戛乎其難哉！

伍、結語

　　從沈家本所領導的清末修律過程來看，我們固不必為法理派隱，但
亦當為法理派辯，東方國度與西方國家的歷史與民族性，絕不能視為同
一方式，自屬事理所當然。對於此種不同方式所產生的文明，由此文明
所產生的一切政治法律與風俗習慣，要各有各的獨立存在價值，則應為
世人所公認。問題是，晚清的法律變革，是否僅意味著西方列強政治壓
力下的產物？抑或急遽的社會變遷所使然？還是東西法律文化的本質中
異中有同，使得中國對繼受歐陸法律具有理論上的可能？若是，則晚清
法律的近代化，在法制發展上，除了政治考慮的直接因素外，在適應現
實及思維結構上必另有一淵源才是。[54]

　　沈家本與禮教派人士，同樣地，長期受儒家倫理觀的浸潤，他潛心
古今律令，獨能洞察舊律之弊，之所以有時頌揚古律、先王之意，頗有
可能是為了挖掘中國古律及聖王經義中比較進步和積極的因素，以及可
以借鑑的成分；尤其，沈氏常從舊律引為圭臬的《唐律》中，找出傳統
中國中若干較為開明、理性的成分，試圖用來整飭清末不合時宜的傳統
律例，以支持他的新律；縱使在觀念上時而有矛盾或混淆之處，但先王

---

[54] 參閱蘇俊雄，《法治政治》（台北：正中書局，1990年），頁91。另參閱黃
源盛，〈晚清法制近代化的動因及其開展〉《中興法學》（台北：中興大學
法學院，1990年11月），第32期，頁207-219。

聖義及舊律中的法文化並不完全是糟粕，也非完全不值一顧；為瞭解法
律的本質機能及其文化價值的核心問題，沈氏除了審察世界潮流，注目
於近代西方法學的法律概念、規範教義的形成等學理外，尤探討西方與
中國傳統具有關連性的學說，企圖找尋其共通的正義概念及社會秩序原
理，重整中國合乎時代法律精神的命脈，自傳統法制的桎梏中掙扎出
來，並為其創設了一個近代化法制的宏遠架構，誰曰不宜？正如沈氏所
說：

> 後人立法必勝於前人方可行之無弊，若設一律而未能盡合乎法
> 理，又未能有益於政治、風俗、民生，則何乎有此法也？[55]

論者實不必過度譏訿沈家本的理論缺乏前後一貫性，而忽略其務實
改革的苦心孤詣。尤不應拘泥於斷章斷句，方能掌握其精髓，庶免淪入
一隅的偏見。然而，值得細細體味的是，在民國元年、二年時期，各界
對於憲法問題，尚有所爭論。而對於憲法以外之其他法制，如各種法律
草案，如司法部頒行的各種條例，以及大理院的解釋例及判決例，則很
少有人論及；至二年以後，更少談及法律者；即根本法之憲法，亦幾乎
無人齒及。難道民國之人，其愛護法律及尊重法律之心理，反遠不如有
清末葉的禮教派與法理派諸人士？難道民國以來，政府所頒的法制，果
悉盡善盡美而無缺憾？[56]

尤其，國民政府立法院成立以後，不到幾年功夫，即制頒「六法」
等諸大法典，採的全是各國最新立法例，整套的是歐西近代的法律意
識，其制訂過程，何以如是順遂？雖有零星爭議，何以未再引起如晚清
制訂《大清新刑律》時，禮法兩派般激烈的爭辯？難道說，經過了十多
年，國人已能泰然接受二度西潮？是「貌合而神離」？還是「形式的

---

[55] 參閱沈家本，〈論殺死姦夫〉《沈寄簃先生遺書・乙編》（台北：文海出版
社，1964年），卷2。
[56] 詳參朱方，《中國法制史》（上海：法政學社，1932年），頁272。

偶合」？[57]

　　沈家本理性地打破「傳統」與「近代」的兩極觀，強調傳統中國法律必須接受近代化的批判與改造，清廷才有法制近代化的可能，而開拓出「會通改制」的變法修律方向，創造中國法制一個新的生命；因此如果尊沈家本為「中國法制近代化之父」，誰曰不宜？而透過禮法兩派相互辯難的結果，更使我們瞭解中國法制的近代化與現代化有什麼樣的可能性，這是雙方的貢獻！

　　默察沈家本一生，少年時期，受家學薰陶，勤奮力學；青壯年時代，身歷刑曹又經科考；簡放知府期間，輯掌涉外法律事件的折衝；晚年又銜命主持修律大業，致仕後，埋首著述。一方面，入古返今，對傳統中國法律進行有系統而深入的研究；另一方面又以曠達前瞻之識，馳目中外，領導繼受歐陸與日本近代法制；兼理論與實際於一身，繼承傳統又超越傳統，中華法系在他手裡終結，也在他手裡另啟新頁。

　　雖說，侷限於時空因緣，囿於政治立場，沈氏的變法修律未能大破大立，也未能克竟全功。不過，他理性地打破「傳統」與「近代」的兩極觀，強調傳統中國法律必須接受近代化的批判與改造，才有法制近代化的可能，開拓出「會通改制」的變法修律方向，創造中國法制一個新的生命；而當年苦心所埋播的種子，不但影響及民初北洋政府及南京國民政府時期的立法與司法事業，也在1949年之後的台灣社會，但見其香火綿延。

　　這場新刑律立法上的禮法之爭，在各個階段，或有秩序紛亂、咄咄相逼之時，在事後看來，卻可認為係徹底解決中國法律文化新舊之爭的契機。要言之，由於《大清新刑律》的禮法之爭，從憲政編查館的贊成、反對二大派，演化成資政院中的藍票黨、白票黨，終而引起新舊思想的激烈衝突，可說反應社會變遷過程中，意識型態解構與價值重建的

---

[57] 詳參王伯琦，《近代法律思潮與中國固有文化》（台北：法務通訊社，1989年），頁45以下。

陣痛現象。輿論媒體的造勢、院會秩序的混亂乃勢所必然。資政院議員
與輿論媒體，對於傳統行為標準的取捨，透過理智與情感的交鋒爭辯，
擔任了審判與抉擇的角色，對於中國的法律文化，在由傳統過渡到近代
的轉型期，確實扮演著從根翻起的深耕作用！

第六章

岡田朝太郎與清末民初刑法典的編纂

壹、序說

　　有清末季，今昔情事急遽轉變，中外思潮澎湃匯流，這是個海禁乍開，新舊遞嬗的時代。光緒三十二年（1906），就在清廷日薄崦嵫的歲月裡，北京「修訂法律館」來了一位年華正茂的東瀛客卿，他頂著「明治時期刑法學巨星」的光環，神采奕奕地踏上了這塊陌生的土地，滿腔熱忱地要為清帝國的舊律把脈；九年時光匆匆，當他再度提起行囊踏歸，橫濱碼頭濤浪拍岸依舊，而當年英挺的臉龐，已早生華髮。他為近代中國的刑事立法與法學教育貢獻了心力，一位值得尊重卻被遺忘的異鄉人——岡田朝太郎（Okada Asataro, 1868-1936）。[1]

　　晚清迫於外鑠與內在的雙重壓力，不得不進行變法修律，而延聘外籍人士參與立法事業，也是迫於時局的無奈。此時，岡田朝太郎生逢其會，以其精湛的刑法學素養，尤對法國、德國及日本近代法律思潮及法制變革有深切的體認，又兼具「漢和古風」的灑脫個性，無論對於清廷制定新律方向的掌握及刑事法典的編纂，乃至近代法學教育的播種，均毫無保留的付出，誠為晚清法制近代化的啟蒙者，時人推譽修律大臣沈家本（1840-1913）為「中國法制近代化之父」，而沈氏幕後的推手，無疑地，岡田朝太郎當之無愧；沒有岡田，可以說，就沒有當年沈家本的一番業績。

　　當然，談論一個人物、評斷一件史事，要瞭解他所處的時空背景。本章，擬從傳記法學的角度，首先，一窺岡田的生平及其學術生涯，再瞥其重要的刑法學論著；而最主要者，將針對岡田朝太郎刑事法思想的內涵及特質詳加著墨，並兼論其作為與思想對清末民初刑事法制及法學的影響。

---

[1]　參閱日本力行會編纂，《現今日本名家列傳》，1903年，頁193以下。另參閱松尾浩也，〈日本刑法學者のプロフィール—連載の始めに〉《法學教室》，1993年，第4期第151號，頁79。

貳、岡田朝太郎的學術生平

　　一切緣起，緣起一切。是怎麼樣的一個時代，給了岡田朝太郎機緣？是怎麼樣的人文情懷，植田於異鄉社會？看似平順的學術生涯，卻成為他國法律秩序設計的參與者，岡田有情來下種，中國刑事法制因地果還生。

一、變遷與重建的成長年代（1868-1905）

　　岡田朝太郎，明治元年（1868）5月29日，出生於日本美濃大垣南切石村，為舊大垣藩士岡田平八的長男。明治十二年（1879），因家道中落，小學中輟，此後三年間曾充當見習陶器畫工。

　　那個年代，日本的法制正值明治維新之後，迅速地擺脫中華法系的長期支配紐帶，飛躍地飆向法國法。由於對法國1810年所謂「自由主義刑法典」的推崇，又在法國刑法學家波阿朔拿德（G. E. Boissonadede Fontrabie, 1825-1910）的直接指導下，以《法國刑法典》為範例的第一部近代日本刑法典《舊刑法》於1880年公布，並於1882年生效。在這樣「脫亞入歐」及「拿來主義」盛行的歷史關鍵年代，不僅在刑法學界，甚至是整個日本法學界，無論在立法模式、司法結構抑或法學理論上，均以拿破崙諸大法典為繼受對象。就在這種思潮衝擊下，年僅十五而有志於法學事業的岡田，進入了東京外國語學校，開始修習法文；經過第一高等中學大學預備科後，1891年7月，畢業於東京帝國大學法科大學法國法科，旋即入大學院專攻刑法。

　　1878年，東京大學創立，與原司法省的法律學校合併成東京大學法學部，並統歸文部省所轄，當時的東大法學部，教學人力仍相當單薄，主學科之一的刑法學，除先後有鶴田皓、橫田國臣及松室敬等教授兼任外，竟無一位專任教師。身為民法家的富田政章教授（1858-

1935）甚至還親自兼授刑法課程。直到明治二十六年（1893），始設立專門的刑法講座，而擔任這個講座的首任講師，便是岡田朝太郎。一年後，岡田升任為副教授，並出版對當代日本刑法理論具有重大歷史意義的刑法學專著──《日本刑法論‧總則之部》。與此同時，岡田也受當時紛紛成立的各私立法律專科學校的聘請，兼任刑法學的課程。

依照日本學界的慣例，明治三十年（1897），岡田開始外放，進行為期近四年的法、德兩國遊學，後又轉學義大利[2]。他與當時許多先進的日本知識分子一樣，全力投入學習和吸收西方法律文化與理論技術。不過，從現有史料看來，在法國及義大利的遊學經驗，似乎未給岡田後來的學術思想留下太多值得稱道的痕跡，倒是在德國師從李斯特（Franz von Liszt, 1851-1919）學習的經歷，不僅對他本人的學術發展，也由於透過他的傳播而對整個日本刑法學界，產生了深刻而廣泛的影響。

明治三十三年（1900），遊學歸國後，岡田即回任東大教授；隔年，獲法學博士學位，至1906年為止，一直活躍於刑事法教學和研究領域。此期間，是岡田學術生涯的一個高峰期，著述不斷，且常倡導以「德國分析式的方法」從事研究[3]；因此，他的學術理論，無論在方法上以及範圍上都展現出新的風貌，不僅研究內容擴大到「從來為法國學者所不注重的」因果關係、不作為犯、間接正犯等課題，其教學和刑法研究室的學術活動也朝氣蓬勃。據載：岡田授課時，思維敏捷、議論清晰，絕無曖昧晦澀之詞；聽其上課，趣味橫生，非常愉悅；因此，口碑極佳，相當受學生的敬重。

---

[2]　沈家本非常推重日本學者學習西方的態度，不止一次地指出：「日本之遊學歐洲者，大多學成始往，又先已通其文字，故能誦其書冊，窮其學說，辨其流派，會其淵源。迨至歸國之後，出其所得者，轉相教授，研究之力，不少懈息。是以名流輩出，著述日富。」詳參沈家本，〈寄簃文存〉，收於氏著《沈寄簃先生遺書‧甲編》（台北：文海出版社，1964年），卷6，〈法學名著序〉。

[3]　參閱牧野英一，《刑法の三十年》（東京：有斐閣，1938年），頁38-39。

　　日本《舊刑法》公布不久,漸漸發覺法國法的民族性畢竟與日本國情不同;1871年,普法戰後,乃對法國法一面倒的情形試圖加以修正,擬轉向繼受新興的德國法。事實上,當時,岡田朝太郎亦深知日本《舊刑法》的不夠完善,懷有重新修正的殷切期待,此後多年,一直熱情地投身於《舊刑法》的修正改革活動中。在《刑法改正草案》提交第十五屆議會審議時,朝野「駁論囂囂」,修正案「危如燈火」,岡田見狀,「感慨不已,憤然而起,置身反對論的漩渦之中,極力支持改正案。」該修正案終獲議會通過,岡田為學術真理而千萬人吾往矣的開拓精神,可見端倪。

　　明治三十八年(1905),於日俄交戰談判之際,岡田參與以戶水寬人為首的東大教授七人,發表反對媾和的強硬外交主張,引爆被休職處分的所謂「戶水事件」[4],雖嗣即復職,亦足見其膽識與魄力非常。

二、客卿異鄉的九年歲月（1906-1915）

　　光緒二十八年(1902),清廷下詔變法修律,這是中華法系解體的年代,也是洞開大門,繼受歐陸法系大開大閤的關鍵時刻。而放眼國內,當時被公認的法律專家薛允升、趙舒翹,他們只「專」傳統中國舊律。沈家本雖被譽為精通中西法律,但是,他的西律知識,應該是在擔任修訂法律大臣後始逐漸修得的。維新人士如康有為、梁啟超,對西方法律雖有所心得,但人在海外。黃遵憲頗有造詣,卻已被清政府斥革;嚴復翻譯過不少外國著作,但未見他翻譯的法律、法典。當時,真正嫻熟外國法制的,可能只有留學英國倫敦林肯法律學院（Lincoln's Inn）精研英美法,並具有大律師（Barrister）資格的伍廷芳（1842-

---

[4]　1905年8月25日,日本文部省處分對俄強硬論者東京帝國大學教授戶水寬人等以停職。東京、京都帝大教授揭櫫大學之自治展開抗議運動。詳參馬約生,〈論日本早期現代化過程中的高校自治與進步運動〉《揚州大學學報》（人文社會科學版）,2002年5月,第6卷第3期,頁86-91。

1922）。在這種局面下，清王朝想繼受外國法律，除聘請外籍人士擔任顧問外，實別無他法。

　　而日本於甲午（1894）、甲辰（1904）兩役力克中、俄，躍居世界強國之林後，明治維新的成效已然大著。清廷於痛定思痛之餘，激起仿效日本維新的浪潮，留日學生的派遣、官紳的出國考察、法律學堂的創設，固為此番浪潮激盪的傑作，而禮聘日籍教師的來華任教，也隨此潮流逐波而至。據統計，光緒末年，應清廷之聘前來的日籍人士高達六百餘人，其中從事法政、經濟之教職者約四十五人[5]。

　　由於實際立法的需要，也得到列強勢力的首肯，清廷積極而熱誠地招聘外國法律專家參與立法，原擬延請「各大國一人」，實際上，並未完全按照原方案進行，在將近十年的變法修律期間裡，前後聘請的多名外籍專家，幾乎清一色來自日本。1906年，日本法政大學校長梅謙次郎（1860-1910）赴清廷訪問，當時的清政府曾再度提出禮聘他來華協助立法事業的懇求，而梅氏當時以另有他事婉拒，乃力薦岡田朝太郎擔綱，後來又敦聘松岡義正（1870-1939）、志田鉀太郎（1868-1951）、小河滋次郎（1864-1925）、岩井尊文（1877-？）等來清廷。這些客卿中，岡田朝太郎被日本法學界推為「巨擘」，所著之書最鳴於時；東京控訴院部長判事松岡義正，「司裁判者十五年，經驗家也」；小河滋次郎為「日本監獄學之專家」，志田鉀太郎為商法學家，岩井尊文則具國際法方面的專長，符合張之洞所提出的「律學著名」等條件。這些顧問，一方面，協助「修訂法律館」調查，起草刑、民、商、訴訟等各類新式法律草案。另一方面，在京師法律學堂擔任教席，講授各相關領域的法律科目。

　　1906年9月，38歲的岡田朝太郎，就在他日本國內學術聲望達於高峰之際，受清政府的禮聘，到北京出任欽命修訂法律館調查員兼法律學

5　詳參吉野作造，〈清國在勤の日本人教師〉《國家學會雜誌》，明治四十二
　　年（1909），第23卷第5號。按吉野氏於清末曾赴天津，任袁世凱之子袁克定
　　的家庭教師。

堂教習。岡田來華之前，在日本明治政府的法典編纂事業中，於梅謙次郎、富井政章等「法典調查委員」屬下，名為「整理委員」，積有豐富的法典編纂經驗。據傳，岡田初抵北京時，《大清刑律草案》已由中國人之手，完成《總則》的全部與（分則）的十分之九。惟岡田審閱後，認為該草案主要係參酌日本《舊刑法》而成，應修應改之處頗多，乃建議另行起稿，並徵得沈家本、伍廷芳兩修律大臣之應允，重新起草法案[6]。事實上，岡田在先前參與其國內近代法典編纂過程中，有些刑事立法原則與立法技術有其獨特的見解，終因囿於現實，未能在日本法典中完全實現，而一直耿耿於懷，乃想趁此參與清廷法典編纂良機，儘可能將其個人理念，落實在《大清刑律草案》中[7]。

　　岡田應清廷之聘，赴北京參與各項法案的草擬，除起稿前述的《大清刑律草案》外，另起草《大清法院編制法》《大清刑事訴訟律草案》《大清違警律草案》等。並兼任「京師法律學堂」及「京師法政學堂」法政科講座，講授大清刑法總則、大清刑法分則、刑事訴訟法、法學通論及大清法院編制法、憲法、行政法等科目，沈家本對岡田的講學能「由博返約，提要鉤元」，曾給予高度的評價[8]。

　　何以岡田在其國內學術聲望如此崇隆，難捨能捨，甘願來到法律文

6　《大清刑律草案》學界一般以《大清新刑律草案》稱之，本章時而交相混用。至於原草案之下落及內容何如，目前有關中國文獻無法徵驗。詳參閱岡田朝太郎，〈清國ノ刑法草案二付テ〉《法學志林》，明治四十三年（1910），第12卷第2號；〈清國既成法典及乙法案二就テ〉《法學志林》，明治四十四年（1911），第13卷第89號。參宮坂宏，〈清國の法典化と日本法律家―清末の刑法典編纂の問題について〉，收於《日本法とアジア》，仁井田陞博士追悼論文集，第3卷（東京：勁草書房刊，1970年），頁237-255。

7　參岡田朝太郎，同上注6；〈清國改正刑律草案（總則）〉《法學協會雜誌》，明治四十四年（1911），第29卷第3號；〈清國刑律草案二付テ〉《法學志林》，明治四十三年（1910），第12卷第2號。

8　感人的是，岡田朝太郎為了儘速完成《大清刑律草案》及《大清法院編制法草案》，苦心積慮，於極短期間內脫稿，終因積勞成疾，得肛瘻病痛，臥床四十餘天。詳參宮坂宏，同上注6。另參閱汪庚年編，《京師法律學堂講義》（北京：京師法學匯編社發行，1911年）。再參閱沈家本，同上注2，〈法學通論講義序〉。

化水平較其國內顯有落差的清帝國？至今無解。若要強找理由，或有可能受到上述日本「戶水事件」的影響，又蒙清廷高薪禮聘？或許，岡田認為親自參與清廷各大法典的起草工作，對一個法學者而言，是莫大的榮譽？或許，岡田的許多刑法理念在其國內未能落實到日本新刑法的修訂中，想另找揮灑空間？也或許緣於岡田與生俱來的開拓精神，想另闢理想的刑事法圖像？

三、桑榆餘暉（1916-1936）

走過清朝與民國政權更迭的風風雨雨，岡田朝太郎並未在清廷覆亡之際即行返日，另參與了民國四年（1915）《修正刑法草案》的研擬；直到同年9月，始束裝歸去。此後，仍依北京政府法律館的囑託從事相關工作，並辭去東京帝國大學教職，只兼任早稻田、明治等私立大學教席。

此其間，岡田除繼續撰寫學術著作《刑法論》外，尤專注於比較刑法的研究，對於各國已問世的刑法典，傾全力搜集「司法資料」，並將其譯成日語，同時予以系統化、對比化，完成相當具有創意的比較刑事立法學；直迄往生之際，篋底仍留有大量的未完稿本，其中，包括部分的比較憲法稿。晚年，另旁及佛學，遺有佛典相關的研究論稿。昭和十一年（1936）11月13日，因心臟病去逝，春秋六十有九。

參、岡田朝太郎的主要學術著作

月旦歷史人物，自需先見其論述，綜觀岡田朝太郎一生，著作等身，目前所能見到的日文之作有：《日本刑法論》（總則之部與各論之部）、《法學通論》《舊刑法講義》《刑法講義》《比較刑法》《中華

民國法院編制法》《刑法》《刑事訴訟法》《違警律》《刑法論》等及其他。此外，岡田也是一位「古川柳」雅好者，著有《寬政改革と柳樽》《虛心觀》等非法學閒作[9]。另有被翻譯成中文的著作：《漢文刑法總則講義》《法學通論講義》《刑法總論》《刑法各論》《刑法理由書》《日本刑法改正案評論》等。而其中，堪稱岡田代表作且具階段性意義者有下列諸冊。

一、開基奠路的成名之作——《日本刑法論》

　　早在出國遊學前，年輕的岡田已在刑法學的研究領域上展現出獨到的心得，自力加上外緣，岡田生逢蛻變與重生的年代，獨領風騷，對刑事法一門尤其深入。1894年，剛剛升任副教授，年方二十六，即出版了長達1,134頁的《日本刑法論》（總則之部）。對於本書，後起的刑法學碩彥牧野英一（1878-1970），在追弔岡田的誄辭中說：「這是在明治時代被讀得最多的一本刑法書，誠可謂洛陽紙貴。明治時代的刑法學，應該說，是以這本著作為基礎而建立起來的，並依此著作，奠下我國固有的刑法論。」[10]這是相當高度的學術評價，岡田鶯啼初試，已頭角崢嶸。1896年，本書續編《日本刑法論》〈各論之部〉相繼問世。

　　《日本刑法論》對岡田來講，是「學界將他視為刑法學者並給他終生帶來不減的光榮。」因此，繼其恩師富井政章之後，成為「明治二十年代的刑法界代表性學者」[11]。小野清一郎（1891-1986）認為，《日本刑法論》在解釋論上相當程度師承了富井政章與宮城浩藏（1850-1894）的方法，而在沿革和政策理論方面則多所建樹，實現了刑法學

9　參閱《日本人名大事典1》（東京：平凡社，1937年）。所謂「川柳」係由十七個平假名所組成的詼諧、諷刺的短詩。

10　參閱牧野英一，〈岡田朝太郎先生の永逝〉《法學協會雜誌》，1936年12月，第54卷第12號，頁75。

11　參閱小林好信，〈岡田朝太郎的刑法理論〉，收於吉川經夫等編著，《刑法理論の總合的研究》（東京：日本評論社，1994年），頁183。

的體系化[12]。

二、遊學歸來的取經成品──《刑法講義》

遊學德國歸來後，岡田在研究方法、內容、範圍上都發生了質的變化，此其間的代表作，是他1903年「根據留學新所得」撰寫出版的《刑法講義》（全集）。該書被稱為「應值得作為紀念的著作」，是「第一部在德國概念基礎上建構的刑法學著述」，其中，不僅「德國刑法學的思考」顯而易見，內容也涉及許多當時日本乃至法國刑法學界所甚少探討的刑法技術性課題。

三、比較法學的先驅作品──《比較刑法》

特別著重比較刑事立法的研究方法，是岡田刑法學的另一特色，這一特點在他法、德遊學歸來後更加顯著。主要成果是他的《比較刑法》，該著對於1810年法國《拿破崙刑法典》以迄1912年中華民國《暫行新刑律》等，共51個國家的刑法典加以翻譯後，並進行逐條對比分析。全書分上、下兩卷，上卷含《緒論》三章，分別為「各國現行刑法施行年表」「刑法編纂的趣旨」及「刑法編纂的順序」等。另含《本論》（總則編）凡七章，總共631頁。下卷除有《總則編》第八章至第十一章外，另含《分則編》第一部「殺傷編」及第二部「強竊盜編」，長達958頁。

此外，岡田還翻譯出版有《智利刑法法典》《秘魯刑法》《哥斯大黎加刑法法典》《西班牙刑法》《巴拿馬刑法》《菲律賓刑法》《暹邏刑法》和《比利時刑法》等，出版年月日均不詳。至今看來，岡田比較刑法的部分成果，一方面或由於他在中國擔任修律顧問，起草刑律工作

---

[12] 參閱小野清一郎，〈刑法小史〉，收於氏著，《刑罰の本質について・その他》（東京：有斐閣，1955年），頁413。

的實際需要所得。但毋庸置疑，他的核心成果仍來自他在日本國內的研究。尤其廣受矚目的〈刑之執行猶豫〉一文，對於世界各國剛剛問世之新的刑罰制度，調查詳備，論證明晰。

四、蒼涼無力的秋涼之聲──《刑法論》

1924至1925年間，岡田56歲，寫出他生命中秋天的最後一本學術專著《刑法論》，內含〈刑法總論〉及〈刑法各論〉兩大部分，但掌聲不再，九年多海外的客卿生涯，已使岡田在學術理論的發展上中斷；此時，日本刑法學界舞台上的主角換人，也許「他已對刑法學感到疲倦了，刑法學已經轉移到後起之秀的牧野英一時代了。」[13]。

肆、岡田朝太郎刑事法思想的內容及其特質

翻閱古今中外的法制歷史，凡有人類社會的地方，必存有人之「性」，而「性」流於「情」，「情」縱放而為「欲」，有「欲」不得其滿足，就有「爭」，「爭」則往往侵及他人的生活利益；為此，須要有「規範」來加以充分止爭，而諸種生活規範中，起源最古老者，應屬被稱為「法中之法」的刑律；其以規範國家刑罰權的行使為重心，或表現出統治者支配人民的手段，或展現出人類社會實踐「正義」的意志。而世間之所以建立刑事制度，對犯罪者科以刑罰制裁，其理論根據何在？此乃刑法思想的根本問題，每因時代不同而異其見解。作為一名有影響力的刑事法學者，岡田為那個時代奉獻了心力，他的基本刑法觀、犯罪論與刑罰論自有必要加以深入掌握。

---

[13] 參閱小野清一郎，同上注12，頁141。

一、岡田刑事法思想的基本立場

有關犯罪與刑罰的基礎理論，泛稱為刑法理論，其內涵自古即為論者所盛議；惟就近代刑法學而言，因古典學派與近代學派之論爭而展開的犯罪論與刑罰論，尤為眾家所爭鳴，岡田生逢其辰，他的見地又是如何？

（一）國家刑罰權的根據論

18世紀中葉以來，刑法學界興起以哲學思維作為研究國家刑罰權的理論根據，其主要學說有三：純正主義、實利主義及折衷主義。所謂「純正主義」亦稱「價值主義」，乃將價值，即罪惡必罰的正義觀念視為刑罰制度的最終目的；所謂「實利主義」可稱為「手段主義」，係將利益，即將保護社會各項制度作為刑罰的最終目的；至於「折衷主義」則認為：正義與利益相佯，而後成刑罰權的根據；申言之，凡國家所指稱為犯罪行為者，必以違背道德且加害於社會的利益行為為限；而國家之所以科予刑罰，也以道義的法則及社會的利益為準據。

折衷主義者的說法，不獨為當時多數學者所贊同，各國也多據以編纂刑法典，尤其成為法國1832年刑法改正的理論根據，隨後又為西方各國刑法典所仿效。當時的日本，以宮城浩藏、井上正一等為代表的學者也作如是主張。不過，岡田認為此等學說祇不過是歷史上的遺物，純然出於理想，甚至斷定其為不能實行的空論。他所持理由如下：

其一，折衷主義論者採用正義之觀念，主張有罪必罰，為不可撼動之原則；然自事實上觀之，不問時之古今，國法常採用有罪而無刑罰的法則，如公訴之時效、大赦、自首全免、緩刑等是，足以駁其犯罪必罰之說矣。其二，折衷主義論者又適用正義之觀念，以為罪大則刑重，罪小則刑輕，不可不保持罪刑之權衡；在彼信其為一定不易之原則，其實亦不過空論耳，何則？就罪之大小以測量刑之輕重，其權衡如數學的之精確，必不能也。其三，

折衷主義論者權衡犯罪之大小、刑罰之輕重，更折衷實利思想，欲令犯罪者足以自懲，世人亦足以為戒，不知有科以持平之短期自由刑，而罪人不自新者；有不科以長期自由刑，而罪人速改悔者；刑之持平不持平，與罪人之改過不改過無甚關係，世人更不待言。論者所謂罪刑相當之刑罰，與有自懲他戒效力之刑罰，事實上不能兩存，故折衷主義之說，不得不謂之為空論也。[14]

岡田在課堂上也常強調：

夫六合不出有無之界，人事惟有善惡二途；善惡二途，究不外乎為不為之必然的關係，而宗教、道德、國法各立一派，皆有其一貫之原理，正邪善惡之觀念，又豈可以為謬而排之？但止求國法之基礎，誠不必溯及社會的生存之實利實害以上也。

此話經常為學生所傳誦不已。岡田且進一步認為：

宇宙森羅萬象，其究極果何如乎？徵之甲則曰有，徵之乙則曰無，孰真孰否？不得而知也。然既分為有無二界，謂人類不在有界中之一，則百科諸學將無用矣。既認人類為實在，則與人類相緣而生之關係，曰善曰惡者，亦莫不在，何謂善？何謂惡？宗教與道德，其標準不同；信仰則善，不信仰則惡，此宗教家之所謂善惡也。正則善，不正則惡，此道德家之所謂善惡也。其說雖殊，總括之，不過當為而為，不當為而不為之一義；然則正邪善惡之論，必不可以為偽矣。既以為不為之必然之關係定善惡，則國法上之所謂善惡，亦當採此論解決之。國家者，為權力主體而保人類共同生存之源者也：換言之，則吾人現為人類團體之生活，且有可為團體的生活之性質，是國家所認為權力之理由也，然則權力之行使，無論為抽象、為具體的，就其法令之制定及適

---

[14] 參閱岡田朝太郎，《法政講義》，第一集，第八冊，《刑法總論》（丙午社印行，光緒三十三年（1907）5月），明治四十年6月，頁5-2。

用而溯其源，皆在人類共同之順序，可知有利於共同生存者，即
國法之所謂善；有害於共同之生存者，即國法之所謂惡。然國法
全體中，以何者為刑罰之關係？何者非刑罰之關係？初難預定，
惟視其非藉助於刑罰之特別制載，不足維持法律秩序者，為刑罰
關係；不必藉助於此者，為非刑罰關係而已。[15]

簡單說來，關於國家刑罰權的根據，岡田首先駁辯純正主義及折衷
主義者為不切實際之論，而主張不可不以共同生存必要之條件為準則。
他認為，共同社會生活是生存的必要條件，而國家生存的必要條件，也
就是社會全體生存的必要條件，當透過國家的強制力以確保人類的國家
生存的必要條件，就是刑罰。由此隱約可見，岡田基於適者生存思想所
導致的「社會進化主義」的理論依據。

（二）舊派夾雜新派的刑法論

在岡田的刑法論述中，不難發現，他時而表現出對於自由主義價值
觀的不屑，甚至懷有某種程度的敵意。這在當時，以強化天皇權力、國
家統一的歷史條件下來看，似乎明顯地具有權威主義的實利傾向。可以
說，由於時代的侷限，岡田刑法理論具有強調集體主體，以國家的存在
與發展為座標的特色；但是，整體上看，也並不能由此而認定岡田是一
位國家至上的重刑主義者。如果，我們從岡田對於「罪刑法定主義」前
後一貫的堅持，對於法律解釋方法的慎重態度；尤其，透過他大力鼓吹
和捍衛的緩刑制度等來看，說他是一位溫和的社會防衛論者，似乎較為
合適。

事實上，早年曾遊學法、德、義的岡田，他的刑法思想相當程度受
到歐洲1980年代以來蓬勃興起的實證主義、主觀主義刑法思潮的影
響。從他撰文介紹過「新派」刑法理論來看，岡田的刑法思想有一定的

---

[15] 上述引言，參閱岡田朝太郎，同上注14，頁10-11。

「新派」傾向[16]。但嚴格來講，並沒有形成自己獨特的刑法理論體系，他贊同的只是「新派」的某些主張，否定絕對應報刑理論。他的刑法思想並沒有超越他的時代，只能說，就其所處的時代而言，頗能務實地適應社會發展的潮流。他反對比附援引，極力主張罪刑法定，是基於對日本傳統刑法中罪刑擅斷的反動；他反對士庶身分等差罪刑的舊制，是基於對歐西刑法以市民自由主義為基礎，以及對保障個人權利與自由的認同。可以說，岡田刑法思想的基本立場是「舊派」客觀主義的，但吸收了「新派」的成分。

　　也可以換個說法，岡田自身大體上雖有所謂「新派」的傾向，但在他的法律論理方法與邏輯論證上卻具有較濃厚的「舊派」刑法理論色彩，他的「新派」主張並不徹底。論者說：「岡田新派刑法論的開展是在舊派的框框中進行的」[17]，這是中肯的評價。

二、岡田刑法學有關犯罪論與刑罰論的特色

　　泛泛來說，凡所有的法律規範，背後均有其制度產生的緣由，而制度的背後更有其思想為其導引，思想是制度與規範的種子。刑法學是一門以「犯罪」與「刑罰」為探討對象的人文社會學科，近代歐陸法系刑法的特色，即在於整個刑法條文與司法實務均建構在一個哲學理論的基礎之上；而此種哲學理論導引著刑法的形成與發展，並使得刑法的適用與解釋有理可循。

---

[16] 岡田在很大程度上受了穗積陳重和富井政章等師承觀點的影響，主張社會進化主義（他稱之為自然主義）的刑法觀，對於屬於古典刑法學說的所謂折衷主義刑法學進行了尖銳的批判，理論上具有相當的社會防衛刑法學的特點。德國遊學師從李斯特後，更加在方法論上得到了強化。可以這樣說，那個時代，在相當程度上決定了他的理論發展與走向。參閱李海東主編，〈岡田朝太郎〉《日本刑事法學者》（上），（北京：法律出版社；東京：成文堂聯合出版，1995年），頁16-38。

[17] 不過，也有認為岡田朝太郎大體上係傾向於「舊派」者，詳參蔡樞衡，《刑法學》（南京：獨立出版社，1947年），頁66以下。有關岡田先生的刑法思想，詳參小林好信，同上注11。

（一）犯罪論

從岡田《日本刑法論》與《刑法講義》的結構和內容上的區別看來，遊學前後，他的犯罪論是有些許變化的。不過，他的社會進化主張、舊派兼夾主觀主義色彩的基本立場則相當一貫。

岡田曾對犯罪下過定義：「犯罪者，國法上科刑之不法行為也。質言之，即刑罰法令所列舉之有責不法之舉動也。」此為形式上的意義，然而，他更強調「對國家的生存條件所施加危害的所為」的實質犯罪概念；他認為，後者在刑法解釋論以及刑事立法論中具有重要的意義。此外，岡田主張「罪刑法定」，認為此乃「今日一般文明國家之風潮也」，由於此犯罪論牽涉過廣，底下祇能例舉岡田當時主張上的一些特色。

1.因果關係

如前所述，「因果關係」「不作為犯」與「間接正犯」三個刑法課題，是岡田遊學德國的研究成果之一，是他首先把這些概念和專題介紹到日本刑法學界中的。

關於「因果關係」這個課題，基本上，岡田接受貝林（E. Belin, 1866-1932）與李斯特「條件說」的立場，分別對當時流行的「原因說」理論進行批判。他認為，把犯罪論中的「原因」理解為「人類違反常規的事情」，顯然混淆了物理理論和道義上與法律上義務論的區別；而將「引起結果最有力的事物」作為刑法上原因的理論，則是難於在司法實踐中順暢操作的。他舉例論道：在燒燬他人房屋的情況下，很難說，到底放火是「最有力」的原因？抑或房屋的木質是燒燬的「最有力」的原因？又認為「導致（結果發生）運動的其他事物」乃刑法中原因的看法，事實上也是難以斷定的。例如：殺人之時，引起出血而導致腦貧血的變化，先在於砍殺的行為，指此為原因；然如是說，是物質上原因力與法律上行為之發端論強為一致。自事實上言，如果沒有出血而

至腦貧血到一定程度，人必然會死亡的天則，縱使將人斬殺，死亡的結果也是不會發生的。

因此，岡田認為，不應拘泥於當時多數學者所主張的將「原因」與「結果」加以區別的觀點；他說：「分別產生結果之事情為原因與條件二者，其根本已謬，苟既生結果，則不得不視為一原因。」而一個行為能否成為一個結果的原因，應當根據如果沒有這個行為，同一結果是否還能發生來加以判斷。譬如，「有放火燒燬建築物者，若無放火之動作，其建築物雖屬木造者，決不至歸於烏有。此動作做為重大事情乎？或比其他之事情為先驅乎？皆置不論。惟行為人若無放火行為，決不至引起火災，故其行為屬於有原因的性質。又換一例來說，倘被害者為嬰兒，即使為輕微之毆打，亦容易導致死亡，其毆打力雖不重大，然無此行為，則可不生死亡之結果，故此即可論為原因也。」[18]

岡田「條件說」的立場，明顯地表現在他對於因果關係中斷的主張上，1903年的《刑法講義》中，他指出：在取決於被害人自己的行為、取決於第三人的行為，抑或摻入自然的情況下，以致防止其舉動所產生之影響時，可能作為原因的行為與結果的聯繫斷絕，此時，應當認為刑法中的因果關係已經中斷。

2.不作為犯

關於消極行為與積極行為之間，有同一之性質乎？有同一之效力乎？在刑法上有同一之價值乎？此一問題，在當時，頗富爭議。奇怪的是，屬於法蘭西派法系之國，對於此點，並未作深刻的論究，祇在期刊雜誌上，略見一二論文而已，相反地，在德國學界則議論頗多。在眾多學說當中，岡田贊同：「不作為之性質，與其他之作為雖合併，決不生

---

18 參閱岡田朝太郎，同上注14，頁53-61。據牧野英一考證，日本最早提出「相當因果關係說」的是泉二新熊，他在1906年出版的《日本刑法論‧總則之部》一書中採用了相當因果關係說。詳參牧野英一，《刑法總論》，收於《新法學全集》（東京：日本評論社，1940年）第23卷，頁205。

物質上的原因力；其稱為與其他之作為合併而惹起結果之場合，惟有防止其結果發生之消極的關係。故不作為雖無客觀的原因力，然法律上，有應防止其結果發生之義務者，而不為之（不作為），即得為犯罪之一條件。」他進而舉例說，如見有即將餓死之赤子，不授予乳，遂至死亡，其袖手旁觀，不救其死者，為不作為，但沒有拯救其赤子之義務者，如鄰人、旅人之類，則不能以殺人罪論究：反之，若其父母有保護、養育赤字之義務者，則以不予乳之不作為而殺其子，不可不謂與以斬或以絞之殺人罪同[19]。顯然，岡田於此，除「純正不作為犯」外，進而承認所謂的「不純正不作為犯」，同時依據德國刑法學開展解釋論方面的相關演繹，這在當時的日本刑法學界是相當具有開創意義。

3.未遂犯與不能犯

日本刑法學界對於未遂論中之「不能犯」與「實行的著手」這兩大「難題」，很長一段時間未能達成共識。在當時，主觀主義刑法觀風行的年代，岡田對於未遂理論問題，基本上走的是一條比較折衷的路線。

關於實行的終了問題，岡田認為，把它界定在「行為人盡了導致犯罪結果發生所必要的所有方法」，過於狹隘，因為在這種情況下，只是根據物理的原則認定，而未考慮行為人的主觀內容：如果根據這一理論，投毒量不足與射擊未中均不能認定為實行的終了。同時，他也認為，將實行的終了界定在「犯罪惡意的基礎上，實行了自信導致這一結果的所有方法」，範圍過大，而失去了法律規範上的界限，要是依這種理解，迷信犯「謀殺」行為也將被認定為實行的終了。因此，岡田認為，將實行的終了理解為「與犯罪結果的發生有直接關係的行為」的主張，是較妥適的。

對於未遂犯的處罰問題，當時，日本《舊刑法》採取的是「必減主義」，其基本理論根據在於：在破壞德義這一點上，未遂與既遂並無不

---

[19] 參閱岡田朝太郎，同上注14，頁61-70。

同，但是從實害的角度來看，二者還是有區別的。在這個問題上，岡田的主觀主義理論立場，無論在強調行為人主觀方面抑或擴大法官自由裁量權方面，都表現得比較清晰。他認為，在未遂的情況下，存在著行為人的原因、被害人的原因、偶然的外因等等情況，在不同的情況下，行為人的主觀悔悟程度也不相同，對此，若試圖透過規範上的統一來解決此一問題是不可能的。岡田主張，採「得減主義」才是一個比較妥當的解決途徑；申言之，法官可以根據行為人在個別案件中的具體情況，尤其是在未遂過程中的主觀方面，來決定對該當行為人的科刑是不減、必減或得減[20]。

至於對「不能犯」問題的處理，從1894年《日本刑法論》與後來的《刑法講義》論述中的微妙變化，可以看出，岡田一直努力在尋找一條較為折衷的理論出路。他的基本主張是「法的不能說」，詳言之，「各罪之成立，皆有法律條文上之要素，如云毒殺，則以毒物為要素：若施冷水，冷水非毒物，則非要素也。至若所用之毒物，分量雖少，然已具條文上之要素，則當罰之。又如云墮胎，則胎兒為要素，無胎兒則無要素，故無罪。主觀主義只問其有無犯意，而不問其有無損及法益及刑罰法令，與刑法之法理已不合。」同時對於客觀主義之說的缺點，岡田也一一加以指摘。

整體觀察，岡田認為屬於「目的物不存在」抑或「手段絕對不能」的情況，應當認定為「不能犯」而不以犯罪論處；對於所謂「關係不能」的情況則應區別對待，凡行為人自信目的物存在，而事實上不存在而未遂的，應當認定為不能犯；但倘由於行為人犯罪手段上的缺陷而未遂的，則應認定為普通未遂犯。可見，岡田承認不能犯不罰的理論，主觀主義理論的立場比較溫和。

---

[20] 在當年，於《日本刑法》原案審議過程中，針對第43條究應採必減主義或得減主義，曾有過一場激烈的爭論，最終以得減主義定案。觀乎岡田朝太郎，1894年，在《日本刑法論》中對於得減主義在立法論上的論證與鼓吹，此舉被認為係為數年後的論爭及得減主義，在立法中勝利奠定了重要的理論基礎。

（二）刑罰論

刑罰的最終目的究竟何在？人類社會的各種刑事制度，在機能上應如何互相配合，以充分合理的發揮其效用？岡田有其個人的看法。

1.關於刑事政策

岡田的刑罰論，在遊學前後有較明顯的轉變，出國前，儘管已受「新派」學術思想的影響，原則上贊同刑罰應當以犯人「改心」為目的（特別預防），而改心的遲速因人而異，無法根據行為輕重，在量刑時即加以客觀認定，因此，主張在法定範圍內的不定期刑是必要的。

不過，當時他的基本立場仍認為「刑罰是國家以犯罪之制裁而施加予犯罪人的苦痛」，這當然是一種典型的「舊派」定義，懲罰性、應報性與道義性的特徵與內涵相當明顯。在論述中，一般預防功能理論特點也十分鮮明，譬如，他強調刑罰是為防止發生犯罪而維持社會生存所必不可或缺的手段；甚至認為，戰亂後的刑法即以此為主旨，施以必要的嚴刑，儆戒世人，以扭轉國民「殘忍戾逆」的風氣。

遊學後，岡田的刑罰觀發生了很大的變化，主觀主義刑罰論的特徵極為明確。對於刑罰的定義，他改變為「國家以犯罪之制裁剝奪私人之利益」，他說：

> 今日刑罰制度之旨趣，不必以對於犯人施予苦痛為目的，而在於以促其遷善改過之方法為主。雖不得已時必予以苦痛，有時亦不妨予以快樂，故自刑罰制度上觀察，苦痛之語不可不改之；又轉一方面觀察，剝奪生命、身體、自由、名譽或財產者，不得概括的單名為苦痛。夫所謂苦痛者，表明人遭遇或事物之感情也，然實際上，有犯人雖受刑罰，卻毫不覺其苦痛者，此亦不得謂非執行刑罰。故自受刑者感覺觀之，苦痛不見得為刑罰之要素，惟法律上所保護人之利益，以犯罪之制裁而奪之，則不可不謂為刑

罰也。[21]

　　岡田同時認為：刑罰當以感化為中心，在執行中，應避免施予受刑人一切不必要的痛苦，並使之「有規律的生活」和「養成勞動的習慣」；即使在「萬不得已」的情況下施以死刑，那也不應做「痛苦」的理解，它只是「絕對的淘汰策略」。

　　至於為達成預防或矯治犯罪之目的，所採取的刑罰以外之特別方法，從現存的資料看來，岡田雖未專章論列；不過，岡田仍言：「幼者無辨別心而犯罪，不能認為犯罪，然無所懲戒，恐將來再有不法行為，故有懲治場之設，若有父母願送其子入懲治場者，國家亦代為保護教育之。」又對於「精神病者，宜視為無責任，然以無責任之故，直放免之，勢必危險，故需有按其情狀，使監置於醫院及其他一定地方之規定也。」岡田並認為：「監置不過監視之，並非治罪，亦非刑罰性質。」就刑法的觀點說，此即帶有濃厚的「保安處分」思想內涵。而凡此主張，其後，在岡田為清廷所主稿的《大清刑律草案》中曾部分落實於具體條文中。

　　此外，在日本，提倡對冤獄實施國家賠償制度者，岡田應屬先鋒；他在遊歐回國當年，即撰寫〈對冤罪者的國家賠償法〉一文[22]，詳細介紹歐西國家有關冤獄賠償制度的起源、發展和現況，並力主在當時的日本刑法改革中實行該制度，此一先見，在岡田生前和往生後不久，都得以逐一實現。

2.關於緩刑

　　在日本刑法學界，一提到緩刑制度，大概都會聯想起岡田朝太郎，他是把緩刑思想導入日本的第一人。早在岡田未出國前，已在《日本刑法論》一書中，將緩刑制度詳細論證。遊學歸來後，他更以比較法的方

21　參閱岡田朝太郎，同上注14，頁169以下。
22　該文發表於日本，《法律新聞》第3、4、6號，明治三十三年（1900）。

法，系統性地介紹並強調採納此一新制度的必要性[23]。岡田指出：

> 有罪必有刑，有刑則必執行者，乃數千年來歷史所有報復主義之
> 殘留物，今日雖尚深著於多數人之腦中，余寧謂其為空論，何
> 也？如公訴之期滿免除，如刑之期滿免除，如自首之全免，則有
> 罪而無刑，有刑而不執行者，亙古今、通東西，可得為刑事法規
> 之通則。故犯罪必罰之格言，可改為罰之有利則罰，執行之有利
> 則執行，不利則不執行。欲止其異議，第一，須知緩刑之成績如
> 何，其判定也有二途：一則徵之他國之實例，有統計上之根據
> 者；其他，則觀察犯罪關係於自然的、社會的、個人的而下理論
> 之推定是也。出於第一之方法，可謂科學的應用；出於第二之方
> 法，可謂推理的試驗。數年前，尚未能知他國之成績，其認本制
> 度為必要者，除據二方法外，別無他途。雖然，至於今日，於歐
> 美諸國既有前章所揭之成績，即可云已到達第一方法之科學的應
> 用之時期也。[24]

岡田目睹監獄對於受刑人矯正及其回歸社會所產生的副作用，深有
感觸，因而根據當時美國推行緩刑制度的「成績頗著」，從統計數字
上，犯罪關係的自然的、社會的以及個人的觀察上，力駁反論，在立法
過程中，強力主張採納緩刑制度。值得關注的是，當時的日本《舊刑
法》並未對緩刑有所規定，而在後來的《改正刑法》中則明確採用，此
或可歸於岡田鼓吹之力也。

3.關於死刑存廢論

日本死刑之制，古已有之，《大寶律令》（701）繼受中國隋唐律

---

[23] 詳參岡田朝太郎，〈刑之執行之猶豫〉《內外論叢》，明治三十五年
　　（1902），第一卷第3-4號，至於有關此部分的中文本，可參閱李維紅編輯，
　　〈刑之執行猶豫〉，收於岡田朝太郎，同上注14，頁333-383。
[24] 參閱岡田朝太郎，同上注14，頁333-378。

令體例，死刑採用斬、絞二種；惟自幕府政治以來，斬、絞之外，尚另有一二種死刑，然並非通行於全國。自織田氏、豐臣氏時代，逐漸採用慘酷的磔刑，此種執行方式大概來自歐洲，當基督教傳播之時，德川之世，有鋸挽、火刑、磔刑、死罪、斬罪、下手人等各種死刑執行方式。迨明治維新，首廢火刑及鋸挽，限制磔刑的適用。及至明治十三年（1880）《舊刑法》則進一步廢除斬刑，專採用絞刑一種。

有關死刑存廢之說，數百年來，歐西爭辯不休，岡田對於當時主張死刑廢止論者，批判其大都「僅自感情演繹而出，無事實根據的歸納之學理」。而對於當時主張死刑維持論者的觀點，岡田也進行了全面的批判，他認為，諸如殺人者死是正義的要求，死刑可以杜絕再犯、儆戒世人，以及死刑是正義的實現且符合社會的共同利益等議論，都是站不住腳的。但是，對於當時的日本《舊刑法》仍維持死刑之制，又該如何解？岡田的說法是，死刑是國家對付「給社會帶來重大危害並且絕對不治的罪人」所採取的手段，它應該「存於明文而廢於實踐」，對它「應當以科學的進步的態度來把握」。岡田指出，死刑雖宜保存，但有兩要點須加注意：一為死刑須科予罪大惡極之人，亦即用國家制度，仍無法使其改善的犯人；另一為死刑既以剝奪生命為主，自不應再有等級輕重之分[25]。

死刑問題關乎文化理想與人文精神的體現，自須審慎做一妥善心安的安排；因為岡田的社會防衛主義理論立場，他不是一個死刑廢止論者：可以說，在某種程度上，是一個死刑限制論者，這是因為他夾雜主觀主義新派刑法學的刑罰觀有以致之。而在死刑存廢這個問題上，岡田理論自陷矛盾，不過，在兩難之間，他顯然較傾向於新派刑法學的基本立場。

---

[25] 參閱岡田朝太郎，〈死刑宜止一種論〉（中文），收於王儀通，《調查日本裁判監獄報告書・附錄》（北京農工商部印刷科鉛印，光緒丁未年（1907）5月排印），頁78以下。

伍、岡田刑法學對清末民初刑事法制的影響

　　撤廢領事裁判權以期收回法權，是晚清變法修律與延聘外籍法律顧問的最根本動因，而在法權統一方面，岡田朝太郎一直在言論上和行動上支持沈家本等人所做的改革努力。這種支持不僅表現在積極參與修律活動，同時，站在「法理派」一方與守舊勢力分庭抗禮；尤其，體現在他對日本刑法修改的立場和態度方面。理論上，法律的效力範圍直接關係到法權統一的問題，岡田反對日本帝國主義勢力在刑法修改過程中，將日本刑法適用範圍擴張的企圖，表明他在法權統一方面的思想主張前後內外都是一貫的[26]。作為一介日本人，岡田不僅支持中國撤廢領事裁判權，甚至反對日本國內的法權擴張主義思潮，這在他所處的時代，的確是非常難能可貴。對沈家本來講，積極致力於為廢除領事裁判權而主持變法修律，是為自己國家的主權與尊嚴而賣力；但對岡田來說，則是在為自己正義的法律理念而奮鬥。在法權統一問題上，岡田的崇高思想境界和敢於為正義而主張的情操，理應得到後人的讚嘆！

一、岡田與晚清刑事立法

　　清末修律雖然聲稱「參酌東西」「模範列強」，但無庸諱言，其主要的借鑒對象是日本法，而日本的立法曾有一段曲折的過程。明治前期係以法國法為藍本，1880年公布的《舊刑法》，斬斷了從《大寶律

---

[26] 早在明治三十三年（1901），岡田剛從歐洲遊學回國，就積極參與日本刑法的修改活動。他在當年的《法律新聞》雜誌第19號、第20號上連續發表〈刑法改正評論〉的文章，宣傳和介紹西方刑法思想和制度。特別是在大正和昭和年間日本刑法改正活動中，他對帝國主義法權擴張論進行了抵制和批判。他的《日本刑法改正案評論》一書是批判法權擴張論的代表作。參閱杜鋼健，〈岡田朝太郎與沈家本法律思想之比較研究〉，收於張國華主編，《博通古今學貫中西的法學家—1990年沈家本法律思想國際學術研討會論文集》（陝西：陝西人民出版社，1992年），頁377以下。

令》以來與傳統中國刑律的關係，比起明治初期的《新律綱領》
（1870）與《改定律例》（1873），內容新穎許多，例如罪刑法定主
義的確立、不溯及既往原則的採用、貫徹罪止一身、廢止連坐緣坐制、
身分倫常差別立法的大部分揚棄、法律平權觀念的建立、採擷正當防衛
及假釋等新規定，並把犯罪劃分為重罪、輕罪和違警罪，也與法國刑法
典相一致，可以說，刑法體系已接近近代歐西化。

　　不過，日本《舊刑法》施行未久，或基於「國民的正義感」，或感
於「社會防衛的必要性」，並不能充分滿足日本社會的需求，修正之議
紛起，從現實觀念上看，作為天皇制下的立法仿效對象也不該是共和國
的法國，而應是同樣採取帝制的德國。明治二十二年（1889）以後，
德國法開始導入日本，且取代法國法，占盡優勢，乃有明治四十年
（1907）日本《現行刑法》的公布施行。考其內容，除殘留部分法國
法的痕跡外，多半取自德國刑法，並依據刑法學上所謂「新派」的理論
及當時刑事政策制定而成，有許多堪稱先進的規定。與《舊刑法》相
較，在體例上，即有明顯的差別，例如廢除重罪與輕罪的劃分，並把
「違警行為」從法典中移出，而由《警察犯處罰令》加以規範。另外，
取消了徒刑、流刑的名稱，廢除監視附加刑，將主刑定為死刑、懲役、
監禁、罰金、拘留、罰款，附加刑則有沒收等。而從實質內容看，犯罪
類型逐漸採取概括性與法定刑相對性的立法原則。前者，體現為對犯罪
類型的規定趨於簡化，對各種犯罪構成要件的表述也比較精簡；後者，
表現則為刑罰種類減少，且法定刑幅度有高低度之分。

　　從現有文獻看來，清政府修訂法律館曾於1905年派員赴日考察，
並先後翻譯了一批日本法律，包括《舊刑法》和《改正刑法草案》，
1906年延聘岡田協助草擬《大清刑律草案》，1907年草案告竣，上奏
清廷。兩相對照的結果，《大清刑律草案》在不排斥借鑒日本《舊刑
法》的同時，主要是參考了日本《改正刑法》，其理至明。不過，岡田
在參與立法過程中，並沒有完全否定傳統中國的禮教，在一定程度上仍
保留了部分倫常條款，用近代法去改造傳統法，嫁接中西法律，意圖使

中國刑律走出窠臼，面向新局。雖然，岡田與沈家本等人聯手的作為，終結了長達千餘年的中華法系，卻使傳統中國法律面向世界，最終走向世界，成為世界法律文化大家庭中的一員，在這一總體方向上，顯然是一種明智的抉擇。

二、岡田與民國《暫行新刑律》及《修正刑法草案》

1911年的辛亥革命，揭開了中國近代政體更新的序幕，從此，中國社會舉步邁向近代文明。但改制難，變法也難，變人民的法觀念更難。事實上，辛亥革命並沒有從根本上摧毀帝制時代的制度與文化的根基，革命的衝擊也遠遠沒有達到傳統中國社會組織上和思想上的更深的層次；因此，在此後的十幾年中，中國社會一直在更為複雜的矛盾漩渦中掙扎和沈浮，在傳統文化與近代文明的雙向拉力中艱難邁步。在當時的社會生活和政治生態中，傳統的與近代的，東方的與西方的，文明的與落後的，各種觀念、各種現象斑駁雜陳，交揉糾結，極為多彩多姿。就法律制度言，不獨自清末以來，西方法律文化的衝突餘波仍蕩漾其間；而且，這個時期的法制在某種程度上更加依附於政治，在法律條文的背後，往往還有更為複雜的因素在。清廷傾覆，民國新創，按理講，岡田似應整裝返日，何以並未歸鄉而一再地參與民初的刑事立法？其中緣由，頗費思量。

（一）延續岡田慧命的民元《暫行新刑律》

掀開歷代中國立法史，端詳任何一部律典的頒行，絕非憑空而降，都有其一定的時空背景和社會條件。民國的產生，以世界的民治學說為因，共和國體便是果：至於刑事立法，以晚清的《大清新刑律》為因，民初的《暫行新刑律》就是果。北洋政府，袁世凱在革命武力威懾下，也在倥傯交替的特殊歷史情境中，將《大清新刑律》搖身一變為《暫行

新刑律》。[27]

　　民初的《暫行新刑律》，基本上是由晚清《欽定大清刑律》（又名：《大清新刑律》）轉化而來，其主要架構與實質內容並未多加更動。不過，嚴格說來，它們是兩個法典，兩者間仍存有差異。整體而言，《大清新刑律》是維護君主專制體制的，而《暫行新刑律》雖然是從《大清新刑律》刪修而來，本質相同，惟也有更刪之處，主要是：（一）刪去了「侵犯皇室罪」一章，同時又未增加「侵犯大總統罪」條文，大總統即被視為普通公民。正如《法律草案匯編》中所言：「對於大總統犯罪者，《暫行律》仍科通常之刑，反不如外國元首之有特別保護。」[28]（二）將《大清新刑律》所附加的〈暫行章程〉中之侵犯皇室及內亂、外患等罪加重，無夫姦處刑，對於尊親屬有犯不得適用正當防衛等附加條款五條，悉予廢除。（三）將保護「大清帝國」改為「保護中華民國」。這些改變，在當時來說，是有積極正面意義的，也正因為如此，其後，孫中山在廣州建立中華民國護法軍政府時（1917-1922），也宣布適用《暫行新刑律》。

　　時空因緣如此，晚清由岡田所主擬的《大清新刑律》，到了民國得以轉化為《暫行新刑律》，直到民國十七年（1928），仍持續發揮其實踐力。而清末《大清新刑律》以迄民初《暫行新刑律》的制頒，適逢西方刑事學派論爭之際，很自然地，受其影響甚深，有帶「新派」色彩者，亦有帶「舊派」色彩者，茲略舉數例，以明梗概。

　　《暫行新刑律》中蘊含舊派理論者有：（一）新刑律的刑罰，其輕重一視侵害法益大小以為衡：犯竊盜罪者，處三等至五等徒刑；強盜罪者，一等至三等徒刑；普通侵占罪者，處三等至五等有期徒刑；公務或業務上之侵占罪，則處二等或三等有期徒刑；凡此，皆依法益侵害的客

---

27 詳參黃源盛，〈民元暫行新刑律的歷史與理論〉《刑事法雜誌》，1997年12月，第41卷第6期，該文收於氏著，《晚清民國刑法春秋》（台北：犁齋社，2018年），頁163-192。

28 詳參修訂法律館編輯，《法律草案匯編》（台北：成文出版社，1973年），第2冊。

觀事實大小而定刑之輕重者。（二）《暫行新刑律》的共犯規定，以實行行為為基本，實施犯罪行為者為正犯，事前幫助犯者為從犯；正犯刑重，從犯刑輕，此亦依客觀事實分別刑之輕重者。（三）關於俱發罪的規定，《暫行新刑律》採併科主義，一人犯數罪者，各科其刑，罪少則刑輕，罪多則刑重，此亦與上述（一）（二）之例相同。（四）重意思自由，如未滿十二歲人及精神病人之行為不為罪是；同時對於刑罰與保安處分採二元主義，規定未滿十二歲人得施以感化教育，對於精神病人得施以監禁處分。（五）加重結果犯：如傷害罪，第313條就傷害人者，依致死或篤疾者、致廢疾者、致輕微傷害者，分別刑之重輕。其他如放火罪，第186條之放火罪重於第187條第1項之放火罪，均採罪刑相當的法意。

惟《暫行新刑律》亦存參用新派成分者，例如：（一）累犯規定，凡已受徒刑之執行更犯徒刑以上之罪者為再犯，加本刑一等；三犯以上，加本刑二等。（二）量刑問題：一種罪名之下，刑度輕重，差至三等：酌科之餘，更可援引第50條聾啞人或未滿16歲人或滿80歲人、第51條自首、第54條審按犯人之心術及犯罪之事實其情輕者，予以宥減或酌減。（三）緩刑（第63條）、假釋（第66條）規定，係採保護刑主義，凡此均屬受新派影響之最顯著者。

總的來說，舊派主張應報主義、一般預防主義，而新派注重教育刑主義、特別預防主義，二者各趨極端；《暫行新刑律》調和於新舊兩派理論之間，可稱之為折衷主義。在應報主義，以犯罪行為侵害法益之大小，定刑之輕重；特別預防主義，以行為人危險性之大小，定刑之輕重；折衷派則謂凡人惡性之大小，必反應其人之行為，亦即由其侵害他人之法益大，而斷定其危險性必大，反之則否。由此看來，《暫行新刑律》之所以兼採二種主義，想來自有其特殊的時空背景在，而其中之要者，恐怕是兼夾雜著岡田朝太郎刑法思想的影響力吧！

（二）民四《修正刑法草案》疑情

民國初立，元年4月即頒布前述《暫行新刑律》，此固為權宜之計，非所以垂為永制，然經刪修與民國國體牴觸之條文後，大體而言，該律所表現的精神，與因禮教立法原則而生的傳統舊律，其相距已難以道里計。惟民國四年，方處於袁世凱專制統治下，不免有所顧忌[29]，因此有《修正刑法草案》的出爐，又以維護禮教與加重刑罰為指鍼，顯有政策因素潛藏其中。論者或謂：「此一修正案完全迎合袁世凱的意旨，其內容不但包括了補充條例，且較補充條例更多嚴厲，在思想上可以說是返古的，戴著禮治的帽子，而行威嚇鎮壓之實。」[30]是耶？非耶？最令人起疑的是，本次修正案的參與者，岡田朝太郎竟列名其中，其實情究係為何？至今成謎。

綜觀民初時局，一方面，革易後建立的國體為共和，政體為民主，依世界各民主國家的立國精神，自由平等為首要的信條；當時，大量留學歸國的知識分子，極力鼓吹「民主」與「科學」的新思潮，已逐漸發生撼動人心的影響力；另一方面，民初的社會漸趨複雜流動，如果想再堅持以家族為核心的社會組織，還思圖完全以禮教為政治手段，顯然有其困難度；況且，當時外仍受列強壓迫，外人不滿中國的刑律與司法制度，依然存在有領事裁判權的問題。因此，以西方民主法治國家所發展出的人權思想、自由主義、平等主義為原則的立法方向已是大勢所趨；但袁世凱卻逆向操作，昧於國內情勢，反於世界思潮，顯然缺乏正確立法政策的指引。

當然，民初的中國，整體說來，仍為一農業社會的意識型態，除初級工商業發達的沿江沿海一帶城市外，大部分人民仍守分認命地耕其田

---

[29] 詳參江庸，〈最近之五十年—申報五十週年紀念〉（1872-1922年）《五十年來中國之法制》（上海：申報館發行，1922年）。

[30] 參閱周冶平，〈五十年來之我國刑法（續）〉《法律評論》，1961年2月，第27卷5期。另參閱黃源盛，〈民國四年修正刑法草案摭遺〉，收於同上注27，頁193-220。

疇，置身在習慣風俗與倫理秩序的規範下。但深一層看，當時社會內外結構實已逐漸轉化，其中，如政治組織、經濟生活、人民的價值觀念，以及法益概念與文化一般的形式等，都發生廣泛而深厚的變動，均關係到國民對法律的感情，以及將來修法後能否有效地發揮其實踐功能。此次《修正刑法草案》由於草擬倉促，並未對外國立法例產生的背景及論理多作探究，雖曰「第求其適合民情，而不矜言學理」。然核其所訂，對於當時的文化背景和社會環境並未充分顧及，因此，無法呈現出普遍的妥當性，其未能為來者所樂於接受，或屬意料中事。

　　當然，民國四年定稿的《修正刑法草案》，執筆諸賢，在外有政治的不當牽掣下，尚能盡瘁於立法事業，此中艱苦，不難想見[31]。而較今人難解的是，本修正案主草人之一，岡田朝太郎乃係一代刑法學者，學術地位崇隆，何以也屈服於權勢之下，草擬出與前作《大清刑律草案》理念並不一致的修正案，而留下「敗筆」一樁？究竟岡田於本修正案所扮演的角色分量如何？有待進一步探究[32]。

　　理論上，民元《暫行新刑律》原屬權宜一時的過渡性立法，民國自有其立國精神與理想，在政治制度與作用上，亦與帝制時代不同。尤其，刑法為社會共同生活的重要規範，以國家的強制力為其貫徹的動

---

[31] 詳參〈呈大總統鑑核之修正刑法草案理由書〉，1915年4月13日。

[32] 法律編查會負責人章宗祥、董康、汪有齡等人，本係前清修訂法律館提調官與纂修官，深受舊禮教薰陶，若言彼等屈服於政治權力，而迎合袁世凱意旨，或尚可得理解；例如董康在其後赴日本（詳細日期不詳），曾作如下之講演，「自歐風東漸，關於刑法之編纂，謂法理論與禮教論不宜混合。鄙人在前清從事修訂，亦堅執此旨，革易後，服務法曹者十年，退居海上，服務社會又若干年，覺有一種行為，舊時所謂縱慾敗度者，今於法律，不受制裁，因之青年之放任，奸究之囂張，幾有狂瀾莫挽之勢，始信吾東方以禮教立國，決不容無端廢棄，致令削足就履。」參閱董康，《中國法制史講演錄》（香港：波文書局，出版年月不詳），頁117以下。另外，岡田朝太郎於民國四年（1915），捲入所謂的「詐欺事件」，不得不失意地束裝歸國，其事件的始末，可參閱《政府公報》，民國四年6月27日，第1126號。至於有關岡田的「弁明書」，藏於日本外交資料館，《外国官廳ニ於テ本邦人雇入關係雜件　清国ノ部》（三門八類四項16-2号），該事件的詳細原委，俟諸來日再探究。

力，與人民的自由及權利攸關重要。且刑法為文化現象之一，應與政治
及社會的脈動相配合。基於此，政府本應積極地重加議訂刑事法典才
是。事實上，此期間，亦曾有過三次刑法修正草案的研擬；第一次《修
正刑法草案》，已如前述，岡田參與其中，成於民國四年（1915），
係由「法典編纂會」酌採晚清各省簽注修正，交法制局會同司法部、大
理院核議，惟時值洪憲政變，因此擱置[33]。《第二次修正草案》，於民
國七年（1918）由「修訂法律館」據前案修正，提交議會，亦寢而未
議。民國八年（1919）「修訂法律館」又將《刑法第二次修正案》，
加以文字上的修正，是為《改定刑法第二次修正案》，惟仍囿於種種因
緣，尤顧及南方政權未必首肯，又遭擱置[34]。遂使此一過渡性的暫行法
典，施行於大陸本土迄至民國十七年7月《舊刑法》頒行為止。

　　而從目前已整編完成的《大理院刑事判例輯存》之內容觀察[35]，民
元以迄十七年的大理院時期，其刑事判決的指導思想，受岡田刑法理念
影響者，俯拾皆是。例如：有關罪刑法定主義之採用，不作為犯、因果
關係、間接正犯概念的運用，有關故意與過失之區別、故意與錯誤之關
係、關於阻卻違法事由之適用、共同正犯與幫助之區別標準[36]、教唆犯

---

[33] 民國三年，岡田在北京做過一次講演，敘述其來華經過說：「光緒三十一
　　年，清朝設法典調查會，當時即招余任編輯事，因其宗旨未確定，余雖任編
　　纂，而不能收何等之效力。」此話半誠半謙，清末變法修律，沈家本與岡田
　　之功已有定論，說未收何等之效力，顯係過謙之詞。至於岡田在清廷鼎覆，
　　改朝換代之後，何以未即返歸故里？此謎至今未解。參閱〈岡田博士關於吾
　　國法典之講演〉《法政學報》，民國三年，2卷1號。另據董康回憶《刑法第
　　一次修正草案》道：「改革後，將修訂法律館範圍縮小，改組為法典編纂
　　會，由司法總長兼會長，另聘請汪有齡為副會長，迨康掌大理，加聘為副會
　　長，參預其事，乃同岡田博士，復整理前清簽註，定為此本。」詳參董康，
　　同上注32，頁163-164。
[34] 參閱黃源盛，〈民國七年刑法第二次修正案及其改定案述評〉，收於同上注
　　27，頁221-252。
[35] 詳參黃源盛纂輯，《大理院刑事判例輯存》（台北：犁齋社，2012-2014
　　年），凡8冊。
[36] 例如台灣刑法對於共同正犯的定義，規定為：「二人以上共同實施犯罪之行
　　為者，皆為正犯。」自《欽定大清刑律》《暫行新刑律》《舊刑法》乃至
　　1949年到2005年間之台灣刑法，條文用語上，並未使用日本刑法之「實

之成立要件、關於一罪與數罪之區分標準等，以及有關緩刑、假釋等刑罰制度的施展，溯其理念根源，莫不與岡田當年所埋播的刑法思想種子有關。

陸、結語

在晚清社會那樣急遽變遷的年代裡，岡田朝太郎與沈家本攜手合作，理性地打破「傳統」與「近代」的兩極觀，強調傳統中國法律必須接受西方近代理性規範的批判與改造，才有法制更化的可能，而開拓出「會通改制」的變法修律方向，導引出中國法制一條新的道路來。

身為外籍修律顧問的岡田，似乎嗅不出他別有用心的政治企圖，議事堂上，他積極熱誠地參與立法修律；講堂中，他認真投入的授業解惑；私下裡，他與沈家本等修律人士，一燈熒熒下，逐字逐句的相互辯難法案內容；撫今追昔，九年多的北京歲月，岡田對清末民初刑事法文化的貢獻理應受到重視與肯定才是。

而從宏觀的歷史角度看，脫離傳統中華舊刑律，繼受歐陸及日本新刑法已逾百年，其間，刑法理論與司法實踐雖已又遞嬗更迭。儘管世人至今仍無法真正理解，何以岡田在他國內學術聲望達於顛峰之際，一去北京就是九年？擔綱主擬《大清刑律草案》，功已成，胡不歸？卻留下民國四年《修正刑法草案》一段不白之情。而我們依稀見得，在20世紀初頃，那位殫精竭力，為清末民初刑事法近代化白了中年頭的智者身

行」，而使用「實施」，此乃岡田朝太郎的獨特見解，岡田認為：「於條文（日本刑法第60條）曰實行，而本講義稱之為實施，乃欲闡明共同正犯即共同實施之意，換言之，實施係包含陰謀行為、預備行為、著手行為及狹義之實行行為，無論屬於哪一階段之犯罪，皆得為共同實施。」詳參岡田朝太郎，《刑法總論》（明治大學大正六年度（1917）講義錄），出版處所不詳，頁201。惟自2005年2月台灣刑法修正，已將第28條修訂為「二人以上共同實行犯罪行為者，皆為正犯」。

影。弔詭的是，清末民初的台灣社會正處於日本殖民統治時期（1895-1945），法制狀況與中國大陸本土各異；孰料，當年的《大清新刑律》及《暫行新刑律》，幾經蛻變，竟飄洋過海，香火延續於1945年以後的台灣，世間的因緣乎？

第七章

王寵惠與民初的民刑事立法

壹、序說

　　如果，要列舉晚清民國以來具有影響力的法律學家，無疑的，王寵惠（1881-1958）當名列其中，甚至被譽為「民國第一法學家」。

　　清光緒二十八年以迄宣統三年間（1902-1911），清廷進行了一場史無前例的變法修律。之後，中華法系逐漸退出法制的歷史舞台；在修訂法律大臣沈家本（1840-1913）與伍廷芳（1842-1922）的領銜下，引進的是嶄新的歐陸法系；未即，清帝國崩頹，民國肇造。此其時，受過新式法學教育的菁英如雨後春筍般地冒出，其中，王寵惠對近代中國法制的貢獻與影響相當深遠。

　　王寵惠，字亮疇，先祖由山西太原府遷居廣東省南雄，後遷至東莞，清光緒七年（1881）生於香港[1]。長在基督教的家庭，6歲時，入香港聖保羅學校讀書，接受英文教育，課餘之暇則在家中從當地名儒周松石學習國學典籍。10歲時，入香港皇仁書院再繼續修習英文課程。1900年，以第一名的成績畢業於中國第一所大學天津「北洋大學堂」（現天津大學的前身）法科；獲頒「欽字第一號」的考憑（即畢業證書），由於該校課程中英文並重，王寵惠的學問基礎，即奠於斯。[2] 1901年，東渡日本東京，繼續法政之研究；1902年，獲南洋大臣的資助，赴美國就讀於加利福尼亞大學（California State University），旋轉往耶魯大學（Yale University），主修民事法，1903年，取得法學碩士學位（L.L.M），1906年，再獲頒民法學博士學位（Doctor of Civil

---

[1] 「謝瀛洲先生謂其出生於香港」，惟先生刊於海牙常設國際法庭資料之傳略則自言出生於廣東。PCIS Series E No.1(1922-25), p. 36. 轉引自李念祖，〈跨越法系的民國法學家—追述東吳復校功臣王亮疇先生生平〉，收於謝政諭主編，《一代大師王寵惠的志業與情懷》（台北：東吳大學出版，2020年），頁522。

[2] 當時修習的課程約20種，如：英文、幾何學、八線學、化學、格致學、身理學、天文學、富國策、法律通論、羅馬律例、英國合同論、萬國公法、商務律例、民間訴訟律、英國憲草、田產易主律例、船政律例、聽訟法。

Law），其博士論文是一部跨越法系鴻溝的比較法論著。於1907年至1911年間，另赴英國，再轉赴法、德兩國研究國際公法，1908年，考取英國律師資格，馳譽歐美比較法學界。

　　學成歸國後，以其學貫東西、睿智而深厚的法學功底，致力於國內法制的完備、司法的改革，更以其嫻熟的外交能力在國際上維護國家的權益。觀其一生，曾出任清末「修訂法律館」館員、南京臨時政府外交部長，1912年，南北議和後，臨時政府遷往北京，受邀擔任唐紹儀內閣的司法總長，1917年，出掌「法律編查會」會長、修訂法律館總裁，1920年任大理院院長，並在1929年9月至11月間，短暫擔任民國北京政府的國務總理。在南京民國政府時期，歷任司法部部長、司法院院長、外交部部長、教育總長、國防最高委員會秘書長等要職[3]；於1948年，更榮膺中央研究院首屆人文組院士的頭銜，堪稱為近代民國法制建設工程的先導者。

　　最值得一提的是，先生曾在不同的時期，以不同的身分參與議定多部重要法典的編纂；特別是在編訂民法、刑法和憲法的過程中，充分發揮了「立法指導原則」設計者的角色。本章將側重素描先生對編訂民刑法時期的二三事。至於1949年以迄1958年在台期間，曾擔任司法院院長，並極力協助東吳大學在台復校，為學術傳承請命，其後又出任該校董事長，體現了學術社會的理想，此期間的閱歷則暫予從略。

貳、英譯《德國民法典》並參與民事立法

　　清末，歐風東漸，傳統的律令體制顯然已無法適應新時代的需求，極速變遷的社會，需要新的規範與制度，尤其在撤廢領事裁判權的強力

---

[3]　詳參謝瀛洲，〈王寵惠先生傳略〉，收於謝瀛洲編，王寵惠著，《困學齋文存》（台北：中華叢書委員會出版，1957年），頁187-194。

願望下，朝野有志之士提出變法修律之議。就在外鑠與內壓的種種因緣際會下，清廷遂有「修訂法律館」之設，招致留學或遊學歐美及日本學習法律的歸國學子，分司其事。並延聘岡田朝太郎（1868-1936）等五位日本法律學者專家擔任修律顧問，其中，專長民法及民事訴訟法學者松岡義正（1870-1939）從事起草民律草案，即依據調查所得的資料，參照各國的立法例，斟酌各省的習慣調查報告，審慎草訂，完成〈總則〉〈債權〉〈物權〉三編。而由於〈親屬〉〈繼承〉兩編關涉禮教民情，則由「法律館」商同「禮學館」編訂，至宣統三年（1911）8月，民律五編全部脫稿，奏請飭下內閣核定，提交資政院審議，此即所謂《大清民律草案》，是為中國法制歷史上第一部的民法草案[4]。

一、英譯德典　頭角嶄然

　　王寵惠之所以後來參與民國民法典的編纂，或與他早年英譯《德國民法典》有關。觀乎整部《大清民律草案》，雖由日籍顧問起草前三編，但細究其來源，引自德國立法例及法理者為多。1907年，王寵惠在歐洲留學期間，被選為「柏林比較法學會」會員，此期間即對《德國民法典》產生濃厚的興趣；該法典公布於1896年8月，施行於1900年2月。由於法典內容的新穎性及優越性，至1907年止，已有法文譯本四種、西班牙文及義大利文譯本各一種、另有日文譯本兩種[5]。納悶的是，找不到英文譯本，揆其原因，或不是英語系國家的法律學家們缺乏對該法典的認識，主要可能考量到一旦著手翻譯《德國民法典》，就要

4　詳參黃源盛，《法律繼受與近代中國法》（台北：政治大學法學叢書 55，2007年），頁82-83。另參閱黃源盛，〈沈家本與晚清民法繼受的光與影—側寫《大清民律法草案》的幾個問題〉，收於李雪梅主編，《沈家本與中國法律文化學術研討會論文集》（北京：中國政法大學出版社，2021年），頁411-447。

5　The German Civil Code, translated and annotated, with an historical introduction and appendices, by Chung Huiwang, London: Stevens and Sons Ltd, 1907, Preface.

接受英美法系、歐陸法系兩派法律學家的共同檢視，譯作倘出現些微瑕疵，恐將會成為眾所指摘的對象；而在「柏林比較法學會」的法律家們也都認為，非個中權威人士不足以勝任此項工作。

因緣成就人才，人才也掌握了歷史的契機，此時，王寵惠認為「翻譯出版德國民法典英譯本的必要性毫無疑義，與法國拿破崙法典不同，德國民法典的表述最為精細，結構最為科學，是德國著名法學家歷時二十二年精心研究成果的結晶。」乃自告奮勇，挺身而出，表示要英譯《德國民法典》[6]，那時，歐美的比較法學者聞之，不免驚訝，甚至表達出曖昧的不信任之態：「在學會的討論中，他提出《德國民法典》的價值與優點，為大家所敬服。但當他提到要翻譯成英文時，別人反倒覺得好笑了！」德國的史普林克說：「這本《德國民法》，早有英國的法學權威約翰森揚言要翻譯」，英國的喬埃士也說：「美國的法律專家魯韋博士（Dr. Walter Lowey）已在兩年前就著手翻譯了，只是還沒譯完而已。」甚至有人更露骨地指出：「你一個外國人，不會比英國人譯的更好的」「更不會比美國人譯的更標準」。基於厚實的民法學修養和良好的英語、德語根柢，也為了實現自己的學術抱負，在眾聲喧嘩中，王寵惠膽識過人，毅然決定從事該法典的英譯工作。

翻譯過程中，王寵惠竭其所能地忠於原作，甚至為了準確而不惜犧牲行文風格。尤其，法典中的概括性結論，即使對德國人自己來說也需要闡釋；不同部分之間相輔相成，可能的情況下，如果不參照其他章節，就又難以完全理解某章節內容。因此，附加的必要注釋和互相參考能引導讀者恰當欣賞該法典，這種努力不會影響行文流暢。及至1907年8月1日，在短短的半年光陰裡，王寵惠完成了艱鉅的挑戰，而由於譯作品質的高度專業性與精確度，該書隨即由著名的英國倫敦斯蒂芬出版公司出版[7]。在扉頁上他自信地附上這段說明：

6　參閱王寵惠，《德國民法典》（The German Civil Code）翻譯前言，收於同上注4。

7　German Civil Code, BGB, London: Stevens & Sons, Ltd., 1907. 另參閱劉寶東，

由民法博士王寵惠翻譯、註譯、附載歷史背景一篇以及若干附錄。[8]

飲水思源，王寵惠為了回報母校耶魯大學法學院業師雷諾德教授（Prof. E. V. RAYNOLDS, D. C. L）的培育，特在譯文首頁中附有如下的誌文，致以最崇高的謝忱：

茲獲惠允，謹將此項譯著獻給耶魯大學法律學院，以表敬意與欽崇。[9]

如此，由一個非德語系，又非英語系國家，年僅27歲的青年完成《德國民法典》的英譯本，確屬不易，難得的是，該譯本字斟句酌，力求信達，且一氣呵成。曾有一位傳記作者這樣描述道：

書印成之後，不到兩個月就轟動了，被學者公認為是翻譯文中最上乘的。英國法學權威約翰森看過後，絕口不再提翻譯《德國民法典》的事，美國法學博士魯韋，也因而遲遲不敢推出了。[10]

尤其難得者，英美兩國各大學法學院紛紛都採用了王寵惠的譯本，作為教學教材或指定參考書；加上有一次英國法院在審理某個案子時，曾引用譯本中的「按語」作為判決的根據，事前尚正式行文徵求先生的同意，王寵惠的學術聲望不脛而走，不僅是在歐美留學的中國人，連整個華人圈都引為佳話[11]。

同樣畢業於耶魯大學法學院的魯韋博士，早在1905年即已著手翻

〈出山未比在山清：王寵惠〉（北京：團結出版社，2012年）。

[8] Translated & Annoted, With An Historical Introduction & Appendices, by Chung Hui Wang, D.C.L.

[9] To the faculty of the Law School of Yale University, This work is by permission dedicated as a token of respect and esteem.

[10] 該譯本名為《The Civil Code of the German Empire》，由美國波士頓書店出版（published by the Boston Book Co. in 1909）。

[11] 參閱段彩華，《民國第一位法學家—王寵惠傳》（台北：近代中國出版社，1982年），頁103。

譯，至1909年始完成《德意志帝國之民法》（The Civil Code of the German Empire）的英譯本，該書由美國波士頓書店出版。當時在該大學研修的華人國際法學者浦薛鳳（1900-1997），從比較的觀點分析了王寵惠與魯韋兩本譯本的差異，撰文指出：王著「字斟句酌，意義明顯，氣韻平衡，流利自然。易詞言之，每句每段，不特毫無洋人執筆之牽強痕跡，而且具有能力老手之高雅風格。」此外，另說道：

> 筆者此次翻譯王、魯兩譯本，又曾選擇約五十項條文，彼此對照比較，則知王氏之英譯卻較高明。此因王譯文字更屬簡潔而更為正式，合於法律條款之體裁，而在選字措辭，更為確切明白，不容曲解誤會。是則書評之所以分別抑揚，王譯之所以被選為參考必讀課本，自非出於偶然。[12]

　　比較遺憾的是，據王寵惠於《德國民法典》譯本〈前言〉中曾說：「譯者我希望不久能給中國讀者提供翻譯本」，但終未能如願。

二、側身襄贊擬訂中華民國《民法》

　　歷史的際遇，有時是百緣轇輵的，就在王寵惠英譯《德國民法典》的同時，光緒三十三年（1907），清政府「修訂法律館」的修律顧問松岡義正也正在協助起草民律。至1911年9月，王寵惠回國時，《大清民律草案》前三編已草擬完成，惟未及進入資政院議決程序，清廷已傾覆。雖然王氏的英譯本《德國民法典》並未對《大清民律草案》產生任何直接實質的裨益，但也或許得力於翻譯此部法典的深刻心得，在1916年，王寵惠所編著《比較民法概要》一書問世，雖僅出版上卷

---

[12] 參閱浦薛鳳，〈憶王寵惠博士及其英譯《德國民法典》〉《傳記文學》，1971年，第38卷第3期，頁92-94。另據報導，當年在美國杜克大學法學院就學時讀過《The German Civil Code》的尼克森（Richard M. Nixon, 1913-1994），擔任副總統時，於1953年訪問台灣，聽說此書翻譯者王寵惠人在台灣，經外交部知悉安排後，終於促成了兩人的相見，一時傳為佳話。

〈總則〉部分，卻是華人社會關於民法的第一部中文著述，當時正是熱烈討論民國《民法》如何編訂之際，該書對於其後的民事立法和民法學可說產生了實質的影響力。

從這本概要書的內容看來，王寵惠對於民法的研究並不僅侷限於中國，也放眼於世界，他深知規範的背後有制度、制度的背後有思想；為此，對於各國民法的歷史與思想背景，進行廣泛的比較研究；既肯定歐陸法系的法典編纂，也承認英美法系判例的作用與意義，並根據中國傳統與社會現實衡量民法典的立法原則究該何去何從。

民國九年（1920）8月，北京政府特委派「大理院」負責審議修訂《大清民律草案》，時任大理院院長的王寵惠，開始以技術領導的角色對該草案發表修訂意見。身為當時審判龍頭的機關首長，他深深體認到該草案尚未取得國人的共識，倘將其冒然公布實施，必將窒礙難行，對撤廢領事裁判權，恐也無濟於事，因此，出具了暫緩援用《大清民律草案》的審查意見，致使北京政府不得不於1921年7月14日發布《民律暫緩施行令》：

> 具大理院呈稱，「民律已屆施行期，惟察社會現制及各地風俗習慣，尚有應行修正之處，擬請暫緩施行」等語，民律著延期施行，仍交該院長審擬辦法，呈候核奪。此令。[13]

如此一來，一部獨立民法典的問世只好再往後推延。1925年，王寵惠二度出任民國北京政府「修訂法律館」總裁，當時，修訂民法草案的工作雖積極進行，仍未及修正定稿，北京政府已倒臺。1928年，南北一統，有關民法典的編訂，國民政府察覺1911年的《大清民律草案》、1925年的《民國民律草案》已不足以因應時需，乃另成立「民法起草委員會」，聘請時任司法院院長的王寵惠、考試院院長戴傳賢

---

[13] 引自張生，〈王寵惠與中國法律近代化──一個知識社會學的分析〉，《法制史研究》（台北：中央研究院、中國法制史學會出版，2006年），第10期，頁155-184。

（1891-1949）及法國籍的法律顧問寶道（Georges Padoux, 1867-?），共同議訂民法，於1930年代完成了中華民國《民法》草案，共五編，1225條條文，送請立法院議決通過[14]。此期間，該歸功的固不祇一人，但王寵惠在議擬民法過程中，發揮了對重要立法原則的定奪力道。後來的民法學者梅仲協（1900-1971）評價過中華民國《民法》：

> 採德國立法例者，十之六七，瑞士立法例者，十之三四，而法、日、蘇聯之成規，亦嘗擷取一二，集現代各國民法之精英，而棄其糟粕，誠巨制也。[15]

可見，中華民國《民法》的內容很大程度上源自《德國民法典》，其中，王寵惠對於「立法原則」大方向的技術性領航之功，自不待言。以「夫妻婚姻財產制」中的法定夫妻財產制究宜採何種制度來說，當時議論紛紛，王寵惠主張採「聯合財產制」，為文指出：

> 一方面維持經濟上的合作，而又一方面維持經濟上的獨立，並有種種規定，預防夫管理之不當，就此諸點觀之，實為各制度中較為適當之制度。……吾國向無所謂夫妻財產制度，若必採用一制度以為法定制，從維持經濟間合作及保障妻之經濟獨立起見，似無有逾於此制者矣。[16]

此外，有一提之必要者，當時對於民商立法究宜採民商分立？抑或民商合一？多所爭議。當中華民國《民法》〈總則編〉公布以後，立法院院長胡漢民（1879-1936）等向國民黨中央政治會議提議，請訂民商統一法典，以符國民黨全民精神。這一提案，立即得到當時作為該提案

---

[14] 詳參黃源盛纂輯，《晚清民國民法史料輯注》（台北：犁齋社，2014年），第2冊，頁911-913。
[15] 參閱梅仲協，《民法要義》（台北：清水印刷廠，1966年），頁19。
[16] 參閱王寵惠，〈婚姻財產制〉，載於中華民國法學彙編，《中華法學雜誌》，1930年，第1卷第1號，頁32。另詳參西英昭，《近代中華民国法制の構築》（日本：九州大學出版社，2018年），頁165、190。

的審查委員王寵惠等人的贊同，彼等認為，歐洲大陸國家於民法典之外別訂商法法典，係因當時商人作為一個階級存在的緣故；而中國自西漢初解除對商賈的禁令以後，四民同受治於一法，買賣錢債，並無民商之分。既然商人本非特殊階級，所以不可「故為歧視」，而另訂商法法典。此外，還列舉多項實質理由，陳述須採「民商合一」的原因，為此，民商合一的立法例從而定調。

參、從《刑法第二次修正草案》到《舊刑法》的立法指導

中華法系源遠流長，而以刑法典出世最早，不僅為中國法制歷史上的主流，亦為世界法史上極為早熟的刑事法典。觀其規範的實質內涵，秦漢立法比較傾向於採用法家思想，自魏晉北齊之後則漸趨於儒法合流；時至李唐時代的代表作《唐律》，則深受儒家思想的影響，出現「儒家思想法律化」的局面，而有所謂「禮本刑用」「禮刑合一」的立法格局，歷經宋、明、清等諸律，指導原則少有更動。時至有清末季的變法修律，啟動繼受外國法，在沈家本與日籍修律顧問岡田朝太郎的聯手主導下，草擬完成以繼受德國立法例為主的《大清新刑律草案》，於1911年經資政院完成立法程序，名為《欽定大清刑律》（學界通稱：《大清新刑律》）。

一、參與《刑法第二次修正案》的擬訂

民國政府創建後，將《欽定大清刑律》中有關牴觸國體的部分條文刪去，改稱為《暫行新刑律》，於1912年頒布，續予援用。既屬「暫行」，本係一時權宜之計，並非垂為永制。民國三年（1914）3月，袁

世凱政府成立「法律編查會」，以刑法最關緊要，首先提議修正，並再度聘請岡田朝太郎參與斯役，以資熟手。此項工作歷時八個月，至四年（1915）2月草案告成，是為《修正刑法草案》，計〈總則〉十七章、〈分則〉三十八章，凡432條，史稱《刑法第一次修正草案》[17]。

在形式上，《刑法第一次修正草案》開創性地採用了「刑法」的名稱，打破過去刑法典概稱為「刑律」的傳統。而在實質內容上，該草案修正的要旨略有三端：

其一，「立法自必依乎禮俗」，即修訂刑律要依據禮教及其風俗習慣。故草案在〈總則〉編增入「親屬加重」專章，使卑幼犯尊親屬者加重其刑，且在直系尊親屬內，加入外祖父母一項；另採擇民國三年《暫行新刑律補充條例》的規定，纂入限制子孫行使正當防衛權利，以及無夫姦處罰的條文；又針對尊長與夫和賣、略賣妻妾、子孫與人通姦，或使之為人奴婢的行為，均予處罰，以敦親愛之誼。

其二，「立法自必依政體」，即修訂刑律要根據政權的性質及其需要。故草案在〈分則〉編增加「侵犯大總統罪」章，處罰因故意、過失對大總統產生危害，以及對其不敬之行為，以彰顯大總統的尊崇地位；另增訂「私鹽罪」章以重國計，保障國家的經營專利和財政收入。

其三，「立法必視乎吏民之程度」，即修訂刑律要慮及官吏及人民的教養程度；修法理由認為，中國人民戶口繁滋而生計艱難，是以罹罪者眾，若使罪犯皆久繫監獄，非但有害民生，亦徒增國家的財政負擔，故宜降低有期徒刑之最高年限，且縮減各刑等間的刑期間距，藉以疏通監獄。

再者，《暫行新刑律》中，一罪之法定刑範圍多定在三等之間，法官得在三等的範圍內自由決定宣告的刑等，然考量當時法官的程度尚屬參差不齊，不宜賦予過大的裁量權力，故修正案除死刑或有兼及無期徒

---

[17] 詳參黃源盛纂輯，《晚清民國刑法史料輯注》（台北：元照出版社，2010年），上冊，頁515-516。

刑者外，餘概只規定一等之法定刑，俾司法者有明確之遵循，而犯罪者亦不至枉縱。

整體而言，《刑法第一次修正草案》呈現了「禮刑混同」與「重典實利」的導向，此或可歸因於袁世凱潛謀稱帝，欲以禮教、重典馴服民心；不過，另一方面，對於民國初年的社會而言，雖變革之聲方興未艾，但傳統的價值觀仍根深蒂固，故此一反轉，或許也存在著社會實際層面的諸多因緣在。

1915年，隨著袁世凱帝制自為、張勳復辟的失敗，禮刑結合、嚴刑峻罰的立法政策已然不能繼續存在。由於時勢的變化，刑事政策也有更動的必要。為此，時任「法典編纂會」會長的王寵惠等人，對民國元年的《暫行新刑律》和民國四年的《刑法第一次修正案》提出重新檢點，並參採各國刑法立法新例，斟酌本國民俗風情，擬訂出《刑法第二次修正案》[18]。這部修正案的主要特點是，在內容上與《暫行新刑律》及《刑法第一次修正案》有很大的不同。在刑法之時的效力方面以從新為原則，從輕為例外；採用外國先進立法的經驗，特別是剛問世的德國《刑法準備案》和暹羅的《刑法》，克服《暫行新刑律》的嚴重缺陷並補充其不足；刪除《刑法第一次修正案》的「侵犯大總統罪」和「私鹽罪」等條文。

《刑法第二次修正案》完成後，司法當局以茲事體大，審議不厭其煩，乃將該修正案發交各省法院人員簽注意見，於民國八年（1919）7月，重加修訂為《改定刑法第二次修正案》。惟此一改定案與《刑法第二次修正案》並無重大差異，多著力於字句上的修改，另將條文重新排列組合而已，其章數不變，但條文數增至393條。[19]

大致說來，《刑法第二次修正案》與《改定刑法第二次修正案》較

---

[18] 參閱黃源盛纂輯，同上注17，頁611-612。

[19] 詳參黃源盛，〈內外交迫下的新品—民國七年《刑法第二次修正案》及其改定案述評〉，收於氏著，《晚清民國刑法春秋》（台北：犁齋社，2018年），頁221-252。

前有顯著的進步，既採用當時外國最新的立法例，也能審酌國內的特殊民情，不但克服了《暫行新刑律》的缺陷，補充其所不足，同時也刪改了《刑法第一次修正草案》的重刑、隆禮特色。因此，時人譽之為民國以來最完備的刑事立法。民國十五年（1926）9月，各國駐華公使照會北京政府，派遣人員來華調查司法狀況，在其後的「法權調查委員會」對於《改定刑法第二次修正案》的內容亦持肯定之詞，在報告書中表示：

> 該案第一篇內規定，較合乎科學精神及有較精確之條文。第六十二條規定科刑時，法官宜審酌一切情形之輕重，為法定刑內科刑輕重之標準，第四十二條所規定之刑名，較現行等級制為便利。本委員會會議時對於《暫行新刑律》所評論之缺點，在該草案之規定，幾不復見。[20]

此案完成後，當時的司法部擬呈請政府作為條例，早日頒行。惟法制局局長王未（1880-1956）認為民國尚未統一，《暫行新刑律》在西南各省尚一律適用，若廢棄之而另頒一條例代替，西南政府未必遵行，而法律之適用即趨於分裂。政府甚韙其議，故此案雖經交議，終未成為正式法典。

於今看來，《刑法第二次修正案》雖仍有其侷限性，但細究其內涵，實際上是民國的法律家將東西方的法律思想，加以兼取併蓄分解消化，進而與傳統中國的倫常精神「冶為一爐」的反映，在當時可說是一部比較完備科學的刑法，曾獲中外法律界的好評。後來，成為民國十七年（1928）所頒布的《中華民國刑法》的主要依據，如果，將這份業績部分歸功於王寵惠的立法技術領導，洵非過譽。

---

[20] 引自〈法權會議報告書〉《東方雜誌》，1927年2月，第24卷第2號，頁138。

二、1928年「舊刑法」的承襲與轉化

　　民國十六年（1927）4月，國民政府奠都南京，同年12月，又命時任司法部部長的王寵惠改訂刑律。王氏以民國八年的《改定刑法第二次修正案》作為藍本，略加損益，編成《刑法草案》，脫稿後，再經法制局局長王世杰（1891-1981）修正，又由政府交伍朝樞（1887-1934）、徐元誥（1876-1955）、譚延闓（1880-1930）、于右任（1879-1964）、魏道明（1899-1978）等人審查修訂。該案經中央第一百二十次常務委員會通過，函交國民政府於十七年3月10日公布，並定7月1日起施行，名為《中華民國刑法》，即今日習稱之「舊刑法」。惟因《刑事訴訟法》尚在審查中，不及提前制定公布，而該二法又有同時施行之必要，司法部乃呈由國民政府提請延期施行，嗣獲中央常務會議決議追認。

　　此部刑法典計〈總則〉十四章、〈分則〉三十四章，凡387條，內容基本上與《改定刑法第二次修正案》無多差異。惟為因應國民政府的政策方針，仍有少許更張之處：其一，國民政府由委員組成，採用合議制，且因憲政實施時期將屆，總統有無特別保護之必要，尚待研究，為此，將〈分則〉中之「侵犯大總統罪」章刪除；其二，刪除無夫姦的罪刑規定。王寵惠於民國十六年12月7日的〈刑律草案序言〉中曾說：

> 刑法所以防民，亦將以宜民。宜民者何？適於時用之謂也。吾國刑律成於晚清，洎入民國，乃芟汰其迕於國體、害於政情者頒行之，以為科律。十餘年來，人事日新，習於法者，亦漸覺其不適時用矣！寵惠嘗從事於斯，亟思有以更易之。鞅掌塵勞，卒卒少暇，偶餘晷刻，輒復研尋，積日既多，稿亦四易，然後訂為茲編。摘埴索涂，知多舛漏，將於法學方聞之士，商榷而是正之，亦薪至於宜民而已，非故為異同以自炫也。至簡端敍述修正理

由，暫從蕪略，分疏詳說，請俟異日。[21]

《中華民國刑法》於民國十七年3月公布，同年9月1日施行。眾所公認，刑法乃規定犯罪與刑罰為內容的國家重大法典，這部法典為民國以來實質上的首部刑法，該法採用當時最新的刑事學理，如「故意」之採取意欲主義，即希望主義，捨棄舊法所採的認識主義；刑事責任參照犯罪事實採主觀主義，力求罪刑相應，於民國之國情民俗亦加斟酌損益，被認為係一部進步的立法，為其後1935年現行的《中華民國刑法》開其先河，此亦有賴於王氏之立法技術領導，乃克有成。

肆、為政為國　獻替多方

回首來時路，除了參贊民刑事立法外，王寵惠在外交上，於民國北京政府時期，從1912年至1945年間，他始終忙碌於國家的對外交涉事務，舉舉大者，如1912年辦理對荷蘭保護僑民的交涉；1918年至1920年，修訂各項法典作為收回領事裁判權的準備；1921年12月間王寵惠以大理院院長的身分，與駐美公使施肇基、駐英公使顧維鈞作為代表，參加華盛頓會議，在會議進行中，提出收回租界、廢除領事裁判權、及要求取消日本威脅簽訂之「廿一條款」[22]，以為此種苛酷條款，若任今存在，則國際間無從調協，太平洋無法太平。日本代表受到與會各國之外交壓力，不得不宣布放棄對東三省的特權，並使會議決定成立委員會調查中國司法狀況，再定奪領事裁判權的存廢。

在南京國民政府時期，1931年九一八事變以後，為遏制日本侵略

---

[21] 引自黃源盛纂輯，同上注17，頁1659。

[22] 王寵惠說：「二十一條件，每一條件都等於一服毒藥，二十一條件非把中國毒死不可，所以一定要廢除。」參閱梁嘉彬等，〈王寵惠先生每年誕辰 口述歷史座談會紀實〉《中國現代史專題研究報告》第10輯（台北：中華民國史料研究中心編，1981年），頁216-219。

而展開爭取國際聯盟支持對外交涉；1937年盧溝橋事變發生，以抗戰爭取外援為外交重心；1943年11月陪同蔣中正出席開羅會議，獻計獻策，並參與起草「開羅宣言」，維護中國權益，四強一致同意使台灣重歸；在「政府—法律家—民眾」這一個社會圈子中，王寵惠不僅要對政府交辦的任務交待，同時也需要對民眾間接負責，透過立法確認國民權益，透過司法保障人民權益的兌現，透過對外交涉維護國權與民權[23]。

在參與法典的編訂方面，王寵惠盡心盡力，完成政府所指派的任務，在他手裡，擬訂民國初年《中華民國憲法草案》、參與擬訂《中華民國國民政府組織法草案》，實際擔任訓政時期《約法》的起草、參與《中華民國憲法草案》之擬訂和審查、參與《動員戡亂時期臨時條款》的擬訂、參與定向中華民國《民法》與《刑法》的重要立法原則。其中，王氏參與制定的民法、刑法等可說是品質優良的法典，僅管時移勢異，迄今仍香火不斷於台灣。

至於在司法方面，王寵惠是國民政府首任司法院院長，也是行憲後的首任司法院院長，對於司法改革擘劃方針的提出、創建司法體制與訓練法官、收回租界領事裁判權、改進司法工作、主持大法官會議議決關於憲法之重要解釋，為解決在台實施民主憲政所遭遇之難題提供策略。

在國際法學、法庭及創立聯合國方面，王氏將《德國民法》英譯，為世界法學界公認的標準譯文；1923年至1927年間作為中國第一位派任海牙常設國際法庭的預備法官（Deputy Judge，有稱為「補充法官」），1930年至1935年成為正式法官（Judge），其間所參與處理國際糾紛的著名案件有25個，如主審過「北歐各國之海事爭議事件」及「溫布頓號（S. S. Wim-Bledon）輪船案」等，多次提出意見，務求適當公平，凡有事例可資引證者，均詳予舉出以使有所根據，頗得各國法

---

[23] 詳參張仁善，〈論王寵惠對收復司法主權的貢獻〉，收於同上注1，頁300-315。另參閱余偉雄，《王寵惠與近代中國》（台北：文史哲出版，1987年），頁41-127。

學家及政治家之留心及此者，無不折服其學識經驗之精深宏博，[24]名望之重，多方矚目。出席聯合國大會，參與擬訂《聯合國憲章》，他所提出的十五點建議，有多項被採納列入其中，並為憲章之中文本作最後的審查與潤飾。

伍、結語

綜觀亮疇一生，為學精進、學識宏深，為人則虛懷謙讓，又具有深厚的中西文化學養，風骨嶙峋[25]，果能於非常時期建卓越之功，可謂集政治家、外交家、教育家、法學家於一身的典範人物，他為民國政府法制的建制與改革奉獻了智慧，在近代法制史上留下了精彩的一頁。雖說，學者的知識基礎是他成功執行法律實踐領導的角色功能，畢竟，一個人的時間與精力有限，法學學術和法律實踐即使關係密切，卻兩難兼顧；可以說，他並非學院派的純學者，卻保有學者的風範；是官僚體系中人，卻毫無政客的習染。[26]

走筆至此，猶記筆者1970年代念東吳大學法學院時，常誦讀古文與英語於校方後山麓寵惠先生墓園旁，但見墓景莊嚴古樸，張群在墓碑中如是寫道：

---

[24] 詳參馬漢寶，〈略述王寵惠先生與司法制度及若干史料之關係〉，收於同上注1，頁32。至於有關王寵惠任職國際法庭法官的情事，詳參Ole Spiermann, Judge Wang Chung-hui at the Permanent Court of International Justice, Chinese Journal of International Law(2006), Vol. 5, No. 1, pp. 115-128。

[25] 民國四年，袁世凱潛謀稱帝，唆使黨羽，組織籌安會，該會首要梁士詒，以美國人安德遜（Roy Anderson）曾與王寵惠熟習，乃派其赴滬遊說，謂「君主立憲，合於中國國情，欲借大筆，為文鼓吹，如承許諾，則政治高位或現金五十萬，二者任君選擇。」亮疇聆聽，不加考慮，立嚴斥之。……其詞嚴義正，態度磊落，可以概見。詳參同上注3，謝瀛州文，頁191。

[26] 參閱劉猛，〈王寵惠先生的志事與平生〉《傳記文學》（台北：傳記文學出版社），第114卷第2期，頁111。

綜詧公之生平，博極群書，而欿然，若不自足，久贊廟謨而淡然
不居其功。智慮絕人，苉華內斂，回翔台閣四十餘年，兩任國際
法庭法官，歷參重要國際會議。其才識足以決大計，謀斷足以息
群疑，譽望足以勤壇坫，用能當艱不卻，處變如夷。其對國家之
建樹，豈言詮之所能盡乎！[27]

　　當年，對於先生的志業與情懷所知有限，如今，研究近現代法史多
年，方知他對民國法制的影響與貢獻如此之深。偶而會這麼想，在那樣
的年代，這麼傑出的一位法律學人，王寵惠本可以「立言」傳世，不
過，從他遺存的個人著述《困學齋文存》[28]看來，主要是單篇性、闡述
性的短篇作品為多，這些文字與其說是法學學術，毋寧說，是反映現實
法律的應用性之作。

　　實際上，民國以降，戰亂頻仍，政局混亂，王寵惠常受命於困阨之
際，於艱難局勢中仍勉力而行，殫精竭慮於國家事務；他顯然沒有多餘
的精力撰寫系統性、深刻性、學術性的「宏篇專論」，也就無法成為一
家之言的知識創造者，難免「終了一生，立言不足」的扼憾[29]！儘管如
此，亮疇先生秉性謙和，有恂恂儒者之風，他為學的源泉活水、行深融
豁，兼具中西，成就如海的法學智慧，而終歸落實於力行實踐；天下
事，得失之間，本就難以偏執論斷，或許，有些缺憾，也祇有將此缺憾
還諸天地了！

---

[27] 參閱張群，〈司法院院長王公寵惠墓表〉，收於朱傳譽主編，《王寵惠傳記
資料》（一），頁51。

[28] 詳參同上注3，謝瀛洲編，《困學齋文存》，文集中具有法理思想的主要論著
有兩篇，一為〈中華民國憲法芻議〉，內含導言、憲法之性質、憲法之內
容、憲法之解釋、結論等五節，寫於1913年3月。另一為〈比較民法導言〉，
寫於1913年。

[29] 引自許章潤，〈亂世中的第一代法學家—《王寵惠文集》評析〉《清華法
學》（北京：清華大學法學院編，2002年），第1卷1期，收於氏著，《說
法、活法、立法》（北京：清華大學出版社，2004年），頁334-340。

下篇

從固有法到繼受法的變與不變

第八章

繼受外國法中的法言法語

壹、序說

泛泛而言，法的繼受（die Rezeption, Reception, Transplant）是一種由於與異文化交融過後的社會變容過程，是法文明轉換的特殊現象。以繼受歐陸法來說，其中最基礎、也是最核心的，恐怕要屬法律語言的重構問題。當不同的文化交流時，必定會帶來新事物和新概念；交流之初，彼此陌生；接觸伊始，語言隔閡，自然構成知識相融的阻力。而語言是文化思想的載體，為了吸收新文化、體驗新生活，以創造新語彙的方式，作為理解對方文化的起點，是應然，也是實然。

走出傳統，邁向近代，跨越中國，進入世界；這是晚清政府為了撤廢領事裁判權，在外力相逼下所作出變法修律的無奈抉擇，也是立法政策的總體方針[1]。回顧清末自光緒二十八年以迄宣統三年（1902-1911）這十年的變法修律過程，其間以《欽定大清刑律》（俗稱《大清新刑律》）的修訂最受關注，而該法的第一次草案是在日本修律顧問岡田朝太郎（1868-1936）的主導下具體擬訂而成，其內容及篇章體例，多仿自明治四十年（1907）的《改正日本刑法》。要問的是，清末為何選擇以日本作為繼受歐陸法的過渡津梁？修律團隊中的成員如何面對舊律與新法的語言轉換抉擇？而具有德日影子的這部新式刑法典，在法律語言上具有什麼樣的特徵？

眾所周知，語言與社會、政治、法制、文化密不可分，法律溝通必須使用語言，語言文字又賦予法律以具體的內涵，因而語言自然就成為法律溝通的前提要件。從既有的文獻看來，對於法學領域，在特定的時空背景下，法律語言作為法律規範、法律制度乃至法律思想運載的工具，且常形影相隨，遺憾的是，在這方面的研究成果仍屬有限。18世

---

[1] 晚清繼受外國法的動因，除了為撤廢領事裁判權外，另有歐日近代法典編纂的衝擊、傳統社會經濟結構的轉型、清廷救亡圖存的危機意識等多種原因，詳參黃源盛，《法律繼受與近代中國法》（台北：政治大學法學叢書 55，2007年），頁47-65。

紀英國的哲學家大衛・休謨（David Hume, 1711-1776）曾說：

> 法與法律制度是種純粹的語言形式，法的世界肇始於語言，法律
> 是透過詞語訂立和公布的；法律行為和法律規範也都涉及言辭思
> 考和公開的表述與辯論，法律語言和概念的運用、法律文本與事
> 實相關的描述與詮釋、立法者與司法者基於法律文書的相互溝
> 通、法律語境的判斷等，都離不開語言的分析。[2]

旨哉斯言！法律語言與法律文化幾乎同步發展，法的繼受與法律語言的轉換不衹是靜態的翻譯而已，而是極為活躍的文化變容現象；為了深入瞭解法律繼受與法言法語之間的相互關係，也為了聚焦，本章將限縮研究範圍，僅論及立法繼受中的法律用語，而不及學理繼受或裁判繼受；主要以光緒三十三年（1907）的《刑律草案》初稿、宣統二年（1910）的《修正刑律草案》以及宣統三年（1911）最後頒訂的《欽定大清刑律》為實證的觀察對象，探究新刑律用語的來源，並將它置於傳統中國律典的發展脈絡與中外法文化的交流平臺上，討論其詞語特徵；同時，對於「以日為師」所引發的詞語之爭詳加析述；希望透過這段繼受外國法中所遭遇的法律語言更轉困境，尋繹若干法文化上的歷史與時代意義。

貳、透過日本嫁接歐陸法的搖籃期

從法的發展歷程看，在清末中國法律近代化進程當中，最值得一提的，莫過於外國法典與法學文獻的編譯；清季譯書事業本堪稱繁盛，無論數量或內容成效均屬可觀。大體說來，1894年甲午戰前，以譯泰西

---

[2]　引自徐運漢，〈法律語言運用的有益探索〉—評《法律語言運用學》，載於《法制日報》（北京：法制日報社），2004年3月18日。

書籍為主，尤重英、法人才的培養，惟太過囿於富國強兵之策，所務率屬西洋格致及軍事、工業之學。綜觀當時的編譯事業，無論京師同文館或江南製造局，均側重於工藝、科技，鮮有涉及政治或法律者。

經甲午敗戰，創巨痛深，船堅砲利政策顯已失靈，有識之士對時局多所感悟，乃轉以圖謀政教、社會制度的變革。在翻譯外國法律文獻與法典的過程中，最主要的來源是日語，日語可說是其他外來語進入中文法律詞語的橋梁；許多法語的、德語的法律術語，大量透過日語進入了漢語世界。因為比起英語、法語或德語，將日語譯成中文要方便許多，這或許是為什麼清末法律變革，五大臣考察西歐以後轉而向東瀛取經的重要原因吧！

維新人士康有為（1858-1927）曾提出：「變法者須自制度、法律先為改定」。就在這種思維激盪下，譯書範圍終漸擴及法政、經濟、社會等領域，更因朝野欽羨明治維新的成就，譯書重心漸趨於日本，以為「日本維新以後，以翻譯西書為汲汲，今其國人於泰西各種學問，皆貫串有得，頗得力於譯出和文之文書」[3]。京師同文館乃於光緒二十二年（1896）添設東文館；翌年，梁啟超（1873-1929）也創辦大同譯書局於上海，專以翻譯日本書籍為主，而輔以西文，且以政學為先，而次始及於藝學。據統計，單就西方法學法律的輸入，自1864年美國傳教士丁韙良（William A. P. Martin, 1827-1916）譯出《萬國公法》後，維新派的譯書機構相繼出版了18部外國法律法學著作；及至1898年戊戌維新失敗後，法律法學書籍輸入驟增，民間譯局遍及各省[4]。

天下事，幾無憑空而降者；一事之成，必有前人所走過的痕跡；晚清的法律近代化的，本質上是一種異質法的繼受，所遭遇的第一個難題，自是要如何面對語言轉換的挑戰。而凡事常須回頭看，不可忽略，

---

[3] 〈奏請設立譯書院〉，1902年，收於張靜廬編，《中國近代出版史料·初編》（上海：群聯出版社，1953年），頁50。
[4] 參閱黃福慶，《清末留日學生》（台北：中央研究院近代史研究所專刊 34，1983年），頁147-158。

在譯介外來法的過程中，有一批先知先行者，投入了他們的心力，轉動了法律語言與法律文化的巨輪。

一、日本箕作麟祥的篳路藍縷

　　日本明治維新初期，由於受「王政復古」運動的影響，法律、司法制度也與國政一般，有再復古的傾向[5]。以刑律言，曾三度折衷於中西之間，惟因復古的結果，阻礙了近代化的進程。不數年，法律體制全部改以「歐化主義」（Western Principle）為立法導向，而維新政府既決定繼受歐陸近代法制，首先想到的是，非有充分技術條件加以配套不可，因為法的繼受，並非一朝一夕所能竟其功，在繼受過程中，當然要考慮導入外國法的能力以及立法技術等方面的相互配合。

　　就導入外國法的能力來說，當時日本政府所考慮繼受的對象，以法國法及英國法為主，終因英國法律體制與日本傳統法制扞格難通，而法國團體法精神與立法體系，較之以判例法為主的英國法，的確較適合日本國人的法律生活感情；此外，英國的判例體例，實在也較不易以立法方式快速繼受。尤其，當時的法國，擁有五部先進的拿破崙法典，並被許多國家所仿效，一時獨領風騷，向來現實功利價值取向的日本乃毅然決定引進法國法體制。問題是：若要繼受外國法，翻譯能力、法學的理解力，乃至於本身法學教育的培育等條件自非全力配合不可。

　　藉由翻譯而輸入外來的法律文明，對日本而言，並非新鮮事。自7世紀中期以降，即有大規模繼受傳統中國律令體制的經驗；及至明治時代，透過翻譯輸入西歐文明，以設置翻譯官的方式來付之實施的型態，可說是依循先前繼受傳統中國律令體制的翻版。以維新時期前後來說，借用漢字嘔心翻譯法律譯詞的學者如西周（1829-1897）、津田真道

---

[5]　參閱西原春夫，〈刑法制定史にあらわれた明治維新の性格──日本の近代化におよぼし外国法の影響、裏面からの考察〉《比較法學》（東京：早稻田大學比較法研究所，1967年），第3卷第1號。

（1829-1903）、福澤諭吉（1835-1901）、箕作麟祥[6]（1846-1897）都有相當非凡的業績。此處，僅以箕作麟祥為例，事實上，自1869年起，維新政府即對法國法典翻譯具有高度的興趣，政府參議副島種臣曾於該年，命請對法文有頗深造詣的年輕法學者箕作麟祥著手翻譯刑法典，箕作氏於同年底前即已完成。當時的司法卿江藤新平（1834-1874）審閱後，對箕作氏的印象極為深刻。也由於該法典本身具有高度的品質，使江藤氏急欲將法國民法典也盡速譯出，乃隨即催促箕作氏再翻譯民法典，並囑付儘快將其餘拿破崙法典一併完譯。江藤氏甚至指示箕作「盡速譯之，誤譯無妨」[7]。就在箕作氏日夜奮勉下，以不到五年的時間，在明治十年（1877）左右，陸續譯出法國民法、憲法、訴訟法、商法、治罪法，並被日本文部省公諸於世，完成此一艱鉅使命。此事在日本語言學家大槻文彥（1847-1928）所著的《箕作麟祥君傳》中有這麼一段記載：

> 在他翻譯當時，法律科學尚未發達，箕作氏對之一無所知，其後，又無一本注釋的書或字典可供參考，更無一位法律專家可供其諮詢。對於法文上的某些章節，他確實難於瞭解，尤其許多法律觀念，在日本傳統上根本就不存在，更因沒有相當於法文的字彙，使他困惑萬分。他也曾向漢學者請教，也未能獲得相同的用詞，而毫無幫助。這迫使他不得不自己發明一些法律名詞，但仍

---

[6] 箕作麟祥，日本明治初年法學者。精通英、法文，初任翻譯官，旋轉大學中博士，奉命翻譯「法國法典」，兼任司法院推事，又由博士轉任文部大學教授。明治四年，由大外史轉權大內史。九年，任司法大臣。十年，轉司法大書記官。十三年，轉元老院議員，任民法及破產法編纂委員。二十一年，授法學博士。11月，任司法次長。二十三年敕轉貴族院議員。二十九年，任行政裁判長。三十年，病逝，得年五十二。參閱山中永之佑，〈箕作麟祥〉，收於潮見俊隆、利谷信義編著，《日本の法學者》（東京：日本評論社，1974年），頁1-26。

[7] 該句日文原為「誤譯も妨げず，唯速譯せよ」，足見江藤新平係當時主張繼受法國法的急進派代表。參閱穗積陳重，《法窗夜話》（東京：岩波文庫，1980年），頁35、206。另參閱野田良之著，藍瀛芳譯，〈日本的繼受西洋法律〉《法學叢刊》，1987年10月，第32卷第4期。

有人以其非源於日本而予以排斥。一些名詞如權利與義務，他是
自一本中國有關英文《萬國公法》之譯述中加以引用。幾乎所有
的法律名詞，如動產、不動產、相殺（抵銷）、未必條件等都是
箕作氏經過苦心的研究後而發明的。[8]

　　法律語言的翻譯不同於一般的生活用語，它涉及法學和語言學等專
業領域，而法律規範的背後有制度，制度的背後有其思想在指導著；不
同的法律制度與法律思想，其所使用的法律術語，相互有別，各成系
統。為了能準確地對應法律概念及專門術語，譯者除了必須具有確實掌
握原語言（souce language）和目的語（target language）的語言能力之
外，還需通曉不同的法律制度甚至法律思想。對於日本當時負責翻譯法
典的箕作氏來說，在缺乏相關知識背景，沒有參考書籍，也沒有字典，
又無人可供請益的情境下，要精確理解外國法典的內容，本身即是一大
考驗，更遑論要將內容逐一轉換為本國文字，這可說是一種「獨創式的
異文化變容方法」，其艱辛可見一斑。

　　而若從語言系統來看，法語屬於拉丁語系，日語則並不屬於世界大
的語系[9]，二者語言的結構差異性頗大，這也阻礙了法典的閱讀與理
解。由於這是異質法的繼受，難免造成法律語言的過度外來化，過多新
奇難解的法律用語，伴隨而來的是民眾對法律的疏離感。就這一點，晚
清與日本的繼受外國法處境雖十分類同[10]，但日本是從「洋文」轉換成
「和文」，比起中國是從「和製漢語」轉成「純漢語」要來得困難許
多；換言之，中國與日本同屬漢字文化圈，由於中日之間的漢字血脈交

---

[8] 詳參大槻文彥，《箕作麟祥君傳》（東京：近世資料會，1983年），頁88-
89。
[9] 有關日語的語系屬性，有一說認為係屬阿勒泰語系，有一說認為係屬漢語
系，另有一說認為係屬阿勒泰語系和漢藏語系混合的新語系。
[10] 詳參大久保泰甫，〈法の繼受と言語〉，收於林大、碧海純一編，《法と日
本語》（東京：有斐閣，1987年），頁149-158。另參閱福島正夫，〈明治初
年における西欧法の繼受と日本の法及び法学〉《日本法とアジア－仁井田
陞博士追悼論文集》（東京：勁草書房，1970年），第3卷，頁183-188。

流歷史悠遠，加上日本法典中的專門用語幾乎都使用漢字詞彙，相當程
度地加速了清末新式刑法典編纂過程，透過和製漢語的大量輸入，降低
許多在法律繼受過程中所可能遭遇到的語言轉換困境。

二、張之洞、梁啟超等先覺者的倡議

　　要繼受外國法，須借助他山，這是時代趨勢所使然；而取法的對象
該如何抉擇，這也頗費思量！清末重臣張之洞（1837-1909）在1895年
間曾發表一篇名為〈勸學篇〉的論著，其中，提出透過遊學日本、翻譯
日書以學習西學的主張。在遊學方面，張氏以路近省費、語文相近、日
人已刪節酌改西書不切要的部分，以及風俗近、易仿行等理由，認為在
遊學國別的選擇上，東洋應先於西洋[11]；在譯書方面，由於日本已將各
種重要的西學書籍譯出，是以，如果間接透過日譯本來譯介西書，不僅
省力，而且快速[12]。

　　張氏這種以日本為媒介作為汲取西學快捷方式的想法，也延續到後
來的〈江楚會奏變法三摺〉中。關於遊學一項，他再度重申，日本教法
最善、文字較近、課程較速、盼望學生成就之心至為懇切。再者，相較
於遊學歐洲各國，遊學日本不但可節省三分之二的經費，又可加速學程
及往返的時間，所以極力主張擇派「志定文通者」前往東瀛，待其學成
後返國擔任教席，以助興學[13]。此外，日本的風土、文字，皆與中國相
近，僑居日本的中國人眾多，便於遊歷者向其求助翻譯、諮詢。尤其，
日本的法律近代化，較清廷早約三十年，彼邦曾派員仿效西法，於諸多

---

[11] 參閱張之洞，《勸學篇》，收於中華民國開國五十年文獻編纂委員會編，
　　《中華民國開國五十年文獻・清廷改革與反動》（台北：黨史編纂委員會，
　　1969年），第8冊；〈遊學〉第二、〈廣譯〉第五，頁425-426、427-429。該
　　篇當時廣為刊布，風行海內外，被稱為「留學日本宣言書」。
[12] 參閱張之洞，同上注11，頁427-429。
[13] 參閱張之洞、劉坤一，〈江楚會奏變法三摺〉，收於沈雲龍主編，《近代中
　　國史料叢刊續刊》（台北：文海出版社，1960年），第48輯，頁120。

事項皆已斟酌國情改易過，頗適宜於中國仿行[14]。

　　至於譯書一項，張氏認為，日本與中國風俗民情相近，且日文較易通曉，如針對刪訂酌改西書而成的日譯本進行「二手」翻譯，可達精要且快速的效果[15]。除了遊學和譯書外，張氏也以日本文武學校皆有速成科，教法可彈性調整，刻期畢業，建議由出使大臣李勝鐸，協同日本相關部會共同籌劃，以日本為典範，酌擬大、中、小學各種速成教法，以應急需[16]。

　　1896年，梁啟超在〈變法通議〉「論譯書」一節中也說：

日本自維新以後，銳意西學，所譯彼中之書，要者略備，其本國新著之書，亦多可觀，今誠能習日文以譯日書，用力甚鮮，而獲益甚巨。計日文之易成，約有數端：音少一也，音皆中之所有，無荊棘扞格之音，二也；文法舒闊，三也；名物象事，多與中土相同，四也；漢文居十六七，五也。故黃君公度，謂可不學而能，苟能強記，半歲無不盡通者，以此視西文，抑又事半功倍也。[17]

　　或許，英雄所見略同，談及翻譯日語的易成，張之洞、梁啟超二氏所言前後呼應，觀點相當一致。而世間有些事，往往又偶然多於必然；其後，張之洞、劉坤一（1830-1902）與袁世凱（1859-1916）除了舉薦沈家本（1840-1913）與伍廷芳（1842-1922）出任修訂法律大臣外，關於修律該如何循序漸進，也提出以下的建議：

近來，日本法律學分門別類，考究亦精，而民法一門，最為西人所嘆服。該國係同文之邦，其法律博士，多有能讀我之會典律例

---

[14] 參閱張之洞、劉坤一，同上注13，頁124。
[15] 參閱張之洞、劉坤一，同上注13，頁183。
[16] 參閱苑書義、孫華峰、李秉新主編，《張之洞全集》（河北：河北人民出版社，1998年），第2冊，頁1401。
[17] 引自梁啟超，〈變法通議‧論譯書〉《飲冰室合集》（北京：中華書局，1989年），頁66-72。

者。且風土人情，與我相近，取資較易。亦可由出使日本大臣，
訪求該國法律博士，取其專精民法、刑法者各一人，一併延聘來
華，協同編譯。如此規模既立，則事有指規，人有稟承，辦理自
易。[18]

遵此思路，就這樣，在後來的變法修律過程中，清廷所聘請的五大
修律顧問，岡田朝太郎（1868-1936）、松岡義正（1870-1939）、志田
鉀太郎（1868-1951）、小河滋次郎（1861-1925）及岩井尊文等幾乎都
來自日本，而彼等人士對於晚清中國的法律近代化確實也締造了不可磨
滅的業績[19]。

三、留日人士的戮力參與

清廷變革法制的政策既定，乃於光緒二十八年決定先成立編纂法典
的專門機構，經過多番籌備，於光緒三十一年4月1日（1904.5.15）正
式成立「修訂法律館」。惟觀乎當時修訂法律館所在的刑部，其成員當
中固大都於中國律例造詣頗深，然對於外國法律未必多能熟稔[20]；因
此，得覓幫手入館協助，沈家本上奏譯書時說：

經臣等酌擬大概辦法，並遴選諳習中西律例司員分任纂輯，延聘
東西各國精通法律之博士、律師以備顧問；復調取留學外國卒業
生從事翻譯，請撥專款以資辦公，刊刻關防以昭信守各等因，先
後奏明在案。[21]

---

[18] 引自袁世凱，〈會保熟悉中西律例人員沈家本等聽候簡用摺〉，光緒二十八
年2月23日，《袁世凱奏議》（天津：天津古籍出版社，1987年），頁476。
[19] 參閱黃源盛，同上注1，頁79-85。
[20] 成員有郎中齊普、松武、饒昌麟、武瀛、恩開、豐秀、武玉潤、張西園、羅
維垣、戈炳琦、楊履晉、王廷銓、員外郎段書雲、曾鑒、魏聯奎、郭昭、連
培型、史履晉，主事是許世英、蕭之葆、周紹昌等。參閱光緒二十九年11
月，刑部，〈進呈讀例存疑請旨飭交律例館以備採擇摺〉。
[21] 光緒三十一年3月20日，〈修訂法律大臣奏請變通現行律例內重法數端摺〉，

　　從上述奏摺看來，沈家本與伍廷芳在擬訂修律辦法後，有關人才遴選的部分，對象包括：諳習中西律例的司員、東西各國精通法律的人士以及留學外國的畢業生；不過，巧婦終難為無米之炊，為調員、譯書之事，也曾奏請撥款充用，難得的是，竟獲得清廷大力的支援[22]。而當時負責翻譯外國法典及法律文獻者，主要是「留學外國畢業生」。對於這段往事，於清末變法修律期間無役不與的董康（1867-1947）曾說：

　　清自五口通商以來，政府昧於國際情形，法權寖失，外人遂攘有
　　領事裁判權；李文忠馬關訂約，深知其弊，即於約內，聲明政府
　　修改法律，即收回領事裁判權。迨團匪亂後，兩宮回蹕。翌年，
　　派沈家本、伍廷芳為修訂法律大臣，奏請將律例館更名修訂法律
　　館，派提調等職，開始進行。並擇留學生章宗祥、陸宗輿、曹汝
　　霖充纂修，美人林某充顧問。（董）康亦以校對，濫廁其間。[23]

　　在董康的記憶裡，曾調入館中的留學生有章宗祥（1879-1962）、陸宗輿（1876-1947）及曹汝霖（1877-1966）等三人；延聘作為顧問的外國法律博士，則有美國人林樂知[24]；此外，董康本人也以「校對」身分參預其中。後來，章宗祥自己也談到了這件事：「自起草至提議，幾經討論，易稿數次，費時近十年，余始終參與其事。」[25]

　　章宗祥，字仲和，浙江吳興（今湖州）人。幼時進私塾及當地書院讀書，中過秀才，光緒二十五年（1899）赴日本留學，1903年獲明治

收於清・憲政編查館編纂，《大清法規大全》（台北：考正出版社，1972
　年），〈法律部〉，卷3，〈變通舊律例二〉，頁1741。
[22]　「交戶部，本日，侍郎伍廷芳、沈家本奏〈參酌法律請撥款摺〉，奉旨戶部
　　知道，欽此，相應傳知。貴部欽遵可也。」中國第一歷史檔案館編，《光緒
　　朝上諭檔》（桂林：廣西師範大學出版社，1996年），第29冊，頁365。
[23]　董康，〈中國修訂法律之經過〉，收於氏著，《中國法制史講演錄》（香
　　港：文粹閣主人景印，出版處所及年月不詳），頁157。
[24]　董康文中，林某何許人也？初步查考，似指林樂知（Young John Allen,1836-
　　1907），美國人，譯有《萬國公法要略》（上海：上海廣學會，1903年）。
[25]　參閱章宗祥，〈新刑律頒佈之經過〉，收於《文史資料存稿選編》（北京：
　　中國文史出版社，2006年），第1冊，頁34。

大學法學士學位[26]。曾翻譯日人井上馨所著《各國國民公私權考》與岩崎昌等所著《國法學》。章氏返國後即進入京師大學堂擔任教習，不久，清廷授予進士，繼任法律館纂修官[27]。因緣際會下，與沈家本結識，進而加入修律團隊。十年的修律期間，始終參贊其間，深得沈家本的信任[28]。光緒三十一年曾與董康合譯《日本刑法》，交由修律館出版；同年，又與董康聯手纂擬大清的《刑律草案》，該部草案稿本，在時間上早於由岡田朝太郎所主導完成的《刑律草案》，屬於近代中國法史上第一部由國人自己主持研擬的刑法草案[29]。

至於董康，字授經，江蘇武進人。光緒二十四年（1898）戊戌科進士，歷任法律館提調、刑部主事、大理院候補推丞。光緒三十一年（1906）9月，時任刑部郎中的董康，與王守恂（1864-1936）、麥秩嚴（1864-1941）等人，受派到日本調查裁判監獄事宜。翌年閏4月間抵達東京後，在司法省特派參事官齊藤十一郎、監獄局事務官小河滋次郎等人的導引下，參觀了日本的裁判所和監獄[30]。依當時在旁協助的刑部員外郎王儀通（1863-1961）事後回憶，董康在日本「出則就齊藤、小河、岡田諸學者研究法理，入則伏案編輯，心力專注，殆無片刻。」[31]董康利用出國考察機會，用心吸納西方法學新知，收穫頗豐。歸國後一年，即被授以修訂法律館提調的職務，成為沈家本最得力的左右手，深

---

[26] 參閱呂長順，〈清末中日教育交流之研究〉，浙江大學中國古典文獻學博士論文，2007年，頁97。

[27] 光緒二十九年（1904）11月19日〈大學堂為撥款交章宗祥採辦書籍儀器事致駐日大臣諮（稿）〉，北京大學、中國第一歷史檔案館編，《京師大學堂檔案選編》（北京：北京大學出版社，2001年），頁210。

[28] 參閱章宗祥，同上注25，頁35。

[29] 該草案試圖引進近代歐陸法系的刑事立法體例，捨棄以往律例合編、六曹分職的舊律格局，採取「總則」與「分則」並列的立法技術。惟目前只見「總則」部分，至於「分則」是否曾經草擬？完稿與否？其詳仍有待查考。參閱黃源盛，《晚清民國刑法史料輯注》（台北：元照出版社，2010年），上冊，頁3-34。

[30] 參閱沈家本，〈調查日本裁判監獄情形摺〉，光緒三十一年，朱壽彭編，《光緒朝東華錄》（北京：中華書局，1958年），頁128-129。

[31] 參閱沈家本，同上注30，頁128-129。

受器重。章宗祥回憶他與董康共同編譯新刑律草案的過往：

> 董（康）自開館後，熱心進行，與余討論研究最切，除會議日
> 外，董與余每日輒在館編譯草案，雖盛夏不事休息。館為鑾興衛
> 舊址，房屋已陳腐失修，雨日，地面出水，潮氣逼人，兩人對
> 坐，余口譯，董筆述，至今猶能憶及當時情狀。[32]

由於章宗祥具有多年留學日本的經驗，較具精準掌握日語的能力，翻譯工作主要由章氏口譯，董康則舊學根柢厚實，擔任筆錄，遇有困難問題，相互切磋以求其解，此情此景，為繼受外國法律奠下了開基的礎石。

此外，須一提者，清末引進日本法律最為全面的一部書籍是《新譯日本法規大全》，該書由南洋法學張元濟、劉崇杰等據明治三十四年（1901）內川義章所編《現行類聚法規大全》第二版翻譯而來，1904年又據第五版做了補譯訂正[33]，於1907年付梓問世。全書按照行政官廳順序劃分為二十五類，收錄法律、法規、敕令、規章等近三千件，另附有〈法規字解〉，是譯自日本法律書籍中最大的一部書，對於晚清的外國法律繼受影響極為深遠，尤其對清末民初法律術語的形成與發展也發揮了莫大的作用。

參、《大清新刑律》中法律術語的新與舊

由於受到日本明治維新、法律近代化成功的刺激與啟迪，清廷決意追隨日本的修律政策；一連串透過日本繼受歐陸法的活動於焉開展。而

32　參閱章宗祥，同上注25，頁35。

33　參閱錢恂、董鴻禕，《新譯日本法規大全（法規解字）》（北京：商務印書館，2007年）〈總序〉。另參閱田濤、李祝環，〈清末翻譯外國法學書籍詳述〉《中外法學》，2000年，第3期。

其中最為關鍵者，《大清新刑律》的初稿是由日本修律顧問岡田朝太郎用日本語所草擬，從而日本刑法典上的法律用語也就大量反映在新式刑法典上，使《大清新刑律》除了承接傳統律典的詞彙外，大量出現了和製漢語的身影。沈家本說過：

> 夫今日法律之名詞，其學說之最新者，大抵出於西方而譯自東國，亦既甄其精意，編為條文，不獨難以古義相繩，即今義亦未能悉合。[34]

的確，仔細比對晚清《大清新刑律》與《日本改正刑法》，其中，頗多相同的漢字詞。這些漢字詞，或原為傳統中國法典的詞彙，或為漢譯西書、日譯報刊的語詞，這些共同詞彙，承載著近代中國法制歷史的過去與當代。

一、傳統律典舊詞的窘境

揚棄兩千多年來以家族、倫理、義務為指導原則的傳統中國法，而引進以個人、自由、權利為本位的歐陸近代法，不祇是法規範本身，就連法制度與法思想也大相徑庭；當然，傳統律典的專門術語也一定不敷所用，此時，必須另謀他途以對。觀乎《大清新刑律》的法律術語，可以發現，其中僅有少部分詞彙保留了舊律裡的語意，而以「同義語」的方式進入新的刑律當中。以「牙保」一詞為例，《大清新刑律》第375條第2項關於贓物罪的規定：

> 搬運、受寄、牙保或收買贓物者，處二等至四等有期徒刑。

在舊律中，「牙保」原指牙人和保人。「牙人」指舊時市集貿易中以介紹買賣為業的人，俗稱「牙儈」，相當於現代的仲介人，俗稱「經

---

[34] 引自沈家本，〈釋貸借〉，收於氏著，《歷代刑法考》（北京：中華書局，1985年），頁2153。

紀人」，負責仲介買賣雙方的交易；「保人」則擔任買賣人和牙人的保證人，見證雙方的買賣。「牙保」這個詞彙，在《大清律例》「收留迷失子女」「典買田宅」「阻壞鹽法」等條皆曾出現過。例如「收留迷失子女」條規定：

> 若買者及牙保知情，減犯人罪一等，追價入官。不知者，俱不坐，追價還主。

至於「贓物」一詞，於傳統中國刑律中有所謂的「六贓」之名，係指六種非法獲取公私財物犯罪類型的通稱。《唐律・名例》：「諸以贓入罪，正贓見在者，還官，主；已費用者，死及配流勿徵，餘皆徵之。」可見，「贓」是中國古代的法律術語。

「牙保」與「贓物」等詞彙於《大清新刑律》法條中的語意原則上不變，這是「相同用語、相同意義」的一種型態。

此外，《大清新刑律》延續舊律而來的法律術語，其語意的變化乃伴隨著法律制度的轉換而義涵亦變。以「法例」一詞來說，《大清新刑律》第一章以「法例」為名，本章係規定刑法之效力，如關於時之效力、關於人及地之效力（第2條至第8條）、及刑法總則對於此外罰則之效力（第9條）等，故曰「法例」。此與《晉律》以降之所謂「法例」語同而義異[35]。

再以「刑名」一詞為例，從《唐律》以迄《大清律例》均列有「徒」刑一項，《唐律疏議》曰：「徒者，奴也，蓋奴辱之。」徒刑之制或源於周代，《周禮》云：「其奴男子入於罪隸，女子入於舂稾。」

---

[35] 按傳統舊律中之所謂「名例」，其淵源有三：一是戰國時（406 B.C.）李悝所纂《法經》六篇之〈具法〉，此為「名例」篇之本源，秦、漢律皆沿之；二是晉分〈具律〉而設「刑名」「法例」，此是以名、例篇名之筆始，南朝諸律及北朝後魏律皆沿之；三是《北齊律》，並「刑名」「法例」而創之「名例」，此為〈名例篇〉之首見，隋唐律皆沿襲之。參閱劉俊文，《唐律疏議箋解》（北京：中華書局，1996年），上冊，頁14。另參閱黃源盛，同上注29，頁39。

自周以降，歷代徒刑名目不一，變化較大。概而言之，歷代徒刑的實質，皆為在一定的期限內，對罪犯實行強制奴役，以唐制言，「凡應徒者，皆配居作。」而所謂「居作」，即帶刑服勞役[36]。《大清新刑律》改採近代西方的刑罰制度，廢除酷刑，確立主刑與從刑相結合的刑名體系。依新刑律第37條規定，主刑有五，分為死刑、徒刑（包括無期徒刑和有期徒刑）、拘役和罰金；從刑有二，為褫奪公權和沒收。其刑罰制度與清律不同。其中，刪除了流刑，將「徒刑」分為有期與無期兩種，屬於近代法學所稱之「自由刑」，即剝奪人身自由的刑罰，此亦屬詞同而義有別。

有趣的是，部分詞彙在舊律裡的語意，與新刑律詞同而義涵迥然不同，這是「相同用語、不同意義」的一種型態。例如「內亂」一詞，傳統中國素重禮教綱常，在《唐律疏議》與《大清律例》中，所謂「內亂」指的是親屬相姦的亂倫行為，包括姦小功以上親，如姦伯叔祖母、堂伯叔母、姑、姨、兄弟妻、堂姐妹等，強姦祖父、父之妾或與之通姦等紊亂禮義的脫序行為。而在《大清新刑律》內則指「國內的動亂」，乃相對於「外患」而言；舉凡企圖使用暴力變更國權、國土、國憲，對於國家內政安全加予危害者，皆屬於「內亂」的行為。申言之，新刑律中的「內亂罪」，約相當於舊律中的「謀反罪」。內政為國家政治的根本，傳統中國舊律，臣民若對於國家圖謀不軌，欲破壞國家內部的存在，乃屬「謀反」的行為；對此《唐律疏議》除了將之列為十惡之首，規定在〈名例篇〉外，具體的犯罪類型主要體現於〈賊盜律〉[37]，《大

---

[36] 參閱劉俊文，同上注35，頁28-35。另參閱戴炎輝，《唐律通論》（台北：元照出版社，2010年），頁187。

[37] 《疏議》曰：「而有狡豎凶徒，謀危社稷，始興狂計，其事未行，將而必誅，即同真反。」《唐律疏議·名例》：「稱謀者，二人以上。若事已彰明，雖一人同二人之法。」《唐律疏議·賊盜》，「謀反大逆條」：「諸謀反及大逆者，皆斬；父子年十六以上皆絞，十五以下及母女、妻妾、祖孫、兄弟、姊妹若部曲、資財、田宅並沒官，男夫年八十及篤疾、婦人年六十及廢疾者並免。伯叔父、兄弟之子皆流三千里，不限籍之同異。即雖謀反，詞理不能動眾，威力不足率人者，亦皆斬；父子、母女、妻妾並流三千里，資

清律例》基本上延續了《唐律》的遺緒。

語言與社會變遷一脈相連，在世世代代的文化傳承中，某些詞彙被繼續沿用而義涵不變，某些詞彙雖續延用而其內涵已異，更多的是固有詞彙逐漸被排除在新世代的語彙使用之外，出現了許多新異的詞語。這些非傳統律典上固有的詞彙，例如「主刑」「從刑」「累犯」「著手」「未遂犯」「告訴權」「執行猶豫」等詞，又是循何種途徑進入近代新式的刑法典中？很值得細細求索。

二、和製漢語的逆輸入

傳統中國法文化經過長期的積累與沉澱，到了李唐刑律，繼往開來，燦然大備，逐漸趨於定型，而《唐律》也成為中華法系的成熟之作。古代中國的法律語言，歷經象形文字、大小篆書、楷書等階段的發展，反映著各個不同歷史時程的立法和司法景象。唐朝可說是帝制中國的鼎盛時期之一，政治、經濟、文化發展蓬勃。該時代的法律語言，既承繼了以往的成果，又蘊生其自身的特色，成為傳統中國刑律法律語言的代表，進而影響了宋、元、明、清各代，也間接為東亞周邊的國家如日本、朝鮮、安南、琉球等所繼受[38]。

其中，受影響既深且巨者，以日本為最，在明治維新制定新式歐陸法典以前，一路跟隨中國制定律令。期間，自中古奈良朝至平安期，其法律文體是純為「漢文體」；以文武天皇大寶年間（702）與元正天皇養老年間（718）先後完成的《大寶律令》《養老律令》為例，兩者內容與文體幾乎都是《唐律》的翻版；此外，其他繼受自唐法所制定的令、格、式，內容也大都是以「漢字」書寫而成。是以，曾在秦律、漢律或《唐律》中出現的「不法」「內亂」「故買」「誣告」「贓物」等

財不在沒限。」
[38] 參閱楊鴻烈，《中國法律在東亞各國之影響》（台北：商務印書館，1971年），頁37-62。

詞，隨著中國歷代律典的延續性，以及日本取法中國的途徑，成為日語詞彙系統中的一員。

　　及至北條（1185-1333）及足利（1338-1573）兩個時代，其法律文體為「漢字日本文時期」；到了德川時代（1603-1868）及明治維新之後，則為「漢字與假名混用的時代」；惟不論哪一種文體的時代，它的專門法律術語都是以「漢字」組成[39]。雖至明治維新初期，由於受到「王政復古」政策的搖擺影響，仍參酌《養老律》《唐律》《明律》《御定書百箇條》以及《肥後藩刑法草書》等，於1868年擬訂了《暫行刑律》（《仮刑律》）。1870年，維新政府又仿《清律》，制定了《新律綱領》，分名例、職制、戶婚、賊盜、人命、鬥毆、罵詈、訴訟、受贓、詐偽、犯奸、雜犯、捕亡、斷獄等各律，頒布於各府藩縣，依舊是一片古色蒼然。

　　其後，為了適應社會的變遷和各種制度的改革，並彌補《新律綱領》的不足，又於1873年頒布了過渡性的法典——《改定律例》。觀其內容，仍是立基於《新律綱領》的基礎，在形式面上，首次參酌的歐陸法典，採逐行逐條的立法方式，然而，在體裁、內容方面，實質上仍屬傳統中國式的刑法典[40]。可以說，日本在變法修律初期所制定的《新律綱領》與《改定律例》，同樣與傳統中國法典有著「欲離還纏」的關連性。因此，《唐律疏議》和《大清律例》中的法律用語在該兩部前近代的刑法典中仍處處可見其蹤跡。

　　不過，歷史的走向有時是相當弔詭的，明治初年，整個國政猶溫存於「王政復古」的情境之中，經過多番辯論，改採「脫亞入歐」政策路線的主意拿定後，中日法律交流的情勢產生了大逆轉。維新政府正式導入歐陸法，禮聘法國巴黎大學法學院教授波阿朔拿德（Gustave Emile

---

[39] 有關日本法律文體三個時期的沿革，詳參穗積陳重，《法律進化論》（東京：岩波書店，1927年），第2冊，頁303-319。

[40] 參閱山中永之佑編著，《日本近代法論》（東京：法律文化社，1995年），頁115-118。

Boissonade de Fontarabie, 1825-1910），擔任法制改革顧問長達二十一年，對於日本的立法事業作出了特殊的貢獻[41]。波阿朔拿德起初的立法工作，乃在起草一部刑法典，1877年，以法文擬就其草案。其後，在大木司法卿任內，經編纂增補完成立法程序，於明治十三年（1880）公布，十五年開始施行，此即日本法制史上所稱的《舊刑法》，分四編，凡430條，不論形式上與實質內容，幾乎完全脫胎於法國拿破崙刑法典，這是日本脫離中華法系，邁出繼受法國法的第一步[42]。

　　這部日本首屆近代歐陸型的刑法典，斬斷了從《大寶律》以來與傳統中國刑律的關係，比起之前的《新律綱領》與《改定律例》，內容新穎許多，例如罪刑法定主義的確立，不溯及既往原則的採用，貫徹罪止一身，廢止連坐、緣坐制，身分倫理差別立法的大部分揚棄，法律平權觀念的建立，採擷阻卻違法事由，如正當防衛並引進假釋制度等新規定。此外，把犯罪劃分為「重罪」「輕罪」「違警罪」，也與法國刑法典相一致。但這部《舊刑法》畢竟祇是法國刑法的翻版，仍有諸多與日本國情不應之處；而該法典理論的依據，多半是當時法國刑法學上的原理，缺乏日本本土資源的考量。可以說，當時的明治政府，為了撤廢不平等條約及領事裁判權，也為了抑壓國內日漸高漲的民權勢力，不得不以近代資本主義法制來應急，才有這部《舊刑法》的提早問世。

　　日本在繼受法國法告一段落後，漸漸覺察法國法的內涵，不論是民族性、國情與日本均有相當差距；而在此期間內，又適逢新潮的德國法興起，1871年普法戰後，乃對法國法一面倒的情勢加以修正，轉向於繼受德國法。明治二十二年（1889）以後，德國法開始引入日本，且

[41] 參閱松尾章一，〈天皇制法秩序の形成過程におけるボアソナード〉《法學志林》（日本：法政大學法學會），第71卷第2、3、4合併號。另參閱野田良之，〈日本における外国法の摂取〉《外国法と日本法》（東京：岩波書店，1977年），頁202-204。

[42] 參閱新井勉，《舊刑法の編纂（一）（二）》《法學論叢》（日本：京都大學法學會），第98卷第1、4號。另參閱夏目文雄，〈近代日本刑事立法史の研究〉《比較法學》（東京：早稻田大學比較法研究所），第1卷第2號。

取代法國法，占盡優先的影響地位。而日本《舊刑法》施行未久，或基於「國民的正義感」，或基於「社會防衛的必要性」等種種因素，不能充分滿足日本社會的需求，修正之議紛起[43]，幾經研討，才有明治四十年（1907）《改正日本刑法》的公布施行。考其內容，多半取自德國刑法，並依據刑法學上所謂「新派」的理論制定而成，有許多堪稱進步的規定。以體例言，與《舊刑法》相較，即有明顯的差別，例如：廢除「重罪」、「輕罪」的劃分，並把「違警罪」從刑法典中移出，而由《員警犯處罰令》加以規定。另外，取消了徒刑、流刑的名稱，廢除監視附加刑，將主刑定為死刑、懲役、監禁、罰金、拘留、罰款，以及附加刑沒收等。

　　回過頭來說，日譯法學用語如何反過來影響中國法律的近代化？其實，早在光緒十三年（1887）黃遵憲（1848-1905）的《日本國志‧刑法志》就已直接套用了大量的日譯法學語詞，諸如起訴、保釋、訊問、處分、附加刑、未遂、公訴、自訴、檢察官司等[44]，可以說，黃氏是日本近代法在中國的第一位翻譯者，也是首位輸入日本法的中國人。但是，由於在知識結構上，刑法學的翻譯尚未完全突破傳統律學的範疇，這些法學語詞仍然不足以建構一個完整的現代法學體系之所需。經驗告訴我們，法學語彙的大規模擴張，是與法學各個學科領域的開拓同步進展的；相對地，法學學科的開拓也離不開法學語彙的增長，二者相輔相成；不過，由於缺乏其他法學學科的比較，也沒有現代法學思想的指導，當時國人對它的理解並不能超越傳統律學的範疇，這是時代的局限性，也是法學學術史上未能將黃遵憲的〈刑法志〉當作近代中國法學啟其端的一個原因[45]。

---

[43] 參閱小野清一郎，〈舊刑法とボアソナードの刑法學〉，收於福井勇二郎等編，《杉山教授還曆祝賀論文集》（東京：岩波書店，1942年），頁425-467。

[44] 參閱李貴連，〈20世紀初期的中國法學（上）〉，收於李貴連主編，《二十世紀的中國法學》（北京：北京大學出版社，1998年），頁12-23。

[45] 參閱王健，《溝通兩個世界的法律意義—晚清西方法的輸入與法律新詞初

　　或許要問：日語翻譯成中文有那麼容易嗎？以刑法來說，不論日本的《舊刑法》或《改正日本刑法》，條文規範中有關專門術語幾乎都是用「漢字」表示，尤其許多罪名的複合結構名詞帶有片假名。當翻譯成中文時，通常是先將這些假名一概刪去，然後將這些名詞最前面的表示賓格的字詞後置，並保留原詞最前面的「罪」字位置不變，即告成之。例如「私印私書ヲ偽造スル罪」變為「偽造私印私書罪」「信用ヲ害スル罪」變為「妨害信用罪」「墳墓ヲ發掘スル罪」變為「發掘墳墓罪」「身體ニ對スル罪」變為「對身體之罪」「略取及ヒ誘拐ノ罪」變為「略誘及和誘罪」等。

　　由日本語轉換成中文之所以如此取巧簡便，主要與明治維新後的刑事立法技術上採取「漢文體」有直接的關係。日本法學者穗積陳重（1856-1926）指出：

> 日本自明治維新以後的立法分刑法、憲法與民商法三種系統。這三種系統的文體各殊，用語有異。與憲法系統之莊重森嚴、民商法系統之平易通俗不同，刑法系統採取漢文體。它以純用漢文之中古「律」為遠祖，並以維新後混以「假名」的漢文體的《暫行刑律》和《新律綱領》為現時刑事法之始祖，其特性遺傳於其以後的刑事法律。基於這種傳統的理由，當明治十三年（1880）發布《刑法》之際，乃專設一名非法學專業的漢文大家來擔任法典編纂委員。[46]

　　作為變革傳統律令的起點，日本近代刑法典是在翻譯和仿照法國法的基礎上制定的。既然政經、社會、文化情勢已有變化，時勢所趨，新法不得不創造新詞以表達新的概念。據粗估，當時的刑法條文，漢字幾

探》（北京：中國政法大學出版社，2001年），頁240-243。另參閱崔軍民，《萌芽期的現代法律新詞研究》（北京：中國社會科學出版社，2011年），頁150-153。

[46] 參閱穗積陳重，同上注39，頁337-339。

達三分之二以上，新詞雖仍借助固有的漢字複合而成，但這些互相連屬構成的新詞的意涵，往往無法從原字的意思中推出。正因為如此，譯文當中隨處可見對法律新詞概念的解釋，從這個意義上說，日本近代刑法當中實已包含了許多被日語化了的新的法律概念。

　　前面說過，清末雖以德國法為繼受對象，但透過日本法作嫁接，刑律草案的擬訂，主要以《改正日本刑法》為藍本，而由日本修律顧問參與具體編纂的表述方式和措詞，自然而然地充斥著日本法律的專門用語。兩相對照下，二者共通法律術語，數量眾多，包括：「本刑」「不為罪」「不法」「內亂」「主刑」「從刑」「懲處處分」「褫奪公權」「假出獄」「未決」「未遂」「牙保」「正犯」「從犯」「誣告」「共犯」「累犯」「著手」「旅券」「特許證」「免許證」「過失」「證人」「贓物」「權利」「公證人」「告訴權」等。

　　如此看來，《大清新刑律》是直接仿自《改正日本刑法》而來，而《改正日本刑法》又是由日本《舊刑法》修訂而成；因此，大量和製漢語的專門名詞輸入了中國的刑法典內，但這並不等於說，經此途徑而來的所有新式法律詞語就一定是日本人創制的。兩相比較下，仍有部分詞彙是經過轉化後而略有出入，圖示如下：

《大清新刑律》與《改正日本刑法》部分用詞比較表

1907年《改正日本刑法》	1907年《刑律草案》	1910年《修正刑律草案》	1911年《欽定大清刑律》
假出獄	暫釋	暫釋	假釋
常習	常業	常業	常業
略取	略誘	略誘	略誘
橫領	侵占	侵占	侵占
阿片煙	鴉片煙	鴉片煙	鴉片煙
瘖啞者	聾啞者	聾啞者	瘖啞人
株券	有價證券	有價證券	有價證券
藥種商	藥材商	藥材商	藥材商
執行猶豫	猶豫行刑	緩刑	緩刑
奸通	和奸	和奸	和奸

1907年《改正日本刑法》	1907年《刑律草案》	1910年《修正刑律草案》	1911年《欽定大清刑律》
辯護人／辯護士	律師	律師	律師
懲役	徒刑	徒刑	徒刑
法例	法例	法例	法例
富簽	彩票	彩票	彩票
心神喪失	精神病	精神病	精神病
教唆犯	造意犯	造意犯	造意犯
免許書	許可書	許可書	許可書
利子	利息	利息	利息
手形	票據	票據	票據

三、沈家本對法律新詞的態度與策略

世界上的語言，種類繁多，差別甚大；而每一種語言又各自有其語音、語法和詞彙系統。任何兩種不同的語言之間，存在著語言的不對稱性，表現在詞彙上自然會造成概念表達上的不對應。至於在語言轉換的過程中，則會出現詞彙空缺的窘境。換句話說，儘管兩種語言各自擁有豐富的詞彙，但在互譯中卻無法做到完全對應，加上文化背景的差異，互無對應詞或語義不對應的現象本就難以避免。

沈家本身為清末修律的領航人，雖舊律、國學功力兩深厚，卻並不熟諳外語，在變法修律工程啟動之前，也從未修習過西方法學，起初對於歐西及日本法制的長短未必能確切了然於心；難能可貴的是，面對從傳統走向近代的新式立法，他始終抱持「舊學商量加邃密，新知培養轉深沉」的積極策進態度，甚至倡言：

> 將欲明西法之宗旨，必研究西人之學，尤必編譯西人之書；欲究各國之政治，必先考各國政治之書。非親見之，不能得其詳；非親見而精譯之，不能舉其要。[47]

---

[47] 參閱沈家本，〈新譯法規大全序〉及〈政治類典序〉，收於氏著《沈寄簃先生遺書・甲編》（台北：文海出版社，1964年），卷6。

　　沈氏尤秉持「參酌各國法律，首重翻譯」的理念，推崇日本明治維新時「君臣上下同心同德，發憤為雄，不惜財力以編譯西人之書，以研究西人之學」的務實精神。為此，積極延攬歐、美、日歸國留學生，並透過正式外交途徑，蒐購各國最新法典及參考書籍，斟酌取捨，進行大規模法學、法律文獻的翻譯，這是「修訂法律館」開館以來一項相當重要的工程。他也深知，翻譯為制定新律的基礎，故推動翻譯工作極為審慎。曾說：

> 譯書以法律為最難，語意之緩急輕重，紀述之詳略偏全，抉擇未精，舛訛立見。從前日本譯述西洋各國法律多尚意譯，後因訛誤，改歸直譯，中國名詞未定，迻譯更不易言。臣深慮失實，務令譯員力求信達。[48]

　　從語言學的角度看，在漢和兩種語言中，法律名詞的「對象意義」和「概念意義」之間，一般可能會出現下列幾種情形：完全對應、不完全對應、完全不對應以及對應意義的詞彙空缺。針對不同的情況，處理方式也隨之有異。具體來說，可以採用直譯、意譯、解釋、造新詞等不同的應對方法，以實現對象意義和概念意義的對等轉換原則。換個說法，在意義和語言完全對應的情況下，採用直譯的方法即可；在非完全對應的情形下，宜採用意譯的替換方法；至於在詞彙空缺和完全不對應的情形下，則不妨採用自創新詞或解釋的方法等。分析如下：

（一）概念完全對應下的直譯

　　古往今來，儘管存在著多種法系、文化習俗、思維方式等諸多差異，但在法律語言的世界中，對象意義和概念意義相等的語言表達方法仍屬不少，這種對等性可以輕易體現在法律的專業術語中，例如竊盜、

48　參閱光緒三十三年5月18日，〈修訂法律大臣沈家本奏修訂法律情形並請歸併法部大理院會同辦理摺〉《清末籌備立憲檔案史料》（北京：中華書局，1979年），下冊，頁838。

強盜、放火、殺人、傷害、姦淫、賭博等概念。

（二）解釋性的意譯

在概念意義不完全對應，或對應意義詞彙空缺的情況下，有時直譯雖然可以直觀地傳達原術語的含意，卻也容易造成理解上的困難，此時，就需要採用解釋性的意譯，以期形式意義與實質內容得以兼顧。換句話說，離開外來詞原有的語音形式，而用本國語的構詞素材，根據外來詞的意義或構詞結構另創一個新詞，以表示其概念；不過，這未必與翻譯的原文具有完全相同的概念，也未必可說，翻譯用語可將舊的傳統法觀念重新詮釋，例如律師、動產、不動產、告訴、緩刑、拘留、拘役等。

（三）概念空缺下的創制新詞

比較棘手的是，有些術語，在中文世界中原本是欠缺的，此時，可以在慎重的基礎上大膽創造新詞，譯出之後就也從無到有了，這是一項開拓性，也是一項高難度的挑戰工作。在翻譯某些存在詞彙空缺的法律用語時，倘能採用造新詞的方法，既可儘量轉達了原術語的本義，又引進了新的法律概念，也因此豐富了繼受方法律語言的詞彙。問題是，中外社會的生活實態是不同的，近代西方人與傳統中國人的表象、感情、行為規範本質上有極大的差異，此時，造語者對於原語理解的正確度就相當重要了。

從《大清新刑律》的整個立法過程看來，沈家本對於新式法律術語的引進，極為慎重，認為「律法一字一句，皆有關係，不厭再四推求」。例如「法律效力」一詞，沈家本特別簽注表示，希望酌改「效力」二字，其原因在於，他認為該詞「恐華人不能盡解，必致誤會。」法律之於社會，關係甚大，如法律術語字義不明，使人民徒增疑惑，對於法律有效的落實自有妨害。而沈氏也預言，在法律繼受的道路上出現

衝突是極其自然的事，他在簽注中說過：「語太落邊則不能混括，太混括又無界限，定法之難如此」。[49]一句話，道盡了法律繼受過程中法律術語轉換之艱辛。

　　清末繼受外國法，在引進所稱「時效」「主刑」「感化教育」等歐陸式法律用語時，採取了「外來語」（loan word）的造詞方法，將日本刑法上的法律術語移入《大清新刑律》中，以直接借用的方式形成新術語。對於文字系統相同的語言來說，「借用」是解決無對應詞的有效因應方法，但由於漢語語言系統的特點在於「因形見義」，文字符號承載了語意內涵，因此，在移入外國新的法律制度及法律概念時，在不同文化語境下容易成為法律語言翻譯的障礙和困難。茲將《大清新刑律》法律用語的來源圖示如下：

《大清新刑律》法律用語的來源示意表[50]

法律用語來源	例　示
襲用傳統中國律典詞彙	法例、徒刑、自首、造意、誣告、故買、妻親、乘輿、車駕、制、御、蹕、牙保、贓物、篤疾、廢疾、故意、過失、宗親、外親、恩赦、賭博、奸非、略誘、俱發罪、共犯
導入日本的和製漢語	本刑、不為罪、不法、主刑、懲役、附加刑、懲處處分、褫奪公權、未遂犯、正犯、從犯、累犯、旅券、特許證、免許證、公訴權、著手、執行猶豫、假出獄、時效、動產、不動產、公署、連續犯、併合罪、加減例、行刑權、視能、聽能、語能、陰陽、精神病、有價證券、拘留、總則、分則、墮胎、權利、姦淫、猥褻、教唆、感化教育、責任能力、內亂罪、瘖啞、準禁治產
自創新用語	律師、緩刑、暫釋、假釋、公文書、毀敗、酒亂、從刑、拘役、侵占、彩票

49　孫家紅，〈光緒三十二年章董氏《刑律草案》（稿本）所附簽注之研究〉，頁118。

50　本表之製作，參考松尾浩也等編，《增補刑法沿革綜覽》（東京：信山社，1990年），頁1-71、1555-1593。另參考黃源盛，同上注29，頁3-360。

　　為了能知己知彼，也為了能順暢地繼受外來法，沈家本在他一手所創辦的「法律學堂」三年課程中，均列外國語文為必修課目，可見其重視之一斑。沈氏又一向治學謹嚴，鑒於先前日本譯述西洋各國法律多尚意譯，致訛誤過多，終改歸「直譯」，唯恐翻譯失實，除對傳統舊律用語做謹慎考訂外，又要求譯員「力求信達」，且對每件譯文，儘可能與譯者逐句逐字，反覆推敲，務得其解。這種由具歐西與日本近代法律觀念和意譯的法律專業人員，擔任翻譯工作，又由精通漢文的修律大臣及專家，與原譯人員反覆推研譯本，如此大規模而有計畫翻譯各國法律和法學著作，業績豐碩，不但引進西方及日本的近代法學思想，為傳統法律文化注入一股新血；同時也為當時修訂新律提供了方向，為繼受歐陸近代法律開闢了生路。遺憾的是，或限於經費，終未能多聘通才，故部分譯作中的潤色刪訂之功，仍略嫌不足。

肆、異質法繼受下新式法律用語的思考

　　世界上各種語系雖各自發源甚早，但至今仍未完全定型；它往往隨著政治、經濟、社會、文化、法制的向前推進，不斷會為既有的語言系統帶來活力，而產生新的詞彙，我們可以從這些詞彙中發現時代的印記。自清末繼受西方法開始，近代歐陸法系的法律術語包裹著西方特有的法律概念，進入了清末民初乃至當今的台灣社會，這些原本非傳統中國既有的法律新詞，在與舊有詞彙相遇下，究竟碰撞出什麼樣的火花？頗堪玩味！

一、檢視法律用語的基準與解釋的必要性

　　既然立法時專門術語的使用無法避免，而法律術語被用來表達一定

的概念，最終的目的是要解決法律問題，因此，法律用語的適當與否，最後也會影響其解釋法律問題的功能[51]。必須面對的是，世間人，紛爭無數，而律條有限，倘欲以有限的法條，規範無窮的人事，勢必力有未逮。而考察中外古今法制歷史，凡是採「法典本位」的國家或社會，法律的條文，時而曖昧難明、時而概括抽象、甚至有所缺漏，這是無可回避的現實；而刑法上的用語，對於所要陳述的意思內容表達的清楚與否，當然會影響到用語作為理解工具的效益，此時，必須要靠法律闡釋才能明其真義。

換個說法，要將事物客觀化，必須立文字以申其意，而文字所代表的意義，往往變成概念上的意義，與被代表的那個本來意義，無法求其完全相同。除非「不立文字」，要立文字以成「法」，這是千古的難題；難怪，在前述中沈家本有：「語太落邊則不能混括，太混括又無界限，定法如此之難！」的感喟。而律法之所以需要解釋，其理也在此。尤其，法律屬於抽象假設的社會生活規範，其條文中所使用語彙，多屬專門用語，與日常詞彙未必同解；由於立法時大多採「由具體而抽象」的方向，將眾多的事項以簡賅的文字制定為行為規範，想要以有限的文句包羅無盡的具體現象；但在「由抽象到具體」的司法適用歷程中，由於法條簡要而人事百態，自非賴解釋不足為功。

究其實，法律語言的概念本具有高度的抽象性與相對性，以刑法言，立法者對於犯罪行為構成要件的相關事項，往往僅能設置一種抽象性的規定，而其具體的內涵或界限，則須委由適用法律者透過狹義的法律解釋、價值補充或漏洞填補等方法，委諸社會相當性的共識去釐清。立法者於立法之際，或受限於時空因素，或囿於表達的方法和能力，而無法精準著墨；而社會情狀時而變遷快速，法律一經制定公布，即難輕言作廢，修法通常又曠時廢日。從而，倘不運用法律的闡釋，將無法適

---

[51] 參閱黃榮堅，〈臺灣刑法學上若干用語之商榷〉，收於劉幸義主編，《東亞法律漢字用語之整合》（台北：新學林出版，2007年），頁14。

應於現實社會生活所需。可以說，法律解釋的目標，是在釐清法規範的意義，以及探討社會變遷所引起之法律見解的調適問題。

事實上，晚清立法者已注意到這一點，惟恐他日法律用語多歧，乃於立法時自行針對若干易起爭議之語詞先下定義，此即所謂的「立法解釋」。以《欽定大清刑律》為例，自第81條以迄87條皆屬立法解釋的條文。例如：第81條第1項曰：「稱乘輿、車駕、御及蹕者，太上皇帝、太皇太后、皇太后、皇后同。」第2項云：「稱制者，太上皇帝敕旨。太皇太后、皇太后懿旨同。」又如第83條規定：「稱官員者，謂職官吏員及其他從事於公務之議員、委員、職員。稱公署者，謂官員奉行職務之衙署局所。稱公文書者，謂官員及公署應制作之文書。」

固然，法律術語被使用時，大都可以透過解釋來提供進一步的理解，不過，法律作為一種社會生活的主要規範，基於現實功能意義之所需，不應該只是菁英知識，而應該是相當普遍人的知識，因此，一個好的法律用語，理想上應該更有助於普遍人，對於其實質意義的快速而正確的理解。在此一認識下，對於法律用語最基本的訴求是：意思表達清楚，一個與實質意義相貼切的表達文字，才是一個好的法律術語，反之則不然。

二、法律語言是長期社會變遷的適應過程

法律繼受過程中最被強調的，恐怕是外來法律如何本土化的問題；而法律本土化的首要課題，即在於外來法律詞語的翻譯問題。回首來時路，繼受外來法已逾百年，法律語言何以還是令人望而生畏？問題到底出在哪？如果，將法律語言與日常語言所構成的雙語世界看成是分屬兩種法律文化，即內面法律文化（internal legal culture）與外面法律文化（external legal culture），兩者間的主要區別在於前者是指法律人，後

者是指非法律人，雙方對於法律所持的觀點、見解與意識的不同[52]，此兩種文化迄今似乎仍無法充分交融。

實際上，法律術語的語源問題，本來就相當繁複和艱難，因每一個法律術語都有其自身生成、發展的獨立軌跡。20世紀初，清帝國在日本法學專家的協助下，擬訂各項法律草案，啟動了繼受歐陸法的工程，逐步導入近代西方以個人、自由、權利為本位思潮下所建構的法律體系，承載著這些西方法律概念進入中國的，正是法律術語，也使得原本非傳統中國的法律詞彙，大量進入了漢語的法律語彙系統。

相較之下，日本由於有繼受外來法的長久經驗，有些翻譯而來的法律用語，輸入之初，或不瞭解其義，乃至在日常生活中偏離原義或被誤解，甚至其義混括而被使用，但他們往往並不過度排斥藉由這些翻譯用語，以瞭解繼受母國法的法律觀念。對日本人來說，明治維新以前的「中學」是外來文化，「西學」也是外來文化，既然能向中國學習文明，自然也能向西方學習文明。總而言之，先繼受之後，再逐漸去理解其意義，這是日本輸入異質法文化的一種特殊方式，而自古以來，日本人就是以藉由漢字這樣的作法，來接受異質文化的進入[53]。儘管如此，明治維新後的繼受歐陸法，由於法律用語的過度外國化，造成民眾對法律有嚴重的疏離感，而被多所指摘。

如此說來，法律術語的轉換，不僅僅是單純的語言轉換過程，而是一種跨語言、跨文化的行為，是一場在法律機制下進行的交融活動。其中涉及兩個重要的元素：一個是語言，另一個是文化。法律畢竟祇是文化的一部分，繼受方在進行跨法系的法律術語轉換時，一方面要能確實掌握語言因素，注意到譯語的功能及國人的接受程度；另一方面，更要對於語言表象背後的法律文化要有透澈的認識，必須考慮社會文化的語

---

[52] 參閱Lawrence Friedman, *Legal System*, New York: Russell Sage Foundation. 1975.

[53] 參閱柳父章，《翻訳語成立事情》（東京：岩波書店，1982年），頁36以下、190。

境因素，才不至於產生太大的抗拒。

從立法繼受的角度看，法典律條固可循著理想而制頒；不過，社會是有惰性的，尤其，像中國這樣一個古老的國家，廣土眾民之外，更有其悠久的歷史文化與傳統包袱，一旦要改弦更張，來適應新法律所創造的一切，當然不可能一蹴可幾。而法律語言的轉換為法律繼受過程中最為重要的一環，嚴格說來，法律繼受的主體不是立法者，而是法律適用的對象；立法者頂多祇是法律繼受的開拓者，而執法者或受法律拘束的人民才是法律繼受真正的主體，因此，必須特別重視法律語言的相當普遍性。

繼受方立法時，除了要充分利用語言的創造性功能，忠於原文，精準而靈巧的轉換成道地的本國文字外，更要顧及外國法的行為模式，在本國社會的法律生活中，找到植根的基礎。申言之，歐陸法典的引進，不應只是停留在技術層面而已，更重要的是，應在其後的學說理論及裁判文書上，盡可能地咀嚼、體會翻譯用語的精義，進而學習繼受母國法的精髓文化，這才是重要的課題。當然，透過翻譯用語所為的文化輸入，也並非意謂著要全盤接受外國文化。清末，這場繼受歐陸法運動，除了過程中引發實質內涵的「禮法之爭」外[54]，對於形式上由於新式法律術語的語言論爭，清楚地告訴我們，法律術語的選擇，斷不可逕自擺脫自身所處的文化背景，尤不可驟然與原語言系統完全割裂，勢必要經歷與社會融合的過程，否則，註定命運多舛。

我向來以為，外國法的繼受不應只關注法典上的白紙黑字（law in code），尤應觀察嗣後司法實踐的適應性（law in action）。「法律的繼受並不祇是立法者一次的立法行為而已，而是長期社會變遷與法律變遷的適應過程！」[55]其成敗，應可在往後的法律適用及國民法律生活意識的落實程度上得到驗證；法律語言既是法律繼受的核心課題，其運用

---

[54] 詳參黃源盛，同上注1，頁199-230。
[55] 參閱Anfred Rehbinder著，陳添輝譯，〈從法社會學觀點探討外國法的繼受〉《司法週刊》（台北：司法週刊社），1994年3月16日、3月27日、4月3日。

不也是如此嗎？《欽定大清刑律》公布施行後的翌年，清廷即已倒台，隨之而來的民初北洋政府時期（1912-1928），從目前大理院所留存下來的大量解釋例與判例看來，新刑律頒布後，的確帶來一段相當時間的磨合期。在長達十六餘年當中，各級法院對於刑事案件的適用疑義滋生，而有關立法用語的疑竇紛繁，幸經大理院不厭其煩地詳於解釋，化解了不少疑惑[56]。此外，職司終審裁判的大理院推事，在判決文中，也克盡其職地詮釋新的法律用語，舒緩了不少法律適用上的語言困境[57]。

伍、結語

考諸「術語」一詞，源於拉丁語terminus，有「界限」或「邊界」之意，係指專業知識或專門活動領域中，為了準確表達抽象的專業概念，或指稱具體的專門事物而建構的詞彙單位，通常稱為「詞」或「片語」[58]。簡言之，所謂「術語」，即各個學科領域的專門用語，在專業範圍內表示相對單一或相對確定的專門概念。一般說來，法律語言之所以欠缺親和力，莫過於晦澀的專門術語和複雜的句法結構；而法律語句

---

[56] 例如：民國四年1月6日，大理院覆奉天高等審判廳函，做了統字第194號解釋：「本院查刑律官員二字，第八十三條有一定要件，固非依法令從事於公務之職員，當然不能包括於官員二字之內。至於該縣知事原詳所舉之例，如中央或該省有指定雇員辦理公務之章程或成案者，其雇員自可認為刑律上之官員。」詳參郭衛，《大理院解釋例全文》（台北：成文出版社，1972年），頁131。

[57] 例如大理院三年上字第221號判例謂：「查犯罪行為有積極、消極二要件，積極要件即犯罪實行之積極進行行為；消極要件即防止阻礙犯罪實行之消極行為，二者皆犯罪實行行為不可缺之要件。故犯人行為苟合於此二要件之一者，即為共同實行正犯強盜罪之強取行為，屬於積極要件；其把風即合於防止阻礙犯罪實行之消極要件，是強取、把風均應以共同正犯論。」詳參黃源盛，《大理院刑事判例輯存》（台北：犁齋社，2013年），〈總則編3〉，頁966-970。

[58] 參閱馮志偉，《現代術語學》（台北：農資中心出版社，1997年），頁1。

是由法律詞彙所組成，法律抽象的思維即理念，其核心部分主要是以「術語」的形式存在。在現實生活裡，「法律術語」對於理解各項法律規章制度，扮演著重要的關鍵角色。遺憾的是，要把一種文字譯成另一種文字，常常遇到「詞」不達義的困難。問題的產生可能不在於譯者掌握和運用語言的熟練程度，也與語言自身的表現力無關，而在於根本不可能找到一個恰合其意的對應詞[59]。

　　清末一場因繼受西方法所引發的法典用語之爭，隨著刑律草案的歷次修訂，有堅持、有退讓。平心而論，沈家本等繼受外國法人士，本著開礦拓荒者的胸懷，嘗試在滿布荊棘的處女地中，嘗試去做探勘的工作，終於開墾出一片可耕之地，以適合於法律近代化的播種；儘管拘限於時代背景，於今看來，仍有諸多可議之處，但法律用語的轉換，本來就有天先困境的宿命，可以說字字皆辛苦，實不忍再多加苛責。這段歷史除了留予後人深刻的記憶外，因為語言問題所引起的議論，也可作為當代社會面臨相關問題時的借鑒。

　　以輸入外國法律規範來說，語言是文化思想的載體，為了吸收新概念，以直譯或意譯乃至創造新語彙的方式，是必然的權巧之變。不過，為了避免望文生義、曲解詞意；也為了避免語言問題成為傳播、教育的障礙，在進行法律術語的轉換時，尤應注意漢語本身的語言結構、詞彙與語意的對應關係。此外，有關跨領域翻譯人才的培育以及法學雙語或多語詞典工具的加強[60]，想必也會增加語言轉換者的競爭力，是提高翻譯素質可茲參考的路徑。

　　歲月飛梭，百多年光陰在動盪、流離中過去了，1911年的《欽定大清刑律》隨著清王朝的傾頹，轉世投胎成民國元年的《暫行新刑律》；再孕育民國十七年（1928）年的《舊刑法》，而終蛻化成民國

---

[59] 參閱梁治平，《法辨：中國法的過去、現在與未來》（北京：中國政法大學出版社，2002年），頁61。

[60] 在1905至1911年間，就有約七部的法律詞書，在日本出版社印刷後運往中國銷售，而這些詞書的編者或譯者正是中國留日學生，詳參屆文生，〈清末民初（1905-1936）法律詞書的編纂與出版〉《辭書研究》，2012年，第4期。

二十四年（1935）的「現行刑法」，民國三十八年（1949）這部刑法典又花果飄零到台灣，施行迄今已逾七十多年。其間，隨著立法指導思想與刑事政策的轉變，內容上多多少少有些變動，但法條的專用術語卻鮮見更易；難得的是，當年被指稱的「桀驁之詞」「有失國體」等批判，經過數十年的「法教」功能，如今大半已能適應，在具體案件的法律適用上也並無多障礙，難道說，真的已能「泰然處之」？

　　無須諱言，在法學的發展上，1949年以前的中國大陸與當今的台灣，於立法時，往往專注於外國立法例的引介與導入，於法律用語上，由於多屬「菁英立法」，有時未免過度使用「舶來詞」，在翻譯上時而未能精確掌握；專門術語生澀隱晦，談不上信、達，更遑論平易近人？學者於著書立說之際，又好以一些同樣是翻譯而來的新奇怪異的學術名詞，以「舶來學術用詞」詮釋「舶來之法律用語」，造成中譯法律術語的混亂，致陷人於迷霧之中，讓普羅大眾有「六法全書」是「枕頭書」之感。而司法裁判文書，對一般庶民而言，更是讀而難懂，人民對法律有了嚴重的疏離感。今後如何能使外來的法律術語譯名統一與規範化，就端看有心人士如何用力了！

第九章

比附與罪刑法定——歷史、理論與實證

壹、序說

　　不論中外，在專制皇權時代，什麼樣的行為構成犯罪，應科處如何的刑罰，完全操在執政者或有司之手。直到18世紀的啟蒙運動，由於尊重個人自由的思想風潮，對於中古以降的罪刑擅斷，掀起強力的反動而確立。此後，西方近代市民階層抬頭，為防止刑罰權的恣意行使，以保護市民的權利與個人的自由，乃產生所謂「無法律即無犯罪，無法律即無刑罰」（Nullum crimen sine lege）的「罪刑法定主義」理念。德國刑法學者李斯特（FranzvonLiszt, 1851-1919）說過：「罪刑法定主義是刑事政策不可逾越的藩籬」[1]，已成名言！

　　或許想問，「罪刑法定主義」是否完全是舶來品？傳統中國，刑事規範與司法審判是否也採用過類似近代歐陸的「罪刑法定主義」？這是個見仁見智的爭議性問題，須留意的是，「罪刑法定主義」在歐西歷經了數百年的發展才確定了一些基本原則，因此，要做中西比較時，理應審慎為之。

　　時至晚清，清廷在外迫與內需的雙重壓力下，進行了一場前所未有的法制大變革，此際，近代歐陸型的「罪刑法定主義」引進了中國，在這場世紀的變法修律當中，對傳統的「比附」舊制作了哪些改革？過程中「禮教派」與「法理派」兩班人士有何爭議？最後導入的「罪刑法定主義」，在民國北洋政府大理院及國民政府最高法院時期如何表達與實踐？傳統的比附援引與近世的罪刑法定，其法理依據各何在？歷史與時代意義又為何？凡此諸問，很值得細細求索。

---

[1]　參閱黃源盛，《晚清民國刑法春秋》（台北：犁齋社，2018年），頁18-19。有關李斯特的原文出自：DasStrafrechtistdieunabsteigbaren Schrankeder Kriminalpolitik, V. Liszt, Srafrechtliche Vortrigeund Aufsatze. I1905, S. 80, dazu, Wolfgang Naucke, Gesctzlichkeitund Kriminalpolitik, 1999, S.231.

貳、傳統中國「比附」的緣起及其進程

　　世間事，萬般因緣，緣生緣滅本自然，「比附制」何以生？如何衍化？這是長達兩千多年傳統中國刑事法史上的一件要事。

一、「比附」思想溯源

　　帝制中國，刑律中的「比附」係指「按同類事例比照處理」之意。申言之，審理刑案在法令沒有明文規定，或是法令規定不明確的情況下，可以比照最相類似的條款，或先前判決的案例來定罪量刑的制度，類似當代刑法中的「類推適用」。考察比附作為一項刑法的適用原則，在中國的古典文獻中很早就出現了。西周時期《尚書・呂刑》中記載：

> 五刑之屬三千，上下比罪，無僭亂辭，勿用不行，惟察惟法，其審克之。上刑適輕，下服；下刑適重，上服。輕重諸罰有權，刑罰世輕世重，惟齊非齊，有倫有要。[2]

　　這段話用白話說，〈呂刑篇〉強調慎刑，告誡司法官吏要按照重刑、輕刑比例定罪，不要使供詞與判詞差錯紛亂，不要採用已失效的法律，案情要明察，審判要依法，審訊案件要詳核事實。行為人雖然犯了應處以重刑的罪，但有從輕處罰的情節，就應該改重為輕。雖然犯的是輕罪，但存在著適用從重刑罰的情節，就應該從重處刑。刑罰的適用，要根據實際情節，權衡掌握，還應考慮社會治亂、政治情勢等因素，力求「世輕世重」。[3]「勿用不行，惟察惟法」，是指勿用未經制定施行

---

[2]　呂祖謙在註解「上下比罪」時說，「三千已定之法，載之刑書者也。天下之情無窮，刑書所載有限，不可以有限之法，而完無盡之情，要在用法者，斟酌損益之。」《周禮・秋官・大司寇》鄭玄注云：「若今律其有斷事，皆依舊事斷之。其無條，取比類以決之。」參閱曹運乾，《尚書正讀》（台北：洪氏出版社，1982年），頁286-287。

[3]　參閱茅彭年，《呂刑今釋》（北京：群眾出版社，1984年），頁24-27。又

的法，務必明察而遵守現行法之意。如果沒有現行可循之法，則「上下比罪」，將一個罪行的情節與同類罪行相比，如果法律所定的刑罰對本案的情節而言過重或太輕，要酌予加減，稱為「上刑適輕，下服；下刑適重，上服」[4]，此或可說是中國歷史上最早的「類推適用」思想根源。

及至戰國末期，荀子（313 B.C-238 B.C）對「上下比罪」的制度，在理論上另有一番表述：

> 故法而不議，則法之所不至者必廢。職而不通，則職之所不及者必墜。故法而議，職而通，無隱謀，無遺善，而百事無過，非君子莫能。故公平者，聽之衡也；中和者，聽之繩也。其有法者以法行，無法者以類舉，聽之盡也。[5]

另外，在〈大略篇〉中也說：

> 有法者以法行，無法者以類舉。以其本知其末，以其左知其右，凡百事異理而相守也。[6]

荀子認為，對於違反社會規範的行為，情節重者由君相、司寇處置，情節輕者則由各級「士師」聽斷。聽訟要平和，使人直言無忌。如果態度威猛，人便不敢竭盡其情。至於論斷，要寬嚴適當，要「有法者以法行，無法者以類舉」，盡量做到「無隱謀，無遺善，百事無過」。所謂「有法者以法行」，是指有法令規範的，就要依法處斷；然而，世事萬變，即使是「聖人」也不可能對所有可能發生的案件預先立法加以規範，所以司法者在處理若干案件時可能無法可循。對於這種案件，如

《尚書正義》注：「上下比方其罪。」《禮記・王制》：「凡聽五刑，必察小大之比以成之。」鄭玄注：「小大，猶輕重，已行故事由比。」

[4]　參閱張偉仁，《尋道 先秦政法理論芻議》（北京：三聯書店，2023年），另參閱俞榮根，《儒家法思想通論》（北京：商務印書館，2018年），頁95-105。

[5]　參閱《荀子・王制篇》。

[6]　參閱《荀子・大略篇》。

果涉及個人或社會重大權益的罪行，即使法無明文，為各種權益都應該加以適當的維護，治國者不可以不聞不問，仍需加以妥當的處理。如何處理？荀子說「無法者以類舉」，是指將一件無法可循的案件找出其某些最基本的要素，再尋找有此要素而又有另外一些比較普通的要素，而已受過法律規範的案件，將這兩種案件歸為同一類[7]，以「類」相推去處理法無規範之案，因為各種事情的情節雖然不同，但無不遵循著同一個根本的道理。

二、歷代法制中的「比附」態樣

　　比附援引制的採用，以有成文法規範之施行為前提，而對於先秦典籍，當時有無成文法規，無可稽考，目前被公認為中國首部刑法典者，始於戰國時期李悝所輯的《法經》六篇（406 B.C.），但仍屬片斷殘卷。實際上，中國舊制，律雖為歷代刑書的正統，居於主導地位，而為較具穩定性的國家基本法，不過律並非「法」的唯一法源形式，在不同的歷史階段，尚有其他種法源與之並存。為此，律的作用和效力，經常受到律以外之其他「法」的補充和制約，共同組成特定的法源結構。

　　因為「律」不足以適應變化無窮的社會情事，立法者或司法者為彌補形式律典的缺失，除訴諸高階規範外，另以其他的措施補充，例如，改朝換代之際，除因襲前代律文外，或多或少制領些新的敕或令，藉以顧全社會變遷的實際需要。而由於傳統社會初期，人我社會關係較單純、立法經驗不足，大多是就一事一罪制定為一條規範，而隨著社會的發展以及犯罪行為的複雜化，以一事一罪為特徵的法律條文顯然已無法適應實際的需要。於是，援引同類犯罪中最相仿的規定或已行之先例來論罪科刑的辦法，在刑事審判中的運用就逐步開展出來。從秦漢以降迄至明清，舉要分述如下：

---

[7]　參閱張偉仁，同上注4，〈荀子導讀〉。

（一）秦漢晉時期

以法家思想為依歸所制定的秦律，在秦簡〈法律答問〉中，多處談到「類推」問題，如「害盜別而盜，加罪之，……求盜比此。」此處之「比」，即比附，亦即類推，「求盜」犯盜罪，可比照處罰「害盜」的律文予以處罰。又如「臣強與主姦，何論？比毆主」「頭折脊項骨，何論？比折肢」「彼、戟、矛有室者，拔以鬥，未有傷也，論比劍」「或與人鬥，決人唇，論何也？比疕痍」等，凡此多次提到類推。可見，類推適用在秦朝乃普遍被運用，而非個別現象。[8]

此外，〈法律答問〉中還多次出現「廷行事」，如「盜封嗇夫論？廷行事以偽寫印」「實官戶關不致，容指若抉，廷行事貲一甲」「實官戶扇不致，禾稼能出，廷行事貲一甲」等[9]。此種「廷行事」，究其實，是一些判決先例。已超出律條之明文，包含著不少習慣和司法官吏的主觀見解，而實務上亦均承認其法律效力，足見除成文法外，判決先例、習慣也是秦代刑事審判的一種法源依據。

漢承秦制，有漢一代是否有「律令無正文，不為罪」的律條，雖不可考，但徵之實例，「已行故事決比」，將比附上升為一種既定的法規範形式。在比附的適用上，分為律文相比附與成例相比附兩類，以律文相比附的，必須報請皇帝作最後的裁奪，一般司法官吏不得擅自使用；而以成例相比附的，則須將一些典型案例連同判決匯整成一種固定的法規範，形成一「比」以後，才具有效力。史書記載有：「明於決事，皆無罪名，不當坐。」[10]「罪無正法，不合糾致」等語[11]。

---

8 參閱睡虎地秦墓竹簡整理小組編，《睡虎地秦墓竹簡》（北京：文物出版社，1978年），頁187。

9 關於「廷行事」，睡虎地秦墓竹簡整理小組注云：「法庭成例」。王念孫，《讀書雜誌》：「行事者，言已行之事，舊例成法也。」參閱同上注8，頁167。另參閱栗勁，《秦律通論》（山東：山東人民出版社，1985年），頁72-190。

10 參閱董仲舒，《春秋折獄》案例，「私為人妻」，李昉等奉敕撰，《太平御覽》（台北：新興書局，1959年），卷640，頁2842。

11 《後漢書‧馮緄傳》：「廷熹間，監軍使張敞，承宦官旨，奏緄將傅婢二人

　　《漢書・刑法志》亦載有鄭昌的上疏說：「若開後嗣，不若刪定律令。律令一定，愚民知所避，姦吏無所弄矣！」在法律不溯及既往方面，《漢書》謂：「令，犯法者，各以法時律令論之。」[12]在實例上，《漢書》載有：「二千石守千里之地，任兵馬之重，不宜去郡，特以制刑為後法者；則野王之罪，在未制令前也。刑賞大信，不可不慎」[13]。

　　乍看之下，漢代似已有「罪刑法定」的精神，但論事評制，須整體以觀，少數個案並不足以偏概全。若就漢代法制而言，《漢書・刑法志》云：「獄之疑者，吏或不敢決，有罪者久而不論，無罪者久繫不決。自今以來，縣道官獄疑者，各讞所屬二千石官，二千石官以其罪名當報，所不能決者，皆移廷尉。廷尉亦當報之，廷尉所不能決，謹具為奏，附所當比律令以聞。」《漢書・陳湯傳》也說：「無比者先以聞」，此處之「比」，唐・顏師古注云：「比謂相比附也。」論者說：「漢雖以九章律為正律，除傍章、越宮、朝各副律，及尉、上計、田、左官……各雜律外，既得比附律令，而有科、比之目，又有經義折獄之事風行兩漢，顯然非罪刑法定主義矣！」[14]其餘「科比之目」，有違罪刑法定原則，更不待言。

　　降及兩晉，鑑於比附的適用，造成司法官吏的恣意援引，也造成了法規範適用上的混亂，劉頌（?-300）在上疏內云：「（一）律法、斷罪，皆當以法律令正文。若無正文，依附名例斷之。其正文、名例所不及，皆勿論。法吏以上，所執不同，得為異議；（二）如律之文，守法

戎服自隨，又輒於江陵刻石紀功，請下吏案理。尚書令黃雋奏議，以為：罪無正法，不合糾致。」
[12]　《漢書・孔光傳》顏師古注：「此具引令文也。法時，謂始犯法之時也」。
[13]　《漢書・馮奉世傳》，杜預之言。
[14]　參閱陳顧遠，〈中華法系之回顧及其前瞻〉，收於氏著，《中國文化與中國法系》（台北：三民書局，1977年），頁207。另所謂「經義折獄」，又稱「春秋折獄」；乃是依據春秋經典的事例以為刑事判決的準據，尤其是遇到特別疑難的刑案，以儒家經義來比附論罪。觀其本義，是「論心定罪」，也是「略跡誅心」。詳參黃源盛，〈春秋折獄的刑法理論〉，收於氏著，《漢唐法制與儒家傳統》（台北：元照出版社，2009年），頁131-173。

之官，唯當奉用律令。至於法律之內，所見不同，迺得為異議也。今限法曹郎令吏，意有不同為駁，唯得論釋法律，以正所斷，不得援求諸外，論隨時之宜，以明法官守局之分。」上引（一）之文，日本法史學者仁井田陞（1904-1966）認係似《晉律》之文，或基於《晉律》之文[15]。蓋下文（二），應解為係劉頌對上文的意見；否則，（一）與（二）為複文。果如仁井田氏所言，其中之「正文、名例所不及，皆勿論」，有認為「罪刑法定主義」之揭櫫始於《晉律》；惟也有認為劉頌所提之主張，係針對當時官吏斷罪時「求法外小善」的現象而發，僅反對官吏職司審判時「援求諸外」，並不反對皇帝的擅斷權力，也不反對類推[16]。

（二）唐宋時期

集中華法系之大成的《唐律》（651），於〈斷獄律〉規定：「斷罪，皆須具引律令格式正文，違者，笞三十。」《疏議》曰：「犯罪之人，皆有條制，斷獄之法，須憑正文。若不具引，或致乖謬，違而不具引者，笞三十。」可見，唐代並無「無正條，不為罪」的正面規定，只從側面規定官司斷罪時須引正文而已。又規定：「制敕斷罪，臨時處分，不為永格者，不得引為後比；若輒引，致罪有出入者，以故失

---

[15] 參閱仁井田陞，《中國法制史研究　刑法》（東京：東京大學出版會，1981年補訂版），頁187。但內田智雄不以之為晉律文，參閱氏著，《中國歷代刑法志》（東京：創文社，1977年），頁162。程樹德亦不舉此為《晉律》佚文，參閱氏著，《九朝律考》（台北：臺灣商務印書館，1965年）〈晉律考〉。另參閱戴炎輝，〈中國古代法上之罪刑法定主義〉《社會科學論叢》，1965年，第15輯，引自氏著，《傳統中華社會的民刑法制》（台北：戴炎輝文教基金會，1998年），頁285-304。

[16] 因為所謂「若無正文，依附名例斷之」，這裡的「名例」僅是一些有關罪名、刑罰的原則性規定，並不若其他各篇律文那麼具體明確，如在其他各篇律文中找不到適用的條文，而又非懲罰不可的行為，則應根據犯罪性質、情節輕重，依「名例」之原則，定出罪名，科處刑罰。可見，把晉以前的依附各具體條文斷罪的作法，發展到依附「名例」的原則定罪刑，與前代相比，司法官吏在適用類推時自由裁量權更大。

論。」《疏議》云：「事有時宜，故人主權斷，制敕量情處分，不為永格者，不得引為後比；若有輒引，致罪有出入者，以故失論。」[17]此一規定，固在限制「比附」的濫行，也不無具有助成「罪刑法定」的功能。《唐獄官令》云：「犯罪未發及已發未決，逢格改者，若格重，聽依犯時格；若輕，聽從輕格。」[18]此為法律不溯及既往原則；但如新法比舊法為輕，則為被告利益，聽依犯時所行之格；故違之者，以故入人罪論。即此一端，似亦符合罪刑法定原則，且《唐律》上關於刑期的起止、增減，均有明文規定，也頗與所謂「否定絕對不定期刑」的重要原則相符合。

準此，有認為《唐律》明白承認罪刑法定主義者[19]。惟從另一方面觀察，則又不盡然，其顯而易見者有四：1.令有禁制，而律無罪名者，在舊制謂之違令；〈雜律〉規定：「違令笞五十；別式減一等。」2.凡律令無條，而理不可為而為之者，謂之「不應得為」；〈雜律〉規定：「諸不應得為而者，笞四十；事理重者，杖八十。」3.違反習慣，亦構成犯罪。例如《唐律‧雜律》規定：「失火及非時田野，笞五十。」4.比附論罪，雖未以正式明文得為比附，但唐承漢舊，比附之制，見於律疏，如〈廄律〉云：「計借車船，碾磑之類，理與借畜產不殊，故附此，準例為坐。」又曰：「律雖無文，所犯相類」，所犯既相類，則比附及之。

及至北宋一朝，盛行「以例斷案」，並經常編例，以供比附之用，

17　依《唐律‧斷獄律》規定：「諸官司出入人罪者，若入全罪，以全罪論。從輕入重，以所剩論。刑名易者，從笞入杖，從徒入流，亦以所剩論。從笞杖入徒流，從徒流入死罪，亦以全罪論。其出罪者，各如之。」此為故意出入人罪所設之規定。而「即斷罪失於入者，各減三等。失於出者，各減五等。若未決定，及放而還獲，若囚自死，各聽減一等。」此為過失出入人罪所設之規定。

18　參閱仁井田陞，《唐令拾遺》（東京：東京大學出版會，1964年），引「唐律官令」云，頁773。

19　參閱小野清一郎，〈唐律に於ける刑法總則之規定〉《国家学会雜誌》，1955年，第52卷第4號，頁323-342。

著名的有《熙寧法寺斷例》《元府刑名斷例》《紹興刑名斷例》等。而在中國法制史上，正式將「比附」納入法典中者，似屬宋寧宗慶元二年（1196）的《慶元條法事類》，其〈斷獄令〉規定：「諸斷罪，無正條者，比附定刑。慮不中者，奏裁。」

（三）明清時期

明太祖洪武三十年（1937）《明律》規定：

> 凡律令該載不盡事理，若斷罪而無正條者，引律比附，應加應減定擬罪名，轉達刑部，議定奏聞。若輒斷決，致罪有出入者，以故失論。

此一規定，基本上否定了官吏擅斷罪刑，而使比附援引完全操在皇帝手中。[20]惟綜觀明代法制史實，在明太祖「重典治國」的政策下，屢屢「法外用刑」，如實行「廷杖」制度，設立特務機關行使審判權等，置法律於罔顧，實際上亦無罪刑法定可言。

《清律》遠紹自《唐律》，考其實際，無論是《唐律》《宋刑統》《明律》《清律》等，確切說來，都還沒有近代刑法理論中實質意義的「罪刑法定」，亦即並無所謂「無法律即無犯罪，無法律即無刑罰」的限制，而是既有「斷罪引律條」的明文，又存在「斷罪無正文」者得「比附援引」的規定[21]。

清順治三年（1646）於「斷罪無正條」附加小注：

> 凡律令該載不盡事理，若斷罪而無正條者，援引他律比附，應加應減定擬罪名，轉達刑部申該上司，議定奏聞。若輒斷決，致罪

---

[20] 參閱蔡樞衡，《中國刑法史》（廣西：人民出版社，1932年），頁131。

[21] 有關傳統中國刑律中「比附援引」與「罪刑法定」的相關連問題，詳參陳新宇，《從比附援引到罪刑法定－以規則的分析與案例的論證為中心》（北京：北京大學出版社，2007年），頁16-23、131-133。

有出入者，以故失論。[22]

乾隆八年（1743）所頒行的《大清律例》「斷罪引律令」條規定：

> 凡官司斷罪，皆須具引律例。違者如不具引，笞三十。若律有數事共一條，官司止引所犯本罪者，聽。所犯之罪，止合一事，聽其摘引一事以斷之。其特旨斷罪，臨時處治不為定律者，不得引比為律。若輒引比，致斷罪有出入者，以故失論。故行引比者，以故出入人失於引比者，以失出入罪減等坐之。[23]

由此可知，《大清律例》是允許類推適用的，由司法官員比附律例定罪；儘管類推必須經過皇帝的批准，是屬於所謂「有限制的類推」。

參、晚清變法修律對比附援引舊制的改革

在清光緒二十八年以迄宣統三年（1902-1911）的變法修律期間，清廷內部主張應維持舊律倫理綱常的「禮教派」，與倡議應繼受西方近代法律原則的「法理派」，雙方在修訂《大清新刑律》的過程中，展開了一場激烈的「禮法之爭」，其中對於是否要將「罪刑法定主義」入律即為主要的議題之一。

---

22 依沈家本的說法：「此（條文）承明律。順治三年，添入小注；雍正三年，刪去『轉達刑部』一句。姚範，《援鶉堂筆記》：『姚思仁，萬曆癸未進士，仕至工部尚書。嘗以律文簡而意晦，乃用小字釋其下。國朝順治初，頒行大清律，依其註本云。是順治中所增小注，本於姚思仁也』。」詳參沈家本，《歷代刑法考》（北京：中華書局，1985年），「斷罪無正條」文，頁1813-1814。
23 參閱田濤、鄭秦點校，《大清律例》（北京：法律出版社，1999年），頁595。

一、禮教派與法理派關於罪刑法定的歧見

「比附援引」在傳統中國禮刑一元化的特殊政治環境中，無異於立法的延長，雖對於律條的過度定著性有其調節功能，然由於歷史的經驗，修律大臣沈家本（1840-1913）著眼於近代刑法的人權保障機能，極力反對類推適用，主張刪除比附援引舊制。在他主導草擬的《刑律草案》第10條中，採擷歐、日等國立法例，明確規定：「凡律例無正條者，不論何種行為，不得為罪。」並詳陳其立法理由：

> 本條所以示一切犯罪須有正條乃為成立，即刑律不准比附援引之大原則也。凡刑律於無正條之行為，若許比附援引及類似之解釋者，其弊有三：第一，司法之審判官得以己意，於律無正條之行為，比附類似之條文，致人於罰，是非司法官直立法官矣；司法立法混而為一，非立憲國之所應有也。第二，法者，與民共信之物，律有明文，乃知應為與不應為，若刑律之外，參與官吏之意見，則民將無所適從；以律無明文之事，忽援類似之罰，是何異以機阱殺人也。第三，人心不同，亦如其面，若許審判官得據類似之例，科人以刑，即可恣意出入人罪，刑事裁判難期統一也。[24]

宣統二年11月1日（1910.12.2），資政院第一次常年會第二十三次議場開議，政府特派員楊度（1875-1931）到場說明《刑律草案》的立法宗旨，特別提到如下一段：

> 此次國家改定新刑律，其理由有二種：一種是國內，一種是國際。所謂國內之理由者，何也？向來，舊刑律因歷唐宋以至於今日，有數千年之沿革，現在必須改變是什麼緣故？因為舊律與現在預備立憲之宗旨有不相符合之地，而其不合憲政的地方很多，

---

[24] 參閱光緒三十三年《刑律草案》第10條的立法理由，詳見端方，《大清（光緒）新法令》（上海：商務印書館，1909年），第19冊。

不能詳說，就其大概言之，凡判斷案件，舊律用援引比附。[25]

然而，正如沈家本所感喟的，「斷罪無正條，用比附加減之律，定於明而創於隋。國朝律法承用前明，二百數十年來，此法遵行勿替。近來，東西國刑法皆不用此文，而中國沿習既久，群以為便，一旦議欲廢之，難者蠢起。」當時支持比附援引舊制的禮教派人士，對此紛紛提出強烈質難：

其一，比附固易起意為輕重之弊，但由審判官臨時判斷，獨不虞其意為輕重乎？引律比附尚有依據，臨時判斷，實無限制。……類似之例不能援以罰人，而輕重之權衡，可操之問官，誠恐任意出入將較比附尤為嚴重。

其二，律例所未載者，不得為罪，則法不足以禁姦，蓋民情萬變，防不勝防，若律無正條，無論何種行為不得為罪，則必刑律草案三百八十七條盡數賅括，毫無遺漏而後可。否則，條目不足以盡事變，適足以開奸人趨避之門。邇來人心不古，犯罪者擇律例無正條者，故意犯之，且以一人之心思才力，對付千萬人之心思才力，非以定法治之，誠不足以為治。

其三，比附類似之文，致人於罰，則司法、立法混而為一，非立憲國所應有，不知無此法而定此例者，方為立法，若既有他律，而比附定擬，則仍屬司法，非立法也。如以比附為立法，則於本律酌量輕重者，又與立法何異？

要之，在禮教派看來，比附援引是「任人」，罪刑法定是「任法」。相形之下，「任人之弊在官，任法之弊在吏；任人之弊在國家，任法之弊在奸民。兩害相權取其輕，不如任人也。」針對上述禮教派的咄咄逼難，沈家本不憚詞費，逐一加以辯駁：

其一，對於第一點質難，即對所謂「引律比附尚有依據，臨時判斷

---

[25] 詳參李啟成點校，《資政院議場會議速記錄》（上海：上海三聯書店，2011年），頁301-302。

實無限制」的論點，沈氏指出：「定律凡數百條，若不問情事之何如，而他律皆可比附，將意為輕重，所欲活則出生議，所欲陷則與死比……充其所至，舞文弄法，何所不可？尚何限制之有？若草案所定，本條之內，限以幾等以上，幾等以下，過此以往，即不得稍越範圍，其所以限制審判官者為何如？乃反謂引律比附，尚有依據，臨時判斷，實無限制，然乎？否乎？」對所謂「類似之例不能援以罰人，而輕重之權衡可操之問官，誠恐任意出入將較比附尤為甚。」沈氏反駁道：「立一法自有此法一定之範圍，有此範圍，司法者即不能任意出入，故於本律酌量輕重，則仍在範圍之內，可以聽司法者操其權衡，若以他律相比附，則軼乎範圍之外，司法者真可任意出入矣，孰得孰失可不煩言而解。」

其二，對於第二點質難，沈家本說：「人之情偽，變幻萬端，謂此數百條律文即足以盡人之情偽，誠非立法者所敢自信。然謂無比附而人多倖免，似亦不必慮也。嘗考自唐以來至於本朝律文，雖時有出入，而罪狀則大略相同。……家本自甲子歲筮仕西曹，於今四十餘年矣，所見案牘，難以萬計，其案情之千奇百怪，出於情理之外者，往往有之；而罪狀之出於律例之外，情輕者或亦時有，不過科以不應，情重者則未曾一睹。蓋律文經千數百年，此千數百年風俗遞有變遷，而罪狀之可名者，未見出乎律例之外，是皆由千數百年經驗而來，非出於一二人之曲見，故歷代雖多損益，亦不過輕重出入，而大段未嘗改也；人之倖免者，殆亦絕無僅有矣！」當然，持有限之科條，想馭無窮之情偽，事實上有其困難，但「法律之用，簡可馭繁，例如謀殺，應處死刑，不必問其因奸因盜，如一事一例，恐非立法家逆臆能盡之也！」沈氏根據實例，指出：「即不用比附之法，亦各有本罪可科，何至逍遙法外？為有司者亦何至窮於斷獄乎？」又說：「犯法以難執法，必奸民之尤，此等人平時當有以制之，彼自不敢輕於犯法。否則縱有千百正條，在彼方且巧以嘗試，豈區區比附，即能制其死命哉？」

其三，對於第三點質難，沈家本反駁說：「既云無此法而定此例方為立法，乃無此法而即用此例，是司法者自創之矣，不且與立法者相混

乎？」[26]

　　而為彌補廢除比附援引後可能出現律條不足的情形，沈家本也提出下列主張和具體措施：

　　其一，主張「刑罰相對法定制」：近代刑事法的論罪科刑，有其刑度，法官得依法定刑而為伸縮，致宣告刑有為高度刑者，有為低度刑者；而論罪的範圍，亦得本於時代環境的需要，就法條為擴張或限縮的解釋，故罪刑法定自易嚴格遵守。而舊律條文，每罪所科之刑，除另有加減例，與今為同外，皆係一刑，並無「度」之可言。何況定律均從簡要，科條有限，而天下情偽無窮，刑既為一，罪亦難為伸縮解釋，正律自不足以泛應，欲達罪刑法定要求，戞戞乎其難矣！因此，沈氏主張在法定刑中規定量刑幅度，並規定從輕、減免的條款，俾審判官得以在法定刑範圍內，斟酌犯罪事實、性質、情節的不同，而靈活適度科處刑罰。即「於各刑酌定上下之限，須審判官臨時審定，並別設酌量減輕，宥恕各例，以補其缺，雖無比附之條，至援引之時，亦不至為定律所縛束。」如此，一方面可避免「無此法而即用此例……司法者即不能任意出入。故（雖）於本律酌量輕重，仍在範圍之內，（自）可以聽司法者操其權衡。」從而使司法保有其應有的裁量彈性。

　　其二，允許自然解釋：「自然解釋」為論理解釋之一種，亦稱「當然解釋」，係指依規範目的衡量，某事實較之法律所定者，更有適用的理由，而逕行適用該法律的解釋方法而言。

　　其三，及時立法：為因應社會情事變遷所引發的新事物，沈家本明確指出：「與其就案斟酌，臨時鮮有依據，何如定立專條，隨時可資引用。」並強調宜根據時代的進化，不斷補充「律之當議增者」。事實上，在沈氏主持變法修律期間，確曾制定出部分的單行法規。而且，在《刑律草案》中增加關於侵害帝室、內亂、外患、洩漏機務、妨害公

---

[26] 有關《刑律草案》採行「罪刑法定」與否的論爭，參閱黃源盛，〈傳統中國「罪刑法定」的歷史發展〉，收於氏著，《法律繼受與近代中國法》（台北：元照出版社，2007年），頁326-338。

務、逮捕監禁者脫逃、藏匿人犯及湮滅證據等多項新的罪名，藉以填補廢除比附援引後所出現的空隙。

可見，沈家本主張採「罪刑法定」，對人權保障所付出的努力是相當積極的，而透過法理派人士的堅持，年代久遠的比附援引舊制，從此步入歷史性的更新階段。

二、近代歐陸型罪刑法定主義的引進

經過一番激烈的論爭，最終在1911年由資政院議決通過的《欽定大清刑律》第10條中規定：「法律無正條者，不問何種行為，不為罪。」民初刑法學者蔡樞衡（1904-1983）對此曾評說：

> 這個罪刑法定主義實是近代民主和法治思想在刑法上的表現，過去的罪刑法定主義，都是對官吏強調君權，這次的罪刑法定主義，卻是破天荒第一次對君和官強調民權。刑法是立法機關經過一定程序制定的法律，不再是統治者恣意的命令，實際上成了保護犯人的大憲章。[27]

辛亥炮響，君主專制成歷史灰燼；民國肇建，但仍難逸脫政治的紛歧爭議，尤受制於軍閥政客的干擾，致遲遲未能建立合法的立法機關，立法的工作也就無法如期運作，遂於民元（1912）4月，將前此的《欽定大清刑律》略予削刪後，公布施行，改名為《暫行新刑律》，為民國第一部刑法典。其第10條仍仿上述《欽定大清刑律》的規定，未加更動。由於民元年至十六年間，兵馬倥傯，社會動盪不安，司法實務上是否認真落實「罪刑法定」的要求，尚待確切評估，不過，從當時的若干判決（例）看來，已有見朝此方向邁步的痕跡[28]。

---

[27] 引自蔡樞衡，《中國刑法史》（南寧：廣西人民出版社，1983年），頁131-132。

[28] 詳參黃源盛纂輯，《大理院刑事判例輯存》（台北：犁齋社，2013年）〈總則編〉，頁37-68。

　　民國十七年（1928）3月，由國民政府所公布施行的《中華民國刑法》，將上述條文從第10條移至第1條，開宗明義揭示：「行為時之法律無明文科以刑罰者，其行為不為罪。」之所以有此異動，主要係認為：（一）罪刑法定為刑法的根本主義，不許比附援引；凡行為受法律科罰者為罪，否則不得為罪。《暫行新刑律》將此條例入「不為罪章」，似未允當。（二）各國刑法典對於罪刑法定主義的條文，均不列入該章。（三）《暫行新刑律》第10條「法律無正條者不為罪」云云，其字句係沿用舊律，但意義不甚明晰，如改作「行為時之法律無明文科以刑罰者，其行為不為罪。」似較顯豁，且「行為時」三字尤能顯出刑律不追溯既往之意，故行為時法律不為罪者，以後新法雖以為罪，亦不科罰。[29]

　　民國二十四年（1935）1月，由國民政府所公布，目前還有效施行於台灣的《中華民國刑法》，亦援前例，於第1條規定：「行為之處罰，以行為時之法律有明文規定者，為限。」其後，文字雖略作更動，內容法理則一。

　　綜覽近代中國「罪刑法定」的立法及司法實務演變歷程，自沈家本主導草擬的《欽定大清刑律》以來，其間的遞嬗，乍看神似突變，事實上，是有因果脈絡可循的；而歷代法制的比附援引，其方法與限制，雖然時而寬鬆，時而嚴緊，但整體而言，在司法運作上，是因人而異。

肆、民國初期司法實踐對罪刑法定的表述

　　審判須在法院，法官依據法律獨立審判，是近代以來歐西司法審判制度制定的基本原則。民國創立以後，政府跟隨清末法制改革的腳步，

---

[29] 參閱黃源盛纂輯，《晚清民國刑法史料輯注》（下）（台北：元照出版社，2010年），頁69。現行刑法第1條修訂為「行為之處罰，以行為時之法律有明文規定者為限。拘束人身自由之保安處分，亦同。」

建構歐陸式的法院體系。大理院為全國最高司法審判機關，大理院長有統一解釋法令必應處置之權，大理院有指揮、監督各級審判之柄，在近代中國法制變革過程中，一直居於特殊的優越地位，揆諸當初設置大理院的原因與構想，並不完全在體現審判獨立、保障人權的理念；但是，從現存大理院的判例中檢視，卻也發現，這種精神不期然而然地逐漸呈現。[30]

一、北洋政府大理院判例述評

（一）案例一　知夫被殺隱而不報

1.判例要旨

於殺人案件事前並不知情，當時亦未在場，自不應論罪，即不得以事後知殺不報為理由，判處罪刑。[31]

2.案情解析

（1）江蘇江寧地方審判廳認定事實為：郭楊氏之夫郭三，於元年（1912）3月23日與張得富、張得懷弟兄，同赴湖墅鎮買柴未回，張得富本與郭楊氏私通，事後張得富告知郭楊氏，郭三係伊所殺，經地甲查得屍身，由江寧地方檢察廳起訴。原判以郭楊氏明知丈夫郭三為張得富所害，乃隱而不報，罪無可逃，乃依《暫行新刑律》第305條之規定：「違背預防傳染病之禁令、從進口船艦登陸或將物品搬運於陸地者，處五等有期徒刑、拘役或一百圓以下罰金。指揮船艦之人或其代理自犯前項之罪，或知有人犯罪而不禁止者，處四等以下有期徒刑、拘役或一千圓以下罰金。」判張得富死刑，張得懷、郭楊氏均處有期徒刑十年。

---

[30] 大理院自民元改組時起，以迄民國十七年6月閉院時止之刑事判例，凡1042例，其中與《暫行新刑律》第10條罪刑法定有關的實例共有8案。

[31] 大理院二年非字第29號判決，參閱黃源盛纂輯，同上注28，頁42-44。

（2）總檢察廳檢察官於判決確定後，認為：《暫行新刑律》第29條第2項載：「於實施犯罪行為之際幫助正犯者，準正犯論。」第30條云：「教唆他人使之實施犯罪之行為者，為造意犯，依正犯之例處斷。」本案，郭楊氏對於張得富等謀殺伊夫一案，並無幫助、教唆之行為，自不得以共同正犯論。總檢察廳檢察長以「查該犯婦郭楊氏，未具該廳證明有同謀或事前及當場幫助犯罪等行為，乃論以同條之罪，未免失之過重。」提起非常上告。大理院審理後認為：依以上事實，張得富謀殺郭三之所為，郭楊氏事前並不知情，當時亦未在場，原判以事後知殺不報為理由，判與張得富同律治罪，處一等有期徒刑十年，殊屬違法，乃撤銷原判，自行改判郭楊氏無罪。

（3）傳統中國刑律中有所謂「不作為犯」，通常用「應為而不為」或逕用「不行為」而已，而不作為犯之成立，須依法令或道德上有做為義務者始可。本案判決，的確落實了《暫行新刑律》第10條所揭櫫之罪刑法定主義，即「凡法律無正條者，不論何種行為，不為罪。」依該律，關於正犯與共犯的成立與處罰，均定有一定之要件，倘無實施或分擔正犯的構成要件行為，亦無符合共犯成立要件的行為，依刑法第10條，自不得擅論罪刑。本案為民國初期最早的非常上告案件，也是涉及罪刑法定主義的第二個判例，總檢察廳與大理院的表現均相當得宜，在刑法史上的意義重大。

（二）案例二　災民因連年荒歉相率至城求官賑濟

1.判例要旨

本案，各災民因連年荒歉，相率至城求官賑濟，並緩免錢糧，被告人等係臨時公推為代表，向縣知事代達下情，勢迫於不得已，並非出自故意，亦無強暴、脅迫之舉動，自非律所應懲罰，乃原判認為騷擾罪，按照刑律第一百六十五條第一款處斷，實屬引律

錯誤。[32]

2.案情解析

（1）本案事實緣山西侯輯瑞、王希祖於民國二年（1913）12月10日率領團柏村等五十餘村民聚集行政公署見汾西縣知事，聲言各村民為夏季收成不好，請緩徵錢糧。知事以放賑實在無款，緩免錢糧須上官主政。各災民謂各村兩年被災，曾經縣議會先後派員分查，又經舒委員勘明並非捏報。如果按實轉報，上官何能有准、有駁。認為此次議會調查不公，遂又群赴議會，嗣以議長、議員均避不見面，於是又返至縣署。各災民以侯輯瑞、王希祖等為各村人民所信任，乃公推侯輯瑞等面問知事，請求另選議長、議員。知事以人數過多不便拒卻，遂允下諭帖解散議會，各村災民旋即散退。

（2）對於此等行為。原判依《暫行新刑律》第165條第1款科斷，各處以二等有期徒刑六年確定。總檢察廳檢察長以為，《暫行新刑律》第165條騷擾罪之成立，應以有強暴、脅迫之行為為要件。此案被告人等被災民公推，向縣知事要求賑濟並緩免錢糧及解散議會之行為，不過為不正當之請求，既係臨時被迫，出於不得已之行為，並無強暴、脅迫之舉動，亦未有引起妨害地方安寧之危害，尚不足以構成刑律上之騷擾罪，乃為被告人之利益，提起非常上告，以資救濟。

（3）大理院審理後宣判：本案各災民因連年荒歉，相率至城求官賑濟並緩免錢糧，侯輯瑞、王希租係臨時公推為代表，向縣知事代達下情，勢迫於不得已，並非出自故意，亦無強暴、脅迫之舉動，自非律所應罰。乃原判認為成立騷擾罪，按照刑律第165條第1款處斷，實屬引律錯誤。總檢察廳之意見洵屬正當，應將原判撤銷，宣告無罪。

（4）本案，爭執之要點在於原判依據的《暫行新刑律》第165條的騷擾罪是否成立的問題。該條規定：

---

[32] 大理院四年非字第5號判決，參閱黃源盛纂輯，同上注28，頁45-48。

「聚眾為強暴、脅迫者，依左列分別處斷：一、首魁，無期徒刑或二等以上有期徒刑。二、執重要事務者，一等至三等有期徒刑或一千圓以下一百元以上罰金。三、附和隨行，僅止助勢者，處四等以下有期徒刑、拘留或三百圓以下罰金。」

尋繹該條法意，騷擾罪之成立，須聚眾而已著手實施強暴、脅迫之程度，且有害地方之安寧秩序為構成要件。而揆諸農業社會，連遇天災之年，人民收成無著，迫於飢寒，遂仿自該地所謂「跪門」之舊習，五十餘村民相率至城，求官賑濟，並緩免錢糧等事，本屬迫不得已之舉。地方知事不僅不善加安撫，反與縣議會互相推諉，更將為民請願的兩位代表侯輯瑞、王希祖治以騷擾罪。總檢察廳以該行為客觀上並無強暴、脅迫，主觀上並非出自故意，不符合騷擾罪之構成要件，認定原判引律錯誤，提起非常上告，大理院贊同總檢察廳之意見，撤銷原判，宣告被告無罪。本案之判既符合法意，也彰顯情理，值得肯定。

（三）案例三　幫助口角有罪乎

1.判例要旨

僅係幫助口角，並無幫毆供證，而兩審判決又均明認無共同殺人之認識者，不構成幫助殺傷罪。[33]

2.案情解析

（1）四川高等審判廳認定事實，陶雨村族人陶雲周有馬三匹，踐食李子元田麥，經團總調處，陶雲周認賠了息。而陶雨村出而反對，李子元之族人李明廷、李小六等面斥其非，因而相互詈罵，繼以鬥毆，陶雨村之弟陶錫華在場助勢。詎陶雨村忿極，竟拔刀戳殺李明廷斃命，李小六亦被戳傷。陳錫三上前攔勸，陶雨村又用刀將彼刺傷，越日身死。

---

[33] 大理院四年非字第26號刑事判例，參閱黃源盛纂輯，同上注28，頁49-52。

以上事實，陶雨村與李明廷等口角以致鬥毆，陶雨青、陶錫華是否均曾助勢，初審謂陶雨青、陶錫華二人係幫助口角，指為當場助勢，科以罪刑；覆判則僅據初審所認事實為基礎，用書面審理。

（2）總檢察廳認為，構成犯罪以有犯罪之故意為要素，此案，陶雨村與李明廷等口角，陶雨村一時氣忿殺傷李明廷等。原判既謂陶雨青、陶錫華僅係幫助口角，不意陶雨村竟拔刀戳人，是陶雨青、陶錫華對於陶雨村之殺人行為，實無共同認識，自不得以有犯意論。初判指為當場助勢，竟科以罪刑，覆判審又不為糾正，均屬引律錯誤。案經確定，為被告人利益起見，提起非常上告。

（3）大理院查核案卷，並無陶雨青、陶錫華幫毆供證。是陶雨青、陶錫華顯僅係幫助口角。兩審判決又均明認陶雨青、陶錫華無共同殺人之認識，乃竟依《暫行新刑律》第31條、第311條、第313條第3款並第315條處陶雨青、陶錫華之罪刑，顯屬違法。總檢察廳檢察長於判決確定後提起非常上告，自屬合法，應依《刑事訴訟律草案》〈再理編〉第462條第1款後半段之規定，將原判撤銷，另為判決，宣告陶雨青、陶錫華均無罪。

（4）該案主犯陶雨村犯殺人、傷害等罪，並無疑問。有疑義的是，當時在場之陶錫華、陶雨青是否構成從犯？依《暫行新刑律》第31條規定：「於實施犯罪行為以前幫助正犯者，為從犯，得減正犯之刑一等或二等。教唆或幫助從犯者，準從犯論。」同律第315條規定：「犯前二條之罪（按：傷害罪和傷害尊親屬罪），當場助勢而未下手者，以從犯論。[34]」

本案初審和覆判均依據此兩條文，認為陶錫華、陶雨青二人係屬「幫助口角」，構成第315條所謂的「當場助勢而未下手」，從而判定為本案從犯。不過，倘仔細析解此兩條文，可以發現，第315條從犯之

---

[34] 參閱黃源盛纂輯，《晚清民國刑法史料輯注》（上）（台北：元照出版社，2010年），頁439。

規定，似有檢討之餘地。蓋殺傷罪的法定刑甚重，法官亦有較大的量刑權[35]，從犯雖減一等或二等論，刑罰仍屬較重。這種「當場助勢而未下手」的從犯，與刑法第31條關於從犯之規定，明顯不一致，乃屬特殊規定，又與第29條第2項準正犯（按：實施犯罪之際幫助正犯者，準正犯論）之規定，頗為接近，如何於司法實踐中予以認定，區辨甚為不易。為此，民國四年（1915）的《修正刑法草案》爰將該條刪除，理由是：

> 原案（按：指《暫行新刑律》）關於傷害罪取重視結果主義，故當場助勢之人準從犯得以論減。本案因欲貫徹第三十條第二項犯罪實施中幫助人準正犯之主義，無須此例外之規定。[36]

在本案中，無論是總檢察廳的檢察官，抑或大理院的推事，對於刑法第315條之「助勢而未下手」，該如何詮釋，並未加以界定，僅以客觀上「僅係幫助口角，並無幫毆」，主觀上「無共同殺人之認識」，即認為不構成幫助殺傷罪，如此輕描淡寫，實有理由不夠完備之缺失，不無遺憾！

或許，大理院此舉，是想在劃分「罪」與「非罪」之間，試圖透過司法實踐，避開不甚合理的第315條，進而為〈總則〉與〈分則〉之間關於殺傷罪從犯之規定，取得統一的標準。[37]

---

[35] 《暫行新刑律》第311條：「殺人者，處死刑、無期徒或一等有期徒刑。」第312條：「殺尊親屬者，處死刑。」第313條：「傷害人者，依左列處斷：一、致死或篤疾者，無期徒刑或二等以上有期徒刑。二、致廢疾者，一等至三等有期徒刑。三、致輕微傷者，三等至五等有期徒刑。」第314條：「傷害尊親屬者，依左列處斷：一、致死或篤疾者，死刑或無期徒刑。二、致廢疾者，死刑、無期徒刑或一等有期徒刑。三、致輕微傷者，一等至三等有期徒刑。」

[36] 參閱修訂法律館編，《法律草案匯編》（台北：成文出版社，1973年），頁58-59。《修正刑法草案》第30條第2項規定：「實施犯罪中幫助正犯者，準正犯論。」詳參黃源盛纂輯，同上注34，頁527。

[37] 參閱陳新宇，同上注21，頁118-120。

（四）案例四　詐財未及著手之刑責

1.判例要旨

被告人等意圖詐取某甲財物，因而將某乙殺死，背負屍體以行，未及至所欲移置之某甲門首，亦未及以欺罔恐嚇使某甲因而交付財物，即將所負屍體遺棄。是其殺人本為詐財之方法，惟詐財未及著手不能論罪。[38]

2.案情解析

（1）直隸玉田縣知事公署認定事實稱：民國八年3月22日，據第三區巡官呈報無名男子在石家鋪二里地方身死，盧仲林令田囤頭於21日黎明時移屍進莊，希圖陷害，將田囤頭獲案等情。經驗明，死屍咽喉生前有帶痕一道，在腮胱有鞋底傷一處，委係被勒身死。即據邊家舖人馬萬藏當場認明，係伊子馬貴頭屍身。提訊田囤頭供稱：「舊曆2月17日，小的與馬貴頭由唐山回來，走到孫各庄與盧仲林相遇，因他扎嗎啡，故得趕上同行。盧仲林私與小的商議說，伊與村正盧洛五家有仇，要把馬貴頭殺死，將屍移送到他家，就可訛洋千八百元。是時，馬貴頭在前，小的在盧仲林身後，行走到了小的莊東亂死岡，盧仲林就用拳把馬貴頭打倒，復用鞋底打了一下，隨令小的將伊代褲腰帶麻繩遞予他，繩頭用腳蹬把馬貴頭勒死，又將馬貴頭穿的破花布棉褲扒下，叫小的穿上，令將屍背到莊裡。到了陳家墳，他用肩接過，背至莊首，把勒繩解下，提繩前行，說掛到盧洛五門首，假作縊死以便行訛。小的遂又背上，剛到廟西邊村副陳寶奎門首，即聞犬吠，小的就棄屍往郝姓場屋去，即被抓獲」等語。旋據第三區巡警將盧仲林獲至，並搜有嗎啡一包，一併送縣提訊。

（2）此案經玉田縣初審判決，僅論田囤頭殺人一罪，盧仲林則認

成立殺人及自打嗎啡各一罪。原審認定該被告人等除以上各罪外，另應成立竊盜、詐財未遂等罪，乃依據《覆判章程》第4條第2款，自為更正之判決，又於初判事實未經認定之田囤頭脫逃一罪，一併判處罪刑。

（3）案經判決確定，總檢察廳檢察長認為：此案被告入田囤頭、盧仲林共同殺人及竊盜脫逃等罪，原判既以初判僅科田囤頭殺人一罪，科盧仲林殺人及自打嗎啡二罪，而置竊盜等罪於不論，此為適用法律錯誤，自係失出，依法應為覆審之決定。乃原審卻撤銷初判，自為更正判決，已屬違法。且原判事實載明核與初判認定各節無異，然田囤頭脫逃一罪，初判事實並無認定，原審竟予宣告罪刑，亦顯與事實不合，乃依《覆判章程》第4條第2款之規定：「證據未足或事實不明致罪有失出失入，或引律錯誤致罪有失出者，為覆審之決定。」提起非常上告。

（4）大理院審理後認為：據以上事實，被告人田囤頭、盧仲林意圖詐取盧洛五財物，因而殺死馬貴頭，背負屍體以行，未及至所欲移置之盧洛五門首，亦未及以欺罔、恐嚇使盧洛五將財物交付，即將所負屍體遺棄，是其殺人遺棄屍體之行為本為詐財之方法，惟詐財未及著手，不能論罪。而殺人、遺棄屍體即各自獨立成罪，自應與田囤頭竊盜一罪，盧仲林竊盜及自打嗎啡各一罪，均依俱發例辦理，方為合法。第一審僅論田囤頭殺人一罪，盧仲林殺人及自打嗎啡各一罪，固屬錯誤，原審既認為罪不止此，自應依《覆判章程》第4條第2款決定覆審，乃用更正判決，其程序已屬違法。且其判決內容，竟以被告人等殺人與詐財未遂從一重處斷，而置遺棄屍體於不顧，補判田囤頭脫逃，又未經認定事實沒收盧仲林嗎啡，且漏引律文，亦均屬違法。總檢察廳檢察長提起非常上告，自係合法，應依暫行援用之《刑事訴訟律草案》第462條第1、第2款將原判更正程序，原判除田囤頭、盧仲林竊盜罪刑，又盧仲林自打嗎啡罪主刑部分外，均予撤銷。田囤頭殺人又遺棄屍體之所為，應依刑律第29條第1項、第311條殺人罪、第258條第1項遺棄屍體罪處斷，與原竊盜罪刑依第23條第1款定其應執行之刑；盧仲林殺人又遺棄屍體之所為，應依刑律第29條第1項、第311條、第258條第1項處斷，

與原判竊盜及自打嗎啡罪刑依第23條第1款定其應執行之刑。嗎啡一包，應依刑律第9條、第48條沒收。

（5）學理上，凡犯罪行為，其成立過程，通常得分為犯意、陰謀、預備、著手、實行等五個階段，而所謂「著手行為」者，其解釋約有兩說：一說謂著手行為，即組成行為之一切動作之一部，而其最後動作尚未完畢以前之狀態；另一說則謂著手行為，乃與實行相密接，而尚未達於實行之一切行為。依《暫行新刑律》第382條第1項及第388條之規定，僅罰及詐財既遂及詐財未遂行為，並無處罰預備詐財之明文，本案大理院之判，謂「詐財未及著手」不能論罪，頗符合「罪刑法定主義」之精神，可謂明審。

二、國民政府最高法院判例述評

北洋政府時期稱第三審法院為大理院，民國十六年（1927）4月，國民政府奠都南京，十七年1月試行五權之治，設司法院，而最高法院為其直屬機關之一，掌理全國民刑訴訟之終審業務。據統計，民國二十年至三八年間（1931-1949）的刑事判例約有1,074則。[39]

（一）案例一　偽造自己之文書，刑法無處罰明文

1.判例要旨

關於偽造文書，除公務員所掌之公文書與醫師所提出之證書外，若於自己之文書，雖為不實之登載，無論是否足生損害於他人，刑法上既無處罰明文，自無論罪之餘地。[40]

---

[39] 參閱最高法院編，《最高法院判例全文彙編（民國20-38年）‧刑事編》（台北：最高法院，2016年），上冊，〈例言〉。

[40] 最高法院二十年非字第76號判例，參閱黃源盛，《國民政府最高法院刑事判例全文彙編》（台北：犁齋社，2014年），頁4-6。

2.案情解析

（1）本案，被告張鳳林與張士元因墳墓糾葛涉訟，苦無證據，乃於民國四年（1915）續修之張姓宗譜內德音夫婦名下，添載「合葬二都後溪」六字，另在德音名下添載「二都後溪」四字，提出於東陽縣法院民事庭以證明其權利，此為原審認定之事實。

（2）最高法院檢察署檢察長認為：於自己私文書圖樣為虛偽之登載，足以證明他人權利義務事實者，學說上謂之「無形偽造」，刑法第244條雖定有處罰專條；然依同法第230條、第232條之規定，祇限於公務員所掌之公文書與醫師提出之證書有不實之登載者，始以偽造論，而對於其他之無形偽造既無處罰明文，自不能予以論罪，乃提起非常上訴。

（3）最高法院判決指出：刑法第244條偽造文書罪係指偽造他人之文書而言，若於自己之文書為不實之登載，祇屬虛妄行為，不能構成偽造文書之罪，此觀於同法第240條、第242條登載不實之事實於職務上所掌之公文書或提出證書之特別規定自明，其在上述特別規定情形之外，於自己文書雖為不實登載，無論是否足生損害於他人，刑法上既缺處罰明文，自無論罪之餘地。

（4）依學理，刑法上之偽造文書行為可分為「有形偽造」與「無形偽造」兩種，前者乃指無製作權人冒用他人名義製作內容不實之文書，而後者為製作權人故意自為記載虛偽內容之文書，或向有製作權人為虛偽之報告或陳述，使之據以製作內容不實之文書。本案，被告因墳墓糾葛，與張士元涉訟，乃於其本族之宗譜內為不實之添載，提出於原審法院民事庭以為主張權利之根據，其行為固屬虛妄，但依上開說明，對於此種無形偽造行為，刑法上並無處罰明文，依罪刑法定之義涵，即不能予以論罪，原審不依《刑事訴訟法》第316條諭知無罪，而依《刑法》第233條第1項就同法第224條處以有期徒刑二月，顯屬違法判決，上訴人據以提起非常上訴，自應認為有理由，最高法院將原判決撤銷，諭知張鳳林無罪，洵屬允當。

（二）案例二　同謀犯罪未實施之責任

1.判例要旨

商議擄人勒贖，顯在預備時期，依照現行法律尚無處罰明文。[41]

2.案情解析

（1）原審山東高等法院判決認定事實為：王澤連、馬會清、王俊才、范和堂同謀擄人勒贖，於民國十八年（1929）7月24日買得爆竹十個，並託由李鴻選代寫勒贖信一封，擬同往張家下莊擄綁張廷堯以圖勒贖，因無手槍又無藏票地點，尚未著手實行，即在該莊酒館內飲酒致被抓獲。徵諸上訴人王澤連及被告王俊才在青島特別市公安局之供述，不得謂為無據。乃依據刑法第373條判處被告人等「同謀擄人勒贖罪刑」，被告不服，提起上訴。

（2）最高法院指出：上訴人等商議擄人勒贖，顯在預備時期，猶未達於著手之程度。依照現行法律，關於預備勒贖之行為尚無處罰明文。復查同謀擄人勒贖，指一方參與謀議，一方已著手擄勒既遂或未遂之情形而言；本案上訴人等及被告共同計議擄人，彼此均未著手即被抓獲，自難律以同謀罪名，乃原審根據上開事實，適用刑法第373條，判處上訴人等及被告罪刑，顯有未合，應撤銷原判決及第一審關於沒收部分之判決，並將上訴人等及未經上訴之共同被告一併諭知無罪。

（3）稽之既有史料，同謀犯罪而未至著手階段者，究應論以共同正犯？抑或以之為教唆犯？還是以之為從犯？學理及實務見解並無定論，當年對刑法界頗有影響力的日本判例認為應成立共同正犯，而學者多非難之，謂為誤解「共同實行」之觀念。為此，民初之《暫行新刑律》乃仿瑞典等國之立法例，另設「同謀犯」之概念，刑法第373條即為擄人勒贖同謀犯之特別規定。[42]

---

[41] 最高法院二十一年上字第163號判例，參閱黃源盛纂輯，同上注40，頁1-3。
[42] 參閱黃源盛纂輯，同上注29，頁922、1019。

（4）關於刑法上「預備」與「著手實行」的界線，向來學說紛紜，有「形式客觀說」「實質客觀說」「主觀說」「主客觀混合說」等，而通說見解傾向於採「主客觀混合說」，所謂「主客觀混合說」，又可稱為「折衷說」，乃結合主觀說與客觀說的觀點而來，此說認為，著手實行的判斷標準應以行為人主觀的犯罪計畫為基礎，視其依計畫所實施的行為，是否已經對法益造成直接危險，或與構成要件行為是否有密切的關係而定。本案，最高法院認為上訴人等之行為，僅構成「預備擄人勒贖之行為」，而依民國十八年之「舊刑法」，並無處罰該罪預備犯之明文，依罪刑法定主義之意旨，為無罪之宣告，甚合法理。

（三）案例三　刑法變更之時的效力問題

1.判例要旨

被告某甲教唆某乙殺害某丙，原在舊刑法有效期內，同法第四十三條所規定之教唆犯，必須被教唆人因教唆而實施犯罪行為，始能成立，與現行刑法第二十九條第三項被教唆人雖未至犯罪，教唆犯仍以未遂犯論之規定不同，被告某乙受教唆後，既未實施犯罪行為，則依現行刑法第一條之規定，某甲即無成立教唆犯之可言，原審仍認為教唆殺人未遂，自有未合。[43]

2.案情解析

（1）本案被告田樹德、田南娃因被害人田仰孟索債糾葛挾有嫌怨，起意殺害，遂與已故之李錦標於民國十九年（1930）月間，商由同案被告李小和雇用被告任猛虎殺害田仰孟，允給任猛虎洋一百四十元，先交十數元命其買槍，以供殺人所用之物，嗣田樹德等因前項債務經人調解成立，又令李小和告知任猛虎勿殺害田仰孟，因而任猛虎未曾

---

[43] 最高法院二十九年上字第358號判例，參閱最高法院編，同上注39，頁1-2。

實施殺害等情。原審山西高等法院第四分院以李小和、任猛虎已將田樹德、田南娃、李錦標等，如何託由李小和尋找任猛虎，允給錢款令其買槍殺害田仰孟，以及任猛虎未去殺人之經過情形分別供明，更就證人劉廣勤及劉官清二人所稱各等語，互相觀察，足見被告田樹德、田南娃等囑託李小和教唆任猛虎殺人，而任猛虎並未實施殺人，已屬灼然可見，諭知有罪判決。

（2）最高法院認為：本案被告田南娃、田樹德教唆殺人，原在舊刑法有效期內，同法第43條所規定之教唆罪，必須被教唆者本諸教唆之目的實施犯罪行為而成立，自與現行刑法第29條獨立教唆犯之情形不同。被告田南娃、田樹德對於任猛虎所教唆之殺人罪，既未經任猛虎實施犯罪，即無成立教唆犯之可言，原審仍判決成立教唆殺人未遂，復以刑法上無預謀殺人之規定，適用同法第2條第1項但書、第29條第3項、第271條第2項、第1項，判處教唆殺人未遂罪刑，而未注意有利於行為人之舊刑法規定，適用法則尤有未合。上訴意旨就事實點攻擊，固無可採，而指摘原判決用法失當，非無理由，自應依法撤銷改判，宣告田樹德、田南娃無罪。

（3）按1928年所頒布之《中華民國刑法》（今稱：舊刑法）第43條規定：「教唆他人使之實施犯罪之行為者，為教唆犯。教唆教唆犯者，亦同。教唆犯處以正犯之刑。」「處以正犯之刑」一語，究應如何解釋？有客觀說與主觀說之爭。詳言之，關於教唆犯之成立，是否從屬於正犯，教唆犯之可罰性，應否以被教唆者之犯罪實行為要件？學說上有「共犯從屬性說」與「共犯獨立性說」之爭論，「共犯從屬性說」基於客觀主義之立場，客觀地理解實行行為，認共犯具有從屬性，是教唆犯之成立及可罰性，以有一定正犯行為之存在為必要，必正犯行為已成立或具可罰性，而後教唆犯始從屬正犯行為而成立或具可罰性；反之，如無正犯的行為存在，對之所為之教唆即無成立之餘地。「共犯獨立性說」則從主觀主義之立場，認犯罪行為乃人惡性之表現，教唆犯之教唆行為，係行為人本身表現其固有的反社會危險性，並對結果有原因力，

即為獨立遂行自己之犯罪，並非從屬於正犯之犯罪，即應依據自己之行為而受處罰，是教唆犯之教唆，不過利用他人之行為，以實現自己犯意之方法，無異於實行行為，故不應認為有從屬於他人犯罪之情形，要言之，教唆行為之本身，即為獨立之犯罪，可獨立予以處罰。為此，教唆犯是否成立未遂犯，因採「共犯從屬性說」或「共犯獨立性說」而有不同，而教唆未遂犯之成立犯罪，亦有極大差異。[44]以此觀之，一般認為舊刑法第43條之教唆未遂係採從屬處罰主義。

（4）時至民國二四年（1935）的《中華民國刑法》（即現行刑法）第29條做了重大修正，第2項規定：「教唆犯之處罰，依其所教唆之罪處罰之。」同條第3項規定：「被教唆人雖未至犯罪，教唆犯仍以未遂犯論。但以所教唆之罪有處罰未遂犯之規定者為限。」學界及實務界均認為此條係採獨立處罰主義，除所教唆之罪，無處罰未遂犯之規定者，不成立犯罪外，仍成立教唆未遂罪，按其所教唆罪之未遂犯之刑處罰。

（5）此外，本案之另一重點為刑法關於時的效力問題，亦即刑法在時間上的規範力，當行為時之法律與裁判時之法律有變更者，究應適用何時之法律處斷？本案被告田樹德、田南娃教唆殺人，行為時間原在舊刑法有效期內，依上述係採「共犯從屬性說」，倘要論以同法第43條所規定之教唆罪，必須被教唆者本諸教唆之目的實施犯罪行為始能成立；問題是，本案審判時，刑法已作了修正，鑑於教唆犯之惡行較重，現行刑法第29條改採「共犯獨立性說」。此涉及刑法修正後新法與舊法的適用問題，不過，依同法第2條規定：「行為後法律有變更者，適用裁判時之法律。但裁判前之法律有利於行為人者，適用最有利於行為人之法律。」即行為時之法律不處罰，而行為後之法律有規定加以處罰者，依第1條所規定：「行為之處罰，以行為時之法律有明文規定者，為限。」當行為時之法律不加以處罰者，以後施行之新法雖加處罰，亦不得溯及行為時不罰之行為，予以處罰，以保障法的安定性，藉資保障

---

[44] 參閱王覲，《中華刑法論》（北京：方正出版社，2005年），頁289-292。

人權。本案，行為發生於民國十九年間，而最高法院於二十九年審判時，已屆新法時期，依「從新從輕原則」的新法撤銷原審判決，改判教唆者無罪，如此判法，頗符合罪刑法定主義下所派生的刑法效力不溯及既往原則的精神，自屬中肯。

（四）案例四　從新從輕立法例之適用

1.判例要旨

行為之處罰，以行為時之法律有明文規定者為限，為刑法第一條所明定，同法第二條第一項所謂行為後法律有變更者，適用裁判時之法律，必以行為時之法律對於該行為有處罰明文為前提，若行為時並無處罰明文，輒憑裁判時之法律，以繩該項法律實施前之行為，匪特其適用法則無憑準據，抑亦與刑法不溯既往之原則根本相違。[45]

2.案情解析

（1）本案，依原審浙江高等法院第二分院引用第一審認定之事實，上訴人孫陳溪以糧戶而積藏大量糧穀，匿不陳報，雖不得謂無《非常時期違反糧食管理治罪暫行條例》第3條第3款之罪嫌，究與《非常時期農礦工商管理條例》第12條所規定之情形有別，既不容逕據同條例第31條擬斷，而《非常時期取締日用重要物品囤積居奇辦法》及《非常時期違反糧食管理治罪暫行條例》，又同在本案發覺（民國三十年2月1日）後頒行，而原審輒援《非常時期取締日用重要物品囤積居奇辦法》第18條第2款，轉依《非常時期農礦工商管理條例》第31條處斷，無論適用法則是否允當，而行為時是否另有處罰明文足資比較適用之準據，初未論及，已不無法律溯及既往之嫌。

（2）最高法院指稱：據上訴人迻以所有食穀八十石已向宅基縣倉

---

[45] 最高法院三十三年上字第827號判例，參閱黃源盛，同上注39，頁5-6。

報告，並經封購五十石，至於常穀原非一人經管，尤無分立戶名可言為辯解，雖未正式向該縣糧食管理委員會填報，仍難免有不依法呈報之嫌，結果已向縣積穀倉管理委員會據實呈報，經分別封購屬實，則是否有規避隱匿之故意，亦非無研求餘地。原審未予詳查明晰，即逕依行為後之《非常時期取締日用重要物品囤積居奇辦法》處斷，致上訴意旨就原判決多所指摘，不得謂無理由。

（3）學理上，關於刑法之時的效力，即其時間適用之範圍，大別之有三個問題：其一，行為時之法律不處罰，而行為前或行為後之法律，有規定加以處罰者；其二，行為時與行為後之法律皆規定加以處罰，而其他規定有異同者；其三，行為時之法律規定加以處罰，而行為後之法律不處罰者。要辨明的是，當行為時之法律與裁判時之法律有變更者，究應適用何時之法律處斷？立法例有所謂從舊主義（適用行為時法）、從新主義（適用裁判時法）、從輕主義（適用有利於行為人法）及折衷主義（得再分為從舊從輕主義及從新從輕主義）四種。1935年之現行刑法第2條第1項規定：「行為後法律有變更者，適用裁判時之法律。但裁判前之法律有利於行為人者，適用最有利於行為人之法律。」是採所謂的「從新從輕主義」。而比較適用其最有利於行為人之法律者，亦必以行為時有處罰明文為先決要件，若非有行為時處罰之依據，輒憑裁判時之法律，以繩該項法律實施前之行為，不但其適用法則無憑準據，也與刑法不溯既往之根本原則相違。最高法院將原審判決撤銷，發交浙江高等法院第三分院重為審理，可謂妥適。

伍、比附援引與罪刑法定的理論基礎與時代意義

世間的法規範，背後有其制度在支撐，制度的背後則有思想在導引，而思想是規範與制度的種子。傳統中國遞衍如此悠久的比附援引

制，其法理根基何在？歷史與時代意義又如何評價？

一、傳統比附的機能與流弊

已如前述，「比附」制在傳統中國淵源流長，它近似於近代刑法中的「類推適用」。想求索的是，比附制何以能存在中國的舊刑律中如此久遠？何以世人對它會有兩面的評價？比附難道真的只是有過無功？它的機能與副作用各何在？約述諸端如下：

其一，從思想層面看，傳統中國的主流思想家，對於律條的侷限性早就有相當的體認，漢武之後，董仲舒（179 B.C-104 B.C）所倡議的「儒法合流」理論，深刻浸潤於歷代的司法官吏腦海中；尤其儒家思想中的「刑罰中」以及「守經達變」的經權理論思維模式和價值取向，更為此添增力道，當審理案件「法無正條」時，往往運用比附的方法「反經達權」「行權有道」，以求實現「刑罰中」的司法目標。[46]

其二，無分今古，凡刑法通常是由所謂的「罪」與「罰」兩部分所組成，而「犯罪」必有其構成要件，「刑罰」則有其法定刑的上下輕重。綜覽傳統中國的刑律，其犯罪構成要件雖極其具體化與細緻化，而刑罰制定卻為唯一的法定刑，毫無彈性於其間。但是，終究「法制有限，情變無窮。」[47]不論律條規定的多麼巨細靡遺，也不可能完完全全詳盡地記載各種犯罪的態樣，因此，有些案件在審理時無法直接從律條中找到該當的適用條文，又不能以「法無明文」而拒審，祇能尋找相類似的規範或先例來做類似比附，這也是為什麼自秦律以迄《大清律例》，都無可避免地要特別承認所謂「比附援引」的因緣。[48]

---

[46] 參閱黃春燕，〈中國傳統法律中比附制度的思想淵源〉《河南社會科學》，2016年8月，第24卷第8期，頁23。

[47] 參閱《大清律例》「斷罪無正條」總注：「法制有限，情變無窮。所犯之罪，無正律可引者，參酌比附以定之，此以有限待無窮之道也。」

[48] 參閱中村茂夫，〈比附の機能〉，收於氏著，《清代刑法研究》（東京：東京大學出版會，1973年），頁151-155。

其三，再從歷代的判牘觀察，比附的類型大致有二，即比附定罪和比附量刑，比附定罪是針對「事理該載不盡」的案件，解決的是「法無正條」的難題；比附量刑是為解決「罪有正條但刑度僵固」的問題。在有些疑難案件的審理上，「比附」的確能使得「事理」「準情」等因素融入司法推理之中，得以克服法條僵硬的弊端，如此一來，案件的裁判可以合理化和個別化，符合「禮刑一元化」的精神。申言之，比附倘運用得當，可以使案件力求情罪平允，而達到靈活、公平地解決問題的境地。

遺憾的是，比附的運用若稍有差池，則往往給有司「上下其手」的機會，創造了模糊空間，要麼，曲庇罪人；要麼，陷害無辜，造成了歷代以來數量相當可觀的冤假錯案。以有唐一代來說，刑書雖為律、令、格、式，並禁止法官妄自比附，然君主握有司法大權，不受刑書的拘束，權斷制敕，量情處分，比比皆是；正如魏徵在貞觀十一年（637）時所說：

> 頃年以來，意漸深刻，雖開三面之網，而察見淵中之魚，取捨在於愛憎，輕重由乎喜怒。愛之者，罪雖重而強為之辯；惡之者，過雖小而深探其意。法無定科，任情以輕重；人有執論，疑之為阿偽。故受罰者無所控告，當官者莫取正言。不服其心，但窮其口；欲加之罪，其無詞乎？[49]

唐中宗神龍元年（705）正月趙冬曦亦曾上書痛論其非，認為「生死罔由乎法律，輕重必由乎愛憎，受罰者不知其然，舉事者不知其犯。」[50]。他說：

> 臣聞：夫今之律者，昔乃有千餘條。近者隋之姦臣，將弄其法，

---

[49] 參閱〔唐〕吳兢撰，〔元〕戈直注，《貞觀政要》〈公平〉，收入《四部叢刊續編》〈史部〉，第131-134冊，（台北：商務印書館，1966年）。

[50] 參閱〔宋〕王溥，《唐會要》，卷39，《議刑輕重》（北京：中華書局，1955年）。

故著律曰：「犯罪而律無正條者，應出罪，則舉重以明輕；應入
罪，則舉輕以明重。」夫立一條，而廢其數百條。自是迄今，竟
無刊革。……法吏得便，則比附而用之矣！安得無弄法之臣哉？
臣請律令格式，復更刊定其科條言罪直書其事，無假飾文，以准
加減、比附量情，及舉輕以明重、不應得為而為之類，皆勿用
之。[51]

　　時至晚清，熟稔歷朝法制的沈家本，對法無明文「奸吏因緣為市」
的深文羅織，特顯其不平之鳴：

好猾巧法，轉相比況，此真以他律相比附矣；巧法出於奸猾，其
律無明文可知。罪同論異等語，本於桓譚；其流弊如此，當時冤
傷之，而後世尚奉為金科玉律，何也？[52]

　　傳統舊律，《唐律》因構成要件欠缺明確性，已滋生流弊；而《明
律》非但有相同之缺點，更以明文承認「比附援引」，法的安定性屢遭
破壞。《清律》沿襲《明律》，「凡律令該載不盡事理，若斷罪無正條
者，引律比附。」排除比附的「類似性」要件限制，無條件擴大適用。
至清季末葉，時而以例破律，任情比附更形嚴重，以至「牽就依違，獄
多周內，重輕任意，寬濫難伸。」沈家本特別提出歷經康、雍、乾三朝
達百餘年之久的文字獄作譬，「律例既無正條，遂不得以他律比附，事
本微細，動以大逆為言。」而且往往挾睚眦之怨，藉影響之詞攻訐，私
書指摘文句，有司見事生風，多方窮鞫，故致波累師生，株連親族，破
家亡命，甚可憫也。」沈氏更明舉康熙年間，牽連極廣的戴名世「南山
集」一案，譴責道：「若以律無正條之犯，竟與真正大逆同科，情罪既

---

[51] 從法理面看，《唐律・名例》「斷罪無正條」所謂「諸斷罪而無正條，其應
　　出罪者，則舉重以明輕；其應入罪者，則舉輕以明重。」其性質從法史學及
　　當代刑法詮釋學的觀點，比較屬於學理上的「當然解釋」，並不違反罪刑法
　　定之精神，其詳參閱黃源盛，〈唐律輕重相舉條的法理及其運用〉，收於同
　　上注14，頁299-377。
[52] 參閱沈家本，同上注22，頁1811。

不相當，誣捏亦所難免，將至儒林蹙額，鄉里寒心，赴市者慘及賢才，遣戍者禍連婦孺……其為黨禍牽連可以想見，而比附之未足為法，即此一獄，可推而知矣！」[53]基於斑斑血訓，沈家本認為：

> 立法不求過甚，度理尤責準情，……若時時事事以善相責，將必有不能相安者。處常且爾，況處變乎哉！古人立法多疏節闊目，是以施行之間，窒礙尚少。今人修法，多求其密，密則必至有牴牾之處，往往立一例，而有無數之例相因相生。持有限之科條，馭無窮之情偽，謂必能無事不相中也，能乎？迨律無正條，而復以律外苛求之，此法之所以日益紛煩也。晉劉頌有正文名例所不及皆勿論之請；唐冬曦有勿用加減比附之議，並有見於律外科刑，必至有恣意輕重之弊。今東西各國刑法，凡律無正條者，不得處罰，職是故也。[54]

尤有進者，沈氏主張「入刑」「出刑」一以成文法為準，不得以例破律，他指出：

> 立例以輔律，貴依律以定例……若今日之條例多至一千八百數十條，或律重而例改輕，或律輕而例改重，或出於一時之懲創，或見於一案之處分，或一例定而多數之例因之以生，或一例與而通行之例不能不廢。夫立例以輔律，非以破律，過輕固近於縱，過重亦失之苛。苟未究乎定律之本原，而但憑一事一人之意見，恐有欲密反疏者。[55]

可知，沈家本已明確表達其「無法律不得論罪，律外不得科刑」的立場。然而，在強調「無律不可罰」的同時，沈家本並未忽略法平等性

---

53 參閱沈家本，同上注22，〈明清引律比附按語〉。
54 參閱沈家本，《寄簃文存》，卷5，〈燕訓卿議杜氏不應離異說帖〉。
55 參閱沈家本，同上注22，卷7，〈萬曆大明律跋〉。至於有關戴名世《南山集》案之詳情，參閱張書才、杜榮華主編，《清代文字獄案》（北京：紫禁城出版社，1991年），頁15-21。

的要求，他也主張「有律不可不罰」，「不當殺而殺，實為法之所不許，法既不許，烏得無罪？有罪而予之以罪，義也。明明有罪，而許為無罪，則悖乎義矣。悖乎義者，不合乎法理。」顯然，沈氏已深深體認到「罪刑法定」已是世界刑事立法的潮流，修訂刑律必須排斥立法者的恣意，進而掌握「刑罰必要性」和「構成要件明確性」的原則，方能有效防止司法的擅斷性，使刑法真正成為論罪科刑的客觀標準。[56]

二、近代罪刑法定主義下的類推適用與刑法解釋

　　「罪刑法定主義」為近世刑法倡導的主要課題，亦為刑法的中心思想。1789年法國《人權宣言》第8條首揭此旨，且具體加以規定。[57]此後，各國憲法及刑法均奉為圭臬，相繼設其規定。詳言之，所謂「罪刑法定主義」，乃一定的犯罪行為，科以一定的刑罰，其罪刑均應明定於成文法律中。蓋罪刑之論科，在剝奪行為者的權益，所關至重，若漫無依據，則審判者上下其手，人民動輒得咎，將何以求訟獄之平？故必須有法律明文垂為定則，以資準繩，此乃罪刑法定主義的根本精神；依此，不僅何種行為應否處罰，須有法律之根據，即應處罰的行為，應如何處罰，亦須法律明定。換句話說，凡無法律規定者，即不構成犯罪；既不構成犯罪，則在任何情形下，均不得加以處罰。[58]

　　在司法實務界，依據近代刑法學者的通說，罪刑法定主義在歐陸法系國家衍生出有下列四種基本原則：

　　1.排斥習慣刑法，即不得以習慣或法理作為刑事判決的直接法源。

　　2.禁止類推適用，亦即法律無明文規定時，不得比附援引，深文羅

---

[56] 參閱沈家本，同上注22，卷2，〈論殺死姦夫〉。

[57] 1789年法蘭西革命後，於《人權宣言》第8條明示：「法律必須僅規定絕對、明白而必要之刑罰，任何人非依犯罪前已制定且合法被適用之法律，不得加以處罰。」並於1810年《拿破崙刑法典》第14條規定：「無論違警罪、輕罪或重罪，均不得以犯罪前法律所未規定之刑罰，予以科處。」

[58] 參閱韓忠謨，《刑法原理》（台北：作者印行，1976年），頁62以下。

織，強以無罪為有罪，輕罪為重罪。

3.刑法效力不溯及既往，亦即行為之處罰，以行為時之法律有明文規定者為限，故未規定處罰之行為，縱行為後法律變更，亦不得追溯過去的行為而加以處罰。

4.否定絕對不定期刑，亦即法律關於犯罪的科刑，應有刑期的規定，無論刑種、刑量均不法定；或僅定其刑種，而不定其刑量，與刑法的保障機能有礙，應予禁止，尤不得委諸審判官擅自斷定。[59]

觀乎古往今來的判決，律條總有限，而世間人事百態叢生，故法律的闡釋一直是法學實踐的核心環節，也是法律制度的重要組成部分；藉著對法律的闡明，可以使法律具體化、明確化及體系化。尤其，在專制皇權時期，立法上並無歐陸近代法以來所謂嚴格意義的「罪刑法定」，司法官吏如何在統治者既設的框架內，準確地理解法律條文的含義，釋明法典的實質精神和立法意旨，以維護法律在社會生活中的安定性與公平性，就顯得格外受到關注。

在前揭的四大原則中，禁止類推適用為罪刑法定主義下最受矚目的課題；而司法實務上，最易產生混淆的是「類推適用」與「擴張解釋」如何劃清界限？理論上，法律用語的文義，愈近核心，其義愈為明確，甚易把握。反之，愈趨邊緣，其義愈益模糊，拿捏殊屬不易，此時，仍有賴法官以智慧運用解釋方法加以闡釋。至於如已逾越其範圍，則非此等解釋方法所能濟事，須以類推適用等漏洞補充方法加以填補，始克完成其闡釋之使命。因之當一件「邊際性案件」（borderline case）瀕臨法律邊緣，猶該當刑事法律構成要件時，仍應運用擴張解釋的方法加以解釋；若已超出邊緣，逸出法律構成要件之外，則屬類推適用的範疇，倘係不利於被告者，為法所不許，故闡釋刑事法律而為擴張解釋時，必須斟酌至再，不能逾此雷池半步，以免被認為假擴張解釋之名行類推適

---

[59] 參閱大塚仁，《刑法概說 總論》（東京：有斐閣，1998年），頁53-55。大谷實，《刑法講義總論》（東京：成文堂，1989年），頁56-61。

用之實，而貽羅織之譏！[60]

　　申言之，「類推適用」通常是指法律未規定的事項，係出諸立法者的疏忽、未預見或社會情況變遷所致，基本上是一種公開的漏洞，司法者為填補此漏洞，乃比附援引其性質相類似的規定而為適用。在近代以來的刑事法領域，由於比附援引損及罪刑法定主義的精神，為了使個人的自由權利不致遭受國家公權力不可預測的侵害，乃禁止對被告為不利的類推適用；不過，倘罪疑時，若對被告有利的考量部分也加以全面性的禁止，未免過當。至於「擴張解釋」則係因法律條文文義失之過狹，不足以表示立法的真蘊，乃擴大法律條文的意義，以期正確適用；擴張解釋乃屬正當的論理解釋方法之一種，並不在禁止之列，此二者之區別於刑事法領域內，特具重要性。

　　問題在，類推適用與擴張解釋區分的界限究竟在哪？向為學界所爭論，一般認為：擴張解釋乃係對法律條文內直接所表示內容的認識，是從上位概念的一般性命題，而對下位概念的特殊性命題進行演繹性推論的過程。而類推適用則係對法律條文間接所表示內容的認識，即類推適用並無所謂的概括關係，僅是根據類似性，而在特殊與特殊觀念之概念間進行推論。實際上，擴張解釋與類推適用二者，本質上均係以法律精神所為之目的擴張，亦即，因原有的法條文義，若依一般之詞義為解釋顯有不敷使用之窘境，乃將之擴大範圍以資適用。惟本於罪刑法定主義之人權保障機能，對被告不利的類推適用須加以設限，而擴張解釋由於並未牴觸罪刑法定的精神，學理上概均予以承認，是二者間自有嚴加區別的必要。

　　然而，欲明白擴張解釋與類推適用二者之界限，有時頗為困難。尤其在一些所謂「邊際性案件」，兩者間的分界仍多所爭議。[61]現時學界

---

[60] 楊仁壽，《法學方法論》（台北：三民書局，2010年），頁286-291。
[61] 關於類推適用與擴張解釋區別的界限，學界說法不一，詳參萩原滋，《罪刑法定主義と刑法解釈》（東京：弘文堂，1998年），頁126-144。另參閱黃朝義，〈罪刑法定原則與刑法之解釋〉，收於林山田等合著，《刑法七十年之回顧與展望紀念論文集（一）》（台北：元照出版社，2001年），頁131-147。

多依「是否逾越法律文義射程」，以及是否為「一般國民所得理解之意
義為範圍」作準據，亦即其區別基準在於：其一，是否在原來法條文義
或立法旨趣之可能意思範圍內；其二，是否剝奪一般人對法條的預測可
能性；換個說法，擴張解釋的極限，須受文義或立法旨趣的「預測可能
性」的限制，亦即擴張解釋的結果，概念上無論如何，終究仍屬於條文
文字可能涵攝的範圍。至於凡具體個案的事實根本不屬於律條文字可能
涵攝的範圍，已超越法律文字於通常一般國民可能理解範圍而加以適用
者，即為類推適用。為清晰辨明，有關類推適用與擴張解釋兩者間的區
別，試作圖示如下：

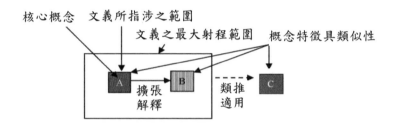

此外，「類推適用」與「當然解釋」也常滋生混淆，舉一則實際案
例來說：陳來傳於1949年11月24日間，在竹東頭前溪畔，用儲電池發
電，以導電竿接通電流，投入水中，使魚類觸電麻醉浮出水面，以撈魚
網捕之，得魚約半斤，依照當時《漁業法》第45條規定：「投放藥
品、餌餅或爆裂物於水中，以麻醉或滅害魚類者，處一年以下有期徒
刑，併科百元以下罰金。」第一審法院認為：「接通電池，投放水中，
以麻醉魚類之方法，較之用藥品，其結果有過無不及。」故依該條處
斷。案經被告上訴，第二審法院維持原判，但最高法院檢察署檢察長認
為：「行為之處罰，以行為時之法律有明文規定者為限，如法律無明文
規定，無論何種行為不得用類推解釋，入人於罪……漁業法第45條所
規定應處罰者，既僅限於投放藥品、餌餅或爆裂物於水中，以麻醉滅害
漁類，並未將投放電流一併加入於內，而電流又非爆裂物可比，是被告

此種行為自在不罰之列，原第一審竟用類推解釋……適用漁業法第45條，論處被告罪刑，原判予以維持，駁回被告之上訴，依上開說明，顯難謂無違誤。」乃提起非常上訴，以資糾正。最高法院接受非常上訴的意旨，認為「原審適用法律，顯有違誤」，爰將第一審及第二審判決撤銷，改判陳來傳無罪。[62]

這個案子，涉及「罪刑法定主義」下是否可以「類推適用」的問題；同時，也牽涉「類推適用」與「當然解釋」兩者間的分際該如何拿捏的問題。學理上，「當然解釋」源自拉丁語，係指依規範目的衡量，某事實較之法律所定者，更有適用之理由，而逕行適用該法律之解釋方法而言。當然解釋屬於體系解釋之一種，任何法律均有其立法旨趣，解釋法律不能偏離其立法旨趣，且應以貫徹實踐其立法旨趣為其主要目的。立法旨趣係個別規定或多數規定所欲實現的「基本價值判斷」，個別規定立法旨趣較為具體，而多數規定所整合「全體立法旨趣」，則較為抽象。個別的立法旨趣為實現全體立法旨趣之手段，而形成一完整之規範目的。苟法律僅就個別立法旨趣而為規定，某一事實雖乏規範明文，惟衡諸其立法旨趣，尤甚於法律明文規定，自更有適用餘地。[63]以古觀今，此即《唐律》所云：「諸斷罪而無正條，其應出罪者，則舉重以明輕；其應入罪者，則舉輕以明重。」而有關此條律文的性質，學說

---

[62] 台灣最高法院三十九年度台非字第7號刑事判決云：「按漁業法第四十五條之減害漁類罪，以投放藥品、餌餅或爆裂品於水中，以麻醉或減害漁類者為限，並不包括投放電流在內，原確定判決事實欄，以陳來傳於民國三十八年十一月二十四日夜在竹東頭前溪畔，用儲電池發電，以導電竿接通電流，投放水中，使漁類觸電麻醉，浮出水面，以撈魚網捕之，……依此說明，並無適用漁業法第四五條處罰之餘地，第一審法院竟以接通電流，投放水中，以麻醉漁類之方法，較之用藥品，其結果有過無不及，乃類推解釋，依該條處斷，原審未加糾正，仍予維持，駁回被告之上訴，其適用法律顯有違誤，上訴判決確定後，認為違背法令，提起非常上訴，洵屬正當。」有關本案之評論，參閱林紀東，〈刑法與類推解釋──由一個案件說起〉《軍法專刊》，1952年4月，第1卷第2期。

[63] 參閱黃源盛，〈唐律輕重相舉條的法理及其運用〉，收於同上注14，頁300-301。

多所論辯，筆者認為係屬當然解釋。不過，也有論者主張當然解釋為類推適用之一種，理應禁止[64]。理論上，當然解釋，係從法律文字的精神，而推想立法者的意思及其範圍，如有甲乙二事實，兩事實之性質同，而乙事實較甲事實，其理由尤為充足，但甲事實有明文，乙事實無明文。此時，自能以論處甲事實者論處乙事實，此無待間接推論，即能達到闡釋目的，仍在立法旨趣之預測可能性範圍之內；要之，當然解釋非比照事實，乃以事實之性質同而無明文之事實，則又更甚於法律明文所載的事實。

當晚清擬訂《大清新刑律》之際，主導修律的日籍顧問岡田朝太郎（1868-1936）亟思力矯向來的比附援引之弊，曾強力主張不得用類推適用，但得用當然（自然）解釋。為此，修律大臣沈家本在大清《刑律草案》補箋中說：

> 本律雖不許比附援引，究許自然解釋。自然解釋者，即所犯之罪與法律正條同類，或加甚時，則依正條解釋而用之也。同類者，例如正築馬路，正條只禁車馬經過，則象與駱駝自然生禁止之列。加甚者，例如正條禁止釣魚，其文未示及投網，則投網較垂釣加甚，自可援釣魚之例定罪也。[65]

可以說，當然解釋與類推適用相似而實異，當然解釋之方法，僅就法律明文以推定其精神所包括之意義，非處罰律無正條之行為可比，岡田朝太郎曾指出：「害之輕者，且有罪矣；害之重者，自不待言也……諸斷罪而無正條，其應出罪者，則舉重以明輕；其應入罪者，則舉輕以明重，與當然解釋之意，洽相符合。」[66]尚無悖於罪刑法定義之旨趣，

---

[64] 關於刑法在罪刑法定主義下，是否可用「當然解釋」作為解釋的方法之一，學界意見不一，肯定說與否定說各持己見，在此不擬細說。

[65] 引自黃源盛，〈傳統中國「罪刑法定」的歷史發展〉《東海法學研究》，1996年12月，第11期，頁18。

[66] 參閱岡田朝太郎講述，熊元翰編輯，《京師法律學堂筆記》之《刑法總則》，頁18-20。

蓋刑律有形式、有精神；形式者，刑律各條文之文字，精神者，即其文字之原理，若徒拘牽文字，而忘立法之精神，此機械式的法律論，恐亦非立法者之本意？

三、古今「罪刑法定」的形式性與實質性

近代罪刑法定主義從其淵源上看，旨在確定並發揮權力分立的相互制衡，藉以保障民權乃至人權。而中國在清朝以前，行政、立法及司法三權均統於一尊，體制上無所謂權力分立，法制上自亦無所謂罪刑法定主義可言。且所謂「法定」，係指經立法機關通過的法律，而犯罪的成立及其刑罰須根據成文法律，不得根據習慣，更不得類推適用。在舊律上，如此嚴格意義的罪刑法定主義未曾存在。不過，除君主專制之皇帝外，從固有典籍律令及歷代判牘的記載看來，說傳統中國立法上及司法上也還「重視」罪刑法定，並不為過。日本仁井田陞的兩段話很耐人尋味，他說：

在歐洲，形成近世罪刑法定主義的思想過程，也就等於是形成政治學思想過程。法律必須由立法機關明確且完全制定，裁判官祇要對該法律克盡機械性宣言的任務就夠了；超越法律範圍的擅斷，為了保障人民的自由，應可以拒絕的。支持罪刑法定主義的另一思想是刑法學的思想，因為它寄望事先抑制犯罪動機，以預防犯罪效果；雖其立場互相有差異，但是，中國古代支持罪法定主義的思想，也與歐洲近世的思想，有一脈相通之道，這是無可否認的。

不過，他話鋒一轉，又說：

自古以來，中國的民眾是否自君主或裁判官的擅斷、放肆解脫了呢？那又未必皆然。古代的君臣或官憲的擅斷、放肆、舞文弄法之事，文獻上常可見到。因此單以法條、法理的優越性，並不能

隱瞞君主或裁判官的擅斷、放肆的事實。對於法的蔑視，不僅是
來自人民方面，也來自君主或官吏方面。也許，正因為有這樣的
專斷、放肆，因此才更需要法規條文的優越性也未可知。僅以中
國「罪刑法定主義」成立的歷史悠久，而不注意到實質與具體出
現的問題，濫行謳歌，也是值得深思的。[67]

　　表面上看，中國舊律條文因犯罪型態極其具體化、瑣細化，加上立
法與修法之遲滯，而人事無窮，法條有限，在這種主觀條件與客觀環境
交互作用下，「比附」在當時自有其重要的機能。[68]實質上言，中國的
舊刑律，自《唐律》以迄《大清律例》，即使有時表現出「形式上罪刑
法定」傾向的一面，也祇不過是基於法家的霸道意識與儒家王道精神融
合的法律文化結晶，強調君權，掌控官吏專擅；在司法運作實務上，除
了一般預防主義的儆戒世人外，往往被視為裁判上的德政，是種施捨、
是種寬恕；並不是近世個人主義、自由主義思潮下的產物，更不是不想
貫澈嚴格保障人權意義的實質性罪刑法定。

　　以清代為例，斷罪必須援引有關法律，法無明文不能定罪，如果司
法官吏有所違反，就要承擔刑事責任，這足以說明《大清律例》所沿襲
的唐、宋、明各朝刑法中的規定，從某種意義上說，具有傳統中國「形
式」罪刑法定傾向的性質，不能說它就是完全的罪刑擅斷。但是，恐怕
也不能據此，就說《大清律例》具有歐西近代意義的罪刑法定主義內
涵，因為在同一部法典中又允許「比附援引」，而罪刑法定主義與比附
援引制度，屬根本互相矛盾之二事，絕非可以並立或妥協的概念。[69]前
已屢屢提及，傳統中國刑律中的比附援引，逼近於當今的「類推適
用」，是對法律上沒有明文規定的犯罪行為，可以準照最相類似的條

67　參閱仁井田陞，同上注18，頁185。
68　參閱中村茂夫，〈中國旧律における比附の機能〉《法政理論》（日本：新
　　潟大學法學會，1968年10月），第1卷第1號，頁22-50。
69　參閱蔡樞衡，〈罪刑法定主義之立法及解釋〉《法律評論》（北京：法律評
　　論社，1934年10月），第11卷51、52期。

款、成案和定例來比附定罪科刑的一種設計。正如同《大清律例》〈名例律〉「斷罪無正條」云：

> 凡律令該載不盡事理，若斷罪無正條者，援引他律比附。應加、應減，定擬罪名，申該上司議定奏聞。若輒斷決致罪有出入者，以故失論。[70]

雍正十一年（1733）九卿議復大學士張廷玉（1672-1755）條奏定例，又把《大清律例》「斷罪無正條」法律進一步具體化，規定：

> 引用律例，如律內數事共一條，全引恐有不合者，許其止引所犯本罪。若一條止斷一事，不得任意刪減，以致罪有出入。其律例無可引用援引別條比附者，刑部會同三法司公同議定罪名，於疏內聲明律無正條，今比照某律、某例科斷，或比照某律、某例加一等、減一等科斷，詳細奏明，恭候諭旨遵行。[71]

由此可知，《大清律例》是允許類推適用的，由司法官員比附律例定罪；儘管類推必須經過皇帝的批准，是屬於所謂「有限制的類推」，但類推須由皇帝作最終裁決，這就與「罪刑法定」的本旨互相矛盾，實質上具有專擅主義的性質。[72]況且，律例中還有「不應得為」的罪名，凡是律例沒有明文規定的行為，如果司法官員認為是犯罪，就可以依「不應得為」的罪名：「不應得為而為之者，笞四十；事理重者，杖八十。律無罪名，所犯事有所輕重，各量情而坐之。」[73]以當今的觀點，這是構成要件的不明確性，不足以言具有嚴格意義的罪刑法定。

概言之，《大清律例》中的「形式罪刑法定原則」與「類推適用」是並存的，在一般情況下，二者之間的矛盾是由皇帝來加以調節。因

---

[70] 參閱田濤、鄭秦點校，同上注23，頁127。
[71] 參閱田濤、鄭秦點校，同上注23，頁127-128。
[72] 參閱張晉藩主編，《清朝法制史》（北京：中華書局，1998年），頁400。
[73] 引自《大清律例‧刑律‧雜犯》，有關「不應得為條」與罪刑法定原則間的關係，參閱黃源盛，〈唐律中的不應得為罪〉，收於同上注14，頁241-248。

此，清代的刑法與其他歷代皇朝一樣，根本上是由專擅主義支配的；值得留意的是，除了皇帝以外，其他司法官吏仍然要受「形式罪刑法定」和「有限制類推」的拘束。

如果，我們以「限制君權」和「適當的法律程序」作為「罪刑法定」的一個原始目的，不消說，帝制時期的中國法自無所謂「罪刑法定」可言。尤其傳統中國罕談天賦人權，故舊律中有無蘊含保障人權之意，實也成疑問。但若以近世權力分立中對司法權的限制言，則歷代中國刑律中的規定或有暗合之處。再如單就前述近代以降「罪刑法定主義」所衍生出的諸原則來作為衡量的基準，可以看到，中國舊律在形式上的確也曾試圖想建構所謂「罪刑法定」的理念與格局，不過，綜觀整體，在司法實際運作上仍無當今嚴格意義的實質罪刑法定可言。

陸、結語

從法制歷史看，在專制王朝統治下，刑罰是作為「嚇阻犯罪、懲罰犯罪」的社會規範控制手段，而或因皇權政策上的考量、或因立法技術上的困難、或因社會情勢的變遷，欲求一部完整、清晰、邏輯嚴密並有預見性、前瞻性的刑法典，勢所難能；因此，傳統中國的「比附」之制有其不得不然的現實需求，也有其利弊各顯的兩面評價。

在另一方面，比附與「罪刑擅斷」也不能完全劃上等號，它在帝王專制時代，有時確也能促成司法官吏深入律條，衡情論罪科刑，以應實際需要的功能，在有些判牘之中，我們可以發現，其用意尚稱良善，具有使絕對唯一法定刑「柔性化」的作用。若法吏的修養良好，善加運用，應可收到引斷允協、情罪平允的功效，然自唐中宗時的趙冬曦以迄晚清修律大臣沈家本，均直言其弊，此中必有其緣故。

民國初期，源於1911年《欽定大清刑律》的近代罪刑法定主義得

以在中國大地付諸明文，從1912年的《暫行新刑律》到1915年的《修正刑法草案》，再到1918年的《刑法第二次修正案》及1919年的《改訂刑法第二次修正案》，乃至1928年的《舊刑法》及1935年的《中華民國刑法》，在西風吹撫下，立法漸趨於圓熟縝密，反映出對人權保障及權力分立制度的重視，相當難得。

　　不過，由於司法審判制度仍未臻完善，政治威權依然掛帥，司法人員的素質猶待養成，致使民國初期的刑事司法面臨著種種挑戰，仍有漫漫長路要走。儘管如此，從本章第四節司法實踐中的判決例看來，大理院及最高法院的推事和總檢察廳的檢察官們，的確也能恪盡其職地儘可能把握和落實近代罪刑法定的精神，相當難得，既跨出了這重要的一步，除非出現重大的逆流，恐怕已難再回頭了！

第十章

從保辜到因果關係的承與變

壹、序説

　　世間萬象，如是因，如是果，犯罪行為的結果犯亦然；翻開刑法史頁，不論傳統或近現代，行為之所以有侵害性，因其對一定的法益具有影響力，一旦此影響力發生現實的作用，即產生犯罪的結果，故行為與結果之間，基於影響力，而存有密切的連結關係，在傳統中國刑律上謂之「保辜」，當今刑法學理則稱之為「因果關係」（kausalität、Kausalzusammenhang）。而不論古之「保辜」抑或今之「因果關係」，係指一定的前行事實與一定的後行事實之間，所具有某種必要之一定原因與結果的連絡關係。不過，這個概念並非自然科學或宗教上的概念，也非單純事實上的概念，而係法律上的概念。

　　粗略來說，所謂「保辜」者，是傳統中國舊刑律中對毆傷等案件認定刑事責任所專門設定的律條。簡言之，即限期養傷、保留罪名之意。凡毆傷罪傷情未定，皆立限以待，視行為後果明朗後，再予處斷。察其用意，原係以行為人為其規範的對象，至於被害人僅間接受保護而已，即所謂的「反射利益」。此制行之兩千餘年之久。時至晚清，歷經前所未有的衝擊與碰撞，列強威勢扣關，清政府被迫採取因應措施，在西風東漸的吹撫下，從政治、經濟、社會乃至法律文化，無一不受到嚴峻的挑戰。就法律制度與法律規範而言，必須與世界接軌，因此有修律大臣沈家本（1840-1913）領銜推動法制近代化的變法修律舉措。

　　檢視近現代刑法，許多法律專門用語或概念並非明文規定於法典之中，而是透過學說或法院的判決所逐漸形成的，「因果關係」即是一例。按「因果關係」一詞，為傳統中國法制中所無，係來自日文的「和製漢語」，而其根源又由來於歐陸的刑法。有疑義的是，刑法上「因果關係」既為定罪責的第一要件，然它的存否到底該如何認定？學說相當紛歧，如條件說、原因說、相當因果關係說等，各有其理論基礎與內涵，而這些概念也經常出現於民初以來大理院及最高法院的判決書

中[1]。對於司法從業人員而言，刑法上「因果關係」的概念乃繼受自歐西及日本近代刑法理念而來；不禁想問，傳統法中的「保辜制」，能否與「因果關係」完全劃上等號？何以晚清變法修律之後，「保辜制」即杳如黃鶴？而民國的司法官員如何透過判決例使「保辜」與「因果關係」這兩種法律概念順利銜接？

盤點既有相關資料，言古者，絕大多數偏於唐明清三代「保辜制」的探討；而論今者，又都傾向於歐陸刑法中「因果關係理論」的闡釋。如果，我們認可「通古今之變，以究當前之法」是法史學的研究目的與方法之一，那麼，對於傳統舊律中的「保辜制」與近世刑事思潮下的「因果關係論」，從法律史學與當代刑法學的科際整合觀點，採取脈絡化的研究法，以歷史時代為經，以案例導向為緯，並結合部門法中的法釋義學與法實證的個案研究取徑，尤關注脈絡化的轉換與去脈絡化後的再脈絡化，做一深刻的釐清，自有其歷史與時代的意義在。

貳、傳統中國刑律中「保辜」的源起及其消亡

「保辜」制究竟起源於何時，由於史料不足徵驗，已難以確切考證，據《春秋·公羊傳》載：

襄公七年十有二月，公會晉侯……于鄬。鄭伯髠原如會，未見諸侯，丙戌，卒於操。操者何？鄭之邑也。諸侯卒其封內不地，此何以地？隱之也。何隱爾？弒也。孰弒之？其大夫弒之。曷為不言其大夫弒之？為中國諱也。曷為為中國諱？鄭伯將會諸侯于鄬，其大夫諫曰：「中國不足歸也，則不若與楚。」鄭伯曰：

---

[1] 參閱韓忠謨，《刑法原理》（台北：作者印行，1982年），頁118-137。

「不可。」其大夫曰：「以中國為義，則伐我喪；以中國為強，則不若楚。」於是弒之。鄭伯髡原何以名？傷而反，未至乎舍而卒也。未見諸侯，其言如會何？致其意也。[2]

春秋魯襄公七年（645 B.C），鄭伯髡前往鄚參加晉侯所召開的諸侯大會，途中，被反對他的大夫刺傷，尚未返回到住處，即告死亡。東漢經學家何休（129-182）對這段史事注云：「古者保辜，諸侯卒名，故於如會名之，明如會時為大夫所傷，以傷辜死也。君親無將，見辜者，辜內，當以弒君論之，辜外當以傷君論之。」疏曰：「弒君論之者，其身梟首，其家執之：其傷君論之者，其身斬首而已，罪不累家，漢律有其事。然有知古者，保辜者，亦依漢律。律文多依古事，故知其然也。」[3]漢時即謂「古者保辜」，可見，在漢代之前就已有保辜之制。至於其確實年代，說法不一，有謂可能首創於西周，也有認為創立於春秋、戰國或秦漢時期[4]。

在東漢許慎（30-124）的《說文解字》中提及：「嫴，保任也，從女辜聲。」《訂正六書通》：「嫴，保任也。音辜。律有保辜，當是此字。」然《正韵》無「嫴」字，但作「辜」。或可說明「嫴」通「辜」[5]。傳統中國，在刑律中明文規定保辜制的，就目前文獻看來，

---

[2]　《公羊傳・襄公七年》，參閱〔漢〕何休、〔唐〕陸德明音義，《春秋公羊經傳解詁（四部叢刊初編）》。

[3]　《公羊傳》，何休解詁、徐彥疏，李學勤主編，《十三經注疏・春秋公羊傳注疏（標點本）》（北京：北京大學出版社，1999年），卷19，〈襄公六年〉，頁425。不過，蔡樞衡認為「作傳的何休不懂刑法」，因為：「實則傳文有意強調殺傷行為與死亡間的結果關係明確，雖屬情見乎詞，要與保辜制度無關。意圖弒君，便屬死有餘辜，何待實行？更何待死亡？」詳參蔡樞衡，《中國刑法史》（南寧：廣西人民出版社，1983年），頁208。

[4]　劉俊文認為，周秦之際已經有之，《唐律疏議箋解》（北京：中華書局，1996年），下冊，頁1484。蔡樞衡認為：「《周禮》不言保辜，足見殷代尚無保辜制度。保辜制度也不可能創始於春秋、戰國和秦、漢。由此可見，保辜制度理當創始於西周，很可能是成康時代的新猷。」蔡樞衡，同上注3，頁208。

[5]　參閱朱紅林，《張家山漢簡《二年律令》集釋》（北京：社會科學文獻出版社，2005年），頁32。

似首推秦漢之際，在1975年出土的《睡虎地秦墓竹簡‧法律答問》中
云：「人奴妾治（笞）子，子以月古死，黥顏，畀主。」此處之「以月
古死」有認為宜解為「以辜死」[6]。即私家奴婢笞打己子，因病於辜限
內死亡，應在頭顱部刺墨，然後交還主人。此外，唐顏師古（581-
645）對西漢史遊的《急就篇》「疕病保辜」注云：「毆人皮膚腫起曰
疕，毆傷曰病。保辜者，各隨其狀輕重，令毆者以日數保之，限內至
死，則坐重辜也。」[7]即根據傷害情節的輕重，由官府立下期限，限滿
之日，根據被害者的傷情，決定應科的刑罰。漢律將傷害的保辜期限規
定為二旬，若二旬內被害人因傷死亡的，即以殺人罪論。《漢書‧功臣
表》中曾記載：「昌武侯單德，元朔三年，坐傷人二旬內死，棄
市。」[8]就是因為單德傷害他人，依漢律，被害人在二十日內身死者，
以殺人罪論，故科以棄市之刑。另據1980年代湖北江陵張家山漢墓出
土的漢簡《二年律令‧賊律》：「鬥傷人，而以傷辜二旬中死，為殺
人。」[9]足見在漢代就保辜制已有了雛形的規範。

一、《唐律》中「保辜」的態樣與適用

集中華法系大成的《唐律》，沿襲前代，將保辜的適用加以類型
化，分為三種態樣[10]，本章將重心限縮在「因果律的保辜」上。

6　「以胎死」有解為「子因此患病而死」，將「胎」解為「病」，參閱簡牘法
　　律文獻譯註《睡虎地秦墓竹簡》，收於《中國珍稀法律典籍集成》（北京：
　　科學出版社，1994年），甲編，第1冊，頁572。但張家山漢簡整理小組指
　　出，此處宜解為「以辜死」，參閱朱紅林，同上注5，頁32。
7　《急就篇》，卷4，〔漢〕史遊撰，〔唐〕顏師古注，《急就篇》（四部叢刊
　　本），景海鹽張氏涉園藏明鈔本。
8　《漢書》，卷16，〈高惠高後文功臣表〉。
9　張家山漢墓竹簡整理小組，《張家山漢墓竹簡（247號墓）》（北京：文物出
　　版社，2001年），頁217。張家山漢簡〈賊律〉中另有兩條「保辜制」的規
　　定：「父母毆笞子及奴婢，子及奴婢以毆笞辜死，令贖死。」「諸吏以縣官
　　事笞城旦舂、鬼薪白粲，以辜死，令贖死。」
10　參閱戴炎輝，〈我國傳統律例之保辜制〉，收於氏著，《傳統中華社會的民
　　刑法制》（台北：財團法人戴炎輝文教基金會編印，1998年），頁499。

（一）因果律的保辜：嚴格說來，《唐律》的年代尚無「因果關係」此一名相，為與近現代的「因果關係」概念有所區隔，乃以「因果律的保辜」稱之。《唐律》對毆傷等犯罪，視犯罪所用的方法、凶器危險性的大小以及傷勢程度，規定一定的保辜期限，然後視被害人是否於限內死亡，以定其應負鬥毆殺人或本毆傷罪之刑責。〈鬥訟律〉「保辜」條規定：

> 諸保辜者，手足毆傷人限十日，以他物毆傷人者二十日，以刃及湯火傷人者三十日，折跌肢體及破骨者五十日。限內死者，各依殺人論；其在限外及雖在限內以他故死者，各依本毆傷法。

依本律條，凡是毆傷人，皆立辜限，以時間的經過來定其刑責的相當性，列述於下：

1.依加傷器物而立辜限

(1)手足毆傷，限十日。即赤手空拳傷人，不論受傷與否，辜限皆為十日。

(2)他物毆傷，限二十日。依《唐律》規定，「非手足者，其餘皆為他物，即兵不用刃亦是」。明確規範手足、刃及湯火傷人的辜限，除手足、刃及湯火之外的其他器物即為此條所云之「他物」。「兵不用刃」，指的是用兵器刃口之外的其他部位傷人，此種行為也屬於以「他物」傷人。

(3)以刃及湯火傷，限三十日。《疏議》曰：「『以刃』，刃謂金鐵，無大小之限。『及湯火傷人』謂灼爛皮膚。」即辜限為三十日的傷人器物限制為銅、鐵之類的器物或湯火。辜限是為加重行為人的責任而設，可說是行為人的危險（致死責任）負擔期間。辜限愈長則行為人刑責愈重，故其長短，視其所用器物危險性的大小而定，寓有禁止使用危險性器物毆傷人之意。

2.依傷害程度而立辜限

折跌肢體及破骨者，限五十日。此時不問所加傷害係用何器物，骨

折、骨節錯位、骨頭破損皆屬對人的身體傷害較重的情節，一般人需要
較長的時間才能恢復健康，因而除加傷器物外，另依傷害程度界定辜
限。圖示如下：

類型		辜限
依加傷器物而立辜限	手足毆傷	限十日
	他物毆傷	限二十日
	以刃及湯火傷	限三十日
依傷害程度而立辜限	折跌肢體及破骨者	限五十日

又本條規定，在保辜限內死亡的，如別無傷處以外之故，依鬥殺
論，其刑為絞或斬；倘在限外及雖在限內，但因為別的原因，例如發生
其他疾病而死亡的，仍以原來的毆傷罪論處，其刑為笞或杖[11]。綜上看
來，保辜期限的長短與加傷器物的危險性、傷害的嚴重程度間有著密切
的關係。具體地說，加傷器物的危險性、傷害的嚴重程度都與辜限的長
短成正比。此一律條明確了傷害行為與死亡結果之間的因果律，並對於
產生死亡結果的相應加重處罰。可見，傷害愈重，保辜期間愈長，對犯
人較為不利[12]。且被害人縱未在辜限內因傷而死，也不發生刑罰消滅的
效果，只受較輕刑罰的科處而已，從而即使保辜期間的順利經過，仍不
得視為刑罰消滅的原因。

（二）平復減刑的保辜：《唐律》對於鬥毆傷人的行為，另規定在
辜限內傷癒者，得以減輕處罰。〈鬥訟律〉「毆人折跌肢體瞎目」條：

> 諸鬥毆折跌人肢體及瞎其一目者，徒三年。辜內平復者，各減二
> 等。

---

[11] 《唐律》（總302條）規定：「諸鬥毆人者，笞四十；傷及以他物毆人者，杖
六十；傷及拔髮方寸以上，杖八十。若血從耳目出及內損吐血者，各加二
等。」又（總306條）規定：「諸鬥毆殺人者，絞。以刃及故殺人者，斬。雖
因鬥，而用兵刃殺者，與故殺同。」

[12] 仁井田陞認為：「保辜期間之規定乃刑罰加重原因」，參閱氏著，《中國法
制史研究 刑法》（東京：東京大學出版會，1981年），頁177。

　　本條並不涉及鬥毆行為與結果之間的因果律問題，只不過將辜限內傷勢是否平復，作為減輕處罰的要件，故有稱其為「減刑的保辜」。

　　（三）處罰條件的保辜：〈鬥訟律〉「兵刃斫射人」條：

> 諸鬥以兵刃斫射人，不著者，杖一百。若刃傷，刃謂金鐵，無大
> 小之限，堪以殺人者。及折人肋，眇其兩目。墮人胎，徒二年。

　　本條主要論及「兵刃斫射人」諸犯罪類型，而於最後一項雜以「墮人胎」之罪，所謂「墮人胎」，係指毆打孕婦，致其流產或早產而身體受損的傷害行為。墮胎行為的被害客體是母體，其所墮之子則否。《疏議》釋曰：「墮胎者，謂在辜內子死，乃坐。謂在母辜限之內而子死者，子雖傷而在母辜限外死者，或雖在辜內胎落而子未成形者，各從本毆傷法，無墮胎之罪。……故保辜止保其母，不因子立辜，為無害子之心也。」也就是說，對於毆傷孕婦，倘孕婦在辜限內而死，鬥人者論以鬥毆殺人罪，而孕婦在辜限外死亡，或在辜限內因其他原因死亡，鬥人者僅以毆傷法論處。至於孕婦若沒有死亡，但胎兒在辜限內死亡，鬥人者論以徒二年之刑；若胎兒在辜限外死亡，或雖在辜限內胎落，但並未成形的，不適用「墮胎罪」的刑罰。

　　戴炎輝（1908-1992）認為，因果關係的保辜，須就被毆傷人，論其致死與毆傷之間有無因果關係，而上文情形，乃依已由母體分離之子是否在辜內死亡，以定其是否為墮胎而予處罰，故此係「處罰條件」的問題。若就母體本身，論其致死與墮胎行為之間有無因果關係時，即是因果關係的保辜。[13]質言之，保母者，指因果律的保辜；保子者，則指處罰條件的保辜；處罰條件的保辜原則上祇適用於墮胎，而因果律的保辜，則對一般毆傷行為均有其適用[14]。

---

[13] 參閱戴炎輝編著，戴東雄、黃源盛校訂，《唐律通論》（台北：元照出版社，2010年），頁99-100。

[14] 依當代刑法理論，當犯罪成立時，立即對於該行為發生刑罰權，惟某些犯罪類型縱使成立，該刑罰權的發生卻例外地附加在其他外在的條件上，故稱該條件為「客觀處罰條件」，簡稱為「處罰條件」。

　　雖然《唐律》對於「保辜」的規定力求明確，但在司法實踐面，很遺憾，唐代留存下來的案例相當稀罕，今查有唐肅宗寶應元年（762）高昌縣「康失芬行車傷人案卷」：該案的大要事實為：民人史拂郞、曹沒冒控告靳嗔奴的雇工康失芬因行快車，將史之子金兒、曹之女想子碾成重傷，經查證屬實，最後，高昌縣判康失芬保辜治療，限滿再作科斷。據《唐律》「保辜」條的規定，傷人者可依律保辜，但並無辜限內責成犯人延醫救治的內容。此案雖未明白指出所援引的律文，但基於「傷人」與「保辜」的事實與規定，康失芬所提出的「今情願保辜，將醫藥看待，如不差身死，請求準法科斷。」[15]在案卷中，康失芬另提出保辜請求，並由何伏昏等人具狀充當保人，其稱：「擔保康失芬在辜限期間看護調理受害兩男女，並保證其不逃脫。如果康在此期間逃走或者抵賴不承擔責任，連保之人願承擔康的全部罪行，並請求受重杖二十。」這一請求獲得官府允准而予以責保外釋，並批示：「放出，勒保辜，仍隨牙」，即放出監禁處，責令其保辜，但不許離開縣司駐地。

二、明清律中「保辜」的沿襲與轉化

　　關於「保辜」，宋承唐制，未加更動。降及明清，刑律中對「保辜」作了比《唐律》較為詳明的規範。《大明律‧刑律‧鬥毆》「保辜

---

[15] 引自國家文物局古文獻研究室編，《吐魯蕃出土文書》（北京：文物出版社，1988年），第9冊，頁128-134。該案之考析，其詳參閱趙晶，〈唐代「保辜」再蠡測─《唐寶應元年六月康失芬行車傷人案卷》再考〉《敦煌吐魯番研究》，2016年，第16卷，頁181-199。另參閱黃清連，〈說保辜─唐代制度論〉，收於唐代學會編，《第二屆國際唐代學術會議論文集》（台北：文津出版社，1993年），頁971-1005。陳登武，〈論唐代交通事故處理的法律課題─以「康失芬行車傷人案為中心」〉《興大人文學報》，2005年，第35期，頁577-609。鄭顯文，〈唐律中關於保辜的規定以《73TAM509：8(1)、(2)號殘卷》為中心〉，收於氏著，《唐代律令制研究》（北京：北京大學出版社，2004年），頁36。鄭顯文，〈律令體制下的唐代交通管理法規〉，收於氏著，《律令時代中國的法律與社會》（北京：知識產權出版社，2007年），頁242-250。

限期」條：

> 凡保辜者，責令犯人醫治，辜限內皆須因傷死者，以鬥毆殺人
> 論。其在辜限外，及雖在辜限內，傷已平復，官司文案明白，別
> 因他故死者，各從本毆傷法。若折傷以上，辜內醫治平復者，各
> 減二等。辜內雖平復，而成殘廢篤疾，及辜限滿日不平復者，各
> 依律全科。手足及以他物毆傷人者，限二十日；以刃及湯火傷人
> 者，限三十日；折跌肢體及破骨墮胎者，無問手足、他物，皆限
> 五十日。[16]

《大清律》的規定大致上與《大明律》同。據《大清律‧刑律‧鬥
訟》「保辜限期」條注：「保，養也；辜，罪也。保辜，謂毆傷人未至
死，當官立限以保之。保人之傷，正所以保己之罪也。」[17]亦即，在毆
傷案件發生以後，要根據兇器及被害人的傷勢，賦予被告一定的保辜期
限，然後根據被害人傷勢變化的結果予以定罪量刑。

相較之下，明清律對於手足毆傷案件的辜限，將《唐律》的十日改
為二十日，而其他在承襲《唐律》所定期限基礎上，改為辜限內死者，
依鬥毆殺人律論絞。此外，又增訂：（一）辜限內責令犯人醫治，《唐
律》並無加害人為受害人延醫救治的內容，明清律則明文規定；（二）
辜限內平復，官司已經明立平復文案，別因他故致死，依毆傷法處斷；

---

[16] 明代《問刑條例》將律所規定的辜限作了一些延伸，即出現在正限之外，規
定餘限（原二十日，外加十日；原五十日，外加二十日）以及限外死亡，果
因本傷身死，情真事實者，仍擬死罪，奏請定奪。詳參黃彰健編著，《明代
律例彙編》（台北：中央研究院歷史語言研究所專刊 75），下冊，頁827-
830。薛允升評曰：「明律改為折傷以上，辜內醫治平復者，各減二等，是折
一二齒及一二指並刃傷人等類，均准減等矣，殊嫌未協。……如若此律所
云，如折一齒及一指，本應杖一百，今限內醫治平復，則止杖八十，而一齒
已無有，一指已損傷矣，又何平復之有？是《唐律》手足限十日，他物限二
十日，《明律》俱限二十日，亦不相同，例文又多處十日、二十日，名目更
多矣！」參閱薛允升，《唐明律合編》（台北：臺灣商務印書館，1997
年），下冊，頁492。
[17] 〔清〕沈之奇撰，懷效鋒、李俊點校，《大清律輯註》（北京：法律出版
社，2000年），下冊，頁722。

（三）折傷以上，限內雖平復，而已成殘廢、篤疾，減二等處罰；及
（四）辜限滿日猶未平復，至限外死亡，及平復而成篤疾，則損害已
多，俱依律全科。明清律明確規定行為人在辜限內必須對被害人採取救
治的措施，延醫調治，從積極面防止危害結果的發生，所謂「原其醫治
之功，足以抵其所毆之罪。」[18]如是規範，對被害人來說，相對公道。
不過，清代律學家薛允升（1820-1901）對於《問刑條例》於定律辜限
外多加十日、二十日，認為係屬較律加重，未免過嚴，而《唐律》原規
定最為允當[19]。

　　翻閱有清一代的史料，由於保存較為完整，有關「保辜限期」的案
例相對豐富，茲僅舉兩個案件為例：

> 乾隆三年案：李昌先自跌傷額門偏右，後被胞弟李茂毆傷，旋李
> 昌因跌傷，抽風身死，依弟毆胞兄傷科處。[20]
> 嘉慶十八年說帖：查任忠等所毆鄭環子各傷，均非致命，尚不致
> 於立時戕生。鄭環子自將衣服脫去，以致受凍身死，與人無尤。
> 原驗屍軀形狀，實係受凍所致。核與因患他病身死者無異，自應
> 仍從本毆傷法。[21]

　　由以上兩例得知，就被害人自患「他病」而言，係將因抽風致死排
除在外，至於該項「他病」究於毆傷行為之前就已存在，或在毆傷行為
以後始告發生，似在所不問。整體看來，傳統中國刑律中的保辜制，對
於認定毆傷致死案件中「行為」與「結果」之間的刑責歸屬關係，區分
為罪輕與罪重、此罪與彼罪，有其一定的合理性，蓋依當時的醫療科
技，有些案件的傷情一時的確難以判定，需待一段時間的觀察才能得出

18　詳參森田成滿，〈清代刑法に於ける因果關係〉《星藥科大学一般教育論
　　集》，1990年，第8號，頁95-151。參閱黃六鴻，《福惠全書》（東京：汲古
　　書院印行），卷16，刑名部。
19　參閱薛允升，同上注16，《唐明律合編》，頁493。
20　〔清〕鮑書雲參定，祝慶祺編，《刑案彙覽》，卷42，頁2648。
21　〔清〕鮑書雲參定，祝慶祺編，同上注20，卷21，頁1941。

結論。同時，規定辜限內死亡加重、辜限內平復減輕刑罰的作法，有利
於促使加害人在毆傷案件發生以後，為自身利益的考量而對被害人採取
較為積極的救助措施，以防止危害後果的擴大發生。

三、「保辜制」生與滅的因緣求索

　　「保辜」是傳統中國時期認定有無因果律的特殊法律制度，綿延既
悠且遠。然而，就是這樣一項極富特色的刑法規範，在近代歐陸刑法理
論及刑事政策思潮的猛烈衝擊下，於晚清變法修律之後1911年的《欽
定大清刑律》、民國刑法律條及司法實踐已俏然轉型。或許，世間事總
歸因緣和合，緣生緣滅本自然，而任何制度、規範的存續與消亡都必然
有其緣由，保辜制自也不例外。言及保辜入律的法理依據，《唐律》律
本條及《疏議》均未見示明，歷來學界也罕有詳論其精義者，試揣測理
由，或有下列幾點：

　　其一，傳統中國的法理思惟向來注重天人感通，強調人間事與自然
界的因果聯繫關係，這是素樸的法律意識根源所使然。蔡樞衡（1904-
1983）認為：

> 行為和結果在內容上是發展關係，在時間上是繼起關係。在最
> 初，發展關係和繼起關係是混為一談的。後來經驗證明：繼行為
> 之後發生的現象不一定是行為的發展。為使隔時死亡案件的犯人
> 只對自己行為的結果負責，於是出現了保辜制度。……除使犯人
> 負擔養傷義務外，實際是有意識地應用反映自然界因果聯繫的意
> 識。對於刑法具有限制濫罰的作用，意味著刑法上的行為和結果
> 間的因果關係理論的萌芽，標誌著刑法史上的一種進步。[22]

　　蔡氏身為刑法學家，以近代刑法觀念詮釋保辜制，具有新意。其所

---

[22] 蔡樞衡，同上注3，頁195-208。

謂「對於刑法具有限制濫罰的作用」，或可延伸理解為，「保辜制」的本來目的雖非為被害人設計，但若因此盡可能避免被害人失去生命，對於加害者得給予減輕刑罰的機會。申言之，保辜制涉及兩種定罪及量刑，即鬥毆殺人罪和鬥毆傷人罪，有些毆傷案件如被害人不是在辜限屆滿之後，因傷而死，只得論以毆傷罪，不能即時論以鬥毆殺人未遂；如此一來，保辜期間的設定實有限制鬥毆殺人罪（未遂犯）的適用，是仍有限制構成某種結果犯的作用[23]。特別是到了有清一代，文獻上頻頻出現「保辜可活兩人命」「所以重民命，而慎刑罰也」「救人即以自救，何金錢之足惜，是以一紙保辜，活兩人生命」[24]。

此外，保辜所涉及的，一面為實體法上的問題，一面亦為程序法上的問題。時人趙晶認為《唐律》對於辜限的設定，其實也是為了確定法官得以判決此案的時間節點，以避免觸犯所謂「出入人罪」的處罰。具體來說，就「保辜」條的規範內涵論，法官能夠對毆傷行為進行定罪時間起點，分為兩種情況：第一，辜限內死亡者，以死亡之日為起點；第二，辜限內未死者，則限期滿之日為始點。因保辜制度涉及兩種定罪及其量刑—殺人論和毆傷論，所以法官無從自由決定判決時點，即如果在這兩個時間節點以前做出判決，則有可能「出入人罪」：如果法官在辜限未滿之前判毆人者以殺人罪，而限滿之前被毆傷人未死，他將面臨「入人罪」；如果法官在辜限未滿之前判毆人者以毆傷罪，而判決之後，限滿之前被毆傷人死亡，他將面臨「出人罪」的處罰，在這個意義上，《唐律疏議》對於辜限的設定，其實也是為了確定法官得以判決此案的時間節點[25]。

---

[23] 參閱蔡墩銘，《唐律與近世刑事立法之比較研究》（台北：中國學術著作獎助委員會出版，1968年），頁90。

[24] 詳見同上注17所引《福惠全書》。再參閱同〔清〕鮑書雲參定，祝慶祺編，同上注20，卷37，〈保辜期限條〉「雍正四年六月奉上諭，查律載鬥毆成傷云云，當議准通行內外衙門一體遵照，於乾隆五年纂例。」另參閱徐棟輯，《牧令書》，卷19，〈刑名下〉，頁21，李漁，〈論人命〉。

[25] 參閱趙晶，同上注15，頁183。

　　其二，傳統中國社會為確定毆傷案件中的責任歸屬關係，以期能合理地論斷其刑事責任之輕重，雖相當用心，但其最主要目的仍在社會秩序的維護，不過，由於其間的因果歷程複雜，有司對於毆傷案件中傷害行為與死亡結果之間是否存在必然的連絡關係，侷限於當時醫療技術及鑑定的水平，尤其傷後歷經若干時日死亡，倘僅單靠屍體的外表檢驗，是不可能對傷害與死因間的連絡關係做出科學性的判斷[26]。從而以一定的後果可能呈現的期限，來設定辜限的長短，以確定因果連絡的有無，想來，這似乎也是一種權巧之道。

　　其三，傳統中國舊律刑罰的主要目的重在儆戒作用，因此刑罰的輕重程度力求與實害相當；尤其自《唐律》以降，對犯罪的處罰，並不採取抽象的、概括的態度，而係採取客觀的、具體的主義[27]，故同其罪質的犯罪，乃依其主體、客體、方法、犯意、處所、數量（日數、人數、贓數等）及其他情況，而分別另立罪名，各異其刑。換句話說，唐明清等律的立法構造，由於採取具體、客觀的原則，致其罪名繁多；且對犯罪的科罰採取一罪一刑的絕對法定刑主義，故依行為的主客體、方法、實害程度及其他情況而規定其刑，試圖疏緩刑法一罪一刑，量刑範圍極其狹小的僵固性[28]。以「保辜制」言，就相當重視時間的經過與刑責之間的相當性，也不忘考量特別情事的介入與因果關聯是否中斷的問題。

　　納悶的是，晚清變法修律之後，「保辜制」突消失於刑律條文之中[29]，整個刑法學界也一面倒地傾向於「因果關係理論」，絕口不再提「保辜制」，此何以故？現實上，傳統中國法律文化有一極鮮明的特

---

[26] 參閱賈靜濤，《中國古代法醫學史》（北京：群眾出版社，1984年），頁22。

[27] 參閱小野清一郎，〈唐律に於ける刑法總則的規定〉《國家學會雜誌》，52卷4號，頁17。另參閱仁井田陞，同上注12，頁248以下。

[28] 戴炎輝編著，戴東雄、黃源盛校訂，同上注13，頁30、99、137。

[29] 在1911年的《欽定大清刑律》及1912年的《暫行新刑律》第88條，所謂「有傷重致廢棄業務至三十日以上之病者，為廢疾。」似仍寓有保辜的遺意。參閱黃源盛，《晚清民國刑法史料輯注》（台北：元照出版社，2010年），頁310、418。

徵，即在法典編纂上採取所謂「禮刑混同」的立法原則[30]，這種現象長達千年以上，直到晚清繼受外國法，在擬訂《大清新刑律》時，雖發生了所謂的「禮法爭議」，禮教派與法理派對於某些議題呶呶爭辯，此時卻未見兩派人士對「保辜制」的存否有何爭議，即使1911年完成《欽定大清刑律》的立法後，在民國司法實務的適用上，似乎也呈現無縫接軌的形象。兩種異質的法文化，在新舊交替之際，為何能如此平順？遍查各項史料，並無清晰言其始末者，姑且列陳其消亡原因數端：

之一，傳統中國刑律，以辜限機械地判斷毆傷案件中毆傷行為與死傷結果之間因果連絡的有無，似乎只考慮那些一般的和必然的現象，而未考慮某些特殊的和偶然的情況[31]；司法運作上雖然認識到案件判斷的複雜性，也想利用因果連絡的遮斷，例如「以他故死者，雖在限內，仍依本毆傷法。」來中斷原來的因果連絡，以限制刑事責任的範圍，不過，在處理實際案件時，明顯將其過於簡單化了，甚至在某些情況下，反而擴大了刑事責任的範圍。何況，在毆傷案件中，想要科學性地確定其危害行為與死亡結果之間，是否存在因果歷程的連絡關係，是不可能單靠停留在刑法內部的，對其判斷除了受限於當時新的因果關係理論的闕如外，還窘迫於醫療檢驗科技的不足。為此，乃試圖從制度本身切入予以對治，提出「餘期」「寬限期」等制度的構思，問題是，僅僅損益保辜制本身的立法設計，顯然還是無法克服其固有的矛盾與缺陷。

之二，理論上，傳統保辜制並非毫無優點，以「被害救治」言，《唐律》雖未明示，但實際運作上則或有之；而明清律以來，以利導性的方式，用律條明文規定，引使加害人對被害人進行延醫調治，以自己的補救行為來彌合被其所破壞的社會關係；且在加害人欠缺主觀故意時，防止二次傷害發生而能積極救治被害人，當加害人具備數項減免情

---

[30] 參閱黃源盛，〈中國法律的傳統與蛻變〉，收於氏著，《中國傳統法制與思想》（台北：五南圖書公司，19981年），頁218-254。
[31] 參閱蔡樞衡，同上注3，頁209。

節時，還得以累減[32]。就立法價值來說，其實有其深層意義。然而，清末修律時，在西方法律思潮的強力吹撫下，保辜制仍無法避免被近現代刑法所汰除的命運。

之三，晚清修律顧問岡田朝太郎（1868-1936）除了主導《大清新刑律》的立法外，並在京師法律學堂講授刑事法等課程；岡田之前在遊學德國期間，關於「因果關係」這個課題，基本上，接受了貝林（E. Belin, 1866-1932）與李斯特（Franz Von Liszt, 1851-1919）「條件說」的立場，分別對當時流行的「原因說」進行批判[33]。返國後，並把歐陸近代刑法中「因果關係」的概念和專題導入到日本刑法學界[34]，之後，又被當時大批遊學日本的清廷法界菁英轉介到中國來，岡田認為，把犯罪論中的「原因」理解為「人類違反常規的事情」，顯然混淆了物理理論和道義上與法律上義務論的區別；而將「引起結果最有力的事物」作為刑法上原因的理論，則是難於在司法實踐中順暢操作的。他又認為，不應拘泥於當時多數學者所主張將「原因」與「結果」加以區別的觀點；提出：「分別產生結果之事情為原因與條件二者，其根本已謬，苟

---

[32] 清代律令有關於「累減」的規定：「若折傷以上，辜內醫治平復者，各減二等；下手理直，減毆傷二等，如辜限內平復，又得減二等。」此即所謂「犯罪得累減」。

[33] 「原因說」謂發生結果若有多數條件時，應依某種基準來區別到底是屬「原因者」或屬「條件者」，惟有被認定為「原因者」，其與結果之間，才承認有刑法上的因果關係，其他則僅為單純條件，不成為發生結果的原因。至於該以何種基準決定原因？學說上又有最重要原因說、最先原因說、最終原因說、最直接原因說、異常行為原因說等。其實，「原因說」乃為限制「條件說」的過度擴張因果關係之範圍而來，主要係受到19世紀中葉自然科學考察方法的影響，根據區別原因與條件之方法，將因果關係限定在某一範圍之內，以改善「條件說」範圍過於寬泛的缺點。這種論點，雖有其學說史上的意義，但究竟該以何種原因較為重要或較具決定性？始終缺乏明確標準，致實務上難以遵行。又只承認「一個條件」而否定「共同原因」，是否妥適？也值得斟酌。蓋並非所有結果的發生，都是由單一的條件所產生，事實上，犯罪由「共同原因」所造成者，亦屬常見。如此一來，顯又將因果關係範圍限制過嚴，亦有不妥。為此之故，「原因說」罕見於司法實務界所採納。

[34] 參閱淵脇千壽保，〈明治期における刑法上の因果関係理論の導入〉《日本大学大学院法学研究年報》，第42號，頁136以下。

既生結果，則不得不視為一原因。」而一個行為能否成為一個結果的原因，應當根據如果沒有這個行為，同一結果是否還會發生來加以判斷。」[35]實際上岡田「條件說」的立場，明顯地表現在他對於「因果關係中斷」的主張，在1903年刊行的《刑法講義》中指出：「在取決於被害人自己的行為、取決於第三人的行為、抑或摻入自然力的情況下，以致防止其舉動所產生之影響時，可能作為原因的行為與結果的聯繫斷絕，此時應當認為刑法中的因果關係已經中斷[36]。」事後看來，岡田的「條件說」併加「因果關係中斷說」的立場，的確相當程度地影響了民初刑法學界與實務界的走向，同時也導致了保辜制的徹底消亡。

參、民初大理院「因果關係」判例述評

　　晚清的法律近代化，在法典的編纂方面，既導引了民初各項草案的擬訂，甚至促成了南京國民政府時期六法體系的形塑；其中，1912年的《暫行新刑律》、1928年的「舊刑法」乃至1935年的《中華民國刑法》無不脫胎於1911年的《欽定大清刑律》（俗稱《大清新刑律》）而來。不過，法律概念並非僅從法典中所出，也有部分係透過司法實踐而逐漸形成的。因此，考察清末民國的法律繼受不能只著眼於法典的修訂，在司法運作過程中，法曹對於歐西及日本法律概念的理解與運用，也是不可或缺的研究途徑。而如想釐清因果關係在民初的法律實務操作狀況，積極尋繹北洋政府時期的審判機關「大理院」（1912-1928）以

---

[35] 參閱岡田朝太郎，《法政講義》，第1集，第8冊，《刑法總論》，丙午社印行，光緒三十三年（1907）5月，明治四十年（1907）6月，頁53-61。另參閱小林好信，〈岡田朝太郎の刑法理論〉，收於吉川經夫等編著，《刑法理論史の総合的研究》（東京：日本評論社，1994年），頁205-207。

[36] 參閱岡田朝太郎，《刑法問答錄》（東京：早稻田大學出版部，1905年），頁50。另參閱大関龍一，〈刑法上の因果關係に関する論戰前日本の學說と大審院判例〉《早稻田法学》，2020年，第95卷2号，頁225-226。

及國民政府時期的「最高法院」（1928-1949）的判決先例是有其必要
的。據資料顯示，傳統保辜制從民元起已全然遭到委棄，代之而起的是
繼受而來的「因果關係理論」[37]。茲趁擁有大理院及最高法院刑事判決
全文之便，特各揀擇案例數則，做較為詳細的剖析，以明其衍化的脈
絡。

一、案例一　因姦致死

（一）判例要旨

> 李次蓮妻張氏，因患昏迷病症，延李勝農至家祈禳，李勝農乘
> 間，用邪術將李張氏姦污，醫生診斷李張氏因姦衝經，稍受損
> 害，肚腹脹痛，逾一年兩月身死，大理院判以因姦致死罪，處死
> 刑確定。[38]

（二）案情解析

1.本案發生於民國伊始，被告李勝農受邀至病家，為昏迷患者李張
氏消災祈福，豈料色慾薰心，乘間用邪術將其姦污，經延醫診斷，係因
姦衝經，稍受損害，肚腹脹痛，事隔一年兩個月後，李張氏身亡。湖南
高等審判廳判李勝農以強姦致廢疾之罪，大理院則以該廳引律錯誤，改
判為強姦致死罪，處死刑。

2.按行為與結果之間，除形式犯外，必須有因果連絡關係之存在，
犯罪始得成立，此為近代刑法學上的大原則。而依《暫行新刑律》「姦
非罪」章中之第285條第1項規定：「對於婦女以強暴、脅迫、藥劑、
催眠術或他法致使不能抗拒而為姦淫之者，為強姦罪，處一等或二等有

---

[37] 此等說法，可參考大理院四年上字第700號、五年非字第15號、七年上字第
　　199號判例等。
[38] 大理院五年上字第50號判決。

期徒刑。」第287條第1項接著規定：「犯前四條之罪致人死傷者，依左列處斷：（一）致死或篤疾者，死刑、無期徒刑或一等有期徒刑。（二）致廢疾者，無期徒刑或二等有期徒刑。」上述條文有關姦非罪中所謂「致死」「致篤疾」「致廢疾」等，「致」字表示有嚴格的因果關係，即「因……所致」「因……而起」，若行為與結果，其間並無因果連絡關係存在，而適用此等條文科刑，即屬擬律錯誤。質言之，姦非罪中之「致死」「致篤疾」「致廢疾」等條款，皆係對於犯罪行為直接所產生的結果，特別加重其刑的規定，如行為與結果間殊無連絡關係，即不得適用此等加重條款。

3.本案經原審湖南高等審判廳審理結果，論以強姦致廢疾之罪，所稱「致廢疾」者，依《暫行新刑律》第88條第2項規定，係指有減衰視能、聽能、語能、一肢以上之機能之一者，或於精神或身體有至三十日以上之病，或有致廢棄業務至三十日以上之病者[39]。原審如此下判，尚稱合情合理，但大理院則以該院引律錯誤，認應科以強姦致死罪，刑重至死。如此科斷，頗有商榷之餘地，其中最關鍵點為「姦污」與「致死」之間是否具有因果連絡關係？以常理論，死亡距被姦之日，相隔一年又兩個月，究竟是否因姦致死，由於事發時日過久，已難斷定。以法醫學來說，在那個年代最有可能引發因姦致死者，或屬傳染梅毒之例，因梅毒可經過較長久時日仍存續，的確有可能致人於死。不過，以民國初年的醫療技術，梅毒已非不可治之症，假定李張氏因姦傳染梅毒而死，大理院判被告以因姦致死之罪，在適用法律上雖無可議，然事實上仍有未妥，蓋法律不外情理，舊律保辜期限之制雖已遭揚棄，立法者之本意，必不忍令犯罪者於所犯之外，對於意外之結果，更負如此重大之刑事責任。再就事實言，遇有此種犯罪行為，裁判不可能盡待其結果發生而後確定，倘本案上告於大理院時，被害人尚未死亡，不知大理院將適用刑律何條以科罪？除維持原判之外，恐無他道可行。如此一來，犯

---

[39] 參閱同上黃源盛，注29，頁418。

人之命運不就專繫於訴訟程序進行之遲早，而其中遂有幸與不幸之分，顯非刑罰存在的本質吧[40]？

　　4.另就證據證明力來說，本案判決基礎的唯一鑑定，僅憑中醫所云之「因姦衝經」一事，是否有當？按「衝經」即婦女行經時交合之謂，即使中醫認為此舉於婦女身體有害，也從未聞因此可以致人於死之說；而西醫則認為，此種行為，有時雖有可能引起子宮發炎外，並不信其有致死之理，亦不認會有其他的傷害。事實上，李張氏本有昏迷之疾，李勝農乘間姦污，自祈禳後，必有相當期間，其致死原因，有可能死於風疾，或於被姦後另生他病；大理院並未直接審理，僅從書面上採用中醫師疑似之診斷，遽認為因姦致死，不免過於武斷，而有證據力不足之嫌。何況，人命至重，犯罪情節或證據苟有可疑，理應發還更審，如更審仍不得所冀的結果，或因證據已消失，無從再行調查，或屍體已腐壞，不能再行檢驗，而不能發回更審者，此時，可依罪疑惟輕的法理，不可單以下級廳引律錯誤為口實，而自行改判以較重的罪刑[41]。

　　5.觀乎本案大理院之判，其法理依據顯然是採當時主流的因果關係理論中的「條件說」而來，此說認為：多數條件或事實相關聯，在特定情勢下，苟無前行諸條件，即無後發的結果，各個條件均係啟果的必要條件，則皆應認為與結果有因果關係。申言之，「條件說」主張在特定情勢下相結合的一切條件，均為發生結果之原因，是以行為縱與偶然事實相結合，而發生結果時，仍不失為有因果關係。學理上，「條件說」的因果推論實過於寬泛，與自然的或物理的因果關係常相混淆[42]，在近現代刑法理論上被評為已超過決定刑責的需要。

---

[40] 參閱江庸，〈因姦致死之因果關係〉《法律評論》（北京：法律評論社發行，1925年），第1期至第8期合刊，頁46-48。

[41] 參閱同上注40，江庸，〈因姦致死之因果關係〉，頁48。

[42] 相類似案件，見大理院四年上字第713號判例：「凡死亡之結果與傷害之原因，苟有連絡關係，即應負刑事責任。而於其死亡之逾越若干時日，則非所問，是舊時辜限之例，已屬不復適用。」

二、案例二　鐵瓢毆傷頭顱殞命

（一）判例要旨

以傷害人之意思而生致死之結果者，即應就其結果擔負責任，所
謂結果犯是也。故縱令傷害以後，因自然力之參入以助其傷害所
應生之結果者，其因果關係並非中斷，申言之，即仍不能解除傷
害致死之責任。此案被告人用鐵瓢毆傷被害人頭顱，業經供認不
諱，被害人殞命以後，復經驗明致死原因，確係由傷口進風，是
被告人傷害之動作與被害人死亡之結果仍不能謂無相當之因果關
係，蓋傷口進風雖為自然力之參入，然並不能中斷因果之連絡，
其應負傷害致死之責實無可疑。[43]

（二）案情解析

1.本案王老么向來在劉小安麵館內當傭工，與潘老三素無嫌隙，因
該年3月21日，潘老三之叔潘志順在該館請客，應給茶桌錢六百文，該
館夥工傅麻子向其索要，並稱無錢即要脫衣，潘老三在旁不平，即罵傅
麻子淺見，王老么斥其無理，潘老三隨持茶碗向擲不中，復趕攏抓毆，
王老么順拾上鐵瓢將潘老三頭顱打傷，經劉苗五勸散，嗣於4月9日潘
老三因酒醉傷處發癢，抓破傷口，以致進風腫起潰爛，次日抽風殞命，
報由畢節縣知事驗明填單，依《暫行新刑律》第313條第1款宣告主
刑，依第313條、第47條宣告從刑，未決羈押日數並准依律折抵。該縣
於判決確定後呈送覆判，覆判審認本案並無因果關係，乃將初判主刑部
分更正，改依刑律第313條第3款論以輕微傷害之罪，處以三等有期徒
刑三年，其餘部分予以核准，檢察官聲明上告到大理院。

2.大理院並不贊同覆判的見解，指出：本案王老么用鐵瓢毆傷潘老

43 大理院七年上字第937號判例，黃源盛，《大理院刑事判例輯存・分則編》
（台北：犁齋社，2013年），頁1538-1541。

三頭顱，業經供認不諱，潘老三殞命以後，亦經畢節縣知事驗明致死原因，確係由傷口進風，是被告人傷害之動作與被害人死亡之結果，仍不能謂無相當之因果關係。蓋傷口進風雖為自然力之參入，然並不能中斷因果之連絡，其應負傷害致死之責殆無可疑。認為覆判審法律上的見解殊屬錯誤，又初判於未決羈押日數准予折抵，原判予以核准，固無不合，惟初判不引刑律第80條而誤引第48條，顯係違法，原判未予指正，亦屬疏忽，認為檢察官之上告意旨有理由。

3.由於大理院初期對於因果關係理論係採取「條件說」的立場，而為了限制其論理推演之無窮止境，乃引進所謂的「因果關係中斷說」，以圖限制適用範圍之漫無涯際，並期救濟其適用上違反常識所發生之不當結論及苛酷的結果。大理院於本案中所援引的「因果關係中斷說」，係指在因果關係進行中，如有自然事實或他人自由意志之行為等原因之介入，而發生結果時，原有已進行的因果關係即為之遮斷[44]。而依當時學說，要成立因果關係中斷，除了須前行為對結果依條件說認為有因果關係外，另須以後介入之事實對於結果獨立發生因果關係，至於前行為與後發之事實在原因力上共同發生結果者，則為競合而非介入。

4.大理院審理結果認為：以傷害人之意思而生致死之結果者，即應就其結果擔負責任，此即所謂的「結果犯」，故縱令傷害以後因自然力之參入以助成其傷害所應生之結果者，其因果關係並未中斷，仍不能解除傷害致死的責任。弔詭的是，從學理上言，本案判決文中雖出現「無相當之因果關係」之字眼，然又以因果關係是否發生「中斷」作為判斷是否具備因果關聯者，明顯並非採用其後所發展出來的「相當因果關係說」，仍未逾脫「條件說」的理論體系。

---

[44] 大理院刑事判例中，關於因果關係案件採「條件說」者甚夥。如民國四年上字第73號判例等是。

三、案例三　用手打幾下就死

（一）判例要旨

查本案被害人屍傷，既經第一審驗明，委係生前被毆後，因體弱
結氣以致氣絕身死，而上告人加害之情形，復據其在第一審供
稱：「我就用手打他幾下，經人拉散，沒想他到家就死了」等
語，則被害人之死既與被毆相距僅止片時，又死於被毆結氣，固
不能謂上告人加害行為與之無相當之因果關係，即不能解除罪
責。[45]

（二）案情解析

1.本案上告意旨稱：「氏與月仙爭吵之際，僅用手向月仙嘴把打了
一下，並未用腳踢他，彼時曾有袁玉相在場。蒙驗月仙屍身，胸膛、乳
下以及臁肕被毆成傷，確係袁玉相踢毆所致，兼該月仙既係病軀，與氏
爭毆後，伊竟擅找日人打用藥鍼致將原氣鬱結，以致氣絕身死，亦於此
案不無關礙，非將一干人證傳集覆審或密查不能立見真偽，若判氏一人
徒刑五年，氏萬難甘服」。又辯護人追加意旨亦稱：「驗斷書內載明因
體弱結氣莫釋以致氣絕身死，是被害人係因體弱結氣而死，實與傷害無
因果連絡之關係」各等語。

2.大理院指出：本案被害人屍傷既經第一審驗明，左額角近上有磕
傷一處，右肘窩近上有鍼眼一點，胸膛有拳毆傷二處，左乳近下有拳毆
傷一處，左臁肕有腳踢傷二處，委係生前被毆，後因體弱結氣以致氣絕
身死。而上告人加害之情形復據其在第一審供稱：「我問他要金鎦子，
他口出不遜，我就用手打他幾下，經人拉散，沒想他到家就死了」等
語，則月仙之死既與被毆相距僅止片時，又死於被毆結氣，非死於醫治
之藥鍼，固不能謂上告人加害行為與之無相當之因果關係，即不能解除

---

[45] 大理院九年上字第91號判例，黃源盛，同上注43，頁1553-1555。

罪責。惟查審判衙門審理刑事案件，本以發現真實為要務，被害人被害傷痕既於拳傷以外更有腳踢傷，上告人又僅止自承用手，則當時有無共同加害之人，殊堪推究；雖他人犯罪與否，於上告人犯罪之成立並無關係，而情節重輕要必將犯罪事實切予審明始能斷定。原審於此並未注意，遽謂上告人當向月仙拳打腳踢，自嫌於職上之能事尚未悉盡，上告意旨指摘原審未予判明真偽之點，殊難遽謂為無理由。乃將原判決撤銷，發還奉天高等審判廳更為審判。

　　3.本次判決出現「相當因果關係」的用語，即判決文中以有無「相當因果關係」做為判斷基準的字樣[46]。惟是否據此即可解為當時有關因果關係的認定標準已由「條件說」轉向「相當因果關係說」？值得探究。按所謂「相當因果關係說」的內涵，通說以為：凡依人類知識的經驗為客觀的觀察，認為在一般情形下，有相同之條件，皆可發生相同之結果者，則各該條件即為發生結果之原因，而均成立因果關係。反之，若在一般情形下，有此條件存在，而認為不一定皆發生此結果者，則該條件不過為偶然事實而已，亦即無相當因果關係。至於認定某一行為是否為發生結果的相當條件，所需觀察的對象當然不限於行為之本體，凡行為當時所存在的具體事實情況，皆須一併加以考察。然而行為當時的情況，往往牽涉甚廣，有顯而易見者，有不然者，究能在如何範圍有決定性的作用？又有主觀的相當因果關係說、客觀的相當因果關係說及折衷的相當因果關係說等三種不同見解[47]。觀察其後實務的進展，似較偏向採相當因果關係理論中的客觀說。

　　4.依上述看來，本案被害人與上告人因事口角，上告人怒而揮拳，中其身體多處，被害人因體弱結氣，以致氣絕身死，一般情況下，就揮拳行為本身而論，雖尚不足以致人生命，然就行為以外所存在環境事實

---

[46] 經查大理院的刑事判例中，有使用「相當因果關係」「相當之因果連絡」等作為判斷基準的字樣者，除本判例外，尚有四年上字第758號判決、七年上字第973號判決等。

[47] 詳參洪福增，《刑法理論之基礎》（台北：刑事法雜誌社，1977年），頁112-115。

觀之，上告人之揮拳數下，確係被害人致死之相當條件，大理院對於本案因果關係的存否，其判斷標準到底是採所謂的「條件說」？還是以「相當因果關係說」為據？從判決文中並無法清晰得知其說理過程，不無缺憾！不過，本次判決，大理院對於原判的判罪事實，尤其有無其他共同加害人的參與，未能確盡調查職事，仍予以撤銷發回，可謂明審。

四、案例四　姦情命案

（一）判例要旨

> 查刑律補充條例第七條所謂因姦釀成其他犯罪，自指其他犯罪行為與和姦行為具有相當之因果關係者言之。本案被告人甲與被告人乙相姦及乙和姦各一罪，未經本夫告訴，依法即缺訴追條件，雖甲另與乙相姦，並因戀姦情熱共同將本夫丁毒殺，與上列條文之規定相符，然乙與甲和姦及甲與之相姦行為，與甲、乙等之殺人行為不能認為有相當之因果關係，自未便依上列條文論其姦罪。[48]

（二）案情解析

1.據福建高等審判廳原判事實，稱林細保妻郝氏與王佗通姦有年，嗣為賴有生洗衣復與之成姦，7月15日夜間，賴有生往郝氏家取衣，適王佗與郝氏在房談笑，因妒口角，旋將郝氏與王佗姦情告知郝氏之本夫林細保，郝氏被林斥責，為王佗所知，遂與郝氏密謀將林細保毒害，預購毒藥交郝氏收藏，至8月13日夜間，郝氏乘間將毒藥放在冰糖水內，持予林細保飲後肚痛口吐，越數小時身死等語。案經邵武縣審依《暫行新刑律》第29條、第311條、第289條及《暫行刑律補充條例》第7條、

---

[48] 大理院八年非字第4號判決，黃源盛，同上注43，附錄（一）《暫行刑律補充條例》，頁22。

第23條第1款判處執行郝氏死刑，復依刑律第289條及刑律補充條例第7條、第80條判處賴有生五等有期徒刑十月，未決羈押日數准予折抵，呈請覆判。原審將縣判郝氏罪刑部分撤銷，於其殺人一罪，依刑律第311條處死刑，又於其與王佗、賴有生相姦各一罪，均依《暫行刑律補充條例》第7條，刑律第289條各處五等有期徒刑十月，並依刑律第23條第1款定為執行死刑，賴有生罪刑部分核准，判決確定後，總檢察廳檢察長提起非常上告。

2.大理院審理後認為：《暫行刑律補充條例》第7條規定，犯刑律第289條之罪，雖未經有告訴權者之告訴，而因姦釀成其他犯罪時仍應論之。所謂「因姦釀成其他犯罪」，自指其他犯罪行為與和姦行為具有相當之因果關係者言之。本案被告人郝氏與賴有生相姦及與賴有生和姦各一罪，未經本夫告訴，依法即欠缺訴追條件，雖郝氏另與王佗相姦，並因戀姦情熱共同將本夫林細保毒殺，與上列條文之規定相符。然賴有生與郝氏和姦及郝氏與之相姦，核其行為與郝氏等之殺人行為不能認為有相當之因果關係，自未便依上列條文論其姦罪，乃原判對於郝氏與王佗、賴有生之相姦罪竟均依上列條文及刑律第289條、第23條，按照《覆判章程》第4條第3款而為更正之判決，並對於第一審判決賴有生和姦之罪刑予以核准，均屬違法。總檢察廳檢察長於判決確定後據此理由提起非常上告，自係合法。

3.據卷宗顯示，總檢察長之所以提起非常上告，是對處罰二被告通姦罪部分的判決有疑義，呈請大理院對於通姦罪部分進行審判。本案，賴有生與殺人計畫毫無關連，卻因為郝氏與王佗的行為，反而無待本夫之告訴，必須被處罰；而對郝氏來說，等於兩個通姦罪都必須接受處罰，惟核其案情，郝氏與賴有生之間的和姦關係，與郝氏、王佗二人同謀殺死本夫，其間關聯性非常薄弱，然賴、郝兩人間的通姦行為仍被判有罪，總檢察長認為郝氏各與王佗、賴有生間的和姦關係，與郝氏、王佗同謀殺本夫之間並沒有關聯，蓋所謂「因姦釀成其他犯罪」限於姦情與其他犯罪之間具有「相當因果關係」者始相符合。

4.細繹總檢察長提起非常上告的法理依據，確有其道理。按本案殺人結果的發生，起因於郝氏對本夫心存不滿，從而與姦夫王佗合謀共同殺夫，此係由於王佗與郝氏的姦情聯繫，而不是來自於郝氏與賴有生間的和姦關係。換言之，郝氏與王佗同謀殺夫的行為不因郝、賴二人間是否另有姦情而受影響。倘賴有生向本夫告密的行為，與本夫被殺的結果不具備相當因果關係，那麼，郝、賴間的通姦關係即無由與殺人結果有所關聯。總檢察廳的意見，直接提及通姦罪為告訴乃論之罪，告訴權人之告訴是法律上的訴追條件，倘欠缺本夫的告訴，即欠缺法律上的訴追條件。既然不具有法律上的訴追條件，郝與賴的和姦行為又與殺人結果之間並無相當因果關係之存在，自不當判處姦夫賴有生的相姦罪，姦婦郝氏因《暫行刑律補充條例》第7條規定所應受的處罰，亦僅止於郝、王間的通姦行為而已。

5.大理院贊同總檢察長的見解，在判決書中說明：《暫行刑律補充條例》第7條所謂「因姦釀成其他犯罪，不待有告訴權者之告訴」，係指「其他犯罪行為與和姦行為具有相當之因果關係者」而言。本案姦婦郝氏與姦夫賴有生的相姦罪，並未經本夫之告訴，即欠缺訴追條件。至於郝氏另與王佗通姦，且共同毒殺本夫，此部分雖與上述補充條例第7條之規定相符，然郝、賴二人間的通姦行為，不能認為與殺人行為具有相當因果關係。既然不存在相當因果關係，原審判決中郝、賴的通姦罪責自屬違法判決，應予撤銷。

從此份判決書的內容看來，大理院的推事以「相當之因果關係」為由，試圖建立起一套標準，讓「因姦釀成其他犯罪」與「不待告訴權者之告訴」，兩要件之間產生更密切的連絡。惟不足的是，大理院並沒有針對所謂「相當之因果關係」的內涵與外延作進一步的闡明，而僅將是否具「相當性」委諸法官自由認定。雖然如此，至少本號判例，將《暫行刑律補充條例》第7條的適用範圍作出了較為合理的限縮，仍值得肯認。

肆、國民政府最高法院「因果關係」
判例述評

　　1928年國民政府奠基南京之初，各項立法仍屬粗疏，因而在司法實務運作上，一仍北洋時期大理院的判例要旨制。以刑法言，當時雖有1928年「舊刑法」及1935年「新刑法」的問世，然由於其內容大多繼受自歐、日等國的刑事思潮，法律規範與社會現實之間仍有一道深深的鴻溝，司法機關必須在其間找到一個媒介點，此時，最高法院的「判例」正好可以充當這個銜接劑。而由於「因果關係」在刑法法條中並未正式明文，是屬於不成文的不法構成要件，全有賴司法機關，尤其是最高法院的判決先例為之作相關闡釋，方能為下級法院做出適切的導引。

一、案例一　被毒殺自縊身亡

（一）判例要旨

> 原審認定上訴人以毒耙給予某甲服食，某甲回家毒發，肚痛難忍，自縊身死。是上訴人雖用毒謀殺某甲，而某甲之身死，究係由於自縊所致，其毒殺行為既介入偶然之獨立原因，而發生死亡結果，即不能謂有相當因果關係之連絡，祇能成立殺人未遂之罪。[49]

（二）案情解析

　　1.本案原審判決引用第一審判決記載之事實，認定上訴人與已死甲之妻丙相姦有年，因戀姦情熱屢謀殺害甲，民國二十八年陰曆3月間自外買得砒霜毒藥，偵知甲於同年5月4日晨刻必經圍子崗地方，乃先將

---

[49] 最高法院二十九年上字第2705號判例，司法院編，《最高法院判例全文彙編（刑事部分）》，頁98-99。因涉及「妨害風化」的案情，本案判例全文彙編省略其真實姓名，而以代號稱之，

毒藥滲入碎米粑內，屆時攜往等候，及甲、丙經過該地，上訴人即以毒粑給予甲服食，上訴人與丙則均食同樣無毒之粑，以為誘食之計使其不疑，甲回家後毒性發作，肚痛難忍，自縊身死等情，經驗明甲屍身，實係生前服食砒毒已發，用帕自縊身死。

2.據本案共同被告丙所述，上訴人乙與伊通姦多年，如何與其商議買藥毒殺甲，上訴人如何探知甲往李彭氏家挑取糞桶，在圍子崗地方等候，將滲有毒藥之碎米粑交給甲服食之自白，並證人李彭氏及丙之母丁均稱上訴人與丙通姦屬實之述詞，更參以甲之妹戊所述：「我嫂去趕場，我哥甲去挑糞回來，在碾攞了一息，說他肚痛」等語，為其所憑之證據。最高法院核閱卷宗，丙在偵查中述稱：「14日，乙拿予我看過，我看見是麵子藥烏黑色」，其在原審初亦述稱乙把毒藥給我，看過的藥是黑麵，拿盒子裝著，乃於原審續訊時，竟改稱當時看那藥是黃爬爬的，用鴉片煙盒子裝起的，是其所述眼見上訴人出示毒藥之顏色前後已涉兩歧，而甲屍身既經驗明係服食砒毒已發，用帕自縊身死，則丙前供所述眼見上訴人出示烏黑色之毒藥，是否與砒毒之顏色相符，及其前後供述不符之原因究係何在，殊有再詳加推求之必要。

3.本案最高法院指出：據一、二兩審認定，上訴人以毒粑給予甲服食，甲回家毒發，肚痛難忍，自縊身死；如果採證無誤，則上訴人雖用毒謀殺甲，而甲之身死，究係由於自縊所致。其毒殺行為既介入獨立原因而發生死亡結果，即不能謂有相當因果關係之連絡，祇能成立殺人未遂之罪名，原審竟將第一審論處上訴人殺人既遂罪刑之判決，予以維持，於法亦屬有違，應認為有發回更審之原因。

4.根據當時主流的「相當因果關係理論」，乃指依事後立場，客觀的審查行為當時的具體事實，認為某行為確為發生結果之相當條件者，該行為即有原因力。至若某行為與行為後所發生之條件相結合而始發生結果者，則亦應就行為時所存在之事實，客觀地加以觀察，如認為有結合之必然性，則行為與行為後所生之條件，已有相當因果關係連絡，該行為仍不失為發生結果之原因；反之，如認為行為後所生之條件，在一

般情形下不必皆可與行為相結合者，則僅係偶然之事實，其行為即非發生結果之原因。本案最高法院之判，在判決理由上雖採所謂的「相當因果關係說」，不過，觀其說理，實係沿襲之前大理院時期有關「因果關係中斷」的概念，認為前行為不足為發生結果之原因，而否定其具有相當因果關係之連絡。

　　5.前已述及，大理院時期的判例絕大多數採「條件說」的立場，然主張「條件說」者，從論理上之因果關係轉為法律上之因果關係，自知在結論上失諸過苛，不切實際，乃設「因果關係中斷」之說，藉以彌補其缺憾，沿用多時。至民國二八年（1939）以後，最高法院的見解則明顯改採「相當因果關係說」，弔詭的是，於詮釋因果關係時，仍不時援用「介入」及「中斷」等假說，可見，仍不免受「因果中斷理論」的影響[50]。本案，最高法院既明示係採相當因果關係說，惟又認其因果關係因獨立原因之介入而中斷，其說理明顯欠缺前後的一貫性。申言之，因果關係中斷理論所欲解決的困難問題，就相當因果關係理論來說，已不會發生，並無再加入討論之必要。不過，也有認為，如果肯認刑法的功能最主要在保護法益的觀點，那麼，同時肯定條件說與相當因果關係說，可能更符合「比例原則」之理念而達到刑法理性化的目的[51]。

二、案例二　被追捕躍入水中溺死

（一）判例要旨

　　被害人某甲，雖係自己躍入塘內溺水身死，如果某甲確因被告追

---

[50] 按長期擔任日本大審院判事的泉二新熊，在其論著中，一面主張相當因果關係說，一面又主張因果關係中斷論，國民政府時期最高法院的判決中，大多數採相當因果關係論，但同時復多涉及「介入」與「中斷」問題，可能受其學說影響所致。參閱泉二新熊，《日本刑法總論》（東京：有斐閣，1939年），頁307以下。

[51] 參閱黃榮堅，《基礎刑法學》（台北：元照出版社，2012年），上冊，頁264以下。

至塘邊，迫不獲已，始躍入水中，則依刑法第十五條第二項規
定，被告對於某甲之溺水，負有救護之義務，倘當時並無不能救
護之情形，而竟坐視不救，致某甲終於被溺身死，無論其消極行
為之出於故意或過失，而對於某甲之死亡，要不得不負相當罪
責。[52]

（二）案情解析

1.本案，被告胡憲生係某煤礦局警務總段警察，於民國二十五年
（1936）陰曆8月2日，奉命解送竊盜嫌疑人唐本才至該管聯保辦公
處，行至中途託詞大便乘間逃走，被告跟蹤追捕，致唐溺水身死，此為
原判決確認之事實。所應審究者，被告對於唐本才之溺斃應否負擔刑
責？最高法院核閱卷宗，據證人顏漢勛在第一審述稱：「8月2日民人
上集，走在路上看見路警在後邊追唐本才，唐本才被追到塘邊下去
了。」又稱：「民人不敢去救，因路警說是土匪，在塘邊守著。」此項
不利於被告之證言，何以不可採信？原判決並未於理由內予以闡明，遽
以被告辯稱追至半里，因不見唐本才其人即行折回，核與建設委員會某
煤礦局代被告申辯之公函所述相符，遂認被告之辯解為可信，按之實施
刑事訴訟程序之公務員，就該管案件應於被告有利及不利之情形一律注
意之旨，顯有未合。

2.依1935年新修訂的刑法第15條規定：「對於一定結果之發生，法
律上有防止之義務，能防止而不防止者，與因積極行為發生結果者同。
又因自己行為致有發生一定結果之危險者，負防止其發生之義務。」學
理上將此稱為「不純正不作為犯的防果義務」，經查該條內容於1912
年的《暫行新刑律》與1928年的「舊刑法」均無明確規定，實創始於
1935年新刑法[53]。本案被告追捕唐本才，如果確係追至塘邊，唐始躍入

---

52 最高法院二十九年上字第3039號判例，司法院編，《最高法院判例全文彙編
　（刑事部分）》，上冊，頁54-55。

53 詳參黃源盛纂輯，同上注29，頁1181。

水中，則被告對於唐之溺水，依法即負有救護之義務，倘當時並無不能救護之情形，竟坐視不救，致唐終被淹身死，依照上述說明，無論其行為是否出於故意，抑係僅為過失，對於唐本才之死亡，要不得不負相當之罪責。原審於本案事實尚未究明，遽即判決，職權能事實有未盡，上訴意旨就此而為指摘，尚難認為無理由。

　　3.本案的法理關鍵點，側重在刑法評價上，不作為的因果關係是否與作為相同？按不作為犯可分「純正不作為犯」與「不純正不作為犯」兩類，純正不作為犯係純粹由於其不作為而構成犯罪，不以結果之發生為必要，故無因果關係的問題。惟不純正不作為犯，乃以不作為而犯作為的犯罪，此係結果犯，故有討論因果關係之必要。問題是，不純正不作為犯，其不作為與結果之間的因果關係如何認定？依上揭刑法第15條的規定，成立不純正不作為犯之因果關係，其要件有四：（1）對於結果之發生，行為人有防止之義務者；（2）行為人有防止之可能者；（3）行為人怠於防止者；（4）因而發生一定之結果者。至於防止之義務，雖可由各個法規獨立認定，然本條第2項設有概括規定，須以法律明文上或其精神上有防止之義務者為準。

　　4.實務上對於不純正不作為犯的判定，通說是採所謂的「準因果關係說」，此說認為，不作為本無因果力，但不作為者倘有防止結果發生之作為義務，而竟違反其作為義務時，法律上應準於作為之因果關係，予以承認；亦即主張如可認為倘有作為，結果極可能不致發生，則應認為不作為對結果之發生具有因果關係，故稱「準因果關係說」。而法律上防止之義務本難於一一列舉，因此刑法對於消極行為之應負責與其負責之範圍明文規定於第15條第2項。而準因果關係說以為，如可認為倘有作為則結果極可能不至於發生，是以認為，不作為對於結果之發生具有因果關係，惟在何種情況下始認定應作為以防止結果之發生，此種因果關係實不易證明，充其量為一種可能性的推測而已。雖如此，準因果

關係理論的運用卻屢見於最高法院的判例中[54]，本案的判決即採如是見解，值得認同。

三、案例三　因姦致羞憤自殺

（一）判例要旨

> 刑法第二百二十六條第二項關於強姦因而致被害人羞忿自殺之規
> 定，必須有強姦已遂或未遂之事實，及被害人因此事實而羞忿自
> 殺者，始有其適用；如並無此項事實，或雖有此事實，但其自殺
> 並非由於羞忿而係另有原因者，均不能依該條論罪。[55]

（二）案情解析

1.本案，原審認定上訴人姦淫未滿14歲之女子乙，致令乙羞忿自殺
等情，係採取證人司有年之證言為唯一證據，惟查司有年在第一審偵查
時供稱：「吾看見的一男一女坐在黃豆地上，吾說你們把吾黃豆坐壞
了，爭吵了兩句，他們往鐵路那邊去了。」核與其在原審供述：「看見
他兩人在豆地作苟且之事，甲當時在身上拿一塊錢予我拿去洗澡，我未
要，我站在那裡與甲說話，丙（即被害人之父）家派丁、戊、己來追
的」各等語，其前後所述已不一致，且據上訴人在原審攻擊司有年之證
言係受丙之賄買，指有王為儉可證，原審對此又未為之傳案調查，即丙
告訴初狀僅稱：上訴人誘出被害人，經司有年等盤查，擬藏匿庚家，為
庚強迫送還，不料，被害人年輕羞忿投水慘死等情，並無上訴人對被害
人姦淫之主張，而尋找被害人之丁、戊、己亦未供有知悉上訴人姦淫之

---

[54] 除本案例外，有關不作為犯因果關係存否之案例另有數案，如：最高法院二
　　十九年上字第2975號、最高法院三十年上字第1148號判例等。

[55] 最高法院三十年上字第1614號判例，司法院編，《最高法院判例全文彙編
　　（刑事部分）》，下冊，頁292-293。本案因事涉「妨害風化」，原彙編的當
　　事人名字均以代號稱之。

事，被害人之驗斷書對於下體更未加以相驗，則上訴人有無姦淫被害人之事實，司有年之證言能否足信，均不無審究之餘地。

2.況查原審判決既認被害人係由上訴人引至庚家，一時轟傳鄉人聚觀，乙因而羞忿，自行潛赴塘內投水身死，則其自殺之原因似純係受外來之激刺所致，與其姦淫行為尚無直接因果關係，何能遽使負罪責，原審調查上訴人犯罪證據，誠不能盡謂為明確。上訴意旨就採證上指摘，即難謂無理由，應予發回原審法院，更為審判。

3.最高法院表示：按刑法第226條第2項規定關於強姦因而致被害人羞忿自殺之罪，係指有姦淫事實，因此事實，致使被害人羞忿自殺者而言，如其姦淫事實尚難證明，或雖能證明，又係由他種之原因而自殺者，固均不能構成本罪，此為當然之解釋。值得一提的是，本條第2項規定，犯本罪「因而致被害人羞忿自殺或意圖自殺而致重傷者，處七年以上有期徒刑。」揆其立法意旨不外：（1）特別保護性侵害之被害人，本項犯罪加重處罰行為人，乃因被害人之死亡等加重結果，雖非強姦等罪所導致，而係被害人羞忿自殺所致，但由於強姦等犯罪行為往往易引起被害人羞忿自殺的結果，故特別加重處罰，用以嚇阻行為人不敢為強姦等行為，而達到保護被害人之目的。（2）滿足社會一般大眾的正義情感，本項被害人之自殺或意圖自殺而致重傷，只由於一時羞忿所致，與行為人之最初加害行為並無必然的直接關係，而刑法特設加重處罰之規定，無非以被害人之羞忿究由行為人的加害而起，故加重其刑罰，庶可使社會上憎惡此種犯罪的輿情得以平息。

4.按卷證顯示，本案之事實真相，原審並未盡調查能事。退一萬步說，縱謂被害人係因姦而終至羞憤自殺，此種結果並非強姦罪等行為所生必應有的結果，乃被害人因羞忿之故而自為之，是否應由性侵害之行為人負此結果刑責？不無疑義。1935年刑法由於受到傳統中國文化所束縛，認為被害人之所以羞忿而自殺的原因，係由於被強姦的事實，與強姦罪之間仍存有相當因果關係，故以明文加以規定。然從法理上言，被害人於遭逢他人性侵害犯行後，是否會產生羞忿之心？縱有所羞忿，

是否會進而自殺？諸如此類，皆於客觀上缺乏前後因果的必然性，就性侵害行為人的主觀面言，也無從強指其具有何等預見之可能性[56]。

5.實際上，刑法第226條第2項之規範目的，係沿襲1911年之《欽定大清刑律》第287條第2項而來，當年的立法理由云：「本條第二項之情形，非親手殺傷，加害人於被害人似異於直接之因果，顧被害人之自殺及傷害，匪惟有獨矢之貞心，不甘侮辱，實亦由加害人之肆其強暴，迫而出此。被害之精神不啻受加害人之指揮，故其處罰應與直接之因果無異，此例在現今立法上誠不多見，然以理論及事實而論，在所必有也。」[57]或許，在清末民初的中國社會，本條項的立法理由尚可理解；不過，時移境遷，於今看來，本條項在立法論上易滋生存廢爭議。表面上看，好似針對性侵害犯行之特質而對被害人所設的特別保護規定，但細加思量，恐非如此，蓋如此規定，不僅有礙於被害人事後心理復健的努力，甚至有誘導被害人以自身生命換取行為人刑責加重之虞。此外，刑事制裁的前提要件，必須建立在行為人具有可歸責性的基礎上，本條項之犯罪行為人對於被害人的自殺與否，大多未必能預見加重結果之發生，倘遇此情狀，仍要對行為人加重處罰，於犯行追究上，不無牴觸刑法上責任原則之嫌。

---

[56] 理論上，台灣現行刑法第266條第2項的構造，與刑法第17條所設的加重結果犯並不完全相同，學理上，乃有謂本項係「純粹之加重結果」或「特別結果之加重犯」，不能適用總則第17條有關規定之要件。

[57] 黃源盛纂輯，同上注29，《晚清民國刑法史料輯注》，上冊，頁155。本條文之法意可上溯自《大清律例》〈刑律‧人命‧威逼人致死〉例文中：「強姦已成，本婦羞憤自盡者，仍照因姦威逼致死律擬斬監候。其強姦未成，或但經調戲，本婦羞憤自盡者，俱擬絞監候。」該例係在雍正十一年所定。詳參〔清〕吳壇著，馬建石、楊育棠主編，《大清律例通考校注》（北京：中國政法大學出版社，1991年），頁809。相關論文可參考陳惠馨，〈從清代內閣題本刑科婚姻姦情檔案論法律帝國的重建—以「強姦未成但經調戲本婦羞忿自盡案例」為例〉《傳統個人、婚姻與國家》（台北：五南圖書公司，2006年），頁176-180。

伍、近世刑事思潮中認定因果關係
與罪責的理論與實際

前已提及，在結果犯中，行為人的行為與結果之間必須具有「原因」與「結果」的因果歷程連絡關係，行為人始須對行為結果負擔既遂犯的刑事責任；否則，僅須負未遂犯或其他罪責。或許想問：從比較法史的進程看，在古遠的東西方社會與近世歐陸、日本乃至英美等刑事法是否有類似的規範？因果關係究應如何認定？用什麼標準做判定？又晚清民國引進近代的歐陸因果關係理論，對於北洋政府時期大理院及國民政府時期最高法院的司法實踐產生了何等影響？

一、比較視野下外國立法例「類保辜制」的發展軌跡

因各個民族、各個國家，其時代精神與社會背景互有差異，從而關於法律規範及其背後的理論基礎，也就分歧互殊。在東方世界裡，施行於公元702年的日本《大寶律令》與757年的《養老律令》，明顯繼受自《唐律》的法文化，可惜，該兩部律現均已亡佚，《養老令》則透過當時令注釋書《令義解》比較完整地保存下來。根據其後發現的斷簡殘篇，仍可見昔日「保辜」的身影。例如《九條家延喜式紙背養老律斷簡》曰：

> 凡鬥毆折跌人肢體及瞎其一目者，徒三年。折肢者折骨，跌體者骨差跌失常處。辜內平復者，各減二等。餘條折跌平復準之。

此外，於同一斷簡中也出現：

> 堪以殺人者，及折人肋，眇其兩目。墮人胎，徒二年。墮胎者，

謂辜內死即坐，若辜外死者從其本毆傷論。[58]

　　儘管《養老律令》於11世紀之後徒有其名，而無實際運行，但形式上仍維持到明治維新以後，保辜制才隨之消失。

　　至於西方世界，古代羅馬法並未在法律條文上規定行為與結果間的關係，而係委由法官自由判斷；德國古代法亦然，即使到了中世紀，1532年的《加洛林納刑法典》（ConstitutioCriminalis Carolina）仍將殺人與傷害的因果關係，任由專家鑑定。直到19世紀伊始，在刑法學上僅將因果關係視為各個犯罪（尤其是殺人罪）的部分問題而加以處理，並未將之視為〈總則〉犯罪論的一般犯罪特徵而賦予位置。至1960年代之後，由於布里（Maximilian von Buri, 1825-1902）等人將因果性的要素認為係刑法總論上規定行為人之一般的犯罪特徵，此時才導入刑法，「因果行為論」始成為行為論的中心問題；不僅在理論上，在實務上也被視為重要的問題，而有「因果關係萬能」之稱。以為因果關係的認定，對於罪名的適用及刑責的出入影響甚大，故應以慎重的態度處理[59]。

　　查閱近世的刑事立法，對於因果關係的規範相當罕見，少數有在刑法典上予以明文列舉者，例如：對於特別因果關係，1871年的《德國刑法》第227條規定：

> 互毆或由數人所為之攻擊，致人於死或重傷（第244條）時，參與互毆或攻擊者，如其被牽人非無責任，則因為參加而處三年以下輕懲役。
> 前項所揭結果之一之發生，如歸因於數個傷害行為，且各個行為非個別而係競合引起該結果時，對於該傷害行為之一應負責任

者，處五年以下重懲役。

此外，1930年的《義大利刑法》使用二個條文規定一般因果關係。其第40條曰：

依法應認為有罪之情形，如損害之事實與行為之結果無關者，不罰。
依法應負防止責任而不加防止者，以故意使其發生論。

又第41條曰：

事前、同時或事後之犯罪，與犯人之作為或不作為無連帶關係者，不得追究其因果關係。
事後所犯之罪，僅本身足以確定其發生者，方得追究其因果關係。其事前實施構成犯罪之作為或不作為，適用各該規定之刑罰。
事前、同時或事後之犯罪，含有他人之犯罪行為者，適用前二項之規定。[60]

比較特殊的是，古來在英美法系國家，也有類似傳統中國刑律保辜制的存在。例如：在英美普通法（common law）中，有所謂的「一年零一天規則」（year and a day rule）。該規則規定，如果受害人在遭受傷害後，超過一年零一天才死亡，那麼，便不能以殺人罪起訴加害人，加害人只承擔傷害罪的責任[61]。雖然，在英美法系國家，部分司法區已經廢除此一規則，但是在英國的蘇格蘭地區[62]，以及美國的部分司法區

---

[60] 以上《義大利刑法》及《德國刑法》的條文轉引自蔡墩銘，同上注23，頁88-89。

[61] 引自蔡墩銘，同上注23，頁88-89。

[62] 該規則在英格蘭和威爾士、北愛爾蘭已被 1996 年的《Law Reform (Year and a Day Rule) Act》廢除。參閱英國政府網站：https://www.legislation.gov.uk/ukpga/1996/19/contents。

仍保留了「一年零一天規則」[63]。同為英美法系國家的澳洲和紐西蘭，澳洲在1991年廢除，而紐西蘭國會直到2019年才正式通過刑法修正案廢除此規則[64]。這表明，即使在近現代科技和醫學已甚發達的英美法系國家，依然有「類保辜制」存在的社會法律文化基礎。

二、民國以來「因果關係」的抽象學理與概念轉換

刑法是一部以「犯罪」與「刑罰」為探討對象的人文社會學科，近代歐陸法系刑法的特色，在於整個刑法條文與司法實務都建構在一個哲學理論的基礎之上；而此種哲學理論往往導引著刑法內涵的形成與發展，並使得刑法的適用對於其釋義有法理可循。而由於傳統中國舊律中的保辜制，的確存在著若干侷限，在晚清西法東漸的浪潮下終被揚棄；代之而起的是近世歐陸刑法的因果關係理論的登場，因此，除了探究保辜制的因果關係外，為明古今之變及中外之異，也有必要附帶說明一下近現代以來因果關係理論的相關學說。

毫無疑問的，「因果關係」是刑法學界的一個重要課題，不法行為與危害結果之間的因果關係是進行刑事歸責的依據，但由於它包含的具體問題頗多，很難在學界或實務界達成一致的共識。如果從自然界或物理界的現象觀察，每一結果的原因本就複雜多端，因因相乘，馴至漫無究極。惟刑法上的因果關係，並不應如是寬泛，單純的一行為發生一結果，其因果關係固甚清楚；但倘有數行為或數事實同時或先後存在，究

---

[63] 美國的普通法中目前仍保留有此條規則，但實務上多已不再適用。在2001年的Rogers v. Tennessee一案中，最高法院認同了田納西州最高法院不再適用該條的作法，參見Rogers v. Tennessee, 532 U.S. 451 (2001).有關美國法的歷史淵源，可參閱Walther, D. (1992). Taming a Phoenix: The Year-and-a-Day Rule in Federal Prosecutions for Murder. The University of Chicago Law Review, 59(3), 1337-1361.

[64] 參閱New Zealand's repeal of "year and a day" rule expands liability for homicide, https://theconversation.com/new-zealands-repeal-of-year-and-a-day-rule-expands-liability-for-homicide-113042.

該如何判斷其因果關係，以定行為人所應負的刑事責任？向來學說爭辯不休，而其中影響民初大理院及南京國民政府時期最高法院較甚者，大致有二：

（一）條件說

又稱等位說、等價值說，此說純從倫理學的觀點為其基礎，認為凡理論上所以湊成此結果之條件，均為結果發生之原因。即在一定行為與一定結果之間，如有所謂「如無前者，即無後者」之論理的條件關係存在時，則前者之行為，即為發生結果之原因，亦即該兩者之間有因果關係存在，其間縱有其他偶然事實相競合，也不妨礙因果關係的成立。圖示如下[65]：

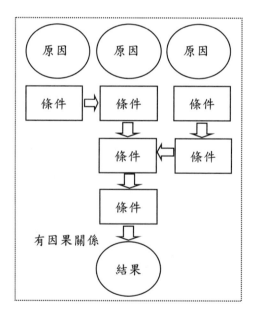

「條件說」在當年由於受到德國學者布里的倡議，普遍為德國實務上的判決先例所採用，尤其在1953年8月以前的德國刑法，因加重結果

---

[65] 參閱謝瑞智，《刑法總論精義》（台北：文笙書局，1995年），頁92。

犯並無明文規定，該類犯罪之是否成立，完全取決於行為與加重結果間有無因果關係，故條件說極具重要的分量。

至於日本，亦係流行條件說，尤以法院的見解最為顯著[66]。事後看來，此說以論理上只要有條件關係，即可認定刑法上因果關係的存在，以致往往有許多犯罪的結果，原非行為人始料所及，也要歸責，將因果關係的範圍擴充得毫無際限，對於行為人實在過於苛酷；理論上，評價行為人的行為，除條件關係外，另須顧及該行為是否有被刑法評價的必要；而條件說將所有的「條件」皆視為「原因」，涉及過廣，顯然未重視刑法的評價基準，不無缺陷，乃有主張用「因果關係中斷」的理論加以調和者；換言之，在因果進行過程中，如有第三人的故意行為或無法預測的異常事實（如自然力）介入時，即可斷絕其因果關係，在此情況下，既存在有因果關係中斷之事由，就不具有刑法上的因果關係。

（二）相當因果關係說

此說強調，因果關係存在與否的認定，須依社會生活的知識經驗而為觀察，認為在社會通念下，相同的條件，均可發生相同的結果者，則此條件與結果之間具有相當的因果關係。反之，若認為某一條件，不可能產生某一結果者，則該條件不過為偶然事實而已，即無相當因果關係可言。要言之：相當因果關係，係指無此行為，雖必不生此種損害；有此行為，通常即足生此種損害，是為有因果關係；無此行為，必不生此種損害；有此行為，通常亦不生此種損害者，即無因果關係。圖示如下[67]：

---

[66] 參閱牧野英一，《刑法總論》（東京：有斐閣，1948年），頁262。

[67] 據牧野英一的考證，日本最早提出「相當因果關係說」的是泉二新熊，他在1906年出版的《日本刑法論・總則之部》一書中採用了相當因果關係說。詳參牧野英一，同上注66，頁205，收於《新法學全集》，第23卷。

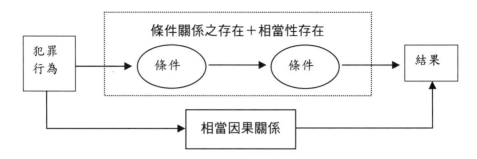

當然要進一步追問，究宜如何認定條件與結果間具有相當之因果關係？所謂的「相當」，在時間點上應以何時為判斷點？從誰的立場去判斷？根據什麼知識基礎作判斷？學說又可分為三種[68]：

1.主觀的相當因果關係說

此說主張以行為人行為當時所認識或可能認識之事實，作為決定因果關係的基礎。倘行為人在行為時所認識的情況，通常均會發生相同結果者，行為與結果間始有因果關係存在。

2.客觀的相當因果關係說

此說不以行為人的主觀認識，而係以法官事後的審查，作為判定因果關係有無之基礎。亦即將行為人行為當時所存在的一切情狀，依通常人的知識與生活經驗作客觀的判斷，倘認定有此行為，均能發生相同之結果者，其行為與結果間始具有因果關係的存在。要言之，所謂「客觀的相當因果關係說」，即依「客觀之立場」作「事後之審查」，認其結果有「發生之可能」者，即有因果關係之成立。

3.折衷的相當因果關係說

此說以客觀說為基礎，另參酌主觀說的精神，亦即行為可能發生之結果，依行為當時社會平均一般人所可能認識之情況，以及行為人主觀

---

[68] 參閱陳子平，《刑法總論》（台北：元照出版社，2017年），頁168-174。

已認識的特殊情況作為基礎，倘認為在通常情形下，有此情況，有此行為，均可發生此結果者，因果關係始能成立。

究其實，刑法上的因果關係，不同於機械式的或自然界的因果律，它包含了犯罪行為的主客兩面，同時由於其複雜性，恐不是單一的「主觀說」「客觀說」或「折衷說」一詞所可以指稱或界定的。倘強要做選擇，以上三說，主觀相當因果關係說，完全以行為人行為當時主觀的認識為基礎，將社會上通常人所能認識的部分悉予排除，其結論未免失之過狹。

至於折衷的相當因果關係說，以行為當時之一般人及行為人在主觀上所認識之範圍，以認定因果關係，如此一來，因果關係存在與否，將因行為人的主觀認識不同而有不同結論，不免與因果關係為客觀要素之本質相矛盾，仍有未妥。蓋因果關係為客觀上之關係，只就客觀存在的事實加以判斷，而與行為人主觀上的認識無關，也與行為人的故意或過失無涉。換言之，行為與結果之間，只要在客觀上存在著因果關係的相當性，縱令行為人對行為的原因力欠缺認識，也不影響因果關係的成立，故宜以通常人所能認識的事實為基礎而判定，亦即採客觀的相當因果關係說較為妥適。

綜上所述，刑法上因果關係理論的發展軌跡和判斷方法，可說是20世紀以來學術界與實務界不斷爭論的課題。因為其中關涉到主觀主義、客觀主義、社會責任論及道義責任論等立場的不同，加上社會行為論對於犯罪行為構成要件之「社會相當性」理論觀點之運用，精益求精之結果，相關理論遂不斷有推陳出新之勢，而從以上的觀察，約略可窺視其理論演變的梗概[69]。

晚近，在學理上另有所謂「客觀歸責理論」者，認為在結果犯的場合，對於結果原因與結果歸責宜加以區分，二者應綜合判斷，先探尋行為人所為的行為與該當結果之發生有無因果關係，若有，即肯定行為人

---

[69]　參閱洪福增，同上注46，頁101-131。

所為乃該當結果發生的原因，再進一步從刑法評價觀點，判斷行為對於該當結果的發生是否具備客觀的可歸責性[70]。申言之，其將「結果」區分為「結果原因」與「結果歸責」，「結果原因」的判斷，以經驗的觀點，採用「條件說」的見解，判斷有無經驗上的因果關係；「結果歸責」的判斷，則以規範之保護目的或範圍論的觀點，採「客觀歸責理論」判斷可否將結果的發生歸責於行為人之行為。惟究應如何適用，因這部分已超出本章的時空論述範圍，暫置不論。

三、因果關係理論對大理院及最高法院實務的影響

清末民國自繼受歐陸法以來，有關上述因果關係的理論也深刻影響及司法運作。從司法實踐面來看，大理院時期及民國二十八年（1939）以前最高法院的判例，大多數傾向採「條件說」的立場，除了前揭已論列過的不再贅述外，其犖犖大者另有下列諸判例：

1.致死原因既係受毒而病，因病而死，如有下毒之人，自難逃殺人既遂責任。（大理院四年上字第73號）

2.傷害致死罪之成立，不僅以傷害行為直接致人於死亡者為限，凡因傷害而生死亡之原因者，皆足構成本罪。被害人之死亡雖由中風、便血所致，而所以惹起中風、便血者，實由於被告人等之傷害行為，本有連絡之關係，即不得不負致死之責。（大理院七年上字第199號）[71]

3.刑法上傷害致人於死之罪，祇須傷害行為與死亡之發生，具有因果連絡之關係即屬成立，並非以被害人因傷直接致死為限。即如傷害後，因被追毆情急落水致生死亡之結果，其追毆行為即實施傷害之一種暴行，被害人之情急落水，既為該項暴行所促成，自不得不認為因果關係之存在。（最高法院二二年上字第674號）

---

[70] 有關客觀歸責理論與相當因果關係的實質關係，參閱蘇俊雄，《刑法總論》（台北：作者印行，1997年），第II冊，頁107-114。

[71] 黃源盛，同上注43，頁1519-1521。

4.某甲之死既為落水溺斃，而其落水，又為上訴人某乙共同所推墮，其因果自相連絡，即使該某甲於落水後，曾一度攀舷欲上，被某乙所擊落，上訴人並未有所參與，然某乙之打擊，不過共犯排除防果條件之行為，其後死亡結果既仍發生，並無因果中斷之可言。（最高法院二七年上字第73號）

從本章前面第三節大理院的四個案件，以及本節上揭所列舉的四個案例觀察，繼受歐陸法以來的實務判例見解，在大理院時期的刑事判例中，就先前原因行為對於所生結果責任的認定，雖曾出現過以有無「相當之因果連絡」「相當因果關係」等作為判斷基準的字樣。乍看之下，這種因果判斷的形式，極容易使人以為當時的判例是採所謂的「相當因果理論」，但是細繹之下，其實仍受當代德國、日本所流行的條件理論的影響，所以在該等判決文中，我們也可看到，時而援用以條件理論始有之「因果關係中斷」或「因果關係並非中斷」「自然力之介入」等概念，作為認定關聯性有無的推斷要件[72]。

及至最高法院成立，初期的判例大致上仍沿襲大理院所採的條件理論，認為自然力的介入，並不影響因果關係的存在；此見最高法院十九年上字第1438號判例：「刑法上傷害致人於死罪，指傷害行為與死亡之發生，有因果關係之聯絡者而言，不惟以傷害行為直接致人於死亡者為限，即因傷害而生死亡之原因，如因自然力之參加以助成傷害應生之結果，亦不得不認為因果關係之存在。」[73]但是，在司法實務上，為求犯罪結果責任之限制，特別是結果加重責任的社會預見性，期使因果關係責任範圍的認定不至於過分擴大，故同時採條件理論中之「因果中斷理論」，從而認為若有非行為人所能預見之獨立原因之介入，即不能謂有「相當因果關係」。典型的例子如最高法院二十四年上字第1403號判例謂：「刑法第十七條所謂行為人不能預見其結果之發生者，係指結果之發生出於偶然，為行為人所不能預見者而言。上訴人對於被害人臂

---

[72] 蘇俊雄，同上注70，頁115-119。

[73] 類似見解之判例，尚有十九年上字第1592號、第1956號等。

臀各部以腰帶抽擊，原無致死之決心，顧傷害係破壞人身組織之行為，其受傷後因治療無方而致死亡，究非不能預見之偶然結果，該被害人受傷後既因調治無效身死，上訴人自應負傷害致人於死之罪責。」其旨趣甚為明顯。

到了民國二八年以後，因整個刑法學界有關因果關係的理論改採「相當因果關係說」，司法實務的風向也隨之而轉，絕大多數判例明顯傾向採相當因果關係說，除本章第四節中已解析過的最高法院案例外，另有：

1.如果某甲並不因被告之殺傷而死亡，實因被告將其棄置河內始行淹斃，縱令當時被告誤為已死而為棄屍滅跡之舉，但其殺害某甲，原有致死之故意，某甲之死亡又與其殺人行為有相當因果關係，即仍應負殺人既遂責任。至某甲在未溺死以前尚有生命存在，該被告將其棄置河內，已包括於殺人行為中，並無所謂棄屍之行為，自不應更論以遺棄屍體罪名。（最高法院二八年上字第2831號）

2.某甲既因受傷後營養不佳，以致傷口不收，久而潰爛，又因受傷不能工作，以致乏食，營養更形不佳，兩者之間具有連鎖之關係，即其身體瘦弱及傷口不收，均為致死之原因，則受傷與死亡不能謂無相當因果關係之存在。（最高法院二八年上字第3268號）

3.被告因其妻某氏拒絕同宿，於某日晚乘該氏熟睡之際，用竹杆打其臂部，該氏奪斷竹杆，復拾木板打其後腰，經被告之母嬸等勸散。該氏負痛氣憤，用酒泡服宮粉服食，至天明毒發身死，是被告僅有毆傷其妻某氏之行為，至該氏之死，係由其本人服毒之偶然的原因介入所致，與其傷害行為並無相當因果之連絡，則被告對此死亡結果自不應負責。初審判決謂某氏之服毒，係因被告毆打之刺激而起，竟依刑法第二百七十七條第二項，論以傷害人致死罪刑，原覆判審不以判決更正，竟為核准之判決，顯係違背法令，本件非常上訴，應認為有理由，至原確定判決既於被告不利，自應予以撤銷，另行改判。（最高法院二九年非字第48號）

4.傷害人致死罪之成立，以死亡與傷害具有因果關係者為限。若被害人所受傷害，原不足引起死亡之結果，係因加害者以外之他人行為（包括被害人或第三人）而致死亡，則與加害者之行為，並無相當因果關係，自難令負傷害人致死之罪責。（最高法院二九年非字第52號）

5.刑法第二百七十七條傷害罪，既兼具傷害身體或健康兩者而言，故對於他人實施暴行或脅迫，使其精神上受重大打擊，即屬傷害人之健康，如被害人因而不能自主，至跌磕成傷身死，則其傷害之原因與死亡之結果，即不能謂無相當因果關係，自應負傷害致人於死之罪責。（最高法院三二年上字第2548號）

綜觀以上所列舉大理院及最高法院時期的諸多個案，顯然是從傳統中國的保辜制，邁向近世刑事思潮因果關係論的過渡轉型之作，標誌著中華法系的結束，開啟了繼受歐陸刑法的新頁，有其因焉，有其果焉。惟判決文中，認定有無因果關係的標準，不管是大理院抑或最高法院，推事們雖透過判決，盡力想把某種事實涵攝進「因果關係」這個法律概念之中，遺憾的是，在判決書的製作過程中，到底會把什麼樣的特定事實涵攝進去，「因果關係存在」或「因果關係不存在」的分類標準到底如何拿捏？「因果關係」這個法律名相的「核心」意義為何？有哪些事例是處於邊際灰色案例？又如何透過「判決先例」的建立來拘束後來的判決？凡此諸問，判決理由往往多寥寥幾筆，全憑自由心證，未曾詳加闡明，仍存有相當費人思量的模糊地帶，致使無從得悉其間清晰的脈絡軌跡。

陸、結語

歷史的衍進有它的變與不變，所謂「變」者，不外乎連續性與非連續性的思考，其中不僅指法典的修訂，它如司法實踐、法律思想、乃至

法律意識皆可在探討之列。揆諸當今所習以為常的各種法律概念並非憑空而生，若追溯其源，或古已有之，或在清末民初歷經一番重大的變革才引進。從「法律繼受」（Reception of Law）的角度看，清末的法律變革可說是某一特定的法律文化從一原生社會移轉至另一社會，而這種移轉的發生乃基於外在壓力，以及內在需求而不得不的變遷現象。

法制歷史顯示，不論古今，也不分中外，凡構成要件上須有結果的犯罪，其犯罪結果發生之後，要追究行為人的刑事責任，必須查明行為與結果之間是否存有一定的連絡關係；為此，傳統中國的刑律中有「保辜制」的規範，而在近世歐陸刑事思潮中則有「因果關係理論」，兩者之間雖然有時空的斷裂性，卻也具有某種程度的類似性，例如：都設有「因果關係中斷」的阻斷機制，尤其傳統中國舊律以特別情事的介入，即所謂因「他故」的發生，足以斷絕行為與致死結果間的因果關係，就這一特徵，與近世刑事理論頗為吻合。

不過，由於時移勢易，畢竟它們背後的基礎理念各不相同，我們不能完全以今論古，也無法將兩者等而視之，保辜制雖受制於歷史的侷限性，但在當時的時空背景及社會條件下能以客觀的經驗，對因果連絡關係加以相當程度的節制，具有限制濫罰的作用，仍具有一定的實用性與合理性。

至於其與近事刑事理論最大的區別則為：傳統舊律論定因果關係之有無，完全以時間的經過（辜限）作為標準，採取法定形式主義，未免過於僵固；而近世刑法則純就實質因素考量，以為因果關係存否的基準，屬於不成文的不法構成要件，否定了辜限，體現出因果關係的另一新發展階段，從此只問結果和行為之間實際上有無因果關係的連絡，而不問相隔多少時日。好奇的是，舊律中加害人可以利用辜限為被害人延醫調治的保辜義務，在新刑律中則完全不予採納，是時勢所趨？是法理之所當然？還是保辜制已名存實亡再無規範的價值？很值得進一步思索！

第十一章

原情定罪──從可矜可憫到酌減

壹、序說

　　天下有不是的子女，也有不是的父母，同屬殺特定尊親屬的行為，惡逆乎？可矜乎？為人子女者的行為是否「情堪憫恕」？宜如何量刑？揆諸台灣現行刑法第59條：「犯罪之情狀顯可憫恕，認科以最低度刑仍嫌過重者，得酌量減輕其刑。」被稱為「法官之淚」的這條規範溯源何自？與傳統中國法制有無關聯？清末民初繼受歐陸刑法以來，原情定罪的審判原則有何衍化？如何落實於刑事立法與司法實踐當中？它的歷史價值與時代意義各為何？凡此諸問，很值得探究，歷來卻少見有專論出現[1]，本章擬從刑法史學的觀點，以民初大理院（1912-1928）的相關判例為軸心，旁及立法經緯，逐一細說。[2]

貳、傳統中國刑案中的情罪平允

　　世間事，千樣百態；犯罪情節，離奇變幻；為了濟刑罰之平，早在西周時就有因犯罪情狀而得加減刑罰的思想，如《尚書‧呂刑》云：

> 惟察惟法，其審克之。上刑適輕下服，下刑適重上服，輕重諸罰有權。

　　此為周穆王（992 B.C-922 B.C）之語，周初即或有此法制。所謂「上刑適輕下服」，乃指犯重罪之刑，其情狀適輕特處輕刑。反之，「下刑適重上服」，是指犯輕罪之刑，其情狀適重特處重刑。至於「輕

---

[1] 有關台灣現行刑法第59條之實務運作，可參閱：郭豫珍、劉文仕，〈刑罰酌減條款在審判實務上的運用〉《員警法學》（台北：內政部員警法學研究中心出版，2006年），第5期，頁363-398。

[2] 詳參黃源盛，《民初大理院與裁判》（台北：元照出版社，2011年），頁83-133。

重諸罰有權」，乃指要反覆斟酌案情，權度刑罰之輕重，使能各得其宜[3]。用白話講：審判時要仔細察查，依照法理，假如犯了重罪而宜於減輕，那就減輕；倘若犯了輕罪而宜於加重，也可酌情加重；刑罰的輕重，要依時、依地、依案情之不同而不同，該輕則輕，該重則重，隨時制宜，因案制宜，一定要公正而合乎情理[4]。

漢武帝雖尊崇儒術，法制面行的卻是「陽儒陰法」之道，自漢魏晉以降，尤其，從《唐律》以迄《大清律例》，歷代法典幾乎都採取一罪一刑的「絕對法定刑制」，在此立法方針下，為了因應案情的懸殊，在司法實踐面乃出現「原情定罪」的審判原則。

以清代的「秋審」制為例，秋審，號稱大典，每年一度舉行，是對在押死刑犯人的特別覆核緩刑的制度；此制遠淵於漢代「錄囚」制度，直接沿襲明代的「朝審」而來；監候秋審的案犯按其所犯性質、情節，區分成情實、緩決、可矜、可疑、留養承嗣等五類，其中，「可矜」者，乃罪名屬實，但情有可原，可免死減等。如此看來，在判案過程中要求準情酌理，乃至情罪平允，這是職司審判者的一大誡命，也是期許。

至於歷代以來有關「原情定罪」的案例為數甚夥，囿於主題與篇幅，底下僅就唐清兩代，各擇一個案例，並稍作析解。

---

[3] 關於「上刑」「下刑」，有一種奇說，刑罰執行部分在身體之上半部者為「上刑」；在身體之下半部者為「下刑」，如此說來，則死、墨、劓三刑為上刑，刖、宮二刑為下刑，此由鄭玄、賈公彥、吳澄諸人唱之。參閱東山蘆野德林著，佐伯復堂譯註，《譯註無刑錄》（東京：信山社，1998年），下卷，頁14-16。另參閱徐朝陽，《中國刑法溯源》（台北：臺灣商務印書館，1969年），頁239-241。

[4] 參閱屈萬里註譯，《尚書今註今譯》（台北：臺灣商務印書館，1986年），頁182-183。另參吳璵註譯，《新譯尚書讀本》（台北：三民書局，1997年），頁176、182。

一、唐代「康買得救父殺人案」

（一）事實

　　唐穆宗（長慶）二年（822）4月，年僅14歲的康買得，因見其父康憲被善於角觝的張莅所拉，氣將絕，遂用木鍤擊張莅頭部，見血死，有司判以死刑。刑部員外郎孫革奏：

> 京兆府雲陽縣人張莅，欠羽林官騎康憲錢米。憲徵之，莅承醉拉憲，氣息將絕。憲男買得，年十四，將救其父。以莅角觝力人，不敢撝解，遂持木鍤擊莅之首見血，後三日致死者。準律，父為人所毆，子往救，擊其人折傷，減凡鬥三等，至死者，依常律。即買得救父難是性孝，非暴；擊張莅是心切，非凶。以髫齔之歲，正父子之親，若非聖化所加，童子安能及此？王制稱五刑之理，必原父子之親以權之，慎測淺深之量以別之。春秋之義，原心定罪。周書以訓，諸罰有權。今買得生被皇風，幼符至孝，哀矜之宥，伏在聖慈。臣職當讞刑，合分善惡。僅先具是由陳奏，伏冀下中書內下商量。敕旨：
> 康買得尚在童年，能知子道，雖殺人當死，而為父可哀。若從沉命之科，恐失原情之義，宜付法司，減死罪一等。[5]

（二）分析

　　1.對於現在不法之侵害，頒訂於公元651年的《唐律》，並無如當今所謂「正當防衛」得予阻卻違法的一般性規定，僅按個別情形，於各犯罪類型中予以免除或減輕其刑而已[6]。詳言之，為禁止私力報復，

---

[5] 引自《舊唐書》，卷50，〈刑法志〉。另見《唐書·孝友傳》及《古今圖書集成》〈明倫彙編世族典〉，卷306，冊363，頁23。類似之案例在《新唐書·列女傳》載：「山陽女趙者，父盜鹽，當淪死，女詣官訴曰：「迫肌而盜，救死爾，情有可原；能原之耶？否則請俱死。」有司義之，許減父死。

[6] 參閱仁井田陞，《中國法制史研究　刑法》（東京：東京大學出版會，1959年），頁216。

《唐律》以要求公力救濟為原則，不許以私力為防衛行為。但於〈鬥訟律〉「祖父母為人毆擊」條明文：「諸祖父母、父母為人所毆擊，子孫即毆擊之，非折傷者，勿論。折傷者，減凡鬥折傷三等。至死者，依常律。」《疏議》曰：「祖父母、父母為人所毆擊，子孫理合救之，當即毆擊，雖有損傷，非折傷者，無罪。」在此情形，並不言及無違法性，此實因子孫目睹父祖被毆擊，激於孝心，理合救之[7]，頗合乎「親親之義」，所以異於常犯，為曲體人情而阻卻其責任，故律列專條，另立罰例。

2.惟防衛行為的限度，只限於毆，若折傷以上，衹予減刑，至死者，依常律，所謂「依常律」，係不減三等之意。又〈疏議〉曰：「毆前人（即攻擊人）致死，合絞；以刃殺者，合斬。」子孫為救祖父母、父母而毆擊他人罪，除毆人致死者依常律外，其餘之處罰均輕於常犯，由此可見唐律維護人倫、原情定罪的立法原則[8]。本案，倘依律，康買得對攻擊其父之人，用木鍤予以反擊而致之於死，屬於防衛過當的行為，應處以絞刑。

3.頗具人情味的是，由於康買得當時年僅十四，激於救父心切，有司奏請寬減其刑。最終，唐穆宗念其「尚在童年，能知子道」，依「原情之義」，特命減死一等，判處流刑結案[9]。

二、清代「縱妻犯姦案」

清承舊制，立法仍採取絕對法定期刑，以《刑案彙覽》嘉慶二十二年（1817）福建司現審案為例：

---

[7]　參閱戴炎輝，《唐律通論》（台北：元照出版社，2010年），頁110-113。

[8]　參閱劉俊文，《唐律疏議箋解》（北京：中華書局，1996年），下冊，頁1585-1589。

[9]　有關本例，可參考桂齊遜，《國法與家族之間－唐律有關家族倫理的立法規範》（台北：龍文出版社，2007年），頁176-177。

提督咨送屈大照姦占陳張氏一案。除屈大照「強占」擬流外，其陳張氏係本夫陳五縱容與人通姦，例應離異。惟陳五縱妻犯姦，係畏姦夫強暴，情固出於勉強。並據陳五供稱，如僅將子女給伊領回，伊係隻身窮苦，不能撫養。子女幼小，將來必至失所，情亦可憫，原情酌斷，應將張氏併子女俱給陳五領回完聚。[10]

（二）分析

1.本案，屈大照強占人妻，依律應處流刑。至於陳五縱容妻子與人通姦，依《大清律例》〈刑律〉「縱容妻妾犯姦」條律規定：「凡縱容妻、妾與人通姦，本夫、姦夫、姦婦，各杖九十。」依例，應離異。本條的「律後註」說：凡本夫縱容妻妾與人通姦者，妻妾固有淫行，本夫不禁制而反縱容，則敗壞風化之罪，與姦夫、姦婦無異，故各杖九十。[11]惟考量陳五縱妻犯姦，「係畏姦夫強暴」，情處於勉強，且自身生活困頓，不能撫養幼小子女，有司並未嚴格按照律例下判。

2.刑部原情酌斷，認為「應將張氏併子女俱給陳五領回完聚」，不但未予處刑，甚至免其離異。如此判決，能考慮到依律例判處後所可能造成的社會問題，出於人道矜憫，合乎情理，流露出寬仁的智慧。

參、晚清民初原情定罪的立法衍化

洎乎晚清，西法東漸，清末民國的刑典直接或間接繼受了日本法與德國法，中華法系從此走入歷史。在光緒二十八年以迄宣統三年（1902-1911）的變法修律過程中，固有禮法文化與近代法律思潮不斷

---

10 引自〔清〕祝慶祺等編，《刑案匯覽》三編（北京：北京古籍出版社，2003年），第3冊，卷52，〈刑律〉「縱容妻妾犯姦」條。
11 參閱〔清〕沈之奇撰，懷效鋒、李俊點校，《大清律輯註》（北京：法律出版社，2000年），下冊，頁916。

碰撞與融合，不過，正如修訂法律大臣沈家本（1840-1913）所言：「無論舊學、新學，大抵總不外情理二字……不能捨情理而別為法也。」[12]其後法典也幾經修正，這條「酌量減輕其刑」的規範，在一片冰冷的法海中出現了一股暖流。

一、清末的刑事立法

由於這個時期法規範數度變化，為清晰計，先表列於下：

法規年分與名稱	條號	條文內容	備註
1905 年《刑律草案》	第59條	凡犯罪之情況，有可矜憫者，得酌量減輕本刑一等。	本草案由國人章宗祥與董康合力草擬。
	第60條	凡犯罪，雖同時依本條有加重或減輕者，仍得酌量減輕其刑。	
1907 年《刑律草案》、1910年《修正刑律草案》	第54條	凡審案犯人之心術及犯罪之事實，其情輕者，得減本刑一等或二等。	本草案由日籍修律顧問岡田朝太郎所擬，該條仿自日本 1880 年「舊刑法」第89條第 1 項及第90條。
	第55條	凡於法律雖有加重或減輕之時，仍從前條之規定，得減輕其刑。	
1911年《欽定大清刑律》	第54條	審案犯人之心術及犯罪之事實，其情輕者，得減本刑一等或二等。	第十章的章名由原來 1907 年的「酌量減輕」改為「酌減」。
	第55條	依法律加重或減輕者，仍得依前後之例減輕其刑。	

上揭的《刑律草案》係光緒三十一年（1905）由章宗祥（1879-1962）與董康（1867-1947）聯合纂擬，屬於近代中國法律史上首部由

---

[12] 引自沈家本，《歷代刑法考》（北京：中華書局，1985年），第4冊，頁2240。

國人主導的刑法草案[13]，率先引進歐西刑法典中的「酌量減輕」制度，其中第59條：「凡犯罪之情況，有可矜憫者，得酌量減輕本刑一等。」第60條：「凡犯罪，雖同時依本條有加重或減輕者，仍得酌量減輕其刑。」「案語」中云：

> 謹案刑法判犯罪之輕重，本依危害之程度而定。第犯罪之事實，變幻莫測，有大可惡者，有大可恕者，恆出於法律預想之外，勢不能預設範圍，以為待對，故予裁判官以特權，得以臨時之意見，酌量處分，此各國之通例也。中國刑典欽恤，肇自〈虞書〉，疑讞務寬，頒從漢景，自唐迄明，遵循勿失。本朝秋審更設矜緩之條，方諸往代，尤為詳慎，蓋平宥之理，古今中外，同此一致。而現行律例，未輯明文者，以有比附加減在也，現在比附之法，既議刪除，凡法重情輕者，亟應另設專條，以資援引。茲擬凡犯罪有可矜憫者，准予減等，聽承審之員，隨時酌量行之，若按法律，雖同時已俱有加重減輕之理由，衡情尚有可矜憫者，自應仍適用此例也。[14]

傳統中國法制並無如近代嚴格意義的「罪刑法定主義」，而採行所謂的「比附援引」之法；上述「案語」中提及中國刑典雖向重矜恤思想，且言平宥之理；然由於當時正熱烈討論是否刪除「比附援引」舊制，對於「情輕法重」的案件，預另設專條以對，是勢所必然。

光緒三十三年（1907）8月至11月間，在日籍修律顧問岡田朝太郎（1868-1936）與沈家本的攜手下，於1907年完成《刑律草案》的擬訂，該草案係自繼受歐陸法的近代中國第一部體系完整的刑法草案，其中第十章的章名為「酌量減輕」，附加「說明」：

---

[13] 本草案目前只見〈總則〉部分，至於〈分則〉是否曾經擬訂？完稿與否？其詳仍有待查考，詳參黃源盛纂輯，《晚清民國刑法史料輯注》（台北：元照出版社，2010年），上冊，頁3-4。

[14] 引自黃源盛纂輯，同上注13，頁27。

酌量減輕，不問所犯何罪，審判官可原諒其情狀，以其職權減輕其刑，於學說名審判上之減輕。[15]

該草案第54條規定：「凡審案犯人之心術及犯罪之事實，其情輕者，得減本刑一等或二等。」本條係仿自日本明治十三年（1880）的「舊刑法」第89條而來[16]。立法理由謂：

為裁抑犯罪，制定分則以下各條，然同一犯罪，情節互異，若株守一致，則法律之範圍過狹，反致有傷苛刻，故予裁判官以特權，臨時酌量犯人之心術與犯罪之事實，減一等或二等也。

又於同條之「注意」欄中舉例說：

審按犯人之心術者，例如於屋外犯五圓以下之竊盜罪，實因迫於貧困，情可矜憫之類是。審按犯罪之事實者，例如竊取物品僅一枝花，情甚輕微之類，是二者之情事雖不同，其應減則一也。[17]

不難發現，本章「酌量減輕」的核心仍圍繞著所謂的「矜憫思想」，這也成為往後立法與司法不斷援用的一大法理依據。宣統二年（1911）正式頒布的《欽定大清刑律》（俗稱《大清新刑律》）第十章的章名從「酌量減輕」改為「酌減」，第54條與第55條的文字僅更改數字，其餘內容與1907年的《刑律草案》完全相同。

---

[15] 引自黃源盛纂輯，同上注13，頁73。
[16] 日本明治13年「舊刑法」第89条：「①重罪輕罪違警罪ヲ分タス所犯情状原諒ス可キ者ハ酌量シテ本刑ヲ減輕スルコトヲ得②法律ニ於テ本刑ヲ加重シ又ハ減輕ス可キ者ト雖モ其酌量ス可キ時ハ仍ホ之ヲ減輕スルコトヲ得」；第90条：「酌量減輕ス可キ者ハ本刑ニ一等又ハ二等ヲ減ス」。參閱高橋治俊、小谷二郎共編，松尾浩也增補解題，《增補刑法沿革綜覽》（東京：信山社，1990年），頁14。
[17] 引自黃源盛纂輯，同上注13，頁73。

二、民國時期的立法與修法

從清朝到民國，國體由專制皇權而民主共和，刑法任務由「治民治吏之具」到「法益保護」；值得一提的是，民國初期，政爭連年，百政頹靡，新舊法制如何銜接，連續乎？斷裂乎？有必要關注。

法規年分與名稱	條號	條文內容	備註
1912年《暫行新刑律》	第54條	審按犯人之心術及犯罪之事實，其情輕者，得減本刑一等或二等。	本二條係承自1911年《欽定大清刑律》第54條及第55條而來。
	第55條	依法律加重或減輕者，仍得依前條之例減輕其刑。	
1915年《修正刑法草案》	第55條第1、2項	審案犯人之心術，犯罪之損害及其他情節，得加重或減輕本刑一等或二等。依法律加重或減輕者，仍得依前項加減本刑。	本條第1項，酌減之要件除心術外，另有犯罪之損害及其他情節。又除「酌減」外，另增列「酌加」之規定。
1918年《刑法第二次修正草案》、1919年《改訂刑法第二次修正案》	第62條第1、2項	科刑時應審酌一切情狀之輕重，為法定刑內科刑之標準。應特別審酌之事項如左：犯罪之心術。犯罪之原因。犯罪之目的。犯人所受之刺激。犯人本身之關係。犯人生活之狀況。犯人平日之品行。犯人之知識。犯罪之結果。犯罪後之態度。科罰金時，除前項規定各情形外，並應審酌犯人之財產關係。	第十章章名改為「刑之酌科」，仿瑞士及德國立法例，增訂第62條有關科刑時應審酌之事項。

法規年分與名稱	條號	條文內容	備註
	第 63 條（1919年移列至第77條）	犯罪之情狀可憫恕者，得酌減本刑。	本條係仿自日本刑法第66條[18]。
1928年《中華民國刑法》（舊刑法）	第76條第1、2項	科刑時，應審酌一切情形為法定刑內科刑輕重之標準，並應分別情形注意左列事項： 犯罪之原因。 犯罪之目的。 犯人所受之刺激。 犯罪之心術。 犯人與被害人平日之關係。 犯人之品行。 犯人智識之程度。 犯罪之結果。 犯罪後之態度。 科罰金時應審酌犯人之資力。	「舊刑法」係承自1919年《改定刑法第二次修正案》，除第77條之規定外，另仿德國、瑞士立法例訂定第76條科刑審酌事項之標準。
	第77條	犯罪之情狀可憫恕者，得酌減本刑。	
1935年《中華民國刑法》	第59條	犯罪之情狀可憫恕者，得酌量減輕本刑。	本條承自1928年的「舊刑法」第77條。
2005年《中華民國刑法》	第59條	犯罪之情狀顯可憫恕，認科以最低之刑猶嫌過重者，得酌量減輕本刑。	本條係針對1935年的刑法修正而來。

　　民國初締，國事如麻、政治動盪，新律自難短期重加擬訂，乃將1911年《欽定大清刑律》中有關牴觸國體部分刪除，其餘如舊，更名為《暫行新刑律》，於1912年頒行。其中第54條規定：「審按犯人之心術及犯罪之事實，其情輕者，得減本刑一等或二等。」當時立法理由

---

[18] 日本現行刑法第66条：「犯罪の情状に酌量すべきものがあるときは、その刑を減軽することができる。」

的「補箋」中稱：

> 日本刑法以「情狀可原」四字，為酌減之標準，不免失之含糊，故往往有以客觀的事實解釋之誤。本條分別心術與事實，較為明顯。心術者，遠因之謂；事實者，犯罪行為之謂，二者不得混同。例如竊取，有決心於姦淫賭博者，有決心於家貧養親者，此事實同而心術異。又如為貧困而竊取貴重之物，或竊取輕賤之物，為報仇而殺一當道之巨卿，或殺一市井之無賴，此心術同而事實異。酌減係出於審判官矜憫之忱，故學者有謂之「審判官之淚」者，但不得逾法定範圍，而以私意減輕之。[19]

上述《暫行新刑律》第54條的「補箋」提及，之所以解釋「心術」與「事實」，是為了避免如同日本刑法的「情狀可原」四字用語模糊所增設，「心術」即遠因，「事實」即犯罪行為，並以同是竊盜罪與殺人罪為例，說明二者間之區別，此等立法顯然受到岡田朝太郎的意見所影響，岡田曾說：「酌量減輕為裁判官之職權，故曰裁判之減輕。有一要件，須犯罪情節有可原諒者。情節可分二層觀察，一從主觀的審按犯人之心術；一從客觀的審按犯罪之情節，以定應否減輕之標準。」[20]，從而乃將主觀之犯人之心術與客觀之犯罪事實訂為明文。

民國四年（1915），《修正刑法草案》第十一章的章名從「酌減」更改為「酌加酌減」，第55條第1項規定：「審按犯人之心術、犯罪之損害及其他情節，得加重或減輕本刑一等或二等。」第2項：「依法律加重或減輕者，仍得依前項加減本刑。」此草案除「酌減」外，增列「酌加」之規定，其理由謂：

> 本案分則改原案之自由裁量，誠恐審判官無酌奪之餘地，難為公

---

[19] 引自黃源盛纂輯，同上注13，頁404-405。

[20] 參閱岡田朝太郎，《大清刑法》〈總則〉（講義性質，出處及出版年月不詳）。另參閱郭衛，《刑法學總論》（上海：上海法學編譯社，1929年），頁302-303。

平之審判，故特設酌加一等或二等之規定，藉濟其窮。或疑酌加之法為各國通例所無，竊謂有酌減而無酌加，乃沿博愛時代之遺習，並非根據學理，既許酌減，何獨不准酌加？如濫用此種權限，是在用人之當否，法固不任咎也！又第二項即原案之第五十五條，實前項之附屬規定，應修併一條，並將「減輕其刑」句改為加減本刑，以歸一貫。[21]

《暫刑新刑律》〈分則〉各種犯罪類型，其法定刑高低相懸，三等之自由裁量既改為一等，恐審判官無酌量之餘地，故特設酌加一等或酌減一等或二等之規定，藉濟其窮。又謂「酌加」之法，雖為各國通例所無，然有酌減而無酌加，乃沿博愛時代之遺習，並非根據學說，既許酌減，何以不許酌加？此外，有關酌減之要件除列心術外，另有犯罪之損害及其他情節，與之前的《欽定大清刑律》與《暫行新刑律》之「犯罪事實」的要件稍有不同；另將原第55條修併為一條，列為第2項，句末改為加減「本刑」也與前揭法典規定有異。

民國七年（1918）《刑法第二次修正案》第十章章名更改為「刑之酌科」，第63條規定：「犯罪之情狀可憫恕者，得酌減本刑。」第64條：「依法律加重或減輕者，仍得依前條之規定酌減本刑。」此次修正案之要點如下：1.酌加已於分則各罪規定，故刪除「酌加」規定。2.酌減之條件由前之「心術」「犯罪事實」或「犯罪之損害」改為「犯罪之情狀可憫恕」。3.保留前次草案中「本刑」之用語。立法理由云：

夫犯罪而有惡性者，科以法定之刑可矣，犯罪而無惡性者，其情節至不一，端科以法定之刑，或過於酷，故得酌減。例如姦所殺死姦夫與圖財害命，依法律條文，其為殺人罪雖同，而所應科之刑則異，故凡行為雖屬犯罪而情節確有可原者，裁判上則有酌減之例，行政上則有特赦之權，蓋以此也。更證以各國刑法典之體

---

[21] 引自黃源盛纂輯，同上注13，頁535。

例，犯罪因特別情節而應加重者，皆於分則各罪規定之，例如原
案分則各罪加重之情節至為繁密，有因犯人身分者（第140
條）、有因被害人身分者（第183條）、有因犯罪目的者（第101
條）、有因犯罪人數者（第368條）、有因發生一定之結果者
（第133條）、有因被害法益者（第186條）、有因犯罪之方法者
（第283條）、有因以犯罪為常業者（第270條）、有因職務上犯
罪者（第135條）、有因犯罪之程度者（第140條），其餘各條之
加重，類多以此為準，是應加重各情節。既科以加重之刑，似不
當於總則中再設酌加之規定，故本案擬將修正案酌加之條文刪
去，並增入科刑之標準，改章名為刑之酌科。[22]

此次修正案尚增訂一條與裁量減輕規定最密切相關之規定，即同章
第62條規定：「科刑時應審酌一切情形之輕重，為法定刑內科刑輕重
之標準。」「應特別審酌之事項如左：一、犯罪之心術。二、犯罪之原
因。三、犯罪之目的。四、犯人所受之刺激。五、犯人本身之關係。
六、犯人生活之狀況。七、犯人平日之品行。八、犯人智識之程度。
九、犯罪之結果。十、犯罪後之態度。」「科罰金時除前條規定各情形
外，並應審酌犯人之財產關係。」本條之所以如此立法，理由中說：

刑期及罰金定高低相懸之額，俾法官得酌酌情節科以適當之刑，
為近世刑法不易之理，原案（1915年修正刑法草案）於各罪科刑
之範圍，其高度與低度相懸三等，即此意也。然因範圍太廣，故
施行以來，法官援用或未盡得當，修正案改為一等，刑又未免失
之太狹，本案於科刑各條擬參採原案，并於法定刑範圍內示法官
以用刑之標準。科刑得當誠非易事，惟經驗日久，能細心推勘情
節且具有判斷力，及不偏蔽之法官能之，故最近瑞士及德國刑法
準備草案皆於總則中特設專條，臚舉科刑時應審酌事項，以指導

22　引自黃源盛纂輯，同上注13，頁652-654。

法官之留意。瑞士草案第四十七條規定法官於科刑時須審酌犯人
之犯意與犯罪之動機、犯罪以前之品行及犯人地位之關係，德國
草案及委員會刑法草案採用其制，而情節更加詳晰，本案略施其
意，規定本條。[23]

　　從立法理由中的說明，本條係仿自瑞士草案及德國刑法準備草案之
例，在〈總則〉中設專條臚舉科刑時應審酌之事項，以導引法官的留
意。此條規定將《欽定大清刑律》及《暫行新刑律》裁量減輕事由之主
觀要件「犯人之心術」納入法定刑之審酌標準，而有關犯罪之原因、目
的、結果等，又幾乎都與「犯罪之事實」有關，乃將裁量減輕之客觀要
件「犯罪事實」也納入該法定刑內之審酌事由。

　　民國八年（1919）《改定刑法第二次修正案》第77條條文內容同
前第二次修正案，即第63條：「犯罪之情狀可憫恕者，得酌減本
刑。」第78條：「依法令加重或減輕者，仍得依前條之規定酌減本
刑。」本條較特殊者，以前係依「法律」，此次改為依「法令」，為何
如此修訂，理由不明。而第76條第1項規定：「科刑時應審酌一切情形
為法定刑內科刑輕重之標準，並應分別情形注意左列事項：一、犯罪之
原因。二、犯罪之目的。三、犯罪時所受之刺激。四、犯人之心術。
五、犯人與被害人平日之關係。六、犯人之品行。七、犯人智識之程
度。八、犯罪之結果。九、犯罪後之態度。」第2項則規定：「科罰金
時並應審酌犯人之資力。」仍包含犯罪行為人犯罪之主客觀因素。

　　民國十七（1928）年3月公布之「舊刑法」第77條：「犯罪之情狀
可憫恕者，得酌減本刑。」第76條有關法定刑內科刑之審酌事由，其
內容與民國八年《改定法定刑第二次修正案》相同，足見「舊刑法」關
於這部分完全採納該修正案的內容。而在第77條的立法理由中，仍提
到「情狀」一詞，包含了心術及犯罪事實的觀念，而可憫恕者則以因報
讎而殺人或因貧寒而行竊者為例，從而即使條文中已未見有心術及事實

---

[23] 引自黃源盛纂輯，同上注13，頁653-654。

的用字，但從立法沿革來說，犯罪動機與犯罪情節輕微兩者有其一，再加上犯罪之情狀可憫恕者，即可成為酌量減輕其刑的對象。

民國二十四年（1935）1月1日公布之「現行刑法」：關於裁量酌減部分第59條：「犯罪之情狀可憫恕者，得酌量減輕本刑。」第60條：「依法律加重或減輕者，仍得依前條之規定酌量減輕其刑。」關於科刑之輕重標準，第57條：「科刑時應審酌一切情狀，尤應注意左列事項，為科刑輕重之標準：一、犯罪之動機。二、犯罪之目的。三、犯罪時所受之刺激。四、犯罪之手段。五、犯人之生活狀況。六、犯人之品行。七、犯人之智識程度。八、犯人與被害人平日之關係。九、犯罪所生之危險或損害。十、犯罪後之態度。」此與民國十七年「舊刑法」的內容大同小異。

綜上所列，以有效施行之刑法典論，《欽定大清刑律》及《暫行新刑律》，對於裁量減輕部分均以「犯人之心術」及「犯罪之事實」為要件；至民國十七年之「舊刑法」始改為「犯罪之情狀可憫恕者」為要件；另外，增訂科刑應審酌之一般標準，台灣現行刑法仍沿襲「舊刑法」之規定，惟於2005年第59條修正為：「犯罪之情狀顯可憫恕，認科以最低度刑仍嫌過重者，得酌量減輕其刑。」比較特殊的是，在「舊刑法」頒布施行前的《欽定大清刑律》及《暫行新行律》係仿自日本，只有「酌減」之規定。衡諸各國立法例，歐陸法系國家之日本、法國僅有「酌減」之規定，德國、瑞士僅有「酌科」之明文，何以我國自「舊刑法」以迄「現行刑法」兼具「酌科」與「酌減」兩者？

肆、民初大理院關於「酌減」案例探析

自清末繼受歐西法律思潮，於1911年頒布第一部近代刑法典後，未及施行，清廷鼎覆；接著，北洋政府軍閥為政，此期間，新舊思想交

替，政潮洶湧、生靈不安。在這樣的年代，如何落實近代罪刑法定主義的精神？又是如何論處情堪矜憫的特殊個案？經統計，從1912至1928年間，最高司法審判機關「大理院」審理有關「酌減」的判決為數不少，其中，被選為判例者計8則，有全文可稽者6則，以下依當時所適用的《暫行新刑律》第54條：「審按犯人之心術及犯罪之事實，其情輕者得減輕本刑一等或二等。」為據，分別歸納為五種類型，另佐以析解，以明酌減規定的運用實況。

一、酌減事由必須與本案具有關連性但以判處法定刑之最輕刑猶嫌過重者為對象

（一）判例要旨

在未決監遇火災，未曾逃走，不能為刑律第五十四條減輕之理由[24]。

（二）案情解析

1.吉林高等審判廳認定事實，田振文與王孫氏向有姦情，6月21日又至王家續姦，王孫氏謊稱已為伊夫叔田俊查知，行將不利於振文。後經振文訪明所言不確，於前清宣統二年5月初不記日，至其家詈罵，用手槍擊傷王孫氏左足面，洞穿腳心；鄰居朱海出而攔阻，亦遭槍擊，倒地殞命。案經檢察官起訴，由吉林高等審判廳判決，處被告一等有期徒刑確定。總檢察廳檢察長以原判有通姦罪未經有告訴人告訴，訴追條件不具備；另以吉林失火延燒，省屬監獄官將田振文提解出城，田中途安靜守法，不得為減輕之理由等違背法令的情形，提起非常上告。

2.本案，田振文欲槍殺王孫氏，但一擊不中，僅傷及王孫氏足部，

---

[24] 大理院二年非字第23號判決，引自黃源盛纂輯，《大理院刑事判例輯存》〈總則編〉（台北：犁齋社，2013年），第3冊，頁1435-1438。

依《暫行新刑律》第311條，成立殺人未遂罪。之後，攜槍逃走，鄰居朱海攔與理論，田振文因圖逃脫，又槍斃朱海，另成立殺人既遂罪。大理院肯認原判決，對於田振文槍擊二人係犯數罪，應予併罰，不應僅論一個殺人罪。

　　3.另大理院指出，被告田振文在未決監，遇火災未曾逃走，且途中安靜守法，此等事由，明顯與本案不具有相當關聯性，尚不足以構成《暫行新刑律》第54條：「審按犯人之心術及犯罪之事實，其情輕者，得減本刑一等或二等。」之法定要件，駁回本件非常上告。

　　4.此外，酌減必須減至法定刑範圍之外，如酌減後之刑，仍不軼出法定刑之範圍，即與酌量減輕之意旨不合。本案，大理院認為：「查加減例，應於各最重本刑加之，或最輕本刑減之，始能收加減之實效。原判敘明減輕一等，處以一等有期徒刑十年，仍在第321條（殺人罪）選擇刑範圍以內，此其違法之點。」足見，適用《暫行新刑律》第54條之前提要件，須以宣告最低度法定之刑猶嫌過重者，方得援引。

二、酌減以犯罪本人之心術及其犯罪事實情輕者為限

（一）判例要旨

> 上告人等強盜殺人事實無可遁飾，果無其他特別減輕理由，僅係聽糾同行，尚難謂為可原，且刑律第五十四條酌減條件，係以犯罪人之心術及其犯罪事實情輕者為限，不以比較他之共犯情節輕重為標準。原審以上告人等犯罪情節，比之起意首犯持械下手者較輕，為之酌減，殊覺未當。[25]

---

[25] 大理院十一年上字第607號判決，引自黃源盛纂輯，同上注24，頁1454-1456。

（二）案情解析

1.依訴訟紀錄，已死倪士顯看瓜臥棚地上有挖掘踐踏痕跡，及倪士顯因受傷身死，俱經原縣分別勘驗明確，填單附卷。上告人等於如何聽從許劈柴糾邀上盜，許劈柴等在臥棚內如何毆打倪士顯，扒出銅元，如何將倪士顯架出，上告人等又如何聽從分按頭腳，將倪士顯殺害，並如何分受銅元等情，已在初審及覆審先後供認不諱。雖在原審主張縣供出於刑求，但屬空言，毫無憑證。其提出之反證，復經傳訊倪得順、倪小小、倪喜亭所供各節，亦不足以資證明。是上告人等強盜殺人事實，無可遁飾。

2.本案，大理院對於案情，認定上告人等強盜殺人事實證據確鑿，又查無其他特別情輕法重事由，僅係聽糾同行，尚難謂為可原；且《暫行新刑律》第54條酌減條件，係以犯罪本人之心術及其犯罪事實情輕者為限，不以比較其他共犯情節輕重為標準。原審以上告人等犯罪情節，比之起意首犯持械下手者較輕而為之酌減，殊有未當。

3.次按倪士英在縣初供即稱：「五個賊人各拿洋槍、木棍、器械，進地放了一槍，闖至臥棚內」，又在原審前次審理中指供，上告人等當時所持器械歷歷如繪，上告人等所稱徒手在地旁等候，是否可信亦堪推鞫。至上告人等在覆審所稱：「許劈柴使馬棒把民們毆打，倪得公們聲稱如再違抗，把民們一併殺害，逼民無奈，民們按住頭腳，他們毆打的」云云，又為初判審中兩次供所未曾提及，究竟實情如何，果否達於不得已之程度，原審亦未審究明晰，仍不無發還更審之原因。

4.依以上論結，大理院認為原判應即撤銷，本案發還山東高等審判廳，更為審判。

三、酌減以犯人心術及事實二者有一情輕可原者即可

（一）判例要旨

刑律第五十四條之規定，按之法理及文字解釋，凡犯人心術及事實二者之中有一情原，集合於減等之條件，故無須心術、事實二者同時情輕審判官始有裁量減等之職權。[26]

（二）案情解析

1.本案殷文卿向無職業，寄住外婆李婁氏家內，在火官殿說書。史黃氏之子史梅村在福興齋紅紙店當學徒，曾往聽說書數次，因相認識。民國五年舊曆9月間，殷文卿乘間將史梅村邀至家內住宿三日，謂漢口地方學生意甚好，約其多湊川資同赴漢口。梅村遂往其姑丈周笠夫家，假史黃氏名義給取首飾衣服多件，隨文卿搭輪赴漢。抵漢後，住棧房遊耍數日，川資耗去大半，文卿復挈梅村至南縣三仙湖曾宏勝飯鋪居住。嗣因川資告罄，文卿即將梅村拋棄在該處學習唱書，私自回家。旋被史黃氏查知，將文卿扭赴警署，轉解長沙地方檢察廳偵查起訴。

2.本案，第一審法院依《暫行新刑律》第349條：「以詐術和誘未滿二十歲之男子罪」，判處殷文卿三等有期徒刑三年。第二審法院認為被告與被害人史梅村二人均係年幼，誘往唱書，畢竟與一般誘拐者有間，尚屬偶發的犯罪，認定犯罪行為人心術依其情節不無可原，乃依該律第54條，於第349條之本刑範圍內減一等科斷，處以四等有期徒刑一年。

3.檢察官以為史梅村充當學徒，並非無業之人，起初被殷文卿誘往漢口，後來又被拋棄於南縣三仙湖某飯店內，若非史母設法找回，勢必流離失所，核其犯罪情節重大，不能因係偶然犯罪而適用第54條酌減。何況，該條酌減的原因必須心術與事實兩者都在情輕之列方屬合

26　大理院六年上字第432號判決，引自黃源盛纂輯，同上注24，頁1445-1448。

法，此觀諸條文內規定「及」字，其義甚為明顯。原判決所謂偶發犯罪，不過原其心術尚屬情輕，若衡以事實則不盡然，第一審判決處殷文卿以三等有期徒刑，實屬情罪相符；第二審判決並無撤銷改判之必要，乃竟酌予減輕，檢察官認為原判決宣告刑罰裁量失當，而提起第三審上告。

4.大理院則以：「查刑律第五十四條之規定，審按犯人心術及犯罪事實，其情輕者得減本刑一等或二等等語。按諸該條法理及文字解釋，凡犯人心術或犯罪事實二者之中有一情輕可原，即合於該條減輕之條件。固無須心術、事實二者同時情輕，審判官始有裁量減等之職權。」最終大理院認為，本案第二審判決於法並無不合，檢察官之上告，其解釋法律殊屬錯誤，為無理由，應行駁回。

四、第三審法院得依職權逕為酌減之認定

（一）判例要旨

> 本夫之姦夫與其妻相姦之情，因孤身無援，無奈伊何。一日與姦
> 夫同至家內睡宿，因其乘間又將妻姦淫，聞妻告知後即行殺害
> 者，情節可原。[27]

（二）案情解析

1.本案，楊喜根於民國三年，寄居蒲城東鄉保乃凹，至民國五年春間，因天道亢旱，搬居黃龍山務農，適有同鄉素不相識之田姓常在黃龍山結夥張姓，各拿快槍，浪蕩為匪。楊喜根往地工作，家留少妻李氏，田姓持槍將楊喜根之妻李氏霸姦，其妻雖已告知其夫，而楊喜根因孤身無援，無奈伊何。田姓仍不時前往伊家姦宿，致迫楊喜根夫妻不能安居度日，遂商通將其半歲幼子有全，拜田姓為乾父，冀圖不再欺侮起見，

---

[27]　大理院六年上字第109號判決，引自黃源盛纂輯，同上注24，頁1441-1444。

田姓猶不滿，竟對李氏云；要將其夫楊喜根致死，令李氏與伊作妻。李氏不忍拋棄本夫，即對楊喜根言明，楊喜根畏懼，與妻子仍回保乃凹寄居。迨至陰曆9月13日，楊喜根往黃龍山收穫所種包穀，中途撞遇田姓，遂未前進。就於是月16日晚同回到楊喜根家中，楊喜根同田姓一處睡宿，其妻李氏染病臥床，田姓乘楊喜根睡熟，竟將李氏姦淫，楊喜根忽醒，李氏告知復姦各情，以致楊喜根氣忿，乘田姓在床睡熟，登時砍傷田姓額顱等處，經房主王德懋聽知，將田姓、楊喜根一併送縣，行至中途，田姓因傷身死，報經蒲城縣知事檢驗屬實，提起公訴。

2.經查，楊喜根因田姓霸占其妻而生殺害之心，楊喜根已供述明確，又徵諸田姓被殺部位、殺傷的深度等證據，認定被告係故意殺人，而非傷害致死，大理院對於覆判庭論以《暫行新刑律》第313條「傷害致死罪」，認為引律錯誤，乃撤銷原判決，改依第311條「殺人罪」論處。又認為被告是因為田姓霸姦其妻，一時情急氣忿始起意殺害，其情不無可原，乃依第54條，於刑律第311條之主刑範圍內，減二等，改判有期徒刑三年。

3.有爭議的是，第三審法院為法律審，原應以第二審判決所確認之事實為基礎，第二審判決中倘無情輕法重犯罪情狀之記載，第三審法院能否能依職權逕行適用《暫行新刑律》第54條酌減之規定？大理院顯然採肯定之見解，認為酌減與否的犯罪情狀係屬裁判事實，與犯罪事實及法定刑加重或減免原因之法定事實不同，無須再加辯論。第三審憑原判決之記載或卷內可稽的一切訴訟資料，為綜合的考察後，即可認定其犯罪情狀是否足堪憫恕，而自為酌減，這是屬於法官的自由裁量範圍。

4.申言之，《暫行新刑律》第54條裁判上的酌減，性質上是屬於刑罰裁量的範圍，與犯罪事實及法定刑罰加重或減輕原因之事實之認定不同，應屬法院得依職權認定的情狀事項；且若事實審法院對此項實體法上所賦予法院得為裁量的事項，有未予考量或其認為情無可恕，但是基

於不當的理由時，第三審法院亦得依職權逕行認定[28]。

五、不符合酌減規定者

（一）判例要旨

> 刑律第五十四條原為犯罪之情輕者而設，情輕與否應就犯人心術
> 及犯罪事實切予審核，條文之規定本極顯明，不容背其領要而濫
> 行援引[29]

（一）案情解析

1.山東臨淄縣署認定事實略稱：翟修、董周於民國七年舊曆7月15日，夥同房來福及張如南等闖入房家六端莊內，強擄房夢齡、房昌齡、房冠瀛、苗氏、房柏齡、房冠軍、房冠賢、房冠儒、房小業、顧氏、房姑仔、范小漢、齊氏、李仔、于用仔十五人出莊後，將房夢齡放回，其餘十四人一併架走，行至五路口，經警隊全數救回。是月22日，有警隊由白兔邱拿獲購運槍彈女匪李氏即張如南之苟合妻，並匪夥閻相順在鄭家辛莊住宿，張如南聞信糾人圍莊搶奪，翟修、董周夥同前往，經警隊迎擊，逃逸。八年舊曆6月21日，翟修、董周夥同金寶仔等強擄朱台莊人朱新起、朱鎖住二人，27日又夥同強擄趙家莊崔林一名，均經警追剿救回。7月11日，又夥同金寶仔等前往單家莊搶架，將該莊莊長單重華之子單繼武揪住，令指財主門戶，行至王兆祥門首，因單繼武不走，金寶仔喝令董周下手，董周轉令由翟修放槍，將其轟傷肚腹身死，各散。閏7月4日，又夥同金寶仔等，搶得雙廟子莊張修智銀錢、布疋等物，經警隊查獲送縣。

---

[28] 另參閱大理院五年上字第91號判決亦云：「釁起彼造，又非下手殺人之犯，兩審處以無期徒刑，並未越法定範圍，而原其心術及犯罪事實尚有酌減之餘地，本院自得予以改判。」參閱黃源盛纂輯，同上注24，頁1439。

[29] 大理院十年非字第16號判決，引自黃源盛纂輯，同上注24，頁1449-1453。

2.據查證，翟修等被告屢次擄人勒贖，並曾以強盜之目的施強暴盜取，擄人勒贖以擄人行為之既遂為既遂。又強擄本屬強盜之一種，強盜未遂當場殺人者，應含其強盜及殺人之行為，論以強盜殺人罪。被告人等犯強盜殺人及擄人勒贖，聚眾強劫被逮捕人等重大犯罪至二十一罪之多，事證明確，科刑時是否得援引《暫行新刑律》第54條予以酌減？大理院判決指出：「按律，逮捕人雖均係夥同別犯實施，然既已夥同實施，以事實言，何情輕之有？歷次夥同實施，尤見其甘心為匪，以心術論，更無情輕之可言。」至於鎗斃單繼武時，被告翟修曾經下手，董周亦曾當場指揮，於法既均為共同正犯，而因單繼武不肯充當眼線，即肆行鎗斃，「以事實論、以心術論，尤無判為情輕之理。乃原審僅因其並非匪首，謂與悍匪有間，且於殺人一事，謂係聽從匪首指揮，而於所犯之事實及其心術全未審核，濫引刑律第五十四條減等科斷，殊屬違法。」

3.按《暫行新刑律》第54條有關酌減之規定，審判上雖得自由裁量，然亦須以合於法定要件者為限。本案，大理院除認原判決誤解中止犯之意義，係屬違法外，同時指出：「刑律第五十四條原為犯罪之情輕者而設。情輕與否，應就犯人心術及犯罪事實切予審核，條文之規定本極顯明，不容背領要而濫行援引。」此等理由，歷來少見有嚴屬之指正，揭示對酌減之運用，須審慎為之，切勿輕率援引，論證有力，說理清晰，值得肯定。

伍、「酌減」的歷史、理論與比較立法例

有人類的地方，就會有犯罪行為的發生；有犯罪就要有刑罰的制裁，此乃古今中外皆然也。不過，由於犯罪的情狀千殊萬別，刑罰之限度不一，若拘泥一致，對於堪以矜宥之人或有失入之病，為示「憫恕之

心」，為求「全法原情」之道，乃有「酌減」法例之設。惟近現代以來究該如何落實於刑事立法，揆諸各國立法例，並非一致。

一、酌減是否須明文的思辨與立法史的發展

「酌量減輕」，或稱「酌減」，有無必要明文規定於刑典之中，在20世紀初頃，從文獻上看來，有正反兩種不同意見，主張無須規定的理由大致如次[30]：

其一，犯罪的情狀不一，倘情狀可憫，量刑時僅在法定刑的限度內科以輕度刑即可；至於有些案件或有必要減至法定刑之外，那也無須明文，若硬性規定，將使兩者之間，無從區別，蓋雖係同一犯罪情狀，不同的審判者，往往出現分歧的見解。

其二，得減輕情狀的事由，是要發生於行為之前？抑或存在於行為之後？認定往往因人而異，必至任何事情皆可認為得減輕情狀，殆無從為之限界。又減輕情狀，常不以存於行為人自身的舉動為必要，科刑之量處，經常為無關犯罪行為的事物所左右，如須明文規定，將會有導致「得科以不由行為本身直接實現之刑」的結論。

其三，是否減輕情狀的考慮，一般而言，大都存在於多數重罪的犯罪類型，而非一切重罪。輕罪僅止於很少的範圍，違警罪則完全不認有酌量情狀之必要，法理上殊不一貫。

其四，在司法實務的運用上，有時會遇到無甚深理由得減之某罪，權變地承認它得減；反之，一目瞭然毫無疑義得減輕情狀的案件，也常有某審判官以為不值一顧，而另一審判官於同一之犯罪為相反之認定者，如此一來，審判結果不統一，並不公允。

---

[30] 此說為瓦亨費德所主張，參閱德意志刑法教科書，頁264-265，轉引自謝光第，〈酌量減輕情狀〉《法律評論》，民國十六年9月11日，第219期，頁5-7。

至於贊成「酌減」有必要明文規定的說法，其理由不外乎[31]：

其一，法律雖曾預測罪責的程度，於規定刑罰之際，詳為擬訂，然世事千端萬緒，豈能絲毫無忽？況其繁雜，又大抵存於行為人的身分；即罪責程度也因人而異，各不相同，決無萬人共通的絕對罪責。

其二，法院雖得於刑罰之最高限與最低限之間，參酌罪責之程度，然終不出同種同量之刑，殊不足以適合個案絕對正義的觀念，況於不有最低限之無期徒刑與死刑乎？

其三，行為人之故意、意思自由、辨別理性，有不完全者、有非全部者、有完全喪失者，此等情形，法律上固已設有減輕之規定，然其程度之淺深，千差萬殊，法律規定豈能精密無遺？此所以有賦與審判官以酌量權之必要。然此所謂「酌量權」，乃其情形已為法律所確定且制限者，審判官但就其所受理的案件，認證其情狀之存在與否。反之，酌量減輕情狀，乃法律所不制限者，行為人違犯時，得否減輕其罪責？審判官應從其良心與理智而判斷之，通常得以容許酌量之情狀，大抵存於敗德或加害之小者[32]。

其四，採用酌量情狀制，可使刑法具有三種優良特質：聰明、公正、寬仁。

考察法制歷史，19世紀以來，歐陸興起「罪刑法定主義」的風潮，而為了緩和法定刑的制限過於僵化，乃有所謂「酌減」的立法例。此制始見於法國1810年的《法蘭西刑法》，當時僅以輕罪為限，重罪不與焉。具體來說，其因犯罪而生之損害額，以不超過25法郎，且可予原情輕減者，審判官得將禁錮及罰金，減至法定最低限以下，並得以罰金代禁錮。及至1824年，始擴充第463條之制，及於重罪事件，凡犯

---

[31] 此說為波安納德所倡，參閱謝光第，同上注30，頁7-8。

[32] 例如察犯人之動機，有因受惡劣教育，或自幼模範不善，而陷於罪惡者；有素行善良，足以掩其犯時之非議者；有以其犯後悔悟，足予減輕者，此皆所謂敗德之小者也。又如竊盜事件，有被竊之物，較諸被害人所有財產，不過九牛一毛者；殺人未遂案件，有實行端緒被阻，被害人絲毫未受傷者，皆所謂加害之小者也，敗德之小者與加害之小者，俱得加以酌量減輕。

某項重罪的被告，若非遊民或累犯，得以輕罪刑代身體刑，惟此種酌量輕減之權，在重罪裁判所而不在陪審。1832年，法國鑑於之前的法律不夠周詳，乃大加改良，賦予陪審得宣告一切重罪事件減輕之權。又刑法所規定之一切輕罪及違警罪，也可無限制酌量減輕。其後，1863年對於輕罪案件，曾制限審判官的減輕權，但此種限制，存立未久，於1870年11月即行撤廢。

　　立法例上，刑罰之減輕，如賦予法官得自由裁量權者，稱之為「職權主義」；倘悉以法律規定，不許法官自由裁量者，稱之為「法定主義」。因為刑罰之加重，涉及人權的保障，為符罪刑法定主義之原則，立法例上多採法定主義；至於刑罰之減輕，係對行為人有利，立法例上有採職權主義者。綜觀19世紀末20世紀初當時世界各國有關酌量情狀的法制，大要列表如下[33]：

類型	內容	採行國家
一般酌量情狀制	酌減與否，並不設限，悉聽審判官之衡量。	法國、比利時、盧森堡、匈牙利等。
附帶法定制限之特別酌量情狀制	酌減須與法律所預定之犯罪種類相符者，始得由審判官宣告之。（採職權主義）	葡萄牙、德意志、西班牙、澳大利亞等。
無須酌量情狀制	在法定範圍內，其刑之量定，已付與審判官絕對權，無再特設酌量減輕制度之必要。（採法定主義）	英吉利。

　　從法理上言，刑法之所以規定「酌減」的主要理由，無非在於犯罪的情狀不一，為求罪情相當而免刻舟求劍，法定刑度雖有彈性，然情輕法重之情形在所難免，若科以最低度刑猶嫌過重者，即得酌量減輕其刑至法定最低刑度之外。此項緩和法定刑限制的立法例，以1863年法國刑法第463條的修正為嚆矢；其後，德意志、瑞士、奧地利、日本等國刑法草案[34]，以及義大利刑法第132條第2項，皆有酌量減輕之規定。其

---

[33] 參閱謝光第，同上註30，頁4-5。
[34] 德國草案第74條、瑞士草案第61條、奧地利草案第103條、日本草案（明治34

中，尤以明治十三年（1880）日本「舊刑法」第89條第1項：「無論重罪、輕罪、違警罪，所犯情狀可原諒者，得酌量減輕本刑。」之後，日本刑法第66條：「犯罪情狀可憫諒者，得酌量減輕其刑。」[35]此兩條立法例是晚清民國繼受的主要法源之一，具體說來，我國係採職權主義，將酌減規定在〈總則編〉，並採「得減制」。[36]

二、原情定罪的傳統價值與當代意義

前面說過，由於傳統中國舊律採取一罪一刑，並採「絕對法定刑」的立法技術，同屬一罪，未見有伸縮選擇其間的相對法定刑設計，惟個案情狀千差萬別，想要以單一的法定刑來規範無窮的人事，戞戞乎其難哉！為此，審判者究竟要如何盡其準情酌理之責？量刑要如何允執厥中？也就成為下判時的要務。

泛泛說來，傳統中國司法由於受到儒家思想深刻的影響，司法實踐的終極理念，並不祇是強調機械式地適用法律為已足，而是想透過司法以維護建立在情理基礎之上的和諧社會秩序。換言之，在司法實踐中，普羅百姓所最關心的，並不是成文法是否得到嚴格意義上的適用，而是重視判決的結果能否情理兼到？能否情法兩盡？蓋唯有順應情理、符合法理的裁判，才能使當事人心服，也才能使公眾信服，從而實現衡平司

年改正案）第78、79條、義大利刑法第132條第2項。參閱小野清一郎，《中華民國刑法 總則》（東京：中華民國法制委員會，1933年），頁284。

[35] 參閱三田奈穗，〈明治期における酌量減輕導入－（二）関する一考察〉《Review of Asian and Pacific Studies》，No.42，頁161-172。

[36] 相對於此，德國刑法雖亦有設置廣泛授權法官為減刑裁量的規定，惟並非採我國與日本所用之概括授權酌減的立法方式，而是按其得以憫恕的行為情節、保護法益、期待可能性、緊急避難之陳述、虛偽陳述之適時更正、傷害相抵、在危險嚴重發生前努力防止危害之擴大等等因素，分別在第23III、83aI、113IV、157、158、233、311II、315VII1、316Aii等條加以規定，委由法官依裁量減輕其刑。參閱蘇俊雄，《刑法總則》（台北：作者印行，2000年），頁441。

法的法律效果與社會效果[37]。

　　實際上，在傳統中國「差序格局」[38]的社會整體結構和「陽儒陰法」的社會治理模式下，司法實踐帶有濃厚的道德性智慧判斷傾向，有時為了體現個案的實質正義，往往將司法的技術性知識穿插於相關的論證當中。儘管須依法裁判，而我們卻也很容易發現，在具體個案中確實存在著相對的差異性，「準情酌理」「原情定罪」仍是個案裁判實質正義的最終理想目標。

　　理論面，傳統中國社會所強調的「情理法」兼顧的綜合法律觀[39]，無論是「情」，還是「理」，都不是一種個別性因素，而是一種具有普遍意義的合理性因素。祇不過，這種普遍意義的合理性因素，在具體的個案中，相對於一般的規範而言，它通常是一種需要予以特殊考量的例外。因此，對於審判而言，所謂「情法兼到」「情理兩盡」，無不蘊含著一種人性的需求，以彰顯司法的人文社會關懷。可以說，傳統中國法文化，不論是立法或司法面都寓有濃濃的泛道德理想，對於人與法和人與社會的意義，最後都集中到道德層次，表現出一種基於道德所擁有的共通原理和內在價值。

　　其實，不分中外，德國學者賴德布魯夫（Gustav Radbruch, 1978-1949）在談到「仁慈與法」的問題時也曾指出：

> 正義與仁慈——這是法律職業的根本問題……與根據平均計算的法律不同，個案的正義之具有效力，是由仁慈所決定的……在仁慈那裡，面對法的全面的理性化要求，和親可愛的偶然性必定提

---

[37] 參閱顧元，《衡平司法與中國傳統法律秩序》（北京：中國政法大學出版社，2005年），頁92。

[38] 費孝通用「差序格局」一詞形容傳統中國社會關係和家庭關係，主要是指家庭關係中的「差別」特性，差別是漸次的，構成一個錯落有致、差別明朗的關係網絡，或也可稱為「身分秩序的等差性」。參閱氏著，《鄉土中國》（上海：三聯書店，1985年），頁21。

[39] 參閱霍存福，〈中國傳統法文化的性狀與文化追尋—情理法的發生發展及其命運〉《法制與社會發展》，2001年，第3期，頁1-180。

出自己的要求。[40]

　　原情定罪之所以作為刑輕刑重的標準，本係用以達到「刑罰世輕世重，惟齊非齊，有倫有要」[41]的理想境地，這本是輕重有權、隨案制宜思想的運用。理想上，司法要實現正義，一方面，既要依法裁判，以實現一般法律層面的形式正義；另一方面，又要存有一顆「悲憫之心」，以實現個案情理層面的實質正義。中國古代自漢朝董仲舒（179 B.C-104 B.C）高度運用「經權思想」，採用「春秋折獄」以來[42]，「天理、國法、人情」三位一體構成了中國司法傳統中最重要的司法理念，所謂「志善而違於法者免，志惡而合於法者誅」[43]，就是這種法理的依據，在司法裁判方式上，「法不外乎人情」，抑或「原情定罪」，就傳統法律價值而言，追求情理法兼顧是相當明顯的特徵，這使得傳統社會司法案件有其溫情的一面。

　　以本章第二節中的唐代「康買得救父殺人案」來說，唐穆宗在敕令裡，針對康買得的犯案情節所做出的結論，便是「原情定罪」的典型案例。明代思想家邱濬（1420-1495）評斷本案時說：「論罪者必原情，原情二字，實古今讞獄之要道也。」[44]此語相當中肯。再以同一節中所提的清代《刑案彙覽》中的「縱妻犯姦案」看來，為避免司法人員的擅斷和恣意，法律也對法吏的裁量權作出一定的限制，要求做到所謂的「罪刑法定」，但在傳統中國的法制運作中，審理案件時，所追求的首要目標並非僅是斤斤於適用成文法而已。已確立的法規範所標誌的祇是一種價值預設，在具體案件中，當事人所犯的情節可能外溢於先前法規

---

[40] 轉引自舒國瀅譯，〔德〕古斯塔夫・拉德布魯赫著，《法律智慧警句條》（北京：中國法制出版社，2011年）。

[41] 引自《尚書・呂刑》，屈萬里註釋，同上注4，頁182。

[42] 有關董仲舒「春秋折獄」的相關論述，詳參黃源盛，《漢唐法制與儒家傳統》（台北：元照出版社，2009年），頁7-173。

[43] 引自桓寬，《鹽鐵論・刑德》（台北：三民書局，1955年），頁700。

[44] 參閱邱濬，《大學衍義補》（京都：中文出版社，1979年），卷108，「謹詳讞之議」，頁16-17。

範的預設，若「守法意而拂情」，則破壞整個社會對合理行為的期待。「斷訟務精於律」，精在能「馭權變以拯俗，而非刻薄之偽論。」透過變通適用律文，「重視情理對法律的過濾和檢驗」，期使做到既合法又不悖情理，方能找到一種衡平的感覺。

　　再回頭來面對當下，如果說，法史研究的目的，是為了要通古今之變，是要明中外之異，進而要究當世之法，那麼，探討晚清民國百多年來的「酌減」立法衍化與司法實踐究竟給了我們什麼樣的啟示？

　　就現今言，依法治國家權力分立的原理，法官行使刑罰的裁量權，仍必須遵守罪刑法定的原則，而量刑結果所選科或酌科之刑、所確定的刑度，也不得逾越法定刑的範圍。基於罪刑法定的要求，立法者對各種犯罪行為的法律效果，包括其刑罰之最高與最低刑度的標準，原則上也均予明確規定。惟犯罪個案的情節各殊，雖然各種類型的構成要件具有「抽象性」，且絕大多數的法定刑係採「相對刑」立法方式，而有最高與最低刑度彈性規定，以便於斟酌裁量；但是，這種法定刑的規定原則上僅能因應常態性、典型性的犯罪行為。若遇有客觀上之犯罪情狀有可堪憫恕的事實，儘管只科處法定刑之最低刑度仍嫌過重的情形，此際，法官對該法定刑之最低刑度規定如未擁有修正權，則法律恐將棄人情於不仁，形成苛律，而與現代刑法的刑事政策指導原理亦有未洽。[45]

　　為了使法官在具體案件的審理上，對犯罪之情狀有可憫恕之事實者，得按情理而有適當的科刑，刑法乃特別明文賦與法官得酌量減輕各該法定刑之權，民國以來稱其為「酌量減輕」或稱「酌減」。問題是，自民國十七年的「舊刑法」第76條規定科刑時，應審酌一切情形為法定刑的科刑輕重標準，並例示應注意的事項；另於第77條規定犯罪之情狀可憫恕者，賦與法院以酌減之權。民國二十四年的「現行刑法」第57條與第59條的內容，雖有少許文字上的異動，但大致上沿襲上述規定。雖然「酌科」與「酌減」與「適當刑罰」的裁量均有關係；但是前

---

[45] 參閱蘇俊雄，同上注36，第3冊，頁348。

者為「量刑」的標準，而後者則為「酌減」的依據，兩者有別，不能混淆[46]。不過，法理上及實務上還有幾個問題尚待進一步的釐清。

其一，酌減權之概括授權的法律明確性問題

刑法酌減立法的意旨，係就犯罪情狀在客觀上可憫恕者，以其犯罪實害極其輕微，而立法時又不能就萬變之事實情狀預為規定，故予法院就具體個案有酌減之權，庶不致為法定刑中最低度所限，而致有失當之虞。就此而言，係屬於一種「情輕法重」的概括授權規定。本條立法，尤其對「從嚴立法」的刑事政策，具有補救的意義[47]；惟台灣現行刑法第59條的概括授權規定本身，乃屬一「不確定的法律概念」，是否符合現代民主法治國家刑法法理中的授權明確性原則？是否會造成立法與司法權限分際的模糊？論者甚至提出是否有合憲性的問題之嫌[48]。

為貫澈刑法保護法益與維護司法公平性的功能，台灣刑法於2005年修正為：「犯罪之情狀顯可憫恕，認科以最低度刑仍嫌過重者，得酌量減輕其刑。」修法理由說[49]：

一、按科刑時，原即應依第57條規定審酌一切情狀，尤應注意該條各款所列事項，以為量刑標準。惟其審認究係出於審判者主觀之判斷，為使其主觀判斷具有客觀妥當性，宜以「可憫恕之情狀較為明顯」為條件，故特加一「顯」字，用期公允。

二、依實務上見解，本條係關於裁判上減輕之規定，必於審酌一切之犯罪情狀，在客觀上顯然足以引起一般同情，認為縱予宣告法定最低刑度猶嫌過重者，始有其適用，乃增列文字，將此適用條件予以明

---

[46] 參照最高法院1973年第一次刑庭庭長會議決議(四)。

[47] 例如刑法規定「唯一死刑」的犯罪類型，其「法定刑」甚嚴，若有情輕法重的情形，裁判時是否可援引刑法第59條酌減其刑之規定，以避免過嚴的刑罰？司法院大法官釋字第263號的解釋，即係引據刑法第59條之規定為理由，而認為刑法唯一死刑之罪的規定，尚未違背憲法第23條所揭示的「比例原則」。

[48] 參閱蘇俊雄，同上注36，第3冊，頁440-441。

[49] 參閱黃源盛纂輯，同上注13，頁1298。

文化。

其二，刑法第59條「酌減」與第57條「酌科」之適用應如何定其分際？

　　如前所述，台灣現行刑法第57條在規定科刑時應審酌犯罪行為人犯罪時的一切情狀，並例示應注意的事項，係科刑輕重的標準，而同法第59條規定則係一種降低法定刑最低刑度的授權規定。這兩者適用上固有區別，惟實務上這兩條規定的分際如何，仍有頗多爭議，有求取見解一致的必要[50]。此外，刑法第59條與第57條之適用，其間應如何定其分際？又第二審判決未認定酌減其刑之事實，第三審法院可否依職權逕行認定？實務上也出現過不同看法，個人認為：

　　一、刑法第57條係純從犯罪之情狀為觀察，而第59條則進而更將犯罪之情狀與法定刑作綜合之觀察，必俟作此綜合審察後，認為依法定最低度刑科處仍嫌過重者，始有第59條之適用；否則，祇屬第57條之審酌範圍，而與第59條無涉；從而可知，所謂「憫恕」，乃不忍以某種法定最低度刑相加之意，非僅言憫恕其犯罪本身[51]。

　　二、所謂「犯罪之情狀」與「一切情狀」云云，並非有截然不同之領域，於裁判上酌減其刑時，應就犯罪一切情狀，包括第57條所列舉之10款事項，予以全盤考量，審酌其犯罪有無可憫恕之事由，即判例所稱有特殊之原因與環境等等，在客觀上足以引起一般同情，以及宣告法定最低度刑，是否猶嫌過重，以為判斷。故適用第59條酌量減輕其刑時，並不排除第57條所列舉10款事由之審酌，惟其程度應達於「顯可憫恕」，始可予以酌減。

---

[50]　參閱最高法院1981年5月16日第六次刑庭決議。另參閱最高法院1956年台上字第1165號、1962年台上字第899號判例。最高法院刑事庭長會議也作出決議，認為適用第59條酌量減輕其刑時，並不排除第57條所列舉各款事項之審酌，惟其程度應達於確可憫恕，始可予以酌減。

[51]　參閱鄭健才，《刑法總則》（台北：作者印行，1991年），頁344-345。

　　三、關於第三審法院撤銷原判決自為判決時，依法應有刑法第57條之量刑權，已無疑義。至於第三審法院可否逕行適用刑法第59條酌量減刑之規定一節，雖有爭議，但按之刑法第59條與第57條同屬審判官自由裁量的職權範圍，於依法自為實體上之判決時，仍以採肯定說為宜，此本章前揭大理院六年上字第109號判決早已有表示。因審酌犯罪情狀是否可憫恕之事由，在第三審法院應憑原判決所記載，包括事實理由及卷內可信之一切資料，加以綜合判斷，此與須經事實審調查辯論程序所認定之法定事實（為犯罪構成要件之事實及法定刑罰加減之原因事實），尚有不同，前述大理院判例自行認定被告犯罪情狀可以憫恕，而自為酌減，其理由意即在此。惟第三審審酌卷內一切資料，認為犯罪情狀可以憫恕，判決酌減其刑，而原判決則認為犯罪情狀無可憫恕之處者，第三審判決應詳敘其理由，並說明原判決認為情無可恕如何不當，方為理由完備。

其三，酌減其刑的酌量標準問題

　　刑法第59條酌減其刑的規定，係由審判官在裁判上以犯罪情狀可憫恕為理由，依職權所為的刑罰減輕。然何謂「犯罪之情狀可憫恕」？在法條上並未如刑法第57條具體列舉考量基準的情況下，台灣實務上似乎比較偏向於僅考慮客觀情狀，而不及於主觀情狀，而有謂以「有特殊之原因與環境等等，在客觀上足以引起一般同情，以及宣告法定低度刑，是否猶嫌過重」為其判斷標準；惟除此客觀上情狀以外，是否應包括行為人的主觀情狀，在學理上不無討論之餘地[52]。

　　理論上，按事物之本質言，犯罪行為人主觀上如有惡意者，即不能作為可予憫恕的理由；以此推論，所謂犯罪情狀足堪憫恕者，理應限於「惡性」以外的事項為必要。

---

[52] 參閱蔡墩銘，《刑法總則問題爭議研究》（台北：五南圖書公司，1998年），頁377以下。

陸、結語

　　傳統中國法制，由於刑事立法技術上採所謂的客觀具體原則，缺乏概括抽象性；也由於採一罪一刑的絕對法定刑，刑度過於僵化，無法彈性適用，因此，對於情法衝突的案例，乃不時出現可矜可憫的畫面。自古以來，一方面，司法官員被要求要依律裁斷；另一方面，又面臨著複雜的人情世故，為了通情而不曲法，便須藉助種種巧門，此時，司法實踐中需要酌量靈活，即時進行法律適用上的調整，刑事司法的衡平價值之所以能夠成為一種社會的時尚，實有其時代的需求在。

　　晚清以來，紹承傳統中國法制中的「可矜可憫」理念，又與歐西的近代法思潮相銜接。不論1911年的《欽定大清刑律》、1912年的《暫行新刑律》、1928年的「舊刑法」乃至1935年的「現行刑法」均有所謂「酌減」的規定，歷次條文內涵雖有少許文字上的變動，但賦予法官個案救濟權的目的並無二致。

　　比較困難的是，問世間「情」為何物？不論「情有可原」也好，「情罪平允」也好，「準情酌理」也罷，都涉及到一個「情」字。所謂「情」，其實也隱含有「心」之意，一般係指活生生的平凡人之心，即所謂的人同此心的「同理心」，帶有濃厚的倫理色彩。至於「原情」，本指審酌行為時之情況、情節等事實關係，是在追溯犯罪的根本原因，是在斷案過程中要考察的案情和人情。而一提到「人情」，好像是很偏私而與法治精神相牴觸；其實不然，所說的「情」是經驗法則上的事理，是衡諸事物的普遍道理。簡言之，人情乃「常情」之情，而非「情面」之情，一切醇風美俗及常理、事理，都是情的表現。

　　但問題或許就出在這，當法意與人情不得兩兼時，因情屈法乎？循法悖情乎？「人情」既無一定的標準；又無絕對的根據，而屬於一種人與人間的情感作用。當面對著各個不同的具體案件，其解決之道，往往有賴司法者「發自良心的一念之間」，致其結果有因人而異者，有因事

而不同者，有時不免破壞了法律的安定性。不管如何，理想上，有關
「酌減」之設，審判官須就犯罪行為人之心術、犯罪之事實詳加考察，
以職權決定其可否減輕，務期用刑適合犯情，能達科刑之目的。不必要
之刑罰既不可用；圖得個人「博愛博」之虛名，亦所不可。故日本刑法
學者泉二新熊（1876-1947）曾說：「職權的裁量，同時為職權之內
容，是酌量減輕，乃職權上之裁量，非個人之博愛，亦非認許審判官有
寬大之擅斷權也。」[53]旨哉斯言！

　　民初在大理院時期，酌減規定之適用，僅須考量犯人之心術及犯罪
事實是否可憫的裁量問題，並無如民國十七年「舊刑法」及二十四年
「現行刑法」另有科刑時應行注意事項的標準規定，運用起來相對單
純；而時勢造就局面，民國初肇，法制變革未久，傳統司法裁判中雖有
「可矜可憫」案例可供參考，但於民初司法近代化尚屬粗糙的情況下，
「酌減」該如何順暢運用？頗費思量。

　　難得的是，大理院的判例對於酌減規定的適用樹立了諸多原則，如
酌減的事由必須與本案具有關聯性，不具關聯性的事由不得作為酌減考
量之因素；酌量減輕，以宣告法定最低度之刑猶嫌過重者，始有適用；
酌減條件，應該以犯罪本人的心術及其犯罪事實情節的輕重相衡，不應
以和其他共犯情節的輕重作比較；凡犯人的心術及事實二者之中有一種
情輕可原者，即合於酌減的要件，不必二者都具備；第三審得直接適用
《暫行新刑律》第54條酌減的規定，檢察官亦得以事實審對於酌減裁
量錯誤為由上訴第三審。

　　本書認為，法律關係畢竟是人與人間的關係，既不能將人視為物，
又不能將人升為超人，也就不能逆人之情、拂人之性，撇開人情而專事
法律，又怎能滿足人性的需求？「酌減」就是在法律規範之下，求其適
乎人情，合於人性而已。晚清民國百多年來的刑事立法，很顯然的表現

---

[53] 轉引自王選疏，《刑法總則》（朝陽大學法律科講義），未標明出版處所及
　　年月，頁188。

出要求「情法兩兼」的法理觀。而證諸酌減在民初大理院時期的司法實踐，似乎也尚能體現出嚴謹而務實的「靈活運用」能事，尤其能顧及國人心目中「情法兼到」的法律生活感情，誠屬不易。影響所及，直到國民政府時期乃至1949年之後的台灣刑事立法與裁判，一路跟進。這段幾乎被遺忘的立法與司法史事，自有其深刻的傳統價值與時代意義在，很值得我們再回眸一顧！

總結

　　19世紀末葉以前的中國社會，由於地處東亞大陸，特殊的地形、氣候及豐富的天然資源，使得中國很早就跨進了文明歷史的門檻。就法律文明來說，歷史上，早熟而先進的傳統中國文化也曾為東亞周邊的國家所繼受，如日本、朝鮮、安南、琉球等。不過，由於經濟上的自給自足、政治上的優位自守、天朝大國無所不有的觀念，以及宋代以來海禁政策的執行等，使得中國一直享有一種「光榮的獨尊」；也使得過去兩千多年的傳統社會，幾乎與世界其他進步的法文化隔絕，而近乎一種平衡、穩固及少變的深層結構。

　　可以說，中國的固有法，始終是靠本身的傳統歷史文化與社會環境長成而發展的，長期的孤芳自賞，既未感受外來法文化的影響，也就得不到外國文明的刺激與調劑，其法規範與法制度的進展不但有限，甚至陳陳相因、保守僵化，終至陷於長期的停滯。

　　20世紀伊始，清廷在列強外逼與內在革命的嚴峻形勢下，被迫放棄祖制家法，無奈地宣布變法修律。自此，近代西方法制、法律思想得以源源輸入中國，終於使延續二千餘年的中華法文化洞開大門，開始與世界其他法系銜接。這種法律繼受，時也！勢也！因緣際會下，這是無可避免的，也是必要的。經過這一場前所未有的法制大變革，自此，悠遠的中華法系終於走出傳統窠臼，代之而起的是大規模歐陸異質法的粉墨登場，如：從中華法系到歐陸法系、由刑律為主到六法分列的法典編纂體例、由家族倫理義務本位到個人自由權利本位等，問題是：如何根據國情採擷西法？如何認識外國法制合於國用者？尤其，在急遽的社會變遷中，法規範應如何因應新舊文化價值的衝突？為了合理主導社會變遷的方向，又該如何處理「超前立法」或「超文化立法」的可能性？

　　當然，要真正解決這些問題，本是極其艱苦、曲折和漫長的工程。有清末季，沈家本（1840-1913）等法理派人士，縱然在清廷缺乏立憲

及變法修律的「完全誠意」下，假戲真唱，揚棄舊律中不合時代社會需要的束縛，以撤廢領事裁判權為鵠的，以革新法制為職志，廣泛繼受了歐陸及日本明治維新後的新法制；其中頗多的立法理念，是築基於工商業社會的經濟基礎、個人自由主義的社會基礎，而這些都不是晚清社會的實情，當時的民族工商業並未能得到應有的發展，政治社會環境與可以實施西方個人、自由、權利為本位的體制條件，相去仍有一大段距離。

　　尤其，當時西方法文化是隨著軍事上的勝利，以強迫的方式輸入中國，東西方文化第一次大規模的會面，竟出之於「兵戈相向」的形式，這就中國的近代化而言，實在是很大的不幸。因為，一方面使晚清政府驚惶倉卒，不知所措；一方面又使清廷在受羞辱之餘，對西方文化產生反感與拒斥，這種不正常的心理，久久難以消除。雖然，有心人士體認到不得不進行法律近代化，然而主其事者既迫於內外情勢，囿於本身政治立場，守舊之士又竭力反對，於是，許多力量被抵銷、空轉。而民國建立之後的前四十年，政壇擾攘不休，烽火連天，外患內戰接踵而來，各時期的主政者縱使有心，也乏力振作。

　　確切說來，要評估一個國家或一個地區有關法律繼受的成敗，最關重要的觀察點，或許是在輸入來的法律與本土社會是否能有機的融合？新的法律是否能成為民眾普遍遵守的行為規範？國家法律體系之外，原生態的民間社會規範和秩序，如何能去蕪存菁以符合實際的需求？要言之，是否能樹立一種新的「法治精神」？然所謂「法治精神」並不是一種靠引進一些新的法制、頒定一些新的法典即可實現的東西，而是一種守分寸、講正義的價值觀念體系，必須有某些基本的制度、程序、方式等文化背景，與國民的法律生活感情與法律意識作為基礎，方能發揮應有的作用。[1]

　　清末民初乃至1949年以前的中國社會，法規範形式上雖已漸趨近

---

[1]　蘇俊雄，《法治政治》（台北：正中書局，1990年），頁4。

代化，但時局猶混沌紛亂，大部分地區仍封閉貧瘠，司法組織不夠健全，法學教育未能普及，官與民對「法治」的價值認同不足，中國社會也從未經歷西方近代個人主義與自由法治的洗禮，而晚清民國初期又適逢西方社會高唱「由個人而社會」「由權利而義務」之際，不免妨礙國人對西方法治基本理念的認識與接受；更因拂拭不去傳統法律文化的溫存，對繼受而來的西方民主法治及其實定法，或做同語異義的扭曲，甚或束諸高閣，致使西方法規範或法學思想的繼受變形變質，徒具形骸而已。

　　從實際社會面考察，辛亥革命以後，北洋政府長期處於戰亂，袁世凱（1859-1916）當政的年代，外忙於應付帝國主義的侵略，內眩於鎮壓政敵，根本無暇有系統地從事法制建設。袁氏去逝之後，各派軍閥輪番主政，但大部分的精力用在政權的維穩上，也無心有計畫地發展法治藍圖。1928年北伐完成、南北一統，到1937年全面對日抗戰爆發以前，這十年當中，雖歷史評價不一，整體而言，不僅物質建設上有明顯的進步，在政治建設上，是結束軍政、實施訓政、準備憲政的時期，在法律的制頒和司法的改良上，確也曾用心用力過，被稱為「十年建國期」[2]，甚至有譽之為「黃金的十年」者。[3]難解的是，為什麼十年的努力，法治績效仍然不彰？[4]

　　單就「法治社會」面向看，或許可以這麼說，南京國民政府時期，其有效控制的區域仍很有限，各地區的法制系統與法律生活有著相當程

---

[2] 張玉法，《中國現代史》（台北：東華書局，2001年），頁573。

[3] 1951年9月19日美國魏德邁（Albert C. Wedemeyer）將軍在國會說：「1927年至1937年之間，是許多在華很久的英美和各國僑民所公認的黃金十年。在這十年之中，交通進步了，經濟穩定了，學校林立，教育推廣，而其他方面，也多有大幅進步的建制。薛光前編，《艱苦建國的十年》（台北：正中書局，1971年），頁24。

[4] 「十年的努力，有成功的地方，也有失敗的地方。據近人的研究，十年建國的主要失敗之處有二：其一、農村復興的失敗，使農民生活越來越困苦。其二、新生活運動以固有道德為主要內容，被許多知識份子懷疑為復古運動，當時的知識界，承襲啟蒙時代的精神，有反傳統的傾向；政府的傳統傾向，使許多知識份子離心。」相關論述，參閱張玉法，同上注2，頁572-573。

度的歧異。因此，除了若干較發達且為國民政府所能控制的地區，審檢及法制運作較上軌道外；大多數落後地區，就庶民百姓而言，現代法律的保障並非普遍有效存在，新頒各式法典的實施狀況並不如預期。尤有進者，執政者時而為政治現實考慮，濫用法律與司法充當排除異己，或作為鞏固政權的統治工具，[5]致使這套繼受自歐陸、日本的法制，長期無法正常成長，不能發揮應有的社會規範功能；人民對於法治與司法既未能建立起信賴感，更不會以崇法、遵法為榮，反而以能夠規避法律規範為能事，造成司法正義與社會公義的不張。

　　政治體制與司法制度之外，中國社會結構特性以及相應的秩序原理也是不可忽略的。西方近現代法學強調的是個人的人格，在觀念上以個人權利本位為前提，追求意志的自由和自治，法律的功能是保障個人自由；反過來，為了實現個人自由，個體必須嚴格遵守法律，這是西方法治的基本邏輯，把複雜的社會關係簡化了，構成一個單純系統。但是在傳統中國社會，強調的是家族、倫理、義務為本位的禮法思維，獨立人格的觀念極其淡薄，[6]人都是一種關係性的存在；像中國這樣一個超大規模的關係主義社會，人際網路縱橫交錯，人與人之間的互動關係非常活躍，因此有序化的機制就變得多層多樣，構成一個複雜系統，在這樣的情境之中，決策和糾紛解決必須更多的考慮特殊的具體個案情節，嚴格遵守法律的觀念就很難產生和堅持。[7]

　　值得一提的是，20世紀初期，民眾的生活依然普遍艱難，文化素質仍十分低下。據當時的抽樣統計，人民的識字率約在百分之二十左

5　論者指出，1928年至1949年間因司法權的非中立性、司法程序的非正當性、司法實體的非正義性、防腐機制功能的弱化等因素，引發法律信仰危機，導致社會失控。詳參張仁善，《司法腐敗與社會失控》（北京：社會科學文獻出版社，2005年），頁54-205。

6　「中國傳統社會或文化中並不是沒有個人自由，但並不是個人主義社會，也不是絕對的集體主義社會，而是介乎個人主義與集體主義二者之間。」詳參余英時，《中國文化與現代變遷》（台北：三民書局，1995年），頁170。

7　季衛東，〈中國法律秩序的複雜性及其20世紀的嬗變〉，收於孫佑海主編，《王寵惠法學思想研究文集》（天津：天津大學出版社，2018年），頁46。

右，在南京國民政府時期，四億多的國民中，文盲仍占大多數。教育家晏陽初（1893-1990）曾說：

> 吾國男女人民號稱四萬萬，估計起來，至少大多數一個大字不識，像這樣有眼不會識字的瞎民，怎能算做一個健全的國民而監督政府呢？怎麼不受一般政客官僚野心家的摧殘踩躪呢？[8]

旨哉斯言，在一個「法治社會」理念剛剛萌芽的國度裡，縱然標榜要法律近代化，但要真正踐行「法治」，談何容易？何況「法治」有其時髦性與迷幻性，其內涵也具多義性，往往隨時代、隨國度而各自解讀。[9]

再從立法繼受的視角看，法典律條固可循著理想而制頒，不過，社會是有惰性的，尤其，像中國這樣一個古老的國家，廣土眾民之外，更有其悠久的歷史文化與傳統包袱，一旦要改弦更張，來適應新法律所創造的一切，當然不可能一蹴可幾。而法律語言的轉換為法律繼受過程中相當重要的環節，嚴格說來，法律繼受的主體不應該是立法者，而是法律適用的對象，立法者頂多衹是法律繼受的開拓者，而執法者或受法律拘束的人民才是法律繼受真正的主體，因此，必須重視法律語言的普遍性與平易性。

在法學理論及司法實務的發展上，1949年以前中國大陸的法律繼受，主導權、決策權幾乎完全掌握在政治法律菁英手中。於立法時，往往著重於外國立法例的引介與導入，然於法律用語上，部分立法未免使用過多的「舶來詞」，專門術語往往生澀隱晦，談不上信、達，更遑論雅、俗共濟[10]？而司法裁判文書的論證方式與語言使用，對一般百姓而

8　晏陽初，《平民教育新運動》，收於宋恩榮主編，《晏陽初全集》（湖南：湖南教育出版社，1989年），第1卷，頁31。另參閱〔日〕寺田浩明，《中國法制史》（東京：東京大學出版會，2018年），頁317-323、343-357。

9　蘇永欽，《法治、法治國、依法治國》《中國法研究》，2016年6月，第3期，頁1-68。

10　黃源盛，〈法律繼受與法律語言的轉換—以晚清《大清新刑律》的立法為例〉《政大法學評論》，2016年6月，第145期，頁239-249。

言，更是望而生畏，人民對法律有了嚴重的疏離感。尤其，對於此等繼受自外而來的法律，一旦移植於國內，實際的運作狀況如何？社會的適應性又如何？往往欠缺配套考慮。凡此固可歸咎長期以來媚於外國的先進法律文化所致，實也因為國內法學界長期疏於法文化學或法政策學的關注有以致之。

長期以來，法律本土化的呼聲不斷，然則，何謂「本土化」？如何「本土化」？眾聲喧嘩中，有想法卻無法提出令人滿意的辦法，以致理想法治社會的建立，始終可遙望而難以企及，甚至乖常現象層出不窮，總是無法走出法律文化轉型的陣痛期；更弔詭的是，人民常一邊嚮往「法治社會」，恭維法治觀念，另一邊實際生活卻對法律規範與司法審判充滿不信任感，不是拒斥、就是屈從，法治正義觀一直無法深入民心，孰令致之？

相較於西方法治先進國家，有關近代法治清神，大都是「由下而上」自發性的成長，因而大致已能內化成為民眾的法意識；反觀華人社會，晚清民國的導入歐西法制，是在外力與內壓的情境裡「由上而下」地輸入異質法文化，法治精神仍舊具有「強制威權」的特性，並非源出於在地自生根性、本土性的背景，而是在法制的繼受過程中，被迫、被動式的接受與適用，這種異質法的強制繼受，功過參半，也是法律繼受國最難以克服的困境。

事實上，法制本無絕對的優劣，立法政策端在人為，或以彌補過去的缺點，或隨世界法學新潮流而跟進，要隨社會進化程度而決定。作為一個法律繼受國，固不應以法律本土化為名而閉關自守，甚至自外於世界；但該如何使外來法律在地化？如何讓新的法律成為人民真正認同的社會規範？可說是法學界最沉重的使命了。[11]不幸的是，不管晚清、民初，這份「使命」距離理想目標仍相當遙遠。

---

[11] 蘇永欽，《台灣的社會變遷與法律學的發展》，收於法學叢刊雜誌社編，《當代法學名家論文集》（台北：法學叢刊雜誌社，1996年），頁576-577。

　　當然知道，作為一個弱勢的法律繼受國，不必刻意拒斥異質的強勢法律文化，反而需要向文明法治先進國家學習，做大量的法規範、法制度的比較，但繼受的目的不應僅局限於外國法的重現，而更應重視社會實際經驗的相互觀摩，外國法學的新理論也仍值得引進，這不但不妨礙法律的在地化，反而會是一大助力才是！

關鍵詞索引

國家圖書館出版品預行編目資料

晚清民國社會變遷與法文化重構(1902-1949) /
黃源盛著. -- 初版. -- 臺北市：五南圖書
出版股份有限公司, 2024.06
面；　公分
ISBN 978-626-393-307-1(精裝)

1.CST: 中國法制史　2.CST: 法律社會學
3.CST: 清代　4.CST: 民國

580.1654　　　　　　　　113005647

4U39

晚清民國社會變遷與法文化重構（1902-1949）

作　　者 ― 黃源盛（303.1）

著作權人 ― 李松萍

發 行 人 ― 楊榮川

總 經 理 ― 楊士清

總 編 輯 ― 楊秀麗

副總編輯 ― 劉靜芬

責任編輯 ― 林佳瑩

封面設計 ― 封怡彤

封面題字 ― 王方玉

出 版 者 ― 五南圖書出版股份有限公司

地　　址：106 台北市大安區和平東路二段 339 號 4 樓

電　　話：(02)2705-5066　　傳　　真：(02)2706-6

網　　址：https://www.wunan.com.tw

電子郵件：wunan@wunan.com.tw

劃撥帳號：０１０６８９５３

戶　　名：五南圖書出版股份有限公司

法律顧問　林勝安律師

出版日期　2024 年 6 月初版一刷

定　　價　新臺幣 980 元